tomatoTV 방송용 교재

기본서 반영
최신 개정판

합격으로 가는 하이패스
토마토패스

CFP®
FINAL
최종모의고사

김범곤 편저

저자직강 동영상강의 www.tomatopass.com

예문에듀 EDU

PROFILE

김범곤 CFP® ※ 저자직강 출강문의(bumgon84@naver.com)

- 경기대학교 경영학과 졸업
- 경기대학교 경영학과 졸업
- 금취사 네이버 카페(금융자격증 취득하는 사람들)
- 금취사 금융자격증 온라인 캠퍼스(https://edufinance.co.kr/)
- 금취사 TV(https://tv.naver.com/since2020)

전 포도재무설계/한국재무설계 근무
전 패스원 KG CFP 전문강사
전 이그잼잡스쿨 AFPK/CFP 전문강사
현 예문사, 시대고시, 에듀윌 금융수험서 저자
현 삼성증권 투자권유대행인 퇴직연금모집인
현 골든트리투자자문 투자권유대행인 전문강사
현 토마토패스 금융전문교수

CFP 자격시험 구성

■ 제1일차(토요일)

구분	시간	시험 과목	문항 수
지식형	1교시 15:00~17:00	재무설계 원론	15
		재무설계사 직업윤리	5
		위험관리와 보험설계	25
		은퇴설계	25
		부동산설계	20
	2교시 17:30~19:20	투자설계	28
		세금설계	27
		상속설계	25
	총계		170문항

■ 제2일차(일요일)

구분	시간	시험 과목	문항 수
사례형	3교시 10:00~12:00	단일사례(1세트)	30
		복합사례(1세트)	10
	4교시 12:30~15:00	복합사례(2세트)	20
		종합사례(1세트)	20
	총계		80문항

합격 기준 및 유효기간

■ **전체 합격**

전체 평균이 70점 이상이며, 과락 기준을 통과한 경우
- 지식형 : 170문항 × 70% = 119문항 이상 득점
- 사례형 : 80문항 × 70% = 56문항 이상 득점
- 과락 : 지식형 한 과목이라도 40% 미만이 나온 경우이거나, 사례형에서 40% 미만인 경우

■ **부분합격**

전체 평균이 70% 이하이거나, 한 유형에서 합격 기준을 통과한 경우
- 지식형 : 지식형 평균이 70% 이상이며, 각 과목별로 40% 이상인 경우
- 사례형 : 사례형의 전체 평균이 70% 이상인 경우

■ **합격유효기간**

- 전체합격 : 합격월로부터 5년

※ 합격유효기간 5년 이내에 CFP 인증을 신청하지 않을 경우 합격사실이 취소되며, CFP 인증을 원할 경우에는 다시 CFP 시험에 재응시해야 함

- 부분합격 : 합격월로부터 1년(연이은 2회 시험)

※ 부분합격 후 1년 이내(연이은 2회 시험)에 다른 유형 시험에 합격하지 못할 경우, 해당 유형의 부분합격 사실이 취소됨

응시원서 접수

■ **인터넷 접수** 한국 FPSB 홈페이지(www.fpsbkorea.org)에서 접수

■ **우편 접수**
- 한국 FPSB 홈페이지(www.fpsbkorea.org)에서 응시원서 다운로드 및 작성
- 응시원서에 지정된 계좌로 응시료 입금 후 응시원서 및 응시료 납입 증명서 사본을 제출처(서울특별시 마포구 큰우물로75, 성지빌딩 17층 한국FPSB (우)04158 CFP 인증시험담당자 앞)로 발송

■ **응시료**
- 전체(지식형과 사례형) 응시료 : 242,000원(부가세 포함)
- 부분(지식형 또는 사례형) 응시료 : 121,000원(부가세 포함)

CFP 자격인증

■ **CFP 자격인증** CFP 자격인증시험에 합격한 자로서 자격인증 결격사유에 해당하지 않으며 실무경험요건을 충족하는 자는 CFP 자격인증신청서류를 작성 · 제출하고 라이센스비를 납부함으로써 CFP 자격 취득이 가능

■ **자격인증 신청**
- 인터넷 접수 : 한국 FPSB 홈페이지(www.fpsbkorea.org) [마이페이지]의 자격인증신청을 통해 접수
- 우편 접수 : 자격인증신청서류(CFP 자격인증신청서, 윤리규정준수서약서, FPSB Korea Certificated Users Agreement, 재직증명서(경력증명서), 이력서)와 라이센스비 납부 증빙 사본을 제출처(서울특별시 마포구 큰우물로75, 성지빌딩 17층 한국FPSB (우)04158 CFP 자격인증담당자 앞)로 제출
- 라이센스비 : 220,000원

■ **인증 전 계속교육 학점의 요구** CFP 자격인증시험에 합격한 후 12개월이 경과한 뒤에 CFP 자격인증을 신청하는 경우 경과된 기간에 대해 계산된 계속교육학점을 취득하여야만 CFP 자격인증 가능

자격인증 신청시기	계속교육요건	학점인정기간
합격 후 1년 이내	유예	–
1년 경과 5년 이내	(합격 발표 후 경과 월×1.25학점)+윤리 2학점	인증신청시점에서 최근 2년 이내
5년 경과 8년 이내	75학점(윤리 2학점 포함)	인증신청시점에서 최근 2년 이내

자격인증갱신

■ **자격인증갱신** CFP 자격인증의 인증서 및 인증카드, CFP 표장 사용 자격의 유효기간은 2년이며, 이를 계속 사용하기 위해서는 CFP 자격갱신규정에 따라 2년마다 갱신해야 함

■ **자격인증갱신 안내** 인증 유효기간 만료 3개월 전과 1개월 전, 총 2차례 갱신 안내

■ **자격인증갱신 요건**
- 자격갱신서류(CFP 자격갱신신청서, CFP 윤리규정준수서약서, FPSB Korea Certificated Users Agreement) 제출
- 한국 FPSB가 승인한 윤리과정 2학점을 포함한 총 20학점의 계속교육학점 취득
- 라이센스비(220,000원) 납부

이책의 차례 CONTENTS

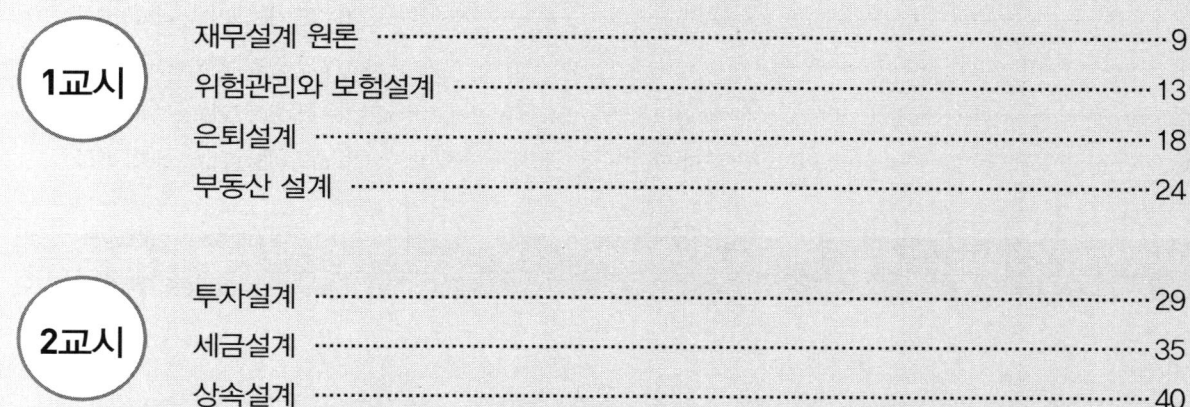

실전모의고사 1회 지식형

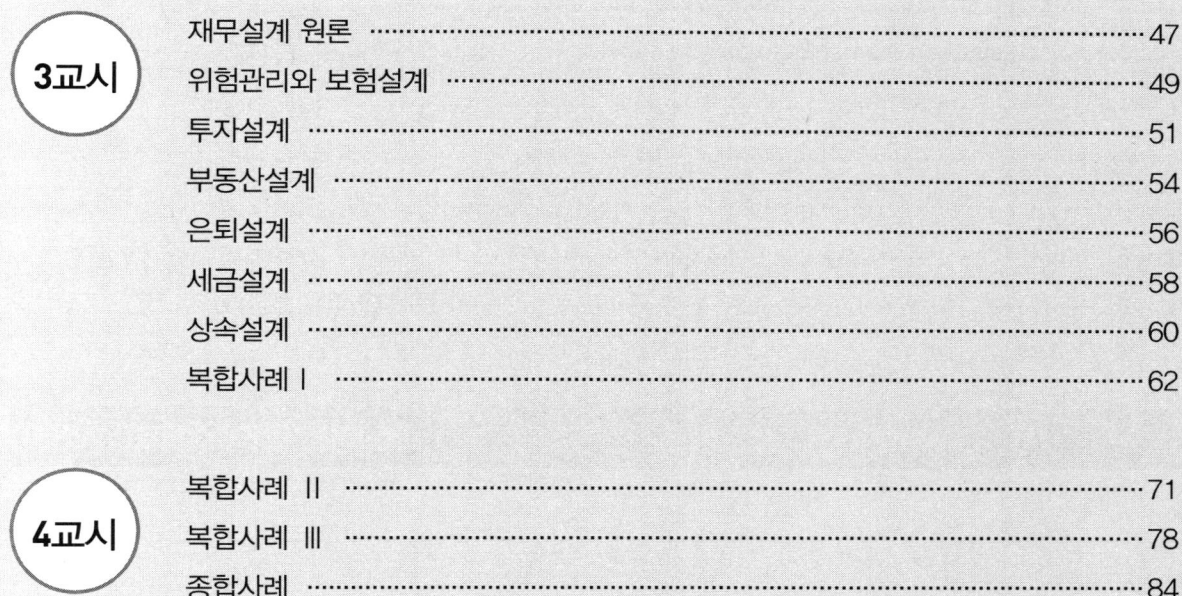

실전모의고사 1회 사례형

실전모의고사 2회 지식형

실전모의고사 2회 사례형

정답 및 해설

CFP®

실전모의고사 1회 지식형

1교시	재무설계 원론 / 위험관리와 보험설계 / 은퇴설계 / 부동산설계
2교시	투자설계 / 세금설계 / 상속설계

CFP® 실전모의고사 1회

지식형 1교시

수험번호		성명	

시험 유의사항

1. 수험표에 명시된 준비물을 꼭 지참하고, 특히 규정신분증 이외의 신분증 및 신분증을 지참하지 않을 경우 입실이 허용되지 않음
2. 시험 시작 후 1시간이 경과하기 전에는 퇴실할 수 없으며, 퇴실 시 반드시 문제지와 답안지를 제출해야 함
3. 응시자 이외의 사람은 시험장에 출입할 수 없으며 시험장 내 주차장이 협소하거나 주차장을 사용할 수 없는 고사장이 있으므로 대중교통을 이용하고, 만약 자가용 이용으로 발생되는 문제(주차 및 차량훼손 등)은 한국 FPSB가 책임지지 않음
4. 시험장 내 휴대전화, 무선기, 컴퓨터, 태블릿 PC 등 통신 장비를 휴대할 수 없으며 휴대가 금지된 물품을 휴대하고 있음이 발견되면 부정행위 처리기준에 따라 응시제한 1년 이상으로 징계됨
5. 답안 작성은 컴퓨터용 사인펜을 이용하고 예비답안 작성은 반드시 붉은 사인펜만을 이용해야 하며, 붉은 사인펜 이외의 필기도구(연필, 볼펜 등)를 사용하여 예비답안을 작성한 경우 이중 마킹으로 인식되어 채점되지 않음을 유의함
6. 답안은 매 문항마다 하나의 답안을 골라 그 숫자에 빈틈없이 표기해야 하며, 답안지는 훼손, 오염되거나 구겨지지 않도록 주의해야 함. 특히, 답안지 상단의 타이밍 마크를 절대로 훼손해서는 안 되며, 마킹을 잘못하거나(칸을 채우지 않거나 벗어나게 마킹하는 경우) 답안지 훼손에 의해서 발생되는 문제에 대한 모든 책임은 응시자에 귀속됨
7. 문제지와 답안지 작성을 제외한 모든 종류의 필사(본인 답안 필사 등)를 하는 행위 및 컨닝용 쪽지, 책자 또는 노트 등을 휴대하는 행위는 부정행위로 처리함
8. 시험 종료 안내는 종료 20분, 10분, 5분 전에 방송되며 시험시간 관리의 책임은 전적으로 수험생 본인에게 있으므로 종료 후 답안 작성으로 인하여 부정행위 처리되지 않도록 유의함
9. 시험장 내에선 금연이며 시험장의 시설물이 훼손되지 않도록 주의함
10. 유의사항 위반에 따른 모든 불이익은 응시자가 부담하고 부정행위 및 규정 위반자는 부정행위 세부처리기준에 준하여 처리됨

재무설계 원론

01 **소득과 소비지출 관련 이론을 설명한 것으로 적절하지 않은 것은?**

① 생애주기가설은 안도와 모딜리아니에 의해 제시된 이론이다.
② 항상소득가설은 프리드먼이 제시한 가설로 현재의 소비는 일생에 걸친 소득(항상소득)에 의해 결정된다는 이론이다.
③ 항상소득가설은 소비자들의 소득을 항상소득과 임시소득으로 나누어서 설명한다.
④ 톱니효과와 전시효과로 설명되는 절대소득가설은 소득이 증가하면 소비도 증가하지만, 소득의 증가분이 모두 소비로 이어지지 않고 일부만 소비에 반영된다는 이론이다.
⑤ 소득가설은 소비행동으로 이어지기 때문에 소비함수이론이라고도 한다.

02 **CFP® 자격인증자에 대한 설명으로 적절하지 않은 것은?**

① CFP® 자격인증자는 개인의 재무적, 비재무적 정보를 수집·분석하고 개인의 목표에 따라 재무계획을 수립, 실행하고 점검함으로써 개인이 재무목표를 달성할 수 있도록 도와주는 재무설계사이다.
② 재무설계 업계에 종사하는 사람들은 급격히 변화하는 금융환경하에서 고객의 자산관리를 수행하거나 전문적인 조언을 해야 하기 때문에 지속적인 교육과 훈련을 통해서 점점 더 전문화되어 가는 경향이 뚜렷하다.
③ CFP® 자격인증자는 개인이 재무목표를 달성할 수 있도록 도와주는 사람이지 상품을 판매하는 세일즈맨이 아니다.
④ CFP® 자격인증자는 고객으로부터 동의가 없는 경우라 할지라도 고객의 재무목표 달성에 도움이 되는 사항이라면 다른 전문가들과 업무 협조를 해도 무방하다.
⑤ 자신의 전문 분야가 아닌 경우에 대해서는 적합한 전문가의 도움을 구하여야 한다.

03 **업무수행 계약서에 대한 설명으로 적절하지 않은 것은?**

① 업무수행 계약서는 본격적인 재무설계 업무를 시작하기 전에 작성한다.
② 업무수행 계약서에 포함되는 내용은 다소 임의적이다.
③ 한국FPSB가 제정한 업무기준에 의하면 업무수행 계약서에는 서비스의 범위, 책임 한계 및 역할, 보수방식 및 계산 근거, 금융상품 및 서비스에 부과되는 비용 등과 같은 내용을 포함하도록 되어 있다.
④ 업무수행 범위는 CFP® 자격인증자와 고객이 상호 협의하여 결정하고 이에 대한 책임 한계도 분명하게 정한 후에 수행하도록 한다.
⑤ 업무 영역이 허용된 범위일지라도 고객이 요구하지 않은 사항에 대해서는 수행해서는 안 되며, 자기 전문 분야가 아닐 때는 반드시 다른 전문가의 도움을 받아 수행토록 한다.

04 **재무설계 제안서에 반영되어야 할 내용으로만 모두 묶인 것은?**

> 가. 고객과 상호 협의하에 결정된 업무수행 범위
> 나. 고객이 제공한 재무정보 및 일반 경제에 대한 가정
> 다. 다른 전문가의 도움이 필요할 경우 해당 전문가의 자격 내용과 소개 근거
> 라. 현 재무상태에 대한 재무설계사의 분석 및 평가
> 마. 각 재무목표 달성을 위한 재무설계안

① 가, 나, 다
② 가, 나, 다, 라, 마
③ 가, 나, 라, 마
④ 가, 라, 마
⑤ 나, 다, 라, 마

05 **재무설계 프로세스 단계와 각 단계별 김범곤CFP® 자격인증자가 수행하는 업무로 적절하지 않은 것은?**

① 1단계 : 김범곤 CFP® 자격인증자는 고객과의 관계정립 과정에서 개인 프로파일을 소개하는 문서에 서비스 범위와 보수 방식을 포함하여 제시하였다.
② 2단계 : 김범곤 CFP® 자격인증자는 고객이 막연하게 가지고 있는 재무목표를 명확하게 설정할 수 있도록 도와주었다.
③ 3단계 : 김범곤 CFP® 자격인증자는 고객의 자산 중 개인연금에 대해 자산부채상태표 작성기준일의 평가 금액으로 평가하였다.
④ 4단계 : 김범곤 CFP® 자격인증자는 재무설계안이 자신의 주관적인 제안이므로 다른 전문가의 제안과 다를수 있음을 고객에게 설명해주었다.
⑤ 5단계 : 김범곤 CFP® 자격인증자는 재무설계안의 실행과 관련하여 재무설계안 실행에 필요한 활동 내역, 고객과 재무설계사 간의 역할 분담 및 책임 범위, 다른 전문가에게 의뢰할 경우 협력사항 및 수수료 명시, 다른 전문가와 정보를 공유할 경우 그 범위, 금융상품과 서비스의 선별 및 확보와 같은 내용을 고객과 협의하였다.

06 아래 자산부채상태표를 참고하여 계산한 순자산금액으로 적절한 것은?

자산부채상태표(2023년 12월 31일 현재)

(단위 : 천원)

자산		부채	
항목	금액	항목	금액
현금성자산	**50,000**	**단기부채**	**800**
CMA	50,000	신용카드 잔액	800
저축성자산	**21,000**	**장기부채**	**10,000**
청약저축	21,000	가계일반자금대출	10,000
투자자산	**( )**		
적립식 펀드[주1)]	( )		
투자용 아파트[주2)]	( )		
사용자산	**920,000**		
아파트	900,000		
자동차	20,000		
기타자산	**30,000**		
보장성보험해지 환급금	30,000		
		총부채	**10,800**
		순자산	**( )**
총자산	**( )**	**부채 및 순자산**	**( )**

주1) 보유좌수 10,000천좌, 2022년 12월 31일 기준가격은 1,000좌당 2,500원, 12월 평균기준가격은 1,000좌당 2,350원
주2) 평가기준일 현재 감정평가액은 550,000천원이며, 유사매매사례가액은 600,000천원, 기준시가는 530,000천원임

① 1,565,200천원
② 1,583,700천원
③ 1,585,200천원
④ 1,633,700천원
⑤ 1,635,200천원

07 현금흐름표 작성 및 검토에 대한 설명으로 적절하지 않은 것은?

① 유입은 현금흐름표의 좌변에 기록하고, 소득과 기타유입으로 구분하여 표기한다.
② 순현금흐름은 현금유입에서 현금유출액을 뺀 금액으로 우변 하단에 기록한다.
③ 대출 또는 금융상품을 해지하여 현금을 보유하고 있는 경우 재산소득으로 기록되었는지 확인한다.
④ 현금흐름표상 해당 항목이 없더라도 그 항목을 제외하지 않고 그대로 두었는지 확인한다.
⑤ 순현금흐름이 (−)가 나온 경우 자산을 현금화하여 사용했는지를 확인한다.

08 가계재무상태 평가지표와 재무비율 계산방법이 올바르게 연결된 것은?

가. 가계수지지표
나. 비상예비자금지표
다. 보장성보험준비지표
라. 거주주택마련 부채상환지표
마. 금융자산비중지표

A. 유동자산 / 월평균지출
B. 보장성보험료 / 총소득
C. 금융자산 / 총자산
D. 거주주택 마련 부채상환액 / 총소득
E. (고정지출 + 변동지출) / 총소득

① 가−B, 나−A, 다−E, 라−D, 마−C
② 가−A, 나−B, 다−E, 라−C, 마−D
③ 가−C, 나−D, 다−E, 라−A, 마−B
④ 가−D, 나−E, 다−C, 라−B, 마−A
⑤ 가−E, 나−A, 다−B, 라−D, 마−C

09 가계수지상태 및 비상자금 분석에 대한 적절한 설명으로 모두 묶인 것은?

가. 가계수지지표값은 100%를 초과하지 않으면 이상적인 가이드라인으로 보고 있다.
나. 가계수지지표와 비상예비자금지표의 가이드라인은 절대적 기준으로 인지해야 한다.
다. 가계수지상태지표 비율 분석 시 총소득은 총유입에서 기타유입을 차감하여 계산한다.
라. 비상예비자금의 규모는 월평균지출의 3~6배로 월평균지출액만큼의 유동자산을 확보하는 것이 적절하다.
마. 비상예비자금지표는 유동자산/(고정지출 + 변동지출 − 소득세)/12로 계산한다.

① 가
② 나, 다
③ 다
④ 다, 라, 마
⑤ 라, 마

10 **재무상태 평가지표에 대한 설명으로 적절하지 않은 것은?**

① 금융투자성향지표는 위험자산에 대한 투자비중으로 30% 이상이 적정 가이드라인이다.
② 가계자산의 성장성을 평가하기 위해 총저축성향지표, 금융투자성향지표, 금융자산지표를 이용한다.
③ 소비자생활부채상환지표에서 산출된 지표값이 10%를 초과하면 재무건전성이 위험할 수 있다고 평가한다.
④ 위험대비상태 분석 시 보장성보험에 납입하는 보험료가 총소득에서 차지하는 비중이 높을 경우 여러 기회비용이 발생할 수 있음을 유의해야 한다.
⑤ 금융자산비중지표는 총소득 대비 금융자산에 대한 비율로 40% 이상일 때 바람직하다고 평가한다.

11 **화폐의 시간가치에 대한 설명으로 적절하지 않은 것은?**

① 기말급 정기적 현금흐름의 미래가치는 기시급 정기적 현금흐름의 미래가치에 (1+i)를 곱한 값이다.
② A은행에 원금 1억원을 3년간 세후 연 5% 예금에 예치하였을 경우, A은행으로부터 3년 뒤 수령할 수 있는 원리금은 115,000천원이다.
③ 원금에만 이자가 붙는 방식을 단리방식이라 하고, 원금과 이자에 이자가 붙는 방식을 복리방식이라고 한다.
④ 투자안의 순현재가치가 0보다 클 경우 투자안을 채택하게 되고, 0보다 작을 경우 투자안을 기각하게 된다.
⑤ 연 6% 연복리 상품의 경우 현재 100원을 투자하면 1년 뒤 106원을 주는 상품이므로 월 수익률은 0.4868%가 된다.

12 **나고객 씨는 강남은행에서 대출금액 1억원, 20년 만기, 연 8% 월복리 상품을 통해 대출을 받았다. 이 경우 매월 말 원리금 균등으로 상환하고 있다면 나고객 씨가 상환하고 있는 대출의 실효이자율로 적절한 것은?**

① 6.8% ② 7.2%
③ 7.5% ④ 8.0%
⑤ 8.3%

13 **나고객 씨는 사업자금 마련을 위해 토마토은행에서 5년 만기, 매월 말 원리금균등분할상환 조건, 연 7% 월복리로 대출을 받았다. 2년 동안 꾸준히 대출금을 갚아온 결과 현재 12,826천원의 잔액이 남아있다면, 나고객 씨가 처음 차입한 최초 대출금액으로 적절한 것은?**

① 18,000천원 ② 20,000천원
③ 22,000천원 ④ 25,000천원
⑤ 28,000천원

14 **빌딩 구매에 900,000천원을 투자할 때 1차 연도 −200,000천원, 2차 연도 150,000천원, 3차 연도 200,000천원, 4차 연도 100,000천원, 5차 연도 150,000천원의 현금흐름이 발생하게 되며, 현금유출은 연 11%의 이자비용이 발생하고 현금유입은 연 7%로 재투자된다. 만약 5년 후 이 빌딩을 1,350,000천원에 매각할 때 수정내부수익률로 적절한 것은? (세금 및 일체의 비용은 없는 것으로 가정함)**

① 11.23% ② 12.57%
③ 13.33% ④ 14.72%
⑤ 15.13%

15 **다음 중 주택구입자금 대출에 대한 적절한 설명으로 모두 묶인 것은?**

가. LTV는 부동산시장 경기를 완화 또는 억제하고자 할 때 조정의 우선대상이 된다.
나. DTI＝(해당 대출 원리금상환액＋기타대출 원리금상환액) / 연간소득
다. DSR은 연간 소득 대비 모든 대출원리금 상환액의 비율로 300만원 이하의 소액신용대출 원리금 상환액도 합산되어 계산한다.
라. 대출상환방식 중 총이자부담이 가장 낮은 상환방식은 원금균등상환방식이다.
마. 대출의 장기상환을 고려한다면 고정금리를, 단기상환을 고려한다면 변동금리를 적용하는 것이 일반적이다.

① 가, 다, 라 ② 가, 라, 마
③ 나, 다, 마 ④ 다, 라
⑤ 라, 마

16 다음 보기에서 설명하고 있는 고객에 대한 재무설계사의 의무로 적절한 것은?

> • 재무설계사의 책임 중 핵심요소이다.
> • 고객 관련 정보를 수집하고 분석할 때 재무설계사는 고객에게 적절한 제안을 하기 위하여 필요한 모든 사항을 이해하려고 노력하여야 한다.
> • '투자자 적합성'이라는 개념이 내포되어 있다.

① 충실의무　　② 고지의무
③ 진단의무　　④ 자문의무
⑤ 갱신유지의무

17 윤리원칙과 그에 대한 설명이 올바르게 연결된 것은?

> 가. 성실성의 원칙　　나. 객관성의 원칙
> 다. 공정성의 원칙　　라. 전문가정신의 원칙
> 마. 근면성의 원칙
>
> A. 자격인증자는 독자적으로 또는 동료 전문가들과 함께 재무설계업무에 대한 일반 대중의 이미지를 제고하고 공익에 대한 봉사능력을 유지하고 향상시켜야 한다.
> B. 자격인증자는 성실성을 기초로 이해상충을 관리하고 전문가로서 건전한 판단을 하여야 한다.
> C. 이해관계의 균형을 유지하기 위하여 개인적 감정과 편견 및 욕구를 초월하여야 하며, 고객에게 중대한 이해상충의 사실을 정직하게 알려야 한다.
> D. 정직과 솔직성을 바탕으로 개인적인 이해득실을 초월하여야 한다.
> E. 소속 직원과 외부 전문가에 대한 적절한 관리 · 감독을 하는 것을 포함한다.

① 가－A, 나－C, 다－E, 라－B, 마－D
② 가－B, 나－A, 다－C, 라－E, 마－D
③ 가－C, 나－B, 다－D, 라－A, 마－E
④ 가－D, 나－B, 다－C, 라－A, 마－E
⑤ 가－E, 나－D, 다－A, 라－B, 마－C

18 재무설계업무수행과정이 순서대로 올바르게 나열된 것은?

> 가. 자격인증자는 확정된 고객의 목표달성에 필요한 전략에 대하여 대안을 파악해야 한다.
> 나. 자격인증자는 고객의 재무상태에 적합하고 고객의 목표, 니즈 및 우선순위를 합리적으로 충족하는 금융상품과 서비스를 조사하여 추천하여야 한다.
> 다. 자격인증자는 자신의 의견이 증명된 사실인 것처럼 제시하여서는 안 된다.
> 라. 자격인증자는 제안사항의 실행책임에 대하여 고객의 합의를 받아야 하며, 이를 문서로 작성하여 고객에게 교부하여야 한다.

① 가－나－다－라
② 가－다－나－라
③ 가－다－라－나
④ 가－라－다－나
⑤ 라－가－다－나

19 CFP® 자격표장사용지침에 대한 설명으로 적절하지 않은 것은?

① 항상 대문자로 사용하여야 한다.
② CFP® 자격상표는 글자 사이에 생략점을 찍어서는 안 된다.
③ 한국FPSB가 승인하는 적절한 형용사를 수식하는 명사형으로 사용하여야 한다.
④ CFP®와 CERTIFIED FINANCIAL PLANNER™ 자격상표를 이메일주소의 일부로 사용하여서는 안 된다.
⑤ 인터넷의 개별 웹사이트에 CFP® 자격표장을 사용하는 경우, 쉽게 판별할 수 있는 적절한 위치에 태그라인을 표시하는 것을 원칙으로 한다.

20 재무설계 업무수행 시 유의사항으로 적절하지 않은 것은?

① 세금에 대한 구체적인 상담이 필요한 고객을 위해 세무사와 정식으로 협력하는 방안을 수립하는 것이 좋다.
② 보수를 받고 법률 관계 문서를 작성하거나 법률사무를 처리할 경우 문제가 발생될 가능성이 크다.
③ 고객으로부터 증권의 가치분석이나 투자판단에 도움되는 경기동향이나 기업실적분석 등의 기초자료는 투자자문업자에게 조언을 요청해야 한다.
④ 업무수행과정에서 고객이외의 자로부터 수수료 또는 커미션을 받은 경우 그 내용을 고객을 포함한 관계인에게 통지해야 한다.
⑤ 중개사무소의 등록을 하지 않고 중개업을 한 경우 3년 이하의 징역 또는 3,000만원 이하의 벌금에 처한다.

위험관리와 보험설계

21 **위험관리프로세스에 대한 설명이 순서대로 올바르게 나열된 것은?**

가. 최소한 1년 또는 2년에 한 번씩은 치명적 위험이 제대로 보장되고 있는지 살펴보아야 한다.
나. 재무적 영향에 따라 분류한 치명적 위험은 필수적 위험관리 대상이고, 중요한 위험은 권고적 위험관리 대상, 일반적 위험은 선택적 위험관리 대상이라고 할 수 있다.
다. 위험통제와 위험재무는 위험을 처리하는 서로 다른 방법이지만, 상호 보완적으로 사용될 수 있다.
라. 고객의 현재 재무상태와 위험관리상태의 강점과 약점을 평가하고 이를 고객의 목표, 니즈, 우선순위와 비교한다.
마. 업무수행 범위와 관련된 고객에 대한 정성적인 정보도 충분히 수집해야 한다.
바. 위험관리와 재무설계사의 역량에 대해 고객에게 관련 정보를 알려야 한다.

① 가－나－다－라－마－바
② 나－가－다－라－마－바
③ 나－다－가－마－바－라
④ 가－다－나－라－마－바
⑤ 바－마－라－다－나－가

22 **조기사망 니즈 중 개인 니즈에 대한 설명으로 적절하지 않은 것은?**

① 최후비용에는 의료비용과 장례비용, 법정비용, 회계비용, 감정비용 및 피상속인의 부채 잔액 등이 포함된다.
② 연생방식은 단생방식에 비해 지급기간이 길어 지급금액이 작다.
③ 종신연금 중에는 본인의 생존기간에만 연금을 지급하는 단생지급방식과 본인뿐 아니라 배우자의 생존기간에도 연금을 지급하는 연생지급방식이 있다.
④ 개인적 목표란 주로 자선기부를 위한 목표를 의미한다.
⑤ 상환되지 않은 대출 잔액은 생명보험을 가입하여 고객 사망 시 지급되는 사망보험금으로 대출 잔액을 상환하는 데 활용한다.

23 **시간요소손해에 대한 설명으로 적절하지 않은 것은?**

① 시간요소손해를 분류하면 수익의 감소와 비용의 추가로 대별될 수 있는데, 임대수입손실, 휴업손해는 수익의 감소 임차계약의 해지는 비용의 추가에 해당한다.
② 간접손해, 특히 시간요소손해는 위험관리계획 수립 시 추상성 및 예측의 곤란성으로 간과되기 쉽다는 점에서 중요한 의미를 내포하고 있다.
③ 직접손해는 보험으로 위험이전이 가능하지만, 직접손해의 특별한 형태인 시간요소손해는 보험으로 위험이전이 완전히 불가능하다.
④ 기업휴지보험을 통해 시간요소손해를 담보받을 수 있는 기업과 달리, 개인의 경우 비상예비자금의 축적이나 주택화재보험 외의 가계성 종합보험 등 간접손해를 보상하는 보험 등으로 위험을 처리하여야 한다.
⑤ 시간요소손해가 다른 간접손해와 다른 것은 손실규모가 직접적으로 시간과 연결되어 있다는 점이다.

24 **재산의 분류에 대한 설명으로 적절한 것은?**

① 우리나라 민법의 재산권의 내용을 기준으로 할 경우 계속적인 사용 여부에 따라 재산은 계속사용재와 교환재로 구분된다.
② 재산에 따라 피보험이익이 다른데 운송인은 물건 소유자로서 소유권에 따른 적극적 위험 이익인 반면 송하인은 보험사고 시 생기는 배상책임을 부담하지 않는 소극적 이익이다.
③ 계속사용재는 건물, 기계장치, 영업용 집기비품 및 가재 등이 있으며, 교환재에는 상품이 있다.
④ 계속사용재의 경우 물리적 손인뿐 아니라 도난과 같은 사회적 손인의 영향력이 상대적으로 크다.
⑤ 보험목적에 의한 재산은 물권에 의한 재산, 채권에 의한 재산, 무체재산권에 의한 재산 및 기타로 구분된다.

25 **배상책임위험에 대한 설명으로 적절하지 않은 것은?**

① 일반배상책임의 성립요건과 관련하여 고의 또는 과실로 인한 위법 행위로 타인에게 손해를 가한 자가 책임능력이 없더라도 그 손해를 배상할 책임이 있다.
② 동물의 점유자는 그 동물이 타인에게 가한 손해를 배상할 책임이 있다.
③ 불법행위는 계약관계에 있지 않은 사람 사이에서 일어난 사고의 사후적 처리로 문제가 되기 때문에 예측가능성은 별로 문제가 되지 않고 피해자의 사후적인 타당한 구제가 중요하다.
④ 자동차손해배상보장법, 환경정책기본법, 제조물책임법, 보험업법 등은 특별법에 규정된 특수불법행위이다.
⑤ 배상책임자는 자신의 고의 또는 과실이 있는 행위에 대해서만 책임을 진다.

26 국민건강보험에 대한 설명으로 적절한 것은?

① 현금급여에는 요양급여, 장애인보장구, 본인부담액 상한제, 임신 · 출산 진료비가 있다.
② 영유아건강검진은 6세 미만의 가입자 및 피부양자가 대상이다.
③ 입원 시에는 총 진료비의 30%가 가입자의 본인부담금이다.
④ 장애인보장기기 보험급여는 장애인복지법에 의하여 등록한 장애인인 가입자에 한하여 보조기기에 대하여 보험급여를 지급한다.
⑤ 요양기관 외의 장소에서 출산을 한 때에는 요양급여가 지급되지 않는다.

27 노인장기요양보험에 대한 적절한 설명으로만 모두 묶인 것은?

가. 고령이나 노인성 질병 등으로 인하여 6개월 이상 동안 혼자서 일상생활을 수행하기 어려운 노인 등에게 신체활동 또는 가사지원 등의 장기요양급여를 사회적 연대원리에 의해 제공하는 사회보험제도이다.
나. 노인장기요양보험제도의 서비스 재원은 국가 및 지방자치단체가 전액 부담한다.
다. 요양시설 및 재가 장기요양기관을 통해 신체활동 또는 가사지원 등의 서비스를 제공한다.
라. 장기요양보험료는 건강보험료와 함께 부과된다.
마. 신청인이 일상생활을 하는 데 다른 사람의 도움을 받아야 할 정도를 나타내는 것을 요양필요도라 한다.

① 가　② 나, 다
③ 다, 라, 마　④ 가, 다, 라, 마
⑤ 나, 다, 라, 마

28 산업재해보상보험에 대한 설명으로 적절하지 않은 것은?

① 유족보상연금에 대해서 형제자매도 19세 미만이거나 60세 이상인 경우 받을 수 있다.
② 유족보상연금 수급 자격자의 자녀와 손자녀는 19세에 달하면 자격을 상실한다.
③ 제3자의 행위에 의한 재해로 보험급여를 지급한 경우에는 보험급여 한도 안에서 급여를 받은 자의 제3자에 대한 손해배상청구권을 대위한다.
④ 휴게시간 중 사업주의 지배관리하에 있다고 볼 수 있는 행위로 발생한 사고도 산재보험의 대상이 되는 보험사고이다.
⑤ 휴업급여 1일당 지급액은 평균 입금의 70%에 상당하는 금액으로 한다.

29 정기보험에 대한 적절한 설명으로만 모두 묶인 것은?

가. 한정된 기간 동안 보장을 제공한다.
나. 재가입정기보험은 계약연도 말에 적격 피보험체 여부를 증명해야 계약을 갱신할 수 있다.
다. 평준보험료의 보험료는 보증이 길어질수록, 즉 보험기간이 길어질수록 높아지게 된다.
라. 신용생명보험은 보험기간 내에 피보험자가 사망하면 보험금이 채권자에게 직접 지급되는 것이 특징이다.
마. 정기보험은 보험기간 동안 지급이 보증되는 보험금액의 변동에 따라 평준정기보험, 체감정기보험, 체증정기보험으로 구분한다.
바. 갱신정기보험은 피보험자의 증가된 나이를 이유로 보험료를 인상할 수 없지만, 피보험자의 높아진 위험도를 기준으로 인상된 보험료를 부과한다.

① 가, 다, 라, 마　② 가, 다, 마, 바
③ 다, 라, 마, 바　④ 가, 나, 다, 바
⑤ 나, 다, 마, 바

30 정기보험의 장점 및 단점에 대한 적절한 설명으로 모두 묶인 것은?

가. 최초 보험가입 시 가장 싼 보험료로 사망보장을 받을 수 있다.
나. 매년 보험료가 갱신되는 정기보험은 피보험자의 연령이 증가함에 따라 보험료 수준이 급격하게 높아진다.
다. 정기보험의 보험계약준비금으로 보험계약대출이 가능하다.
라. 보험기간 중 재무적 니즈에 충당할 만한 해지환급금이 없다.
마. 배당금을 이용하여 보험료를 저렴하게 만들 수 있다.

① 가, 나, 라　② 가, 다, 라
③ 가, 다, 마　④ 나, 다, 마
⑤ 나, 라, 마

31 전통형 생명보험의 종류와 설명이 올바르게 연결된 것은?

가. 전통적 종신보험　　나. 전기납 종신보험
다. 보험료수정 종신보험　　라. 계단식 보험료 종신보험
마. 하이브리드 종신보험　　바. 생사혼합보험

A. 최종보험료는 평준보험료가 적용되어 더 이상 보험료 상승은 없다.
B. 특정 시점에 해지환급금과 사망보험금이 동일해진다.
C. 정기보험기간이 선행되는 종신보험이다.
D. 평생 동안 보장하며 갱신이나 전환이 필요 없다.

① A－라, B－바, C－다, D－나
② A－라, B－가, C－나, D－다
③ A－나, B－라, C－다, D－가
④ A－나, B－가, C－마, D－바
⑤ A－마, B－바, C－다, D－라

32 상해보험에 대한 설명으로 적절하지 않은 것은?

① 상해보험에 있어서 신체의 손상은 급격하고도 우연한 외래의 사고와 인과관계가 있어야 한다.
② 유독가스 또는 유독물질을 우연하게도 일시에 흡입하는 경우 상해로 보지만 상습적으로 흡입 또는 흡수하는 경우에는 상해로 보지 않는다.
③ 장기상해보험은 1년 이상의 장기계약으로 일반장기상해보험, 운전자보험, 실손의료비보험 등이 있다.
④ 상해보험은 피보험이익이 존재하지 않는다.
⑤ 질병 또는 자연발생적 신체의 손상은 상해로 보지 않는다.

33 질병보험에 대한 적절한 설명으로만 모두 묶인 것은?

가. 질병보험의 대표적인 상품으로는 CI보험, 암보험 등이 있다.
나. 질병사망을 담보하는 계약에서 만 15세 미만자, 심신상실자 또는 의사능력이 없는 심신박약자를 피보험자로 한 경우 보험은 무효가 된다.
다. 단체계약을 제외한 타인의 사망을 보험사고로 하는 계약에서 계약체결 시 타인의 서면에 의한 동의를 얻지 아니한 경우 보험은 무효가 된다.
라. 상해보험에 비해 도덕적 위태가 발생할 가능성이 높기 때문에 질병보험에는 면책기간 등을 설정하기도 하며, 그 예로 암보험의 경우 일반적으로 120일의 면책기간을 두고 있다.
마. 손해보험회사가 질병을 원인으로 하는 사망을 제3보험의 특약 형식으로 담보해야 하는 경우에는 보험만기는 90세 미만, 보험가입금액은 1억원 이내 등의 요건을 충족해야 한다.

① 가　　② 가, 나
③ 가, 나, 다　　④ 가, 나, 다, 라
⑤ 가, 나, 다, 라, 마

34 3세대 실손의료비보험에 대한 설명으로 적절하지 않은 것은?

① 상법상 인보험에 해당되며, 보험업법상 제3보험업에도 속한다.
② 국민건강보험 급여항목 중 본인부담액과 법정 비급여항목에서 자기부담금을 공제한 후 지급한다.
③ 표준형 상해입원비의 경우 보상대상 의료비의 80% 해당액을 보상한다.
④ 상급병실료 차액은 상급병실과 기준병실료의 차액의 50% 해당액에 입원일수를 곱하여 전액 보상한다.
⑤ 표준형 처방조제비는 보상대상의료비에서 8천원과 보상대상 의료비의 20% 중 큰 금액을 공제한 후 지급한다.

35 손해보험의 종류에 대한 적절한 설명으로만 모두 묶인 것은?

가. 보험가입 주체에 따라 가계보험과 기업보험으로 분류한다.
나. 보험가입 목적에 따라 개인보험과 단체보험으로 분류하며, 단체보험은 사업주 또는 단체의 대표자가 보험계약자가 되고 사업장 또는 단체소속의 집단을 보험가입 대상으로 한다.
다. 보험가액의 평가시기에 따라 기평가보험과 미평가보험으로 분류하며, 보험계약체결 당시 그 가액을 정하는 보험을 기평가보험이라고 한다.
라. 보험담보위험의 차이에 따라 특정보험과 총괄보험으로 분류하며, 특정보험이란 다수의 보험목적을 특정하여 체결하는 보험계약을 말한다.
마. 보험가액의 평가기준에 따라 시가보험과 신조달가액보험으로 분류하며, 보험목적이 입은 손해에 대하여 시가를 한도로 보상하는 보험을 시가보험이라고 한다.

① 가, 나, 라　　② 가, 다, 라
③ 가, 다, 마　　④ 나, 다, 마
⑤ 나, 라, 마

36 다음 보기는 장기간병보험에 대한 설명이다. (가)~(라) 안에 들어갈 내용으로 적절한 것은?

- 장기간병보험은 보험업법상 (가) 분류되어 생 · 손보사에서 모두 판매 중이다.
- 질병을 원인으로 치매는 (나) 활동불능은 (다)을 경과한 후부터 보장한다.

① 가 – 제3보험, 나 – 1년, 다 – 90일
② 가 – 손해보험, 나 – 1년, 다 – 180일
③ 가 – 손해보험, 나 – 2년, 다 – 90일
④ 가 – 생명보험, 나 – 2년, 다 – 180일
⑤ 가 – 제3보험, 나 – 2년, 다 – 90일

37 재산보험의 종류와 그 설명이 올바르게 연결된 것은?

가. 동산종합보험　　나. 재산종합보험
다. 해상보험　　라. 풍수해보험

A. 보험의 목적에 발생하는 모든 위험의 형태를 담보하는 이른바 전위험담보이다.
B. 국가와 국가 간의 국제무역을 전제로 하여 국제성이 강하다.
C. 개별 계약자의 위험의 공백 또는 중복가입의 불합리성의 제거와 비용 절감 및 보험자의 사업비 절감을 도모할 수 있다.
D. 법률규정상의 임의보험이며, 보험료의 일부를 정부가 지원할 수 있다.

① 가 – A, 나 – B, 다 – C, 라 – D
② 가 – A, 나 – B, 다 – D, 라 – C
③ 가 – A, 나 – C, 다 – B, 라 – D
④ 가 – A, 나 – D, 다 – C, 라 – B
⑤ 가 – D, 나 – B, 다 – C, 라 – A

38 배상책임보험에 대한 설명으로 적절하지 않은 것은?

① 제3자 배상책임보험, 보관자 책임보험, 혼합책임보험으로 구분하며, 주차장 배상책임보험과 하역업자 배상책임보험은 혼합책임보험으로 구분한다.
② 의무배상책임보험은 피해자에 대한 가해자의 손해배상 이행자력을 확보하기 위한 수단이다.
③ 전문직 배상책임보험은 고객을 포함한 제3자의 손해발생을 보상한다.
④ 의무보험에 가입된 특수건물에서 영업 중인 다중이용업소 주인은 화재배상책임보험에 가입하지 않아도 된다.
⑤ 영업배상책임보험에는 일반영업활동 및 전문직업 업무에 기인한 배상책임위험을 포함한다.

39 자동차보험의 보험료 산정 및 할증 체계와 담보위험에 대한 설명으로 적절하지 않은 것은?

① 자동차보험의 할인할증등급 체계는 29개 등급으로 분류하여 적용한다.
② 무사고자에 대한 보험료 할인은 3년간 무사고이면 그 다음해에 1등급을 할인한다.
③ 보험료 산정 시 특별요율은 운전자의 연령범위를 제한하는 특약 등 가입 시에 적용하는 요율이다.
④ 자기신체사고 담보와 자동차상해 담보를 동시에 가입할 수 없다.
⑤ 무보험자동차상해 담보는 최고 2억원까지 보상한다.

40 금리형 보험에 대한 적절한 설명으로만 모두 묶인 것은?

가. 공시이율형 보험은 저축보험료의 부리이율을 공시이율로 적용하는 보험이며, 공시이율은 객관적인 외부지표금리를 가중평균하여 산출한다.
나. 유니버설보험은 계약자의 필요에 따라 사망보장금액을 증가 또는 감소시킬 수 있다.
다. 유니버설 보험은 시중금리가 아무리 하락해도 일정 정도의 보험금을 보증하는 최저보증금리가 있다.
라. 주식시장이 급격하게 하락하면 공시이율도 하락한다.
마. 유니버설보험 비용은 순보장금액과 사업비로 구성되며 사업비는 적립금에서 공제되거나 납입보험료에서 직접 공제된다.

① 가, 나, 다　　② 가, 나, 마
③ 가, 다, 라　　④ 나, 라, 마
⑤ 다, 라, 마

41 유니버설보험에 대한 적절한 설명으로만 모두 묶인 것은?

가. 보험료를 비정기적으로 납입할 수 있다.
나. 제1회 보험료가 납입되면 보험회사는 사업비와 첫 번째 달의 위험보험료를 공제하고, 잔액은 적립금으로 이전된 후, 매월 적립금에 납입보험료와 부리이자가 추가되고, 월 위험보험료가 공제된다.
다. 평준형 유니버설생명보험은 사망보험금이 최초 가입금액과 적립금을 합한 보장급부를 제공한다.
라. 증가형 사망급부의 경우, 연령 증가에 따라 정기보험 코스트, 즉 순보장금액의 단위당 위험보험료는 감소한다.
마. 대부분의 유니버설보험은 단기 이율에 기초한 수익률을 제공함으로써 종신보험보다 금리에 더 빠르게 반응한다.

① 가, 마　② 나, 라
③ 가, 다, 라　④ 나, 라, 마
⑤ 다, 라, 마

42 변액보험에 대한 적절한 설명으로만 모두 묶인 것은?

가. 납입보험료와 사망보험금이 보증된다.
나. 계약자는 보험료와 적립금의 투자에 대한 선택권을 갖는다.
다. 보험료와 사망보험금은 투자성과에 따라 변동된다.
라. 보험계약자는 모든 투자위험을 스스로 감수하여야 한다.
마. 보험료는 동일한 사망보장금액을 가지는 전통형 종신보험이나 변액유니버설보험에 비하여 높은 편이다.
바. 보험회사는 최저사망보험금 보증비용을 매일 일반계정에서 차감한다.

① 가, 나, 라, 마　② 가, 다, 마, 바
③ 가, 나, 라　④ 다, 마, 바
⑤ 나, 다, 마, 바

43 유동자산이나 비유동자산 어느 쪽으로 분류할 수 없는 자산으로만 묶인 것은?

가. 결제용 계좌　나. 부동산
다. 예금　라. 개인연금
마. 보석 등과 같은 동산　바. 자동차

① 가, 다, 마　② 나, 다, 라
③ 가, 마, 바　④ 나, 다, 바
⑤ 다, 마, 바

44 손해보험설계 프로세스 중 위험관리를 위한 분석 및 평가에 대한 설명으로 적절하지 않은 것은?

① 한정된 재산을 소유하거나 또는 일부 재산의 손해가 개인 또는 기업의 미래에 치명적인 영향을 미치는 부분에 대해서는 최대가능손실로 위험을 평가하는 것이 바람직하다.
② 위험의 중요도는 일반적으로 손해발생 빈도보다는 잠재적 손해의 심각성에 달려 있다.
③ 사고발생으로 인한 최종적인 재무적 손실금액은 발생 전에 예측했던 직접손해와 간접손해의 합을 초과할 수 없다.
④ 위험 평가 시 손해발생 후 원상회복이라는 관점에서 재조달가액으로 손실금액을 평가하는 것이 바람직하다.
⑤ 프로우티의 손해발생확률에서 고려해야 할 것은 중간 및 확정 범주에 속한 위험이다.

45 위험관리계획의 실행 과정에서 재무설계사가 주의할 사항으로 적절하지 않은 것은?

① 법으로 강제화된 보험, 손실규모가 심각한 배상책임위험에 대해서는 필수보장에 포함시켜야 한다.
② 보험료를 줄이기 위한 방법으로 공제액 설정을 적게 할수록 보험료는 낮아진다.
③ 개인이나 조직이 직면한 위험 중 보험으로 부보 가능하지 않거나 보험으로 부보할 경우 코스트가 높은 위험에 대해 보험 이외의 위험처리방법을 고려하여야 한다.
④ 필요보장의 선택 시 보장금액이 가능하면 위험평가에서 재무적 손실로 평가한 금액과 동등하게 설정하여야 한다.
⑤ 재무설계사는 고객의 잠재적 위험과 위험수용성향, 지출 가능한 보험료 수준 등을 고려하여 적절한 상품을 권유해야 한다.

은퇴설계

46 절대소득가설에 대한 설명으로 적절한 것은?

① 소비를 결정하는 가장 중요한 요인은 이자율이다.
② 한계소비성향은 주어진 소득수준이 변화할 경우 소비증가분 중의 소득증가의 비율을 의미한다.
③ 은퇴자금 마련을 위해 현재 소비를 줄이고 저축을 증가시키는 행동을 설명하는 근거가 된다.
④ 평균저축성향은 소득이 증가함에 따라 감소한다.
⑤ 이자율은 이론적으로 소비에 영향을 미칠 수 있지만 소득이 주어진 상태에서는 그 영향이 크지 않으며, 소비는 가처분소득과 불안정한 함수관계에 있다.

47 은퇴설계 정보요약표에 대한 설명으로 적절하지 않은 것은?

① 은퇴설계 정보요약표에는 현재 투자하고 있거나 계획하고 있는 은퇴자산, 공적연금 등의 자산을 기재하되, 고객과 합의한 은퇴시기, 물가상승률, 세후투자수익률, 소득세율 등의 가정도 함께 기재한다.
② 은퇴 후 필요한 연간소득은 부부 은퇴기간과 일방 배우자 사망 후 유족 배우자의 독거기간을 구분하여 고객의 연간 희망 은퇴소득 목표를 기재한다.
③ 은퇴기간별로 은퇴소득 목표를 달리 정하여 은퇴설계를 요구하는 경우에는 단계별 은퇴소득 목표를 구분하여 기재할 수 있다.
④ 세법규정은 조세정책에 따라 개정될 가능성이 많아 고객이나 재무설계사가 미리 예측할 수는 없으며 은퇴설계 시 소득세율은 설계 당시의 세법규정으로 적용한다.
⑤ 퇴직연금계좌는 퇴직소득세가 부과되지 않고 은퇴기간 중 연금수령 시 이자수익에 대해서 이자소득세도 부과되지 않으므로 세전일시금 형태로 환산하여 기재한다.

48 워크시트 접근법 6단계의 분석과정이 순서대로 올바르게 나열된 것은?

가. 순수하게 은퇴를 위해 활용 가능한 자산가치를 결정하기 위해서는 자산의 미래가치에서 처분 시의 세금이나 비용을 공제하여 순미래가치를 계산한다.
나. 각 자산의 예상수익률을 사용하여 고객이 은퇴하는 시점에서 각 은퇴자산의 미래가치를 계산한다.
다. '은퇴설계 정보요약표'상의 은퇴 후 필요한 연간 소득에서 국민연금 등 공적연금을 차감하여 계산시점에서 은퇴 후 필요한 연간 소득의 부족분을 구한다.
라. 은퇴소득의 부족분은 물가상승률을 반영하여 은퇴 첫해 소득의 부족액을 계산하고, 은퇴기간 중 매년 부족액을 은퇴시점에서 일시금 형태로 계산한다.
마. 추가적으로 필요한 은퇴일시금을 마련하기 위한 연간 저축액을 결정한다.
바. 은퇴 시점에서 필요로 하는 총은퇴일시금에서 '은퇴시점에서 자산의 순미래가치'를 공제하면 은퇴 시 추가적으로 필요한 은퇴일시금이 된다.

① 가－나－다－라－마－바
② 가－나－라－다－마－바
③ 나－가－다－라－바－마
④ 나－가－라－다－바－마
⑤ 가－나－다－라－바－마

49 투자포트폴리오 구성방법과 그 설명이 올바르게 연결된 것은?

가. 현재와 미래의 경제상황 등을 투자자 직관으로 판단하여 구성하는 것으로 직관적 근거가 부족하여 객관적 신뢰성이 담보되지 않는다.
나. 각종 경제지표를 가정하고 각각의 자산군에 대해 예상수익률을 측정하는 것으로, 많은 재무설계사들이 활용하고 있는 방법이다.
다. 최적포트폴리오는 효율적 투자기회선과 투자자 효용함수가 접하는 점에서 결정된다.
라. 투자자가 이론적 배경을 이해하지 못하면 자신의 상황변화에 적극적으로 대응할 수 없다.

A. 모델포트폴리오를 활용한 포트폴리오 구성
B. 직관적 판단에 의한 포트폴리오 구성
C. 다중 시나리오 분석에 의한 포트폴리오 구성
D. 위험－수익 최적화 방법에 의한 포트폴리오 구성

① 가－A, 나－B, 다－C, 라－D
② 가－A, 나－C, 다－D, 라－B
③ 가－B, 나－D, 다－A, 라－C
④ 가－B, 나－C, 다－D, 라－A
⑤ 가－C, 나－D, 다－A, 라－B

50 정액분할 투자법에 대한 설명으로 적절하지 않은 것은?

① 투자위험 분산과 매입단가 평준화를 특징으로 하는 정액분할투자법은 위험자산의 가격변동성이 큰 경우에도 원래 세웠던 투자를 지속하도록 하는 근거를 제공한다.
② 소액의 투자자금으로도 시작할 수 있는 투자 방법이다.
③ 잘못된 시기에 투자자금 전부를 일시에 투자하지 않도록 도와준다.
④ 월이나 분기와 같이 일정한 기간별로 고정된 비율을 계속 투자하는 방법이다.
⑤ 위험자산의 변동성이 큰 경우에도 원래 세웠던 은퇴계획을 계속 지키도록 하는 근거를 제공한다.

51 은퇴소득 확보방안에 대한 설명으로 적절한 것은?

① 변액연금보험은 연금개시 나이를 55세 이후부터 다양하게 선택할 수 있어 조기은퇴의 경우에 은퇴소득을 확보할 수 있는 방안이 될 수 있으며, 장기저축성보험상품과 같이 일정 조건에 충족하는 경우 연금수령액에 대해 비과세 혜택을 받을 수 있다.
② 적립식펀드를 통해 은퇴 기본 생활비를 마련할 수 있으며 주가가 하락하더라도 정해진 기간 동안 일정 금액을 계속 투자하는 것이 바람직하지만 10년 이상의 장기투자를 지속하는 것은 적절하지 않다.
③ 즉시연금은 목돈을 금융회사에 맡기고 일정 시점부터 매달 연금으로 수령할 수 있으며 확정연금형과 종신연금형 중 선택이 가능하다.
④ 즉시연금은 목돈을 금융회사에 맡기고 일정 시점부터 매달 연금으로 수령할 수 있기 때문에 정기적인 은퇴소득원으로서 역할을 할 수 있으나, 종신연금형 선택이 불가능하다는 단점이 있다.
⑤ 우리사주 실시회사 근로자의 경우 우리사주 저축제도를 활용하면 정기적인 저축을 통해 취득자금을 마련하여 우리사주를 취득하고 장기보유하면서 세제혜택과 함께 재산 형성을 할 수 있으나 은퇴소득원 확보 수단으로는 활용할 수는 없다.

52 국민연금에 대한 적절한 설명으로만 모두 묶인 것은?

가. 법률에 의한 가입과 보험료 납부의 강제성, 소득재분배 기능 수행, 연금급여의 실질구매력 유지, 장수위험을 대비할 수 있는 연금지급이라는 제도적 특징을 갖고 있다.
나. 추후납부란 가입자가 소득이 없어 연금보험료를 납입하지 못한 납부예외기간, 적용제외기간 및 병역의무수행기간 등의 추후납부 대상기간에 대해 가입자격 취득 후 본인이 원할 때 연금보험료를 납부하는 제도로 강제사항이다.
다. 외국인의 경우 국내 국민연금 당연적용사업장에 근무하더라도 가입대상에서 제외된다.
라. 연금보험료를 내지 아니한 기간은 가입기간에 산입되지 않지만, 납부예외기간 중 사망하거나 장해를 입는 경우 유족연금 또는 장애연금 수급권이 발생한다.

① 가, 나　② 가, 라
③ 나, 다　④ 나, 라
⑤ 다, 라

53 국민연금 연금액에 대한 설명으로 적절하지 않은 것은?

① 국민연금 연금액은 기본연금액과 부양가족 연금액을 기초로 산정하며, 지급사유에 따라 기본연금액의 지급을 제한하거나 급여 성격에 따라 부양가족 연금액을 가산하지 않는 경우도 있다.
② 출산크레딧 적용기간 중 가입자 기준소득월액은 전체 가입자의 평균기준소득월액의 평균액(A값)을 적용하고, 재원은 국가가 전부 또는 일부를 부담한다.
③ 병역의무를 이행한 자에게 노령연금 산정에 한해 6개월의 가입기간을 추가로 인정하며 가입자의 기준소득월액(B값)은 전체 가입자의 평균기준소득월액의 평균액(A값)의 50%를 인정하며, 재원은 국가와 가입자 각각 50%씩 부담한다.
④ 국민연금 가입자 중 구직급여를 수급하는 자가 실업크레딧 신청을 하면 구직급여 수급 기간 중 최대 1년을 한도로 연금보험료의 일정 부분을 지원받을 수 있으며, 지원금액은 퇴직 전 평균임금의 50%(상한 70만원)에 해당하는 연금보험료의 75%를 국가 및 고용 보험기금에서 지원한다.
⑤ 국민연금 소득대체율(상수)이 낮아질수록 연금액은 감소한다.

54 노령연금에 대한 설명으로 적절하지 않은 것은?

① 국민연금 급여는 크게 연금과 일시금으로 나눌 수 있으며, 연금수급을 원칙으로 하되 일시금은 연금수급 자격이 되지 않는 경우 수급하게 된다.
② 국민연금 일시금 급여의 종류로는 반환일시금과 사망일시금이 있다.
③ 노령연금은 가입기간이 10년 이상인 가입자 또는 가입자였던 자에 대하여 연금지급 개시연령이 된 때부터 그가 생존하는 동안 기본연금액과 부양가족연금액을 합산하여 지급한다.
④ 노령연금 수급권자가 65세 이전에 소득이 있는 업무에 종사하는 경우 기본연금액과 부양가족연금은 일부 금액을 감액하여 지급하며, 65세 이후부터는 소득액에 상관 없이 기본연금액과 부양가족연금 전액이 지급된다.
⑤ 기본연금은 가입기간 20년을 기준으로 산출한 연금액에 20년 초과 또는 미달 가입기간 1년당 5%씩 가감된다.

55 나고객 씨의 사망으로 남아있는 유족들이 유족연금을 지급받을 수 있는 경우로 적절하지 않은 것은?

① 나고객 씨는 노령연금 수급권자이다.
② 나고객 씨는 장애등급 2급 이상의 장애연금 수급권자이다.
③ 나고객 씨는 국민연금을 10년 이상 가입자 했다.
④ 나고객 씨는 국민연금 10년 미만 가입자지만 가입대상 기간의 1/2이상 연금보험료를 납부했다.
⑤ 나고객 씨는 국민연금 10년 미만 가입자지만 최근 5년간 3년 이상 연금보험료를 납부했다.

56 반환일시금 지급에 대한 설명으로 적절하지 않은 것은?

① 연금지급 조건인 가입기간 10년을 채우지 못한 자가 60세가 된 때 혹은 국적 상실 또는 국외 이주 시 반환일시금 수급요건에 충족된다.
② 지급받은 반환일시금과 1년 만기 정기예금이자율을 적용한 경과이자를 가산하여 반납할 경우, 반납금에 해당하는 가입기간을 복원할 수 있다.
③ 가입자 또는 가입자였던 자가 사망했으나 유족연금이 지급되지 않은 때(단, 가입자 또는 가입기간이 10년 이상인 가입자였던 자가 사망한 때에는 유족연금이 지급되지 아니하는 경우에 한함)에도 반환일시금 수급요건에 해당한다.
④ 반환일시금은 수급권 발생일로부터 10년이 경과하면 소멸시효가 완성된다.
⑤ 반환일시금의 이자는 보험료 납입일이 속한 달의 다음 달부터 60세에 도달하는 등 연금지급사유 발생일이 속한 달까지는 1년 만기 정기예금이자율을 적용한다.

57 사망일시금에 지급에 대한 설명으로 적절하지 않은 것은?

① 가입자 또는 가입자였던 자가 사망하였으나 유족연금 또는 반환일시금을 지급받을 수 있는 유족이 없을 경우 지급한다.
② 국민연금 가입자 사망 당시 25세의 자녀만 있다면, 자녀는 국민연금법상 유족이 아니므로 사망일시금을 지급한다.
③ 수급권자가 없는 경우 4촌 이내 방계혈족으로 가입자 또는 가입자였던 자에게 생계를 지원받고 있던 자에게 지급한다.
④ 가입자 또는 가입자였던 자의 최종 기준소득월액과 가입기간 중 각 월의 기준소득월액의 평균액을 계산한 후, 양쪽 금액 중에서 많은 금액의 4배를 한도로 하여 지급한다.
⑤ 사망일시금 지급 순위는 국민연금법상 유족 요건을 충족하지 못한 배우자, 자녀, 부모, 형제자매, 조부모, 손자녀 등의 순이다.

58 퇴직연금의 담보제공이 허용되는 경우로만 모두 묶인 것은?

가. 무주택자인 가입자가 주거를 목적으로 보증금을 부담하는 경우
나. 6개월 이상 가입자 본인 또는 부양가족이 요양을 필요로 하는 경우
다. 담보를 제공하는 날부터 역산하여 5년 이내 개인회생절차 개시결정을 받은 경우
라. 가입자 본인 또는 부양가족의 대학등록금, 혼례비 또는 장례비를 가입자가 부담하는 경우
마. 천재지변 등 고용노동부장관과 법무부장관이 정하는 사유와 요건에 해당하는 경우

① 가
② 가, 나
③ 가, 나, 라
④ 나, 다, 라
⑤ 다, 라, 마

59 확정급여형 퇴직연금에 대한 적절한 설명으로만 모두 묶인 것은?

가. 재정검증 결과 적립금이 기준책임준비금의 100%를 초과한 경우 사용자는 그 초과분을 향후 납부할 부담금에서 상계할 수 있다.
나. 급여수준은 가입자의 퇴직일을 기준으로 산정한 일시금이 계속근로기간 1년에 대해 30일분의 통상임금에 상당하는 금액 이상이 되도록 하여야 한다.
다. 퇴직급여는 퇴직사유가 발생한 날로부터 14일 이내에 근로자가 지정한 개인형 퇴직연금(IRP)에 이전하는 방식으로 지급되어야 한다.
라. 퇴직연금감독규정 등에 정한 투자금지대상 및 투자위험을 낮춘 운용방법을 제외한 원리금비보장 운용방법에 대한 투자는 사용자별 퇴직연금 적립금의 70% 범위 내에서 가능하며, 이 경우 원리금비보장자산에 대한 총투자한도는 있지만 개별 자산에 대한 투자한도는 적용하지 않는다.
마. 가입자가 55세 이후에 퇴직하거나, 퇴직연금급여를 담보로 대출을 상환하거나, 퇴직급여액이 300만원 이하이거나, 근로자가 사망하여 퇴직금이 지급되는 경우에는 가입자(상속자)에게 직접 지급할 수 있다.

① 가, 라, 마
② 나, 다, 마
③ 다, 라, 마
④ 가, 다, 라, 마
⑤ 나, 다, 라, 마

60 개인형퇴직연금에 대한 설명으로 적절하지 않은 것은?

① 이연퇴직소득이 이전된 개인형퇴직연금을 전부 해지할 경우 퇴직소득세 및 기타소득세가 과세된다.
② DC형 퇴직연금과 달리 IRP 가입자가 근퇴법 시행령에 정한 사유와 요건에 해당하는 경우에도 중도인출이 불가하며, 이연퇴직소득이 이전된 IRP는 55세 이전에 해지가 불가능하다.
③ 사용자가 부담하는 부담금 외에 가입자의 부담으로 추가부담금을 납입할 수 있다.
④ 개인형퇴직연금을 설정한 근로자는 직접 적립금을 운용하며, 매 반기 1회 이상 퇴직연금사업자가 제시하는 운용방법 중 선택하여 변경이 가능하다.
⑤ 공무원 등 직역연금 가입자도 개인형퇴직연금을 설정할 수 있다.

61 세제비적격연금 중 연금보험에 대한 설명으로 적절하지 않은 것은?

① 연금보험은 제1보험기간과 제2보험기간으로 구성되어 있다.
② 장기저축성보험의 과세제외요건을 충족하는 운용수익에 대해 연금이나 일시금 인출 시 과세하지 않는 TEE 방식이다.
③ 운용수익에 대해 연금이나 일시금 인출 시 매년 이자소득세를 과세한다.
④ 가입자가 보험료 납입기간 중 합산 장해율 80% 이상의 장해가 발생하는 경우, 잔여 보험료의 납입을 면제하는 보험료 납입 면제특약이 부가되어 있다.
⑤ 가입 초기에 납입보험료에서 보험관계비용을 선공제하기 때문에 조기해약의 경우 환급금이 납입보험료보다 적을 수 있다.

62 채권연계형 연금의 장점에 대한 적절한 설명으로만 모두 묶인 것은?

가. 연금수령 시 납입원금 이상의 연금적립금이 보장된다.
나. 변액보험에 대해 투자위험이 상대적으로 적다.
다. 금리상승 시 이율확정기간 종료 후 공시이율 적용기간으로 전환할 수 있다.
라. 지수투자에 따른 수익으로 유동성이 제고된다.
마. 저금리가 지속되는 환경에서 공시이율보다 높은 수익을 얻을 수 있다.
바. 납입원금 및 최저보증이율(통상 1.0~1.5%)을 적용한 수익이 보장된다.

① 가, 나, 다
② 가, 다, 마
③ 나, 다, 마
④ 나, 라, 바
⑤ 다, 라, 바

63 개인연금 대한 설명으로 적절하지 않은 것은?

① 세제적격연금의 경우 세액공제를 받지 않은 납입보험료는 인출 시 세금을 과세하지 않기 때문에 연금 이외의 목적자금으로 활용할 수 있다.
② 현재 국내에서 판매하고 있는 변액연금에는 다양한 유형의 적립금 운용옵션과 적립금 보증옵션이 개발・활용되고 있으나, 인출보증옵션은 보험회사의 투자위험에 대한 부담 등으로 활용이 미미한 상태이다.
③ 연금저축상품은 모두 확정기간연금 수령은 물론 종신연금 수령 또한 가능하다.
④ 납입한 원금손실이 발생하더라도 높은 수익을 원한다면 연금저축펀드를 선택하는 것이 바람직하다.
⑤ 보증기간형 종신연금은 조기사망 시 잔여 연금적립금이 소멸하는 종신연금의 단점을 보완한 것으로, 일반 종신연금보다 연금수준은 낮다.

64 **연금계좌의 적립금 운용에 대한 설명으로 적절하지 않은 것은?**

① 연금저축보험은 공시이율을 적용하므로 가입자가 별도의 운용지시를 하지 않는다.
② 연금저축펀드는 위험자산에 대한 투자한도가 없지만 퇴직연금계좌의 경우 위험자산에 대한 투자가 적립금의 70% 이내로 제한된다.
③ 연금저축신탁, 보험, 펀드에 가입하여 적절한 비율로 적립금을 분산투자하고, 기간 경과에 따라 자산가치가 변하면 리밸런싱해 나갈 수 있다.
④ 연금계좌는 하나 또는 여러 유형의 연금계좌를 선택하여 납입 · 운용할 수 있으며, 적극적인 투자성향을 띠는 가입자의 경우 연금저축신탁 또는 연금저축보험의 위험자산 투자비중을 높인다.
⑤ 연금계좌에 있는 금액이 연금개시 되기 전 다른 연금계좌로 이체될 경우 세제상 불이익은 없다.

65 **연금계좌 활용에 대한 설명으로 적절하지 않은 것은?**

① 퇴직근로자 입장에서 지급받은 퇴직급여를 은퇴소득원으로 활용하기 위해서는 인출 시까지 별도의 금융상품에 투자하거나 연금계좌에 납입하여 운용하는 방법 중 선택할 수 있다.
② 퇴직연금제도를 도입하지 않은 사업장에 근무하는 근로자는 개인형 퇴직연금(IRP)을 가입할 수 있다.
③ 수수료 측면에서 볼 때 연금저축계좌의 수수료보다 퇴직연금의 수수료가 낮은 수준이다.
④ 연금수령기간이 길수록 연간 배분되는 이연퇴직소득이 커지게 되고, 이에 따라 이연퇴직소득세 과세기간이 길어지면서 퇴직소득세의 현가는 커지게 된다.
⑤ 퇴직급여를 IRP로 이전하고 인출할 때까지의 기간이 길수록 복리효과에 의해 환급되는 퇴직소득세의 수익창출 효과가 높아지게 된다.

66 **은퇴자산 인출모델과 그 설명이 올바르게 연결된 것은?**

가. 과거 수익률을 활용한 모델
나. 몬테카를로 시뮬레이션을 활용한 모델
다. 지속가능한 인출률을 활용한 모델
라. 최대안전인출률을 활용한 모델
마. 현금흐름적립을 활용한 모델

A. 가까운 미래에 사용된 은퇴소득을 현금성자산으로 이전하여 변동성을 줄이는 전략은 유동성을 확보하면서 은퇴자산을 안정적으로 인출하는데 효율적이다.
B. 은퇴시점에 따라 경제상황이 미리 세워놓은 가정과 다를 수 있고, 이론적으로 예측하기 어려운 요인들 때문에 현실적으로 가능하지 않을 수 있다.
C. 은퇴자가 최대효용을 얻기 위해 최대인출이 가능한 인출률과 자산배분비율을 함께 알 수 있다는 장점이 있다.
D. 일반적으로 위험자산의 비중이 높아질수록 포트폴리오의 기대수익률이 높아지게 되고 인출할 수 있는 금액은 증가하게 된다.
E. 실제로 평균수익률, 분산, 표준편차의 분포 패턴은 정확하게 예측할 수 없으며, 이러한 세 가지 가정이 비현실적이라는 점 때문에 비판을 받기도 한다.

① 가－A, 나－B, 다－C, 라－D, 마－E
② 가－C, 나－B, 다－A, 라－D, 마－E
③ 가－B, 나－A, 다－C, 라－E, 마－D
④ 가－D, 나－C, 다－E, 라－D, 마－A
⑤ 가－D, 나－E, 다－C, 라－B, 마－A

67 **은퇴자산의 인출방법에 대한 설명으로 적절하지 않은 것은?**

① 은퇴자산 인출방법에는 자동인출, 자가연금화, 종신연금 활용방법이 있다.
② 자동인출방법은 사람들의 선택을 유도하는 부드러운 개입, 즉 넛지효과가 적용된다.
③ 자가연금화방법의 경우 지급기간을 잘못 예측하거나 과도한 인출을 하게 되더라도 사망 전에 은퇴자금이 소진될 위험이 없다는 장점이 있다.
④ 일반계정에서만 운용되고 정액으로 지급되는 종신연금의 경우 연금수령기간이 길어질수록 인플레이션 때문에 매월 수령하는 금액의 구매력이 하락할 수밖에 없으므로, 종신연금을 활용할 경우 이러한 위험을 회피할 수 있도록 설계하는 방법으로 모색해야 한다.
⑤ 행동재무학자들은 자동적으로 은퇴자금이 인출되도록 하면 사람들의 판단이 반영되지 않기 때문에 비이성적인 판단으로 인한 투자손실과 그로 인한 인출전략의 실패를 막을 수 있다고 생각한다.

68 **은퇴 후 소비 지출 및 자산관리에 대한 설명으로 적절하지 않은 것은?**

① 은퇴 후 적정 소비지출 수준은 일반적으로 은퇴 직전 소득의 60%는 되어야 최소한의 생활을 유지할수 있고, 70~80% 정도면 은퇴 전과 비슷한 생활을 유지할 수 있다.
② 은퇴하여 사망 시까지 필요한 생활비를 지속적으로 공급해 줄 수 있는 현금흐름시스템을 만들기 위해 연금성 자산을 활용한 자산배분이 필요하다.
③ 연금이 부족한 경우 추가적으로 금융자산이나 부동산자산 등 자산을 연금화하는 전략을 실행해야 한다.
④ 은퇴 후에는 안정적인 자산관리에 중점을 두어야 함에 따라 나이에 맞는 자산관리 방법을 선택해야 하며, 가장 잘 알려진 '100에서 자신의 나이'를 빼는 투자법은 자기 과신으로 인한 재무의사 결정의 오류가 발생할 수 있다는 단점이 있다.
⑤ 은퇴자의 위험수용성향을 고려한 자산배분 중 대표적인 방식은 라이프사이클 투자전략으로 생애주기에 있어 은퇴자의 위험수용성향을 10년마다 재평가하여 새로운 투자전략을 수립하는 것을 말한다.

69 **사내근로복지기금의 운용방법에 대한 적절한 설명으로만 모두 묶인 것은?**

가. 금융기관에의 예입 및 금전신탁
나. 투자신탁 등의 수익증권 매입
다. 국가, 지방자치단체 또는 금융기관이 발행하거나 채무이행을 보증하는 유가증권 매입
라. 자본시장과 금융투자업에 관한 법률에 따른 투자회사가 발행하는 주식의 매입
마. 당해 회사 주식을 보유한 경우 그 회사의 유상증자 참여

① 가
② 가, 나
③ 가, 나, 다
④ 가, 나, 다, 라
⑤ 가, 나, 다, 라, 마

70 **은퇴 후 주거환경과 그에 대한 설명이 올바르게 연결된 것은?**

가. 실버타운(Silver town)
나. 시니어 코하우징(Senior Co–housing)
다. 컬렉티브 하우스(Collective house)

A. 60세 이상 노인들에게 주거, 의료, 식사, 건강관리 및 각종 여가 및 문화 프로그램을 제공하는 시니어 전용 주거시설이며 노인복지법상 노인주거복지시설의 양로시설과 노인복지주택 중 유료로 제공되는 시설을 말한다.
B. 거주목적이 자녀양육이나 가사분담 또는 공동체적 삶을 살기 위한 것이 아니라, 건강한 시니어들의 은퇴 후 노후주거의 대안으로 공동활동에 자발적으로 참여하며 자치적으로 생활하는 노인주택의 하나이다.
C. 노인복지시설 안에 어린이집을 같이 운영하여 세대결합의 효과를 거두고 있으며, 따로 또 같이 사는 대안 주거형태이다.

① 가–A, 나–C, 다–B
② 가–A, 나–B, 다–C
③ 가–B, 나–C, 다–A
④ 가–C, 나–A, 다–B
⑤ 가–C, 나–B, 다–A

부동산설계

71 부동산 분류에 대한 적절한 설명으로만 모두 묶인 것은?

가. 필지(筆地)란 하나의 지번이 붙는 토지의 등록단위로 토지소유권이 미치는 범위와 한계를 의미한다.
나. 구거는 물이 고이거나 상시적으로 물을 저장하고 있는 댐 · 저수지 · 호수 · 연못 등의 토지이다.
다. 다른 지목에 속하지 아니하는 토지는 잡종지(雜種地)로 분류한다.
라. 답(畓)은 물을 상시적으로 이용하여 벼, 연, 미나리 등의 식물을 주로 재배하는 토지이다.
마. 고속도로 안 휴게소 부지 및 아파트 단지 안에 통로로 이용되는 토지는 도로이다.

① 가, 나, 다 ② 가, 다, 라
③ 나, 다, 라 ④ 나, 라, 마
⑤ 다, 라, 마

72 건축법상 주택의 종류에 대한 설명으로 적절한 것은?

① 다중주택은 학생 또는 직장인 등 여러 사람이 장기간 거주할 수 있는 구조로 되어 있으며, 독립된 주거의 형태를 갖추고 주택으로 쓰는 바닥면적의 합계가 600m², 층수가 2층인 주택이다.
② 아파트는 주택으로 쓰는 층수가 4개 층 이상이다.
③ 연립주택은 주택으로 쓰는 1개 동의 바닥면적(부설주차장 면적은 제외) 합계가 600m²이며, 층수가 4개 층인 주택이다.
④ 다세대주택은 주택으로 쓰는 1개 동의 바닥면적(부설주차장 면적은 제외) 합계가 660m²이며, 층수가 5개 층인 주택이다.
⑤ 지하 1층 지상 5층 건물이며 지하 1층과 지상 1층은 필로티 구조인 주차장으로 사용되고, 각층의 바닥면적은 80m²로 동일한 건물은 다세대주택이다.

73 시장분석의 구성요소에 대한 적절한 설명으로만 모두 묶인 것은?

가. 부지분석은 해당 토지의 물리적 · 환경적 · 행정적 특성을 분석하고, 그러한 특성이 대상 부동산에 미치게 될 가능성과 저해요인을 분석하는 것이다.
나. 인근분석은 대상부동산과 대체 · 경쟁관계에 있는 부동산 상품의 생산 및 이용가능성을 분석하는 과정이다.
다. 지역분석은 대상부동산의 특정 용도가 결정되면 이에 대한 시장의 범위와 규모를 결정하는 과정이다.
라. 수요분석은 구매력을 가진 수요, 즉 유효수요를 추정하기 위한 것으로 수요분석을 할 때에는 상권의 범위, 상권 내 인구 및 가구수, 소득수준, 상품의 경쟁력, 지역의 산업동향, 지역발전 전망, 경쟁환경, 소비자 행태 등을 고려하여 분석한다.
마. 공급분석이란 동일상품 또는 유사상품에 대해 기존 공급된 양과 앞으로 공급될 양을 조사 · 분석하는 것이다.

① 가, 나, 라 ② 가, 다, 라
③ 가, 라, 마 ④ 나, 라, 마
⑤ 다, 라, 마

74 시장분석의 절차에 대한 설명으로 적절하지 않은 것은?

① 시장분석은 일반적으로 '생산성분석 → 시장획정 → 수요분석 → 공급분석 → 균형분석 → 판매율분석'의 여섯 단계를 거쳐 수행되고 있다.
② 생산성분석은 대상부동산이 가진 물리적, 법적, 위치적 요인하에 형성이 가능한 부동산의 용도 및 생산적 능력을 파악하는 과정이다.
③ 시장획정은 보다 세부적 절차인 시장 차별화나 세분화를 통해 가능하다.
④ 지역경제분석은 수요분석의 기초가 되며, 획득 가능한 정보의 양과 질에 따라 수요분석의 수준이 결정된다.
⑤ 대상부동산에 대한 한계수요가 있는지 여부에 대한 예측 등이 판매율분석의 주요 내용이다.

75 **부동산 용도별 시장분석에 대한 설명으로 적절한 것은?**

① 주택에 대한 수요는 보통 인구, 가구 수 등 인구구성 자료를 사용해 분석한다.
② 구매력의 공간적 배분은 상업용 부동산에 대한 특정 공급량을 측정하는 데 중요한 요소이다.
③ 상업용 부동산 개발업자의 주요한 공급요인은 교통비와 마찰비용이다.
④ 공업용 부동산은 주로 유형자산인 토지와 건물로 구성되며 이 시장은 타 시장에 비해 수요가 제한적이고, 지역은 광역권이며, 공급 규모의 변동성이 작다는 점 등으로 인해 시장분석이 어려울 수 있다.
⑤ 공업용 부동산의 소유자와 사용자들은 보통 단기계약을 체결한다.

76 **부동산 시장가치 분석 방식과 그 내용이 올바르게 연결된 것은?**

가. 할인현금흐름분석법
나. 거래사례비교법
다. 공시지가기준법
라. 직접환원법

A. 토지평가를 위해서는 추가적으로 시점수정 및 지역요인 · 개별요인의 격차율을 산정해야 한다.
B. 공동주택, 구분건물, 동산의 평가 등에 주로 사용한다.
C. 대상부동산의 기간 초 시장 가치는 자기자본가치와 타인자본가치의 합으로 표시된다.
D. 순영업수익을 종합환원율로 환원하여 수익가치를 산정하는 방법이다.

① 가－A, 나－B, 다－C, 라－D
② 가－B, 나－A, 다－D, 라－C
③ 가－C, 나－B, 다－A, 라－D
④ 가－D, 나－C, 다－A, 라－B
⑤ 가－D, 나－C, 다－B, 라－A

77 **종합환원율에 대한 설명으로 적절하지 않은 것은?**

① 시장추출법은 시장으로부터 직접 종합환원율을 추출하는 방법으로 최근의 매매사례로부터 종합환원율을 찾아내는 것이다.
② 조성법은 대상 부동산의 위험을 여러 가지 구성요소로 분해하고 개별적인 위험에 따라 위험할증률을 고려하여 종합환원율을 산정하는 객관적인 방법이다.
③ 금융적 투자결합법은 대출자와 지분투자자가 요구하는 수익률이 서로 다르다는 데서 착안한 것으로 대출자의 대출비율 · 대출상수와 지분투자자의 지분비율 · 지분환원율의 가중평균을 통해 산출된다.
④ 엘우드법은 금융적 투자결합법을 수정 · 보완한 것으로 금융적 투자결합법에 의한 종합환원율을 기본환원율로 최종 결정한 후 보유기간 동안 예상되는 부동산의 가치 상승 또는 하락, 지분형성분을 고려하여 산정한다.
⑤ 부채감당법은 종합환원율을 객관적이고 간편하게 구할 수 있는 반면 대출자의 입장이 강하게 반영된다.

78 **수익률에 대한 설명으로 적절하지 않은 것은?**

① 이자율은 현재가치를 미래가치로 변환하는 비율이며, 할인율은 미래가치를 현재가치로 변환하는 비율이다.
② 수익의 귀속 주체가 누구인지를 강조하는 측면에서 종합수익률은 대출 및 자기자본에 대한 결합수익률로서 자기자본수익률과 대출수익률의 가중평균이 된다.
③ 종합환원율은 여러 기간의 다양한 세전 또는 세후현금수익을 대상으로 수익률을 산정하는 반면, 종합수익률은 한 기간의 순영업수익을 대상으로 수익률을 산정한다.
④ 요구수익률보다 기대수익률이 높을 경우 투자를 결정한다.
⑤ 내부수익률은 투자자본의 현재가치와 향후 매 기간마다 창출되는 수익의 현재가치를 일치시키는 할인율이다.

79 **계량적 분석에 대한 설명으로 적절한 것은?**

① 회수기간법의 의사결정기준은 상호 독립적인 경우에 목표회수기간보다 짧은 것을 선택하고, 상호 배타적인 투자안일 경우에는 회수기간이 가장 짧은 투자안을 채택한다.
② 회계적 이익률법은 기업의 현금보유에 따른 유동성을 중시하는 반면 회수기간 이후의 현금흐름 및 시간성을 고려하지 못한다는 단점이 있으며, 최근에는 이를 보완한 손익분기기간법 등을 사용하고 있다.
③ 회계적 이익률법은 화폐의 시간가치 및 현금흐름을 직접 반영하고 있으나 장부상 이익을 분석대상으로 함에 따라 이익이 현재의 상태를 반영하지 못하고 왜곡될 가능성이 높다.
④ 자산회전율은 '가능총수익/부동산가격'으로 산정된다.
⑤ 채무불이행률은 '영업경비/유효총수익'으로 산정된다.

80 **대출금을 상환하는 방식에 대한 설명으로 적절한 것은?**

① 만기일시상환의 경우는 대출자 입장에서는 원금상환 시까지의 위험을 부담하며 대출신청자는 대출금상환 대책을 강구해야 한다.
② 원금균등상환은 대출만기 시까지 대출원리금을 균등하게 상환하는 방식으로, 기간이 경과하더라도 상환액은 동일하나 대출원금상환비율은 증가한다.
③ 원리금균등분할상환은 대출만기 시까지 대출금을 균등하게 상환하는 방식으로, 기간이 경과함에 따라 이자 부담의 감소로 상환액이 감소한다.
④ 초기 비용부담은 원금균등분할상환이 원리금균등분할상환보다 작다.
⑤ 약정기간 동안의 전체 상환액은 원금균등분할상환이 원리금균등분할상환보다 크다.

81 **부동산 개발금융에 대한 설명으로 적절한 것은?**

① 선분양제도는 과거 부족한 자본축적과 미성숙한 금융 시스템 시대의 산물로서 사실상 현재까지 부동산 개발금융으로 활용되고 있다.
② 프로젝트 파이낸싱은 모기업이 프로젝트에 대해 사업주의 신용과 부동산 담보제공을 통해 대출을 일으키고 프로젝트 종료 후 대출금을 상환하는 방식이다.
③ 기업금융은 시공사와 시행사 간의 협의에 따라 사업이 진행되므로 의사결정이 느리다는 특징이 있다.
④ 기업금융이란 투자하고자 하는 부동산사업 자체에서 발생하는 현금흐름을 담보로 하여 프로젝트를 수행하기 위한 필요자금을 조달하는 금융기법을 말한다.
⑤ 프로젝트 파이낸싱은 프로젝트 회사가 도산할 경우 채권자가 프로젝트로부터 발생하는 현금흐름이나 자산의 범위 내에서뿐만 아니라 사업주에 대해서도 청구가 가능하다.

82 **순영업수익이 2억원인 부동산을 담보대출액(LTV) 6억원, 자기자본투자액 3억원으로 매수했다. 매년의 대출 원리금상환액이 1.2억원일 때 자기자본환원율과 대출 환원율을 구하고 종합환원율을 이용한 레버리지효과를 분석한 것으로 적절한 것은?**

① 자기자본환원율이 18.67%, 대출환원율 17%이며, 자기자본환원율이 종합환원율보다 작아 자기자본 투자자의 수익이 감소함
② 자기자본환원율이 20%, 대출환원율 18.67%이며, 자기자본환원율이 종합환원율과 같아 자기자본수익의 증감이 없음
③ 자기자본환원율이 25.57%, 대출환원율 19.22%이며, 자기자본환원율이 종합환원율보다 작아 자기자본 투자자의 수익이 증대됨
④ 자기자본환원율이 26.67%, 대출환원율이 20%이며, 자기자본환원율이 종합환원율보다 크므로 자기자본 투자자의 수익이 증대됨
⑤ 자기자본환원율이 29.67%, 대출환원율 21.22%이며, 자기자본환원율이 종합환원율보다 크므로 자기자본 투자자의 수익이 증대됨

83 **도시형생활주택의 주요 수요자들이 선호하는 입지조건으로 적절하지 않은 것은?**

① 직장과 주거지가 가까운 직주근접 지역
② 역세권 위치
③ 충분한 생활 인프라가 잘 갖춰진 곳
④ 거주 환경의 안정성
⑤ 대도시 근교 자연과 접한 지역

84 **비주거용 부동산 중 상가에 대한 설명 으로 적절하지 않은 것은?**

① 보통 아파트 단지 상가는 1층을 기준으로 볼 때 지하층과 2층은 시세가 절반 정도로 형성된다.
② 전문(테마)상가란 한 채의 대형 건물에 유사한 품목의 상점이 밀집된 형태로, 고객응집력이 강하고 판매경쟁력을 확보할 수있다는 장점이 있다.
③ 전문(테마)상가는 소형 상가에 분산투자하는 것보다는 높은 영업이익이 발생할 가능성이 높다는 장점이 있다.
④ 주주형 상가는 상가 경영이 부실해질 경우 책임을 물을 대상이 불문명하고 투자지분 매각이 어려운 단점이 있다.
⑤ 전문상가 투자는 투자부담이 커 위험이 따른다는 문제가 있다.

85 **토지 투자에 대한 설명으로 적절하지 않은 것은?**

① 토지거래를 할 때는 토지대장, 임야대장, 등기사항전부증명서, 토지이용계획확인서 등을 확인해야 한다.
② 농지를 소유한 자는 해당 농지를 정당한 사유 없이 농업경영에 이용하지 않을 경우 농업경영에 이용하지 않은 시점부터 1년 이내에 처분해야 한다.
③ 농지취득자격증명을 발급받으려면 농업경영계획서, 농지임대차계약서, 농지전용허가 서류를 첨부하여 농지의 소재지 관할 시·구·읍·면장에게 제출해야 한다.
④ 임야가 보전산지에 포함되는지 여부는 토지대장 및 토지이용계획확인서를 통해 확인할 수 있다.
⑤ 보전산지의 임야를 준보전산지의 용도로 전환하기 위해서는 산림청장의 허가를 받아야 한다.

86 **경매에 대한 설명으로 적절하지 않은 것은?**

① 채무자의 재산을 압류·환가한 금액으로 부동산 매각을 진행하는 것은 강제경매이다.
② 임의경매는 채무자의 특정 재산에 대한 경매이다.
③ 매각기일에 허가할 매수가격의 신고가 없는 때의 새 매각은 최저매각가격을 통상 20%씩 낮추어 실시한다.
④ 최고가매수신고인이 매각조건에 정한 대금지급기일까지 매각대금을 지불하지 않을 경우 새 매각에 참가하지 못하며 매수의 보증으로 보관한 금전이나 유가증권의 반환 또한 청구하지 못한다.
⑤ 경매방식에는 기일입찰과 기간입찰, 호가경매의 방식으로 구분된다.

87 **부동산 재무설계 프로세스의 정보수집 단계에서 요구수익률에 대한 설명으로 적절한 것은?**

① 투자자들이 포트폴리오를 통해 비체계적 위험을 제거한다면 이는 투자자들이 부담하지 않을 위험이므로 위험할증률을 요구하지 않을 것이나, 포트폴리오를 통해 제거되지 않는 체계적 위험은 궁극적으로 투자자들이 부담하는 위험이므로 위험할증률을 요구하게 될 것이다.
② 요구수익률을 구성하는 무위험자산의 수익률은 절대적으로 위험이 없는 상태를 말하며 원금손실의 위험 또한 없는 상태를 말한다.
③ 투자대안의 선택에서 필요한 요구수익률을 설정하는 경우 시장에서 활동하고 있는 다른 투자가의 요구수익률을 이용해서는 안 된다.
④ 요구수익률을 산정할 때에는 고객의 재무목표에 맞게 가급적 고객이 제시한 요구수익률을 설정하는 것이 바람직하다.
⑤ 위험회피형 고객의 경우 소득이 증가할 때 이로 인한 총효용과 한계효용은 모두 감소한다.

88 **재무상황 분석에 대한 설명으로 적절하지 않은 것은?**

① 재무상황 분석은 고객의 자산부채상태표와 현금흐름표를 기초자료로 한다.
② 수익성지수가 1 미만이면 가계 운용을 위한 차입이 있어야 함을 의미한다.
③ 부채비율은 일반적으로 60% 이하를 표준비율로 보고 있다.
④ 부채감당률의 비율은 1 이상이어야 하며 대규모 수익형 부동산의 전형적인 이율은 1.2~1.5의 분포이다.
⑤ 투자부동산 대출비율이 60% 이상이면 이자율 위험에 과다하게 노출된 상태라고 할 수 있다.

89 **부동산공부(公簿)별 등록사항에 대한 설명으로 적절하지 않은 것은?**

① 근저당권, 전세권, 가압류, 가처분 등은 등기사항전부증명서의 을구에 기재된다.
② 지적도에는 해당 토지의 소재지, 지번, 경계선, 지목 등이 기재되어 토지의 형상, 위치, 접면도로 폭 등을 확인할 수 있다.
③ 집합건물의 등기사항전부증명서 표제부에는 1동 건물의 표시, 대지권의 목적인 토지의 표시, 전유부분의 건물의 표시, 대지권의 표시로 나누어 기재된다.
④ 토지대장상의 지목, 면적 등이 다른 공부상의 기재내용과 다르다면 토지대장에 기재된 내용이 맞는 것으로 본다.
⑤ 등기권리증에는 매수인과 매도인의 주소, 주민등록번호, 전화번호, 성명이 등록되어 있다.

90 **부동산 평가에 대한 설명으로 적절하지 않은 것은?**

① 토지의 경우 감정평가사가 적정가격으로 산정한 표준지공시지가와 비교하는 방법을 사용한다.
② 손실보상은 원칙적으로 개발이익 배제의 원칙이 채택된다.
③ 수익용부동산의 평가는 지속적으로 수익이 창출되므로 이론적으로 수익환원법이 적합하다고 볼 수 있다.
④ 수익환원법은 환원방법에 따라 직접환원법과 할인현금흐름분석법, 조성법으로 구분된다.
⑤ 할인현금흐름분석법은 통상적으로 3~5년간의 현금수지를 분석한다.

CFP® 실전모의고사 1회

지식형 2교시

수험번호		성명	

시험 유의사항

1. 수험표에 명시된 준비물을 꼭 지참하고, 특히 규정신분증 이외의 신분증 및 신분증을 지참하지 않을 경우 입실이 허용되지 않음
2. 시험 시작 후 1시간이 경과하기 전에는 퇴실할 수 없으며, 퇴실 시 반드시 문제지와 답안지를 제출해야 함
3. 응시자 이외의 사람은 시험장에 출입할 수 없으며 시험장 내 주차장이 협소하거나 주차장을 사용할 수 없는 고사장이 있으므로 대중교통을 이용하고, 만약 자가용 이용으로 발생되는 문제(주차 및 차량훼손 등)은 한국 FPSB가 책임지지 않음
4. 시험장 내 휴대전화, 무선기, 컴퓨터, 태블릿 PC 등 통신 장비를 휴대할 수 없으며 휴대가 금지된 물품을 휴대하고 있음이 발견되면 부정행위 처리기준에 따라 응시제한 1년 이상으로 징계됨
5. 답안 작성은 컴퓨터용 사인펜을 이용하고 예비답안 작성은 반드시 붉은 사인펜만을 이용해야 하며, 붉은 사인펜 이외의 필기도구(연필, 볼펜 등)를 사용하여 예비답안을 작성한 경우 이중 마킹으로 인식되어 채점되지 않음을 유의함
6. 답안은 매 문항마다 하나의 답안을 골라 그 숫자에 빈틈없이 표기해야 하며, 답안지는 훼손, 오염되거나 구겨지지 않도록 주의해야 함. 특히, 답안지 상단의 타이핑 마크를 절대로 훼손해서는 안 되며, 마킹을 잘못하거나(칸을 채우지 않거나 벗어나게 마킹하는 경우) 답안지 훼손에 의해서 발생되는 문제에 대한 모든 책임은 응시자에 귀속됨
7. 문제지와 답안지 작성을 제외한 모든 종류의 필사(본인 답안 필사 등)를 하는 행위 및 컨닝용 쪽지, 책자 또는 노트 등을 휴대하는 행위는 부정행위로 처리함
8. 시험 종료 안내는 종료 20분, 10분, 5분 전에 방송되며 시험시간 관리의 책임은 전적으로 수험생 본인에게 있으므로 종료 후 답안 작성으로 인하여 부정행위 처리되지 않도록 유의함
9. 시험장 내에선 금연이며 시험장의 시설물이 훼손되지 않도록 주의함
10. 유의사항 위반에 따른 모든 불이익은 응시자가 부담하고 부정행위 및 규정 위반자는 부정행위 세부처리기준에 준하여 처리됨

투자설계

01 **투자지침서의 필요성과 특징에 대한 설명으로 적절하지 않은 것은?**

① 투자지침서는 고객의 성향에 맞는 투자전문가를 선택할 수 있는 기준이다.
② 투자활동에 대한 지나친 공포심이나 확신을 제거하여 일탈된 투자활동을 없애고 투자목표에 안정적으로 도달하게 도움을 준다.
③ 투자지침은 위험조정 후 수익에 대한 현실적인 기대치에서 출발해야 한다.
④ 투자지침은 투자활동에 대한 공포심이나 확신을 제거하여 일탈된 투자활동을 없앨 수 있는 데 도움을 주나, 투자전문가를 평가하고 관리하는 데 도움을 줄 수는 없다.
⑤ 재무설계사 입장에서는 고객과의 분쟁 시 법적 보호장치로 사용된다.

02 **유동성선호설에 대한 적절한 설명으로만 모두 묶인 것은?**

가. 이자율은 자금시장에서 자금의 수요와 공급에 의해 결정된다.
나. 이자율은 생산성의 변동이나 소비절약과 같은 실물적 요인에 의해 결정된다.
다. 이자율은 유동성을 포기한 데 따른 대가이다.
라. 이자율이 화폐시장에서 경제주체들의 유동성에 대한 선호와 화폐공급의 상호작용에 의해서 결정된다.
마. 통화공급이 증가하면 단기적으로 유동성효과에 의해 이자율이 하락하고, 중장기적으로 소득효과와 기대인플레이션 효과로 인해 이자율이 하락한다.

① 가　② 가, 나
③ 다, 라, 마　④ 다, 라
⑤ 다, 마

03 **환율의 결정이론에 대한 설명으로 적절하지 않은 것은?**

① 구매력 평가설은 일물일가의 법칙을 전제로 한다.
② 무역장벽이 낮고 거래비용이 적을수록 구매력평가설이 장기적으로 잘 적용된다.
③ 오버슈팅이 발생하는 이유는 상품시장에 비해 자산시장의 조정속도가 느리기 때문이다.
④ 이자율 평가설은 자본수지에 초점을 맞추어 균형환율을 설명한다.
⑤ 구매력평가설은 교역이 자유로운 상황에서 동일한 재화의 시장가격은 유일하다는 일물일가의 법칙(law of one price)을 전제로 한다.

04 **환율변동위험 관리기법과 그에 대한 설명으로 올바르게 연결된 것은?**

가. 리딩과 래깅　나. 통화스왑
다. 매칭　라. 단기금융시장헤징

A. 외화자금 흐름의 결제시기를 의도적으로 앞당기거나 지연시킴으로써 환율변동에 따른 환차손을 극소화하거나 환차익을 극대화하기 위한 환위험관리기법
B. 미래에 받게 되는 수출대금 상당의 외화를 미리 차입하여 현물환시장에서 매각하고 이 자금을 채권투자 등으로 운용한 다음 만기에는 수출대금으로 차입자금을 상환하는 방법
C. 중장기적인 환리스크 헤징 수단으로서 두 거래 당사자가 계약일에 약정된 환율에 따라 해당 통화를 상호 교환하는 외환거래
D. 외화자금의 유입과 지급을 통화별, 만기별로 일치시킴으로써 외화자금흐름의 불일치에서 발생할 수 있는 환차손 위험을 원천적으로 제거하는 환위험관리기법

	가	나	다	라
①	A	B	C	D
②	B	C	D	A
③	A	C	D	B
④	C	B	A	D
⑤	A	D	C	B

05 A펀드의 기대수익률과 표준편차는 각각 10%와 5%라고 할 때 (가)~(다)에 들어갈 확률로 적절한 것은?(단, A펀드의 수익률 분포는 정규분포곡선의 형태를 나타낸다고 가정함)

- A펀드 투자 시 원금 손실이 발생할 확률 : 약 (가) 수준
- A펀드 투자 시 수익률이 15%를 초과할 확률 : 약 (나) 수준
- A펀드 투자 시 수익률이 5% 이상일 확률 : 약 (다) 수준

① 가 : 2.5%, 나 : 32%, 다 : 95%
② 가 : 2.5%, 나 : 16%, 다 : 84%
③ 가 : 16%, 나 : 2.5%, 다 : 84%
④ 가 : 16%, 나 : 16%, 다 : 95%
⑤ 가 : 16%, 나 : 2.5%, 다 : 68%

06 포트폴리오 이론에 대한 설명으로 적절하지 않은 것은?

① 자본시장선은 총 위험과 효율적인 포트폴리오 관계를 설명하고 있다.
② 증권시장선보다 위쪽에 위치한 주식은 현재 주가가 저평가되어 있고, 아래쪽에 위치한 주식은 고평가되어 있다는 것을 말한다.
③ 주식을 산업별로 분산하여 보유 주식수를 늘리게 되면 포트폴리오의 베타는 1에 가까워지게 된다.
④ 차익거래가격결정이론에 따르면 거시경제변수의 예상하지 못한 변화도 자산 수익률에 영향을 미친다.
⑤ 차익거래가격결정이론에서는 특정 자산의 고유한 특성으로 인한 수익률 변화는 제거할 수 없다고 본다.

07 증권시장선의 일반식은 S = 6% + (β × 5%)로 나타난다. 아래의 주식 중에서 증권시장선보다 위에 위치한 것으로 적절한 것은?

	베타 계수	예상수익률(자본이득 + 배당수입) /현재가
①	1.0	10.5%
②	0.8	9.5%
③	1.2	11.5%
④	1.5	13.0%
⑤	0.5	9.0%

08 효율적 시장이론에 대한 설명으로 적절하지 않은 것은?

① 기술적 분석에서 나오는 매수·매도 신호에 따라 매매하는 거래규칙을 연구한 결과 거래비용을 감안하면 초과수익을 올리지 못했다.
② 준강형 효율적 시장의 검증결과는 시계열 분석 및 횡단면 분석에서 준강형 효율적 시장가설이 성립한다는 결과를 보였다.
③ 연구에 의하면 약형 효율적 시장은 성립, 강형 효율적 시장은 잘 성립하지 않는다는 증거가 발견되었다.
④ 효율적 시장이론에 의하면 인덱스펀드와 같은 소극적인 투자보다 나은 것은 없어 보인다. 개별종목은 비체계적인 위험이 크게 작용하고 시장은 비체계적인 위험에 대해 보상해주지 않기 때문이다.
⑤ 효율적 시장이론의 이상현상이 발생한다는 것은 시장이 완벽하게 효율적이지 못하다는 의미이다.

09 주식 가치평가방법에 대한 설명으로 적절하지 않은 것은?

① 현금흐름할인방식은 미래에 기대되는 현금흐름과 이를 현재가치로 환원해 주는 할인율을 가지고 가치를 산정하기 때문에 현재의 현금흐름이 (+)이고 미래예측가능성이 높은 경우 가장 쉬운 가치 평가방법이다.
② 상대가치평가방법은 단순하고 쉬워서 빨리 상대가치를 비교할 수 있으나 쉬운 만큼 잘못 사용되거나 조작의 여지가 많다.
③ 조건부청구권방식을 이용하는 데 문제점은 옵션의 가격결정모형이 단기에는 정확한 반면, 장기의 경우 오류의 소지가 많다는 점이다.
④ 특허권이나 신제조기술, 영업권 등을 보유한 경우 현재 현금흐름에 영향을 미치지는 않지만 일정한 가치를 보유하고 있는 것으로 파악해야 하며 현금흐름할인방식으로 적용하기에 유용하다.
⑤ 특정 자산의 가치를 평가할 때 하나의 방법만을 적용하기에는 무리가 있으므로 주식이나 채권 또는 부동산 등의 투자자산의 가치를 평가할 때는 종합적인 접근방법이 요구된다.

10 **주식의 가치평가 방법에 대한 설명으로 적절하지 않은 것은?**

① 총자본 중 타인자본비중이 높으면 자기자본이익률은 증가한다.
② 자기자본수익률(ROE)을 높이는 것은 수익성을 증가시키거나 자산의 효율성 극대화 또는 재무위험을 증대시킴으로써 가능하다.
③ EVA방식에서는 타인자본을 투입한 데 대한 비용만을 차감해서 기업의 부가가치를 계산하고 있다.
④ 회계적 순익이 발생하였어도 경제적 부가가치가 (－)인 경우라면 기업의 채산성이 없음을 의미한다.
⑤ 시장부가가치는 주식의 시장가치와 주주들이 제공한 자기자본 간의 차이를 의미한다.

11 **주식의 적정 가치에 영향을 주는 요인에 대한 설명으로 적절하지 않은 것은?**

① 무위험이자율이 높아지면 적정주가가 낮아진다.
② 요구수익률이 상승하면 적정주가가 낮아진다.
③ 베타계수가 높아지면 적정주가가 상승한다.
④ 배당성장률이 높아지면 적정주가가 높아진다.
⑤ 자기자본이익률이 높아지면 적정주가가 높아진다.

12 **상대가치평가모형과 그에 대한 설명이 올바르게 연결된 것은?**

용어	상대가치평가모형 설명
가. 주가수익비율 분석 나. 주가순자산 비율분석 다. 주가매출액 비율분석 라. EV/EBITDA 평가모형	A. 주주와 채권자의 입장을 동시에 고려하고 있어 포괄적인 기업성과 측정이 가능하다. B. 기업의 수익변화를 쉽게 감지하지 못하고 비용축소에 문제가 있는 기업의 평가가 제대로 이루어지지 않는다는 단점이 있다. C. 기업의 가치를 계속기업으로서의 수익창출능력에 근거하여 평가하는 방법 혹은 기업의 성격이나 투자의 목적에 따라서 자산의 가치가 중요한 평가기준이 될 수 있다. D. 주가와 기업의 수익창출능력을 상대적으로 비교하는 지표라고 볼 수 있다.

	가	나	다	라
①	A	B	C	D
②	A	C	D	B
③	D	A	B	C
④	D	A	C	B
⑤	D	C	B	A

13 **채권수익률 변동에 따른 채권가격 변동에 대한 설명으로 적절하지 않은 것은?**

① 채권수익률이 상승하면 채권가격이 내려간다.
② 채권수익률 변화에 대해 만기가 긴 채권이 만기가 짧은 채권보다 가격변동폭이 크다.
③ 채권수익률이 1% 상승하였을 때의 가격상승폭은 1% 하락하였을 때의 가격하락폭보다 크다.
④ 만기가 길어질수록 채권가격변동폭의 증가율은 체감한다.
⑤ 표면이자율이 높은 채권이 작은 채권보다 수익률 변동에 따른 가격변동폭이 작다.

14 **표면이율 7.0%, 6개월 단위 후급 이표채, 만기 3년인 채권의 현재 미래수익률이 6.9%인 경우 이 채권의 가격은 10,026원이며 수정 듀레이션은 2.67년이다. 만약 채권수익률이 6.7%로 변할 경우 채권의 시장가격은 어떻게 변할 것인지 적절한 것은? (듀레이션을 이용하여 계산)**

① 53원 상승
② 53원 하락
③ 26원 상승
④ 26원 하락
⑤ 시장가격 불변

15 **채권의 듀레이션과 볼록성에 대한 설명으로 적절하지 않은 것은?**

① 채권가격 그래프의 볼록한 정도를 나타내는 것을 채권의 볼록성이라 하며, 볼록성은 채권가격을 이자율에 대하여 2차 미분한 값이다.
② 듀레이션이 크다는 것은 채권가격선의 기울기가 수직에 가깝다는 것을 의미한다.
③ 듀레이션으로 예측한 가격에 채권의 볼록한 정도를 합산하여 새로운 채권가격을 예상한다.
④ 듀레이션이 2배가 되면 채권의 볼록성은 2배 이상 증가하게 된다.
⑤ 듀레이션이 클수록 듀레이션만으로 추정한 채권가격과 실제 채권가격 간의 차이가 크다.

16 채권투자전략과 그에 대한 설명이 올바르게 연결된 것은?

가. 잔존기간(만기) 구성전략
나. 롤링효과
다. 바벨형 만기전략
라. 사다리형 만기전략
마. 채권교체전략

A. 수익률 상승이 예상되면 수익률 변동에 따른 채권가격의 변동폭이 작은 통안채를 비롯한 금융채 등 잔존기간이 1년 이하인 단기채를 매입하여 수익률 상승에 따른 투자손실을 최소화하여야 한다.
B. 투자효율을 높이기 위해서는 정확한 금리 예측이 필요하다.
C. 시장 전체의 금리수준이 일정하더라도 잔존기간이 짧아지면 수익률이 하락하여 채권가격이 상승하는 효과를 말한다.
D. 채권별 보유량을 잔존기간마다 동일하게 유지하여 시세변동의 위험을 평준화시키고, 수익성도 적정 수준 확보하려는 전략이다.
E. 채권시장이 효율적인 경우 초과이득을 얻을 수 없다.

① 가－A, 나－C, 다－B, 라－D, 마－E
② 가－A, 나－B, 다－C, 라－D, 마－E
③ 가－E, 나－A, 다－D, 라－B, 마－C
④ 가－E, 나－C, 다－A, 라－D, 마－B
⑤ 가－B, 나－C, 다－D, 라－A, 마－E

17 신종채권에 대한 설명으로 적절하지 않은 것은?

① 변동금리부 채권의 지급이율은 기준금리에 가산금리를 더하여 정기적으로 재조정되는 중장기 채권이다.
② 콜옵션부 채권의 콜옵션 권리는 채권발행회사가 가지므로 채권가격 하락 시 행사 가능성이 높아진다.
③ 자산유동화증권은 자산을 집합화하여 특별목적회사에 양도하고 특별목적회사가 이러한 자산을 기초로 발행하는 채권이다.
④ 주택저당증권은 주택저당채권을 기초자산으로 발행한 유동화 증권으로 회사채나 ABS보다 만기구조를 다양하게 구성할 수 있다.
⑤ 현재 우리나라에서 발행되는 물가연동국채는 디플레이션 상황에서도 원금을 보장해 주고 있다.

18 선물가격과 기대현물가격 간의 관계를 설명하는 이론 중 기대가설에 대한 설명으로만 모두 묶인 것은?

가. 선물거래가 지니는 위험 프리미엄을 고려하지 않는다는 문제점을 지니고 있다.
나. 헤저들이 대부분 매수헤저라는 논리에서 출발한다.
다. 선물계약의 두 당사자 어느 누구도 이익과 손해 모두 입지 않는다.
라. 기초자산이 정(+)의 체계적 위험을 지니고 있으면 선물거래를 매입함으로써 체계적 위험이 증가하여 결국 선물가격은 기대현물가격보다 낮게 형성된다.
마. 불확실성이 없는 상태에서의 시장균형에 근거를 두고 있다.

① 라, 마
② 가
③ 다, 라, 마
④ 가, 다, 라
⑤ 가, 다, 마

19 선물투자 전략에 대한 설명과 용어가 올바르게 연결된 것은?

선물투자 전략 설명	용어
가. 선물시장의 유동성을 증대시키는 중요한 역할을 한다. 나. 선물가격이 이론가격보다 높게 형성되는 경우 주식을 매수하고 선물을 매도하여 이익을 얻고자 하는 거래이다. 다. 현물시장에서 매도포지션을 취한 투자자가 가격하락위험을 없애고자 해당 현물에 대응하는 선물을 매도하는 것이다. 라. 2개 선물의 가격차이가 확대 또는 축소될지에 대한 예상에 근거한 거래방법으로 투기거래의 일종으로 볼 수 있다.	A. 스프레드거래 B. 매도차익거래 C. 매수헤지 D. 스캘퍼

	가	나	다	라
①	A	B	C	D
②	C	B	D	A
③	D	B	C	A
④	D	C	B	A
⑤	B	C	A	D

20 헤지거래를 통하여 발생한 선물거래 손익으로 적절한 것은?

선물 헤지시점	• 현재가치로 주식 포트폴리오 20억원 보유 • 주식 포트폴리오 베타계수 : 1.2 • KOSPI200지수 : 200 • 근월물 선물가격 : 200.50 • 선물을 이용하여 보유주식 포트폴리오를 100% 헤지
선물 헤소시점	• KOSPI200지수 : 180 • 근월물 선물가격 : 180.20 • 헤지하였던 선물을 전량 청산(헤지 100% 헤소)

① 200,200천원 이익
② 210,000천원 손실
③ 220,500천원 이익
④ 220,750천원 손실
⑤ 243,600천원 이익

21 옵션가격 결정요인에 대한 설명으로 적절한 것은?

① 주가지수가 올라갈수록 주가지수 콜옵션의 가치는 하락한다.
② 행사가격이 높을수록 콜옵션의 가치는 상승하고 풋옵션의 가치는 하락한다.
③ 변동성이 증대하면 콜옵션의 가치는 상승하고 풋옵션의 가치는 하락한다.
④ 잔존만기가 길어질수록 풋옵션의 가치는 하락한다.
⑤ 무위험이자율의 상승은 콜옵션의 가치를 증가시킨다.

22 만기가 1년이고 행사가격이 90,000원인 유럽형 콜옵션 가격이 12,000원이며, 기초자산은 배당을 지급하지 않고 현재가격이 95,000원이다. 풋-콜 패리티를 고려할 때 조건이 동일한 유럽형 풋옵션의 가격으로 적절한 것은? (무위험이자율은 6%임)

① 1,906원
② 1,911원
③ 1,934원
④ 1,967원
⑤ 1,998원

23 옵션의 민감도 분석지표에 대한 적절한 설명으로만 모두 묶인 것은?

가. 일반적으로 잔여만기가 긴 옵션은 잔여만기가 짧은 옵션에 비해 많은 시간가치를 가진다. 그리고 ATM옵션의 시간가치 감소가 가장 크다.
나. 포지션 델타가 0인 경우를 중립포지션이라고 하며, 이 포지션은 주가의 움직임과 무관하기 때문에 주가의 움직임이 불확실할 때 포지션을 보호받을 수 있다.
다. 옵션가격결정모형에서 사용되는 무위험이자율이 상승하면 풋옵션의 가치가 상승하고 콜옵션의 가치는 하락하게 된다.
라. 이론적으로 풋옵션의 델타는 −1보다 작을 수 없다.
마. 델타가 높을수록 감마가 대상자산의 가격변동에 더욱 민감함을 의미한다.

① 가, 마
② 다, 마
③ 라
④ 가, 나, 라
⑤ 나, 다, 라, 마

24 향후 주식시장이 큰 폭의 변동성을 보일 것으로 예상되지만 그 방향에 대해 확신이 없는 경우에 취할 수 있는 옵션 투자전략으로 적절하지 않은 것은?

① 낮은 행사가격과 높은 행사가격 옵션 매수하고 중간 행사가격 옵션을 2배로 매도
② 스트랭글 매수
③ 스트래들 매수
④ Call 매수+Put 매수
⑤ 외가격 Call 매수+외가격 Put 매수

25 자산배분에 대한 설명과 그 전략이 올바르게 연결된 것은?

가. 자산집단의 가격변화에 따라 자산구성을 적극적으로 변화시키고 고수익을 지향하는 전략
나. 투자목적을 달성하기 위해 장기적인 자산구성을 정하는 방법
다. 여러 자산집단을 대상으로 장기적인 구성비율과 중기적인 개별 자산집단의 투자비율 변화폭 결정
라. 자산의 시장가격이 고평가되면 매도하고, 저평가되면 매수하는 역투자전략
마. 투자자가 원하는 특정한 투자성과를 만들어내기 위하여 자산구성을 단기적으로 변화시켜 나가는 전략
바. 자산집단의 가격은 장기적으로는 평균반전 과정을 따르기 때문에 이를 이용하는 전략
사. 자산집단을 선택하고 자산 종류별 기대수익, 위험, 상관관계를 추정하며 이를 토대로 최적의 자산을 구성
아. 다수의 투자자가 새로운 정보에 과잉 반응하면 발생하는 가격착오현상을 이용
자. 위험자산과 무위험자산 간의 자산구성비를 초단기적으로 변경하며, 투자원금을 보장하면서 목표수익률을 달성하고자 활용하는 방법

	전략적 자산배분	전술적 자산배분	보험자산배분
①	가, 나, 다	라, 마, 바, 사	아, 자
②	나, 다, 사	가, 라, 아, 바	마, 자
③	가, 나, 자	라, 마, 바, 자	다, 아
④	가, 다	나, 라, 아, 자	마, 바, 사
⑤	가, 나, 다	아, 자	라, 마, 바, 사

26 보험자산배분에 대한 설명으로 적절하지 않은 것은?

① 위험한 자산에 투자할 때 투자원금을 지키면서 동시에 가격상승으로 인한 높은 수익률을 달성하기 위해 개발된 투자방법이다.
② 투자원금을 보장하거나 목표수익을 달성하는 것과 같이 특정한 투자성과를 만들어내기 위한 자산배분전략이다.
③ 포트폴리오 보험전략이라고도 불리며, 주가나 원자재 가격이 약세를 보일 때 보유한 자산가치가 투자자가 설정한 보장수준 이하로 하락하지 않도록 하면서 강세시장에서는 자산의 가치상승에 편승하여 이익을 얻는 투자전략이다.
④ 최저보장수익률 또는 목표수익률은 반드시 무위험자산 수익률 이하로 결정해야 한다.
⑤ 이 방법은 위험자산가격에 대한 미래 예측치와 현재의 시장가격에 대한 변화추세를 모두 반영하여 투자하는 전략이다.

27 다음 중 채권펀드의 기대수익률을 결정하는 가장 중요한 두 가지 요소로 적절한 것은?

① 잔존만기, 분산투자효과
② 신용등급, 발행회사
③ 잔존만기, 매매수수료
④ 신용등급, 잔존만기
⑤ 듀레이션, 볼록성

28 위험조정 성과평가 척도와 이에 대한 설명이 올바르게 연결된 것은?

성과평가척도	설명
가. 샤프척도 나. 정보비율 다. 트레이너척도 라. 젠센척도	A. 증권선택능력만을 평가하기 때문에 자산배분 권한이 없는 간접투자상품 펀드매니저의 평가척도로 적합하다. B. 총 위험 한 단위당 실현된 초과수익률을 의미하며, 수치가 높을수록 위험조정 후 성과가 우수하다는 의미이다. C. 체계적 위험 한 단위당 실현된 초과수익률을 의미하며, 수치가 높을수록 위험조정 후 성과가 우수하다는 의미이다. D. 벤치마크 수익률과 펀드수익률 간의 차이를 이용한다.

① 가－A, 나－B, 다－C, 라－D
② 가－B, 나－C, 다－A, 라－D
③ 가－C, 나－D, 다－B, 라－A
④ 가－C, 나－B, 다－A, 라－D
⑤ 가－B, 나－D, 다－C, 라－A

세금설계

29 세금설계의 의의와 고려사항으로 적절하지 않은 것은?

① 우리나라에서는 재무설계사가 일반적인 재무설계를 수행할 때 순현금흐름이나 세후예상수익률 추정 등의 업무와 관련된 세금설계 분야는 업무수행에서 특별히 제한받지 않는다.
② 조세에 대한 상담이나 자문을 포함한 개별적 세금설계업무 또는 재무설계 시 구체적인 절세대안의 제시 등은 세무대리 업무에 포함되므로 관련 법령에 의하여 제한받을 수 있다.
③ 탈세 행위에 해당하는 경우 조세회피와 마찬가지로 포탈한 세액이 추가 징수되고 가산세가 부과되는 이외에 조세범처벌법에 의하여 형사벌적 처벌인 징역형 또는 벌금형이 내려진다.
④ 분리과세제도 활용 시 소득세율 체계가 초과누진세율 구조로 되어있기 때문에 세금부담자는 분리과세를 선택할 수 있는 경우에는 분리과세를 선택하는 것이 유리하다.
⑤ 퇴직연금이나 연금저축에 예치된 금액은 이자, 배당, 주식 및 채권매매차익 등으로 가치가 계속 증가하지만 미래의 일정 시점에 자금을 인출하기 전까지는 과세가 이연된다.

30 세금의 신고와 납부에 대한 설명으로 적절하지 않은 것은?

① 과세표준 신고서를 제출 여부와 관계없이 수정신고를 할 수 있다.
② 과소신고를 법정신고기한 경과 후 1개월 이내에 수정신고납부 시 과소신고가산세를 90%를 감면한다.
③ 후발적 사유가 발생했을 때 그 사유가 발생한 것을 안 날부터 3개월 이내에 경정청구를 할 수 있다.
④ 일반 무신고 가산세는 무신고 납부세액의 20% 가산세율을 적용한다.
⑤ 법정신고기한이 지난 후에 기한 후 신고만 하더라도 가산세 감면 혜택을 적용 받을 수 있다.

31 조세구제제도에 대한 설명으로 적절하지 않은 것은?

① 조세에 대한 불복청구를 하더라도 납부지연가산세는 계속 부과되며 압류하고 있는 재산에 대해서는 압류를 해제하지 않는다.
② 이의신청은 고지서를 받은 날로부터 30일 이내에 신청해야 한다.
③ 조세불복절차를 거치지 않은 경우에는 행정소송을 제기할 수 없다.
④ 국세청에 대한 심사청구와 조세심판원의 심판청구의 결정기간 내에 결정통지를 받지 못한 경우에는 결정 전이라도 행정소송을 제기할 수 있다.
⑤ 불복청구는 세법에 특별한 규정이 있는 것을 제외하고는 해당 처분의 집행에 효력을 미치지 않는다.

32 비과세 소득으로 적절하지 않은 것은?

① 공익신탁법에 따른 공익신탁의 이익
② 기준시가 12억원 이하의 1주택을 소유하는 자의 주택임대소득
③ 1일 20만원 이하의 일용근로자의 근로소득
④ 국가보안법에 따라 받는 상금
⑤ 일정요건을 갖춘 근로자 본인의 학자금

33 공동사업자의 소득금액 계산에 대한 설명으로 적절하지 않은 것은?

① 공동사업장에서 발생한 소득금액에 대하여 원천징수된 세액은 각 공동사업자의 소득분배비율에 따라 분배한다.
② 특수관계인 간의 공동사업에서 조세회피 목적으로 공동사업을 운영하는 경우에는 예외적으로 주된 공동사업자에게 합산하여 과세한다.
③ 공동사업자의 범위에는 경영에 참여하지 않고 출자만 하는 자도 포함된다.
④ 경영에 참여한 공동사업자가 분배받은 소득은 사업소득으로, 출자만 한 공동사업자가 받는 소득금액은 배당소득으로 과세된다.
⑤ 손익분배비율을 거짓으로 정하는 등의 사유가 있는 경우 그 특수관계인의 소득금액은 주된 공동사업자의 소득금액에 1.2배를 가산한 금액으로 본다.

34 거주자 나고객 씨와 생계를 같이하는 동거가족의 현황이다. 이를 토대로 계산할 경우에 나고객 씨의 2023년 귀속 종합소득세 신고 시 공제받을 수있는 인적공제액으로 적절한 것은?

구분	나이	소득	비고
남편	55세	퇴직소득금액 30,000천원	–
본인	50세	부동산임대 사업소득금액 50,000천원	–
아들	24세	–	대학생 장애인
딸	18세	–	고등학생

① 5,000천원 ② 6,500천원
③ 7,500천원 ④ 8,000천원
⑤ 8,500천원

35 조세특례제한법상의 소득공제에 대한 설명 중 (가)~(다)에 들어갈 내용으로 적절한 것은?

- 거주자가 조세특례제한법상 개인연금저축에 본인 명의로 가입한 경우 연간 납입금액의 40%의 금액을 연간 (가) 한도로 종합소득금액에서 공제한다.
- 총급여액이 5천만원 이하인 근로자가 자산총액 40% 이상을 국내주식에 투자하는 장기적립식펀드에 10년 이상 계약했을 경우 2014. 01. 01~2015. 12. 31까지 가입한 금액에 대하여 연 납입액 (나)을 한도로 40% 소득공제한다.
- 근로자복지기본법에 의한 우리사주조합원이 자사주를 취득하기 위하여 같은 법에 의한 우리사주조합에 출연하는 경우에는 해당 연도의 출자금액과 (다) 중 적은 금액을 해당 연도의 근로소득금액에서 공제한다.
- 신용카드 등 사용금액 소득공제는 총급여액이 7천만원 이하인 근로소득자의 경우 (라)과 총급여액의 20% 중 적은 금액을 한도로 한다.

	가	나	다
①	72만원	600만원	400만원
②	72만원	600만원	600만원
③	72만원	500만원	400만원
④	400만원	300만원	600만원
⑤	400만원	500만원	400만원

36 부부가 모두 소득금액이 100만원을 초과하는 맞벌이 부부의 경우 연말정산 시 소득공제 적용요령에 대한 설명으로 적절하지 않은 것은?

① 남편이 기본공제대상자인 자녀 4명 중 3명에 대한 기본공제를 받았다 할지라도, 자녀 1명에 대해 그 배우자는 자녀세액공제를 받을 수 있다.
② 근로자 본인이 계약자이며 피보험자인 경우의 보장성 보험에 대한 보험료에 대하여는 근로자 본인만이 공제받을 수 있고, 계약자가 근로자 본인이고 피보험자가 배우자인 경우에는 모두 공제받을 수 없다.
③ 학교 동창회비는 기부금세액공제가 되는 항목이 아니다.
④ 맞벌이 부부가 부양가족을 위하여 지출한 의료비와 교육비는 해당 부양가족에 대한 기본공제를 받은 사람이 본인 지출분에 대하여 공제가 가능하다.
⑤ 신용카드 등 사용금액에 대한 소득공제는 각자 명의가 아닌 부부를 동일인으로 보고 합산해서 공제한다.

37 종합소득세의 신고와 납부에 대한 설명으로 적절하지 않은 것은?

① 납세지 관할세무서장은 종합소득이 있는 사람에 대하여 직전 과세기간에 대하여 납부한 소득세의 50%의 금액을 11월 30일까지 고지서로 발급하고 납세자는 그 발급금액을 12월 31일까지 납부해야 한다.
② 직전 과세기간 결손 등으로 인하여 중간예납고지를 받지 못한 경우에는 실적을 근거로 자진 신고하여야 한다.
③ 공적연금소득만 있는 자, 연말정산대상 사업소득만 있는 자 등의 경우는 과세표준확정신고를 아니할 수 있다.
④ 해외이민의 경우 출국일 전날까지 종합소득세를 확정신고해야 한다.
⑤ 납부할 세액이 15,000천원인 경우 분납할 수 있는 세액은 5,000천원이다.

38 **부가가치세 과세표준의 계산 및 신고에 대한 설명으로 적절하지 않은 것은?**

① 부가가치세법상 일반과세자는 부가가치세가 포함된 공급대가를 과세표준으로 한다.
② 특수관계인 간 거래로서 부당하게 낮은 대가를 받거나 대가를 받지 않은 경우에는 해당 재화 또는 용역의 시가가 과세표준이 된다.
③ 법인사업자는 예정신고 및 납부를 하여야 하며, 개인사업자에 대하여는 예정신고 의무를 면제한다.
④ 용역의 공급시기는 완성도기준지급조건부의 경우 대가의 각 부분을 받기로 한 때를 공급시기로 한다.
⑤ 폐업의 경우 부가가치세 과세기간은 해당 과세기간의 개시일부터 폐업일까지이다.

39 **도소매업을 운영하는 나고객 씨(복식부기의무자)가 2023년 종합소득세 신고를 추계방식 중 기준경비율에 의해 신고한다고 가정할 경우 종합소득금액을 구하시오.**

[소득 관련 자료]
- 2022년도 매출액 : 100,000천원
- 2022년 지출내역
  - 인건비(전액 원천징수하여 지급명세서 제출함) : 12,000천원
  - 사무실 임차료(전액 세금계산서 수취함) : 15,000천원
  - 상품 매입비용(전액 세금계산서 수취함) : 10,000천원
- 해당 업종의 단순경비율은 75%, 기준경비율은 40%라고 가정함
- 배율 : 복식부기의무자 3.2배, 간편장부대상자 2.6배

① 18,000천원
② 20,000천원
③ 23,000천원
④ 25,000천원
⑤ 43,000천원

40 **사업소득의 세금계산 시 총수입금액불산입금액 또는 필요경비불산입에 해당하지 않는 것은?**

① 부가가치세 매출세액
② 유형자산 · 유가증권 처분이익 등
③ 소득세와 지방소득세 종합소득분
④ 벌금 · 과료와 과태료
⑤ 사업용 자산의 손해보험료 중 적립보험료를 제외한 부분

41 **부동산임대업 관련 사업소득금액 계산에 대한 설명으로 적절하지 않은 것은?**

① 임대보증금의 간주임대료 계산 시 세부담 최소화를 위해 소득금액을 추계신고하는 것이 절세에 도움이 된다.
② 기준시가가 12억원 이하의 1개의 주택을 소유하는 자의 주택임대소득에 대하여는 비과세한다.
③ 3주택 이상을 소유하고 있는 해당 주택의 보증금 등의 합계액이 3억원을 초과하는 경우 임대보증금의 간주임대료를 총수입금액에 산입한다.
④ 임대사업에서 발생한 보증금 운용수익에서 유가증권처분이익은 제외한다.
⑤ 전기료 등을 건물주가 관리비 등에 포함시켜 그 관리비를 총수입금액에 산입한 경우에는 그 전기료 등 지출금액을 필요경비에 산입한다.

42 **결손금공제와 이월결손금공제에 대한 설명으로 적절하지 않은 것은?**

① 사업소득은 해당 과세기간에 결손금이 발생한 경우 그 결손금을 사업자의 다른 사업장의 사업소득에서 먼저 공제하고 그 결과 공제되지 않은 결손금이 있다면 근로소득 · 연금소득 · 기타소득 · 이자소득 · 배당소득 금액에서 순차로 공제한다.
② 부동산임대업에서 발생한 결손금은 먼저 부동산임대사업의 소득금액 내에서 통산을 한 이후에 다른 소득 간 통산하지 않고 바로 이월결손금이 된다.
③ 결손금 및 이월결손금의 공제에서 해당 과세기간에 결손금이 발생하고 이월결손금이 있는 경우에는 이월결손금을 먼저 소득금액에서 공제한다.
④ 이월결손금이 여러 개일 경우 먼저 발생한 과세기간의 이월결손금부터 순차로 해당 소득별로 이를 공제한다.
⑤ 해당 과세기간의득소득금액에 대하여 추계신고를 하거나 추계조사를 결정하는 경우 이월결손금을 공제하지 않는다.

43 법인소득과 사업소득을 비교한 것으로 (가)~(마) 안에 들어갈 내용으로 적절한 것은?

구분	법인소득	사업소득
과세방식	(가)	(나)
세율	(다)	6~45%의 8단계 초과누진세율
확정신고기한	사업연도 종료일이 속하는 달의 말일로부터 (라)	다음 연도 5월 1일~5월 31일
법정자본금	(마)	필요 없음

	가	나	다	라	마
①	순자산 증가설	소득 원천설	9~24% 2단계 초과 누진세율	3개월	필요함
②	순자산 증가설	소득 원천설	9~34% 3단계 초과 누진세율	2개월	불필요
③	순자산 증가설	소득 원천설	9~24% 4단계 초과 누진세율	3개월	필요함
④	소득 원천설	순자산 증가설	9~34% 4단계 초과 누진세율	2개월	필요함
⑤	소득 원천설	순자산 증가설	9~24% 3단계 초과 누진세율	3개월	불필요

44 법인사업자와 세금에 대한 설명으로 적절하지 않은 것은?

① 내국영리법인이 해산하거나 합병·분할로 인하여 소멸하는 경우 청산소득금액도 과세대상이 된다.
② 임원이 지급받은 근로소득이 소득세법상 근로소득으로 과세되면 법인세법상 손금으로 인정된다.
③ 법인체를 운영하는 사업자가 법인으로부터 수령할 수 있는 주요 소득원으로는 근로소득(상여금 포함), 퇴직소득, 배당소득, 해당법인 양도소득 등이 있다.
④ 비상장법인의 대주주로서 주식을 양도하는 경우 과세표준 3억 초과 시 25%의 양도소득세율이 적용된다.
⑤ 법인사업자는 동일한 금액에 대하여 급여로 받는 것보다 퇴직금으로 받는 것이 세부담 측면에서 유리하다.

45 금융소득의 수입시기가 적절하게 연결된 것은?

① 무기명주식의 이익이나 배당 : 배당결의일
② 기명채권의 이자와 할인액 : 실제 지급받은 날
③ 집합투자기구로부터의 이익 : 배당결의일
④ 출자공동사업자의 배당 : 과세기간 종료일
⑤ 저축성 보험의 보험차익 : 약정에 의한 지급일

46 배당소득에 해당하지만 Gross-up 대상 배당소득에서 제외되는 소득으로만 모두 묶인 것은?

가. 주식발행초과금을 재원으로 한 무상주 배당
나. 기타법정적립금을 재원으로 한 무상주 배당
다. 이익준비금을 재원으로 한 무상주 배당
라. 토지의 재평가적립금(재평가세율 1% 적용분)의 자본전입으로 인한 무상주 배당
마. 자기주식처분이익(2년 이내)의 자본전입으로 인한 무상주 배당
바. 집합투자기구로부터의 이익

① 가, 나
② 가, 나, 라
③ 라, 마
④ 라, 바
⑤ 마, 바

47 금융자산의 종류별 과세체계에 대한 설명으로 적절하지 않은 것은?

① 소액주주가 유가증권시장에서 거래하는 상장주식의 양도차익에 대해서는 소득세가 과세되지 않는다.
② 채권의 할인발행 시 할인액은 이자소득으로 과세한다.
③ 채권 양도 시 양도차손이 발생한다면 손실로 보고 소득세를 과세하지 않는다.
④ 집합투자기구로부터의 이익에 포함된 채권의 매매차익이나 평가차익은 과세대상에 해당된다.
⑤ 투자신탁이익에 대해서는 법인세가 과세되지 않기 때문에 투자신탁의 이익은 Gross-up을 하지 않는다.

48 종합소득금액에 합산되어 종합과세되는 금융소득금액으로 적절한 것은?

- 정기예금이자 : 5,000천원
- 자기주식 처분이익 : 30,000천원
- 자기주식 소각이익(2년 이내 자본전입) : 20,000천원
- 세금우대종합저축 이자·배당 소득 : 3,000천원
- 뮤추얼펀드로부터 배분받는 이익 : 10,000천원

※ 원천징수세율은 15.4%(부가세 포함)

① 45,000천원
② 65,000천원
③ 67,200천원
④ 68,000천원
⑤ 68,300천원

49 **과점주주에 대한 설명으로 적절하지 않은 것은?**

① 과점주주라 함은 주주 1명과 그의 특수관계인 중 대통령령이 정하는 자로서 그들의 소유주식의 합계가 해당 법인의 발행주식총수의 100분의 50을 초과하면서 그에 관한 권리를 실질적으로 행사하는 자들을 말한다.

② 최초 법인 설립 시부터 과점주주에 해당하는 경우에는 취득세 과세대상이 되지 아니한다.

③ 50%를 소유하던 자가 추가적으로 10%의 지분을 취득하는 경우에는 추가로 취득한 10%에 대해 취득세를 납부해야 한다.

④ 지분율이 60%이던 과점주주가 20%의 지분을 처분한 후 6년 만에 다시 30%의 지분을 취득한 경우에는 10%의 지분만을 취득으로 보고 취득세를 납부해야 한다.

⑤ 과점주주에 대한 취득세 과세 시 납세의무성립일 현재 법인 장부상 취득세 과세대상 자산의 장부가액에 과점주주의 지분율과 취득세율 2%를 곱하여 취득세를 계산한다.

50 **사치성 재산 취득 시 고려사항으로 적절하지 않은 것은?**

① 별장을 취득하게 되면 1세대1주택 비과세규정을 적용할 때 주택수에는 포함하지 않는다.

② 별장의 부속토지는 비사업용토지로서 양도시 장기보유특별공제를 적용한다.

③ 부동산 취득시점에는 고급오락장이 없었지만 취득 후 5년 이내에 고급오락장이 설치되는 경우에도 취득세가 중과된다.

④ 고급오락장을 설치하는 경우에는 건물에 대한 시가표준액도 증가하기 때문에 재산세 과세표준도 증가하게 된다.

⑤ 임대한 상가에 임차인이 고급오락장을 설치하여도 상가 소유자가 취득세 납세의무자가 되므로 추가부담 세금을 고려해야한다.

51 **부동산 양도 시 세금에 대한 설명으로 적절하지 않은 것은?**

① 분양권을 6개월 보유 한 후 양도한 경우 양도소득세 세율은 70%이다.

② 일반적인 매매의 경우 부동산의 양도시기는 대금청산일과 소유권 이전등기접수일 중 빠른 날이다.

③ 부동산 양도 시 계약상 잔금지급일을 6월 1일 이전으로 하는 것이 재산세 및 종합부동산세의 부담을 줄일 수 있다.

④ 5년간 보유한 사업용토지의 장기보유특별공제는 양도소득금액의 10%이다.

⑤ 비사업용 토지의 양도소득세율은 기본세율에 10%p 가산한 세율을 적용한다.

52 **치과의사인 나고객 씨는 다음과 같이 상가를 분양받아 치과를 개원하려고 한다. 나고객 씨가 빌딩을 매입하면서 부담하여야 할 취득세(부가세포함)와 부담하여야 할 부가가치세 및 매입세액 공제 여부를 구분하여 적절하게 나열한 것은?**

- 분양가격 : 1,000,000천원(토지분 700,000천원 건물분 300,000천원)
- 잔금 지급일 현재 지방세법상 시가표준액 800,000천원 (토지분 500,000천원 건물분 300,000천원)
- 매매계약서상 매매대금은 토지분과 건물분 가액이 상가와 같이 구분 기재되어 있으며, 부가가치세는 별도로 지불하였다.

	부가가치세	매입세액 공제 여부	취득세 (부가세 포함)
①	100,000천원	○	46,000천원
②	30,000천원	×	46,000천원
③	80,000천원	○	36,800천원
④	30,000천원	×	36,800천원
⑤	30,000천원	×	36,800천원

53 거주자 나고객 씨가 다음과 같이 상속받은 상가건물을 2023년도 5월에 아들에게 부담부증여하려고 할 때 양도차익을 계산하시오.

가. 증여가액 : 15억원(상증법상 시가)
나. 보증금 : 5억원
다. 상속 당시 상증법상 평가액 : 8억원
라. 상속 당시 기준시가 : 6억원
마. 상속 당시 등기 부대비용 등 : 5,000만원
바. 피상속인 취득일 : 2008년 12월

① 149,917천원
② 151,167천원
③ 216,667천원
④ 283,333천원
⑤ 650,000천원

54 다음 보기를 참고하여 계산한 퇴직소득세 산출세액(지방소득세 포함)으로 적절한 것은?

• 퇴직소득 과세표준 : 18,160천원
• 근속연수 : 16년(2023년 12월 31일 퇴직 예정)
※ 신설규정에 의한 산출세액을 계산하시오.

① 1,972천원
② 2,147천원
③ 2,411천원
④ 2,652천원
⑤ 5,265천원

55 소득세법상 연금계좌 관련 연금소득에 대한 설명으로 적절하지 않은 것은?

① 연금소득의 필요경비 성격인 연금소득공제는 총연금액에서 빼는 공제액으로 최대 900만원 한도 내에서 공제받을 수 있다.
② 연금계좌의 인출순서는 과세제외금액, 이연퇴직소득, 연금계좌세액공제를 받은 납입액과 운용수익의 순서에 의한다.
③ 연금 수령 시 공적연금을 제외한 과세대상 총연금액이 연 1,200만원 초과 시 분리과세 또는 종합과세를 선택할 수 있다.
④ 사적연금을 종신형으로 수령하는 경우 원천징수세율은 4%이다.
⑤ 연금저축계좌에서 연금형태로 인출 시 이연퇴직소득은 퇴직소득으로 과세된다.

상속설계

56 상속설계 프로세스를 순서대로 올바르게 나열한 것은?

가. 상속설계 제안서의 목표달성 과정의 진행상태를 평가 및 수정한다.
나. 업무수행범위와 관계되는 고객의 정량적 정보와 정성적 정보를 수집한다.
다. 상속설계는 법적 · 세무적 문제가 있으므로 전문적인 부분은 전문가에게 위임한다.
라. 상속개시시점에 현재의 재산이 어느 정도 증가하거나 감소할 수 있는지를 예측하고 상속개시 후의 재산이 어떠한 방법으로 운용될지 정확한 평가를 내려야 한다.
마. 고객과 상호합의하여 업무수행범위를 결정한다.
바. 고객의 목표, 니즈 및 우선순위를 토대로 고객의 상속설계 상황을 평가하고 대안을 준비한다.

① 다－가－바－마－라－나
② 다－라－가－바－마－나
③ 마－라－바－가－다－나
④ 마－나－라－바－다－가
⑤ 라－다－바－가－마－나

57 상속설계에서 재무설계사의 역할과 책임에 대한 설명으로 적절한 것은?

① 고객이 사망한 후에 고객의 상속재산에 대한 통제는 오로지 유언이나 상속인을 통해 이루어지므로 상속이 개시되기 이전의 재산관리 방법을 제시해야 한다.
② 재무설계사는 법률이나 세무에 있어서 전문가들과 제휴를 맺고 고객에게 필요한 서비스를 제공하고 자신이 설계한 상속설계에 대한 검증을 받을 필요가 있다.
③ 자신의 선에서 고객과 이해상충을 회피하기가 힘들다면 상속설계를 종료한다.
④ 잘못된 지식을 제공한 경우에는 반드시 법적 책임을 부담한다.
⑤ 고객과 재무설계사의 이해관계가 충돌할 경우 재무설계사는 소속회사를 우선해야 한다.

58 법정상속인에 대한 설명으로 적절하지 않은 것은?

① 친족에는 혈족, 인척 그리고 배우자가 있다.
② 부모의 혼인 전에 태어난 자녀라도 그 부모가 혼인을 하면 그때부터 혼인 중의 출생자로 본다.
③ 1순위 법정상속인 중 직계비속에는 친생자와 양자를 모두 포함한다.
④ 생부는 혼외자를 인지(認知)할 수 있고, 생부와 혼외자 사이의 친자관계는 인지에 의하여 법적으로 성립한다.
⑤ 일반양자와 친양자는 친생부의 성과 본을 유지한다.

59 상속인이 될 수 없는 자로 모두 묶인 것은?

가. 적모서자
나. 사실혼의 배우자
다. 이혼소송 중인 배우자
라. 북한에 있는 상속인
마. 유효하지 않은 양자
바. 친양자를 보낸 친생부모

① 다, 마
② 다, 마, 바
③ 가, 나, 마, 바
④ 나, 다, 마, 바
⑤ 가, 나, 다, 마, 바

60 상속재산 이해관계자에 대한 설명으로 적절하지 않은 것은?

① 원칙적으로 자연인이면 누구나 유증을 받을 수 있다.
② 유언자 사망 전에 수증자가 사망한 때에는 유증의 효력이 생기지 않는다.
③ 상속채권자는 피상속인의 사망과 상속인들의 출연 또는 상속의 포기나 한정승인 등으로 채무의 승계가 되지 않을 위험에 노출된다.
④ 해제조건이 있는 유증은 수증자가 그 조건 성취 전에 사망한 때에는 그 효력이 생기지 않는다.
⑤ 피상속인의 사망으로 피상속인의 채무자(상속채무자)는 채무를 변제할 대상이 복잡해질 수 있다.

61 상속재산의 확인에 대한 설명으로 적절하지 않은 것은?

① 보증기간과 보증한도액이 정해진 보증채무의 경우 보증인의 사망으로 보증인의 상속인에게 상속된다.
② 피보험자의 상속인이 보험수익자로 지정하였다면 그 보험금은 상속인의 고유재산이다.
③ 한국 국민이 외국에 재산을 남기고 사망한 경우 외국재산 역시 상속재산에 포함된다.
④ 원칙적으로 부동산에 대한 소유권의 변동은 등기를 하여야만 효력이 있으나 예외적으로 당사자 사이의 물권적 합의는 물권변동의 효력으로 인정된다.
⑤ 금융실명제법에서는 예금주의 신원만 확인할 뿐 예금주가 실제 예금 소유자인지 여부는 확인하지 않는다.

62 특별수익에 대한 설명으로 적절하지 않은 것은?

① 특별수익자의 상속분은 미리 받은 특별수익을 제외한 나머지가 된다.
② 특별수익에 대한 반환의무를 지는 특별수익자의 범위는 공동상속인이다.
③ 대습상속에 의해 공동상속인이 된 자도 피상속인으로부터 유증 또는 증여를 받은 경우 특별수익자가 될 수 있다.
④ 공동상속인은 아니지만 공동상속인과 동일한 권리의무가 있는 포괄적 수증자는 특별수익자에 포함된다.
⑤ 상속인을 수익자로 한 보험금은 상속재산에 포함되지 않지만 특별수익으로 볼 수 있다.

63 한정승인에 대한 설명으로 적절하지 않은 것은?

① 한정승인 신고서에는 상속재산의 목록을 첨부해야 한다.
② 상속인이 중대한 과실 없이 3개월 내에 상속채무의 초과 사실을 알지 못하고 단순승인을 한 경우에는 그 사실을 안 날로부터 3개월 이내에 한정승인을 할 수 있다.
③ 상속인이 상속채무가 상속재산을 초과한다는 사실을 중대한 과실 없이 법정 기한 내에 알지 못하였다는 점은 상속인이 입증해야 한다.
④ 한정승인 신고가 수리되면 피상속인의 채무는 적극재산 한도 내에서 소멸된다.
⑤ 고의로 재산목록에의 기재를 누락하면 단순승인한 것으로 간주될 수 있다.

64 유증에 대한 설명으로 적절하지 않은 것은?

① 유증은 유언자의 단독행위로 유증받는 자의 별도 의사표시는 필요 없다.
② 유언의 방식에 흠결이 있어 유증이 무효라 하더라도 사인증여의 요건을 갖추고 있으면 사인증여의 효력은 인정된다.
③ 부담부유증 시 부담의 내용은 유증 목적물의 가액을 초과할 수 없다.
④ 유언으로 재단법인을 설립하는 경우 그 설립목적은 반드시 비영리를 추구해야 한다.
⑤ 유언으로 상속재산 분할 금지를 지정할 수 없다.

65 자필증서 유언에 대한 설명으로 적절하지 않은 것은?

① 도장을 대신해서 엄지손가락으로 지문을 찍는 무인도 날인으로 인정된다.
② 자필증서의 본문과 봉투가 분리되어도 자필내용이 포함되면 유언증서의 효력을 인정한다.
③ 자필증서에 의한 유언의 요건인 주소의 자서는 반드시 주민등록법에 의하여 등록된 곳으로 작성해야 한다.
④ 문장을 삽입, 삭제, 변경할 때에는 유언자가 자서하고 날인하여야 한다.
⑤ 연월일은 자필증서유언을 작성한 날로서 그 작성일을 특정할 수 있게 기재하여야 한다.

66 공정증서 유언에 대한 설명으로 적절하지 않은 것은?

① 공정증서 유언은 유언자가 구수하고 공증인이 필기하는 방식의 유언이다.
② 공정증서 유언은 분실, 위조, 변조, 은닉 등의 위험이 없는 가장 확실하고 안전한 방식이다.
③ 공정증서 유언은 2명 이상의 증인이 필요하다.
④ 공증되어 따로 검인이 필요하지 않다.
⑤ 유언자의 의사에 따라 기명날인한 것으로 볼 수 있는 경우에도 반드시 유언자의 기명날인이 필요하다.

67 상속개시 전 실행하는 사전증여에 대한 설명으로 적절하지 않은 것은?

① 증여의 대상이 되는 재산은 증여자 자신의 것이어야 한다.
② 서면에 의한 증여는 증여계약서를 작성하여 증여하는 것이다.
③ 증여한 재산에 결함이 있는 경우 증여자가 부담하여야 할 책임을 증여자의 담보책임이라 하며 특정물 증여의 경우 원칙적으로 증여자는 담보책임을 부담하지 않는다.
④ 부담부증여의 경우 수증자의 부담의 한도에서 담보책임을 진다.
⑤ 서면에 의하지 않은 증여의 경우 실제로 이행되기까지 증여자·수증자의 어느 쪽으로부터라도 증여계약을 취소할 수 있다.

68 재산신탁에 대한 설명과 그 종류가 올바르게 연결된 것은?

> 가. 사인증여와 유사하므로 유증에 관한 규정이 유추 적용된다.
> 나. 본인이 부채를 지고 채권자의 강제집행을 회피할 목적으로 남용될 수 있다.
> 다. 상속 관련 민법, 특히 유류분제도와 충돌할 가능성이 있다.
> 라. 상속재산을 공익적 목적으로 기부하려고 할 때 활용할 수 있다.
>
> A. 사인처분으로서의 신탁계약
> B. 신탁선언에 의한 신탁
> C. 공익신탁
> D. 유언대용신탁

① 가－A, 나－B, 다－C, 라－D
② 가－A, 나－B, 다－D, 라－C
③ 가－A, 나－C, 다－B, 라－D
④ 가－A, 나－D, 다－C, 라－B
⑤ 가－D, 나－B, 다－C, 라－A

69 상속재산의 분할에 대한 설명으로 적절하지 않은 것은?

① 상속재산, 포괄유증받은 재산은 개별적으로 분할하기 전까지 상속인과 포괄유증받은 자의 공동소유이다.
② 분할재산에 하자가 발견되면 다른 상속인들에 대해서 손해배상청구를 할 수 있다.
③ 법원 조정의 경우 법정상속분에 제한되지 않는다.
④ 분할에 의해 취득한 재산은 상속개시 시에 피상속인으로부터 직접 승계한 것으로 본다.
⑤ 상속세법상 상속지분의 포기는 증여로 간주한다.

70 상증법상 상속세와 증여세에 동일하게 적용되는 규정으로만 모두 묶인 것은?

> 가. 분납, 물납, 연부연납 등
> 나. 감정평가수수료 공제제도
> 다. 취득시기
> 라. 신고세액공제율
> 마. 세대생략할증

① 가, 나, 다
② 나, 라, 마
③ 다, 라, 마
④ 가, 나, 라, 마
⑤ 가, 다, 라, 마

71 상속세 과세가액 계산 시 포함되지 않는 것은?

① 상속개시일 6년 전에 피상속인이 비상속인에게 증여한 토지 가액 5억원인 경우
② 피상속인이 상속개시일 1년 2개월 전에 처분한 아파트의 처분가액 6억원의 용도가 객관적으로 명백하지 않은 경우
③ 피상속인이 상속개시일 6개월 전에 부담한 채무 3억원의 용도가 객관적으로 명백하지 않은 경우
④ 피상속인의 사망으로 지급받는 생명보험의 보험금이 1억원인 경우(보험계약자가 피상속인 외의 자이지만 피상속인이 실질적으로 보험료를 납부한 것으로 확인됨)
⑤ 피상속인에게 지급될 퇴직금 1억원이 피상속인의 사망으로 인하여 지급된 경우

72 상속공제에 대한 설명으로 적절하지 것은?

① 거주자의 사망(비거주자의 사망 포함)으로 상속이 개시되는 경우에 2억원을 기초공제한다.
② 거주자의 사망으로 상속이 개시되는 경우 최대 2억원의 금융재산상속공제를 적용한다.
③ 거주자의 사망으로 상속이 개시되었으나 상속세 신고기한 이내에 상속세 과세표준신고가 없는 경우에도 일괄공제를 적용할 수 있다.
④ 상속인이 배우자 단독일 경우 배우자공제와 일괄공제에서 최소 10억원의 상속공제를 적용받을 수 있다.
⑤ 영농상속에 해당하는 경우에는 영농상속재산가액을 상속공제로 적용하되, 30억원을 한도로 한다.

73 상속세 계산에 대한 설명으로 적절하지 않은 것은?

① 무신고불성실가산세는 산출세액 계의 40%이다.
② 부정행위에 의한 과소신고불성실가산세는 산출세액 계의 40%이다.
③ 납부불성실가산세는 미납부세액 또는 부족세액 × 지연납부일수 × 22/100,000이다.
④ 2023년 신고세액공제율은 3%이다.
⑤ 신고세액공제액은 할증세액을 포함한 산출세액을 기준으로 계산한다.

74 증여세에 대한 설명으로 적절하지 않은 것은?

① 영리법인은 자산수증이익에 대해 법인세가 과세된다.
② 수증자가 증여세를 납부할 능력이 없다고 인정되는 경우 등 조세채권의 확보가 곤란한 경우 그에 상당하는 증여세의 전부 또는 일부를 면제한다.
③ 수증자가 비거주자인 경우 증여자가 연대납세의무를 지게 된다.
④ 증여자가 연대납세의무가 없는 상태에서 수증자를 대신하여 납부한 증여세는 증여이익으로 본다.
⑤ 증여세 과세대상 재산에 대하여 소득세법에 따른 소득세가 과세되는 경우 소득세와 증여세를 모두 부과하며 납부한 소득세는 기납부세액으로 공제받는다.

75 나고객 씨가 2023년 1월 16일에 아버지로부터 증여를 받았을 때 지금까지 증여내역을 참고하여 계산한 금번 증여에 따른 증여세 과세가액으로 적절한 것은?

증여자	증여일	증여재산	증여재산 평가가액
아버지	12.03.17	아파트	3억원
어머니	16.07.21	토지	5억원
할아버지	21.05.26	주식	4억원
아버지	23.01.16	상가	3억원

① 0억원
② 1억원
③ 2억원
④ 5억원
⑤ 8억원

76 증여를 받은 경우에 과세가액에서 공제되는 금액으로 적절한 것은?

① 성년인 아들로부터 받을 때 3,000만원
② 장모로부터 받을 때 3,000만원
③ 남편으로부터 증여 받을 때 5억원
④ 미성년자인 아들이 부친으로부터 받을 때 2,000만원
⑤ 형제로부터 받을 때 3,000만원

77 다음 자료를 참고하여 나고객(37세)이 받은 각각의 증여에 대한 증여세 산출세액의 합계액으로 적절한 것은?

- 2023년 3월 1일 7억원(배우자로부터 증여받음)
- 2023년 4월 1일 5천만원(아버지로부터 증여받음)
- 2023년 5월 1일 2천만원(할아버지로부터 증여받음)

① 2,000천원
② 12,000천원
③ 14,150천원
④ 14,800천원
⑤ 15,000천원

78 증여받은 아래 임대상가의 매매사실 등이 없어 상증법상 임대상가의 시가를 산정하기 어려워 보충적 평가방법으로 평가한다고 할 때 상증법상 증여재산의 평가가액은 얼마인가?

임대 보증금	1년간 임대료	토지 (개별공지지가)	건물 (국세청장 산정 기준시가)
3억원	3,600만원	3억원	3억원

① 2억원
② 3억원
③ 4억원
④ 5억원
⑤ 6억원

79 창업자금 및 가업승계에 대한 증여세 과세특례내용으로 적절하지 않은 것은?

① 수증자는 18세 이상인 거주자이다.
② 증여자는 60세 이상인 부모이다.
③ 창업자금 과세특례는 토지 · 건물 등 양도소득세 과세대상 재산을 제외하고 50억원, 창업을 통하여 10명 이상 신규 고용 시 100억원 한도로 증여할 수 있다.
④ 창업자금특례는 증여받은 날부터 2년 이내에 중소기업을 창업하고, 4년 이내에 창업자금을 해당 목적에 모두 사용하여야 하며, 가업승계특례는 증여세 법정신고기한까지 가업에 종사하고, 증여일부터 3년 이내에 대표이사에 취임하여야 한다.
⑤ 창업자금 및 가업승계 증여세 과세특례규정은 중복적용 된다.

80 가업승계설계 전략수립에 대한 적절한 설명으로만 모두 묶은 것은?

가. 법인 사업체인 경우 자산과 부채를 개별적으로 이전하는 과정이 필요하다.
나. 가업의 주식평가액이 적게 나오는 시점에 소유권을 이전하면 절세할 수 있다.
다. 유한책임사원은 지분의 이전이나 양도가 가능하나 양도 시 무한책임사원의 동의가 필요하다.
라. 유한책임회사의 경우 지분 양도 시 다른 사원의 동의가 필요하다.
마. 가업의 평가가액＝자산의 평가가액＋영업권의 평가가액＋부채의 평가가액

① 가, 나, 마
② 나, 다, 라
③ 다, 라, 마
④ 가, 다, 라, 마
⑤ 나, 다, 라, 마

CFP®

실전모의고사 1회 사례형

3교시	재무설계 원론 / 위험관리와 보험설계 / 투자설계 / 부동산설계 / 은퇴설계 / 세금설계 / 상속설계 / 복합사례 Ⅰ
4교시	복합사례 Ⅱ / 복합사례 Ⅲ / 종합사례

CFP® 실전모의고사 1회

사례형 3교시

수험번호		성명	

시험 유의사항

1. 수험표에 명시된 준비물을 꼭 지참하고, 특히 규정신분증 이외의 신분증 및 신분증을 지참하지 않을 경우 입실이 허용되지 않음
2. 시험 시작 후 1시간이 경과하기 전에는 퇴실할 수 없으며, 퇴실 시 반드시 문제지와 답안지를 제출해야 함
3. 응시자 이외의 사람은 시험장에 출입할 수 없으며 시험장 내 주차장이 협소하거나 주차장을 사용할 수 없는 고사장이 있으므로 대중교통을 이용하고, 만약 자가용 이용으로 발생되는 문제(주차 및 차량훼손 등)은 한국FPSB가 책임지지 않음
4. 시험장 내 휴대전화, 무선기, 컴퓨터, 태블릿 PC 등 통신 장비를 휴대할 수 없으며 휴대가 금지된 물품을 휴대하고 있음이 발견되면 부정행위 처리기준에 따라 응시제한 1년 이상으로 징계됨
5. 답안 작성은 컴퓨터용 사인펜을 이용하고 예비답안 작성은 반드시 붉은 사인펜만을 이용해야 하며, 붉은 사인펜 이외의 필기도구(연필, 볼펜 등)를 사용하여 예비답안을 작성한 경우 이중 마킹으로 인식되어 채점되지 않음을 유의함
6. 답안은 매 문항마다 하나의 답안을 골라 그 숫자에 빈틈없이 표기해야 하며, 답안지는 훼손, 오염되거나 구겨지지 않도록 주의해야 함. 특히, 답안지 상단의 타이핑 마크를 절대로 훼손해서는 안 되며, 마킹을 잘못하거나(칸을 채우지 않거나 벗어나게 마킹하는 경우) 답안지 훼손에 의해서 발생되는 문제에 대한 모든 책임은 응시자에 귀속됨
7. 문제지와 답안지 작성을 제외한 모든 종류의 필사(본인 답안 필사 등)를 하는 행위 및 컨닝용 쪽지, 책자 또는 노트 등을 휴대하는 행위는 부정행위로 처리함
8. 시험 종료 안내는 종료 20분, 10분, 5분 전에 방송되며 시험시간 관리의 책임은 전적으로 수험생 본인에게 있으므로 종료 후 답안 작성으로 인하여 부정행위 처리되지 않도록 유의함
9. 시험장 내에선 금연이며 시험장의 시설물이 훼손되지 않도록 주의함
10. 유의사항 위반에 따른 모든 불이익은 응시자가 부담하고 부정행위 및 규정 위반자는 부정행위 세부처리기준에 준하여 처리됨

재무설계 원론

01 나고객 씨는 자녀의 유학자금 마련을 위해 거치식 주식형 펀드에 20,000천원을 투자한 상태이다. 자녀는 현재 7세이며, 유학기간은 19세부터 6년간, 현재물가기준으로 연 20,000천원의 유학자금이 필요할 것으로 예상된다. 다음 중 옳은 설명을 모두 고르시오. (유학자금 마련을 위한 세후투자수익률은 연 7%, 교육비 상승률은 연 5%, 물가상승률은 연 4%로 가정함)

가. 현재 시점에서 부족한 유학자금은 자금은 71,324천원이다.
나. 부족한 유학자금을 마련하기 위해 12년간 매년 초 물가상승률만큼 증액 저축한다면 매년 초 저축액은 6,916천원이다.
다. 보유한 투자자산을 해지하고, 연 8% 투자수익률을 예상하는 금융상품에 투자할 경우 현재 시점에 부족한 자금은 79,851천원이다.
라. 교육자금은 장기간 투자를 요하는 재무목표이므로 위험을 최소화하면서 어느 정도 기대수익을 낼 수 있는 투자보다는 원금 보장이나 안정성을 목적으로 하는 보수적인 투자가 중요하다.

① 없음
② 가
③ 가, 나
④ 가, 나, 다
⑤ 가, 나, 다, 라

02 나고객 씨는 10년 후 자녀의 유학자금 마련을 위해 아래와 같이 저축을 시작한 후, 5년이 지난 시점에서 투자내용을 평가하게 되었다. 평가한 결과 세후투자수익률이 연 6%에서 연 3.5%로 감소함에 따라 교육비 마련 저축 계획에 대한 수정이 불가피한 상황이다. 다음 중 옳은 설명을 모두 고르시오.

[5년 전 상황]
- 자녀 나이 : 10세
- 유학자금 상승률 : 연 8%, 세후투자수익률 : 연 6%
- 유학자금은 6년간 현재물가기준으로 매년 초 35,000천원이 필요하며, 유학자금 마련을 위한 저축은 10년 동안 매년 말 정액으로 이루어지며, 대학입학 전까지 완료 예정

가. 5년 전 나고객 씨에게 필요한 유학자금은 210,000천원이다.
나. 현재시점에 나고객 씨에게 준비된 자금은 203,276천원이다.
다. 현재시점에 나고객 씨에게 부족한 자금은 222,430천원이다.
라. 유학 중인 자녀에게 송금할 수 있는 최대 한도는 미화 10만불이므로 이를 고려해야 한다.

① 가, 나
② 가, 라
③ 가, 나, 다
④ 나, 다
⑤ 나, 라

[풀이공간]

03 나고객 씨는 지인으로부터 다음과 같은 상가에 투자안을 제안받아 매입을 고려 중이다. 나고객 씨가 상가를 매입할 경우 보유 예정인 5년 동안 현금유입에 대해서는 세후 연 5%로 재투자되고, 현금유출에 대한 이자비용은 연 8%로 예상된다. 아래 매입 예정상가 정보를 참고하여 상가투자안의 수정내부수익률로 가장 적절한 것을 고르시오.

[매입 예정 상가 관련 정보]
- 상가 매입금액 15억원
- 투자기간 동안 예상되는 현금 유입과 유출
  1년차 말 : −200,000천원, 2년차 말 : 200,000천원, 3년차 말 : 300,000천원, 4년차 말 : 300,000천원, 5년차 말 : 500,000원
- 상가의 연간 가치상승률은 매년 1.5%씩 상승하는 것으로 가정함

① 9.23%
② 9.60%
③ 11.97%
④ 12.18%
⑤ 13.31%

04 나고객 씨는 2023년 현재 A동 아파트에 거주하고 있으며, 2024년 초에는 A동 아파트를 매도하고 매도한 금액과 대출금을 포함하여 B동의 아파트를 매수하려고 한다. 이에 김범곤 CFP® 인증자와 상담을 통해 총소득 대비 주거비용은 총소득의 30% 이내가 적절하다는 조언을 들었다. 매수 예정인 B동의 아파트는 나고객 씨가 현재 거주하고 있는 아파트보다 모기지 외 주거 관련 비용이 20% 더 필요하다. 나고객 씨는 B동 아파트를 매수하면서 김범곤 CFP® 인증자의 조언대로 주거 관련 비용을 총 소득 대비 30% 이하로 유지하면서 대출을 받으려고 한다. 다음 주택 모기지에 대한 세부 정보와 2023년도 현금흐름표를 보고, 2024년도 예상 소득과 주거비용을 감안한 최대 대출 가능 금액으로 적절한 것을 고르시오.

[주택 모기지 대출 세부 정보]
- 모기지 상환금 외에 주거 관련 비용은 재산세, 아파트 관리비, 화재보험료
- 대출 이율 : 연 7%
- 대출 기간 : 20년
- 대출 상환방식 : 매년 말 원리금균등분할상환방식
- 나고객 씨는 현재 보유한 A동 아파트 외에 다른 주택이나 투자용 부동산은 없다.
- 2023년 나고객 씨의 급여는 매년 초 3% 인상된다고 가정한다.

나고객 씨의 현금흐름표(2023.01.01.~2023.12.31.)

(단위 : 천원)

현금유입		현금유출	
항목	금액	항목	금액
급여소득	60,000	저축 및 투자	5,000
		재산세	600
		아파트 관리비	3,000
		화재보험료	400
		자동차 관리비	1,200
		주택 모기지	6,000
		자녀 교육비	10,000
		기타 고정지출	4,800
		변동지출	29,000
계	60,000	계	60,000

① 145,562천원
② 151,554천원
③ 158,968천원
④ 165,876천원
⑤ 172,025천원

[풀이공간]

위험관리와 보험설계

05 현재 30세인 나고객 씨는 안타깝게도 아내가 불의의 사고로 사망하여 사망보험금 3억원을 수령하였다. 사망보험금을 일시에 받지 않고 매년 연금으로 받고자 할 경우 나고객 씨에게 가장 유리한 수령 방법을 고르시오. (연금은 매년 초에 수령하고 나고객 씨는 80세 말까지 생존하는 것으로 가정하며 세후투자수익률은 연 6%로 가정함)

① 평준 생애수입방법 : 매년 20,000천원 수령
② 확정기간 분할수령방법 : 20년간 매년 25,000천원 수령
③ 확정기간 분할수령방법 : 23년간 매년 24,000천원 수령
④ 보증부 생애수입방법 : 10년간 보증받고 매년 19,000천원 수령
⑤ 이자수령방법 : 매월 초 1,800천원을 지급받고 사망 시 140,000천원 수령

06 나고객 씨는 자가용을 타고 서해안고속도로 상행선 정상 운행 중, 맞은편 차선에서 중앙선을 침범하여 돌진한 중형 자동차와 충돌하여 사망하였다. 아래 정보를 참고하여 나고객 씨의 사망보험금 총액을 자동차보험금 지급기준에 의해 추정할 경우 근사치로 가장 적절한 것을 고르시오.

[지급 보험금 관련 정보]
- 사망자 : 나고객(1991년 5월 10일생)
- 사망일(사고일) : 2023년 04월 16일
- 나고객씨의 취업가능월수(408개월)에 해당하는 호프만 계수 : 238.066
- 과실관계 : 사망자 과실비율 20%
- 나고객 씨의 월평균현실소득액 : 7,500천원
- 나고객 씨의 직업정년 : 66세
- 일용근로자의 월 임금 : 2,000천원
- 법정근로가능 연령 : 60세
- 가해차량은 개인용 자동차보험의 모든 담보에 가입(대인Ⅰ, 대인Ⅱ(무한), 대물, 자기신체사고, 자기차량손해, 무보험차상해)
- 보험금은 사망일로부터 7일 이내 지급함

① 678,523천원 ② 708,532천원
③ 813,126천원 ④ 852,003천원
⑤ 1,020,264천원

[풀이공간]

07 35세인 나고객 씨는 자녀교육이 끝나는 시점인 60세까지를 보장기간으로 하는 3억원의 사망보험에 가입하고자 한다. 정기 보험을 가입하자니 보험료는 저렴하지만 만기환급금이 없다는 것이 마음에 걸리고, 종신보험은 만기환급금은 있으나 보험료가 너무 비싸서 고민이다. 나고객 씨의 선택을 돕기 위해 정기보험의 보험료에 종신보험의 해지환급금(25년 경과시점)에 해당하는 금액을 수령할 수 있는 저축금액을 더하여 종신보험의 보험료와 비교해주고자 한다. 종신보험에 가입하는 방안을 [A안]이라고 하고, 정기보험가입과 별도 저축을 동시에 하는 방안을 [B안]이라고 할 때, 아래의 정보를 참고하여 두 가지 제안을 비교한 내용에 대한 적절한 설명을 고르시오.

[A안 보험가입 정보]
일반사망보험금 3억원을 보장받기 위한 종신보험(25년납)의 연간보험료는 4,500천원이며, 60세 시점의 해지환급금은 78,000천원으로 예상됨

[B안 보험가입 정보]
일반사망보험금 3억원을 보장받기 위한 정기보험(25년 만기 전기납)의 연간 보험료는 2,808천원이며, 만기환급금은 없음

※ 비교를 위한 저축의 가정은 매년 기말급, 세후투자수익률 연 6% 상품에 투자하기로 합의함

① A안이 약 220천원 저렴하다.
② A안이 약 270천원 저렴하다.
③ A안이 약 320천원 저렴하다.
④ B안이 약 270천원 저렴하다.
⑤ B안이 약 320천원 저렴하다.

08 현재 48세인 나고객 씨는 최근 장기간 지병으로 고생하다 돌아가신 친구의 아버님을 보고 장기개호에 대한 재무적 심각성을 인식하여 자신이 사망하기 전 3년간을 개호기간으로 설정하고 장기개호에 필요한 자금을 미리 준비하고자 한다. 다음 정보를 참고하여 나고객 씨가 현재시점에서 추가로 준비해야 할 금액으로 적절한 것을 고르시오.

[나고객 씨 개호자금 관련 정보]
- 개호기간 동안 필요자금은 현재물가기준 매년 초 35,000천원으로 예상함
- 나고객 씨는 장기개호가 발생할 경우 3년간 정액으로 매년 초 50,000천원을 지급하는 보험상품에 가입하고 있음
- 나고객 씨의 기대수명은 84세 말까지로 가정함
- 물가상승률 연 3.5%, 세후투자수익률 연 5.5%
- 개호자금은 매년 물가상승률만큼 인상된다고 가정함

① 30,693천원 ② 34,176천원
③ 42,202천원 ④ 48,900천원
⑤ 52,284천원

[풀이공간]

09 대기업 과장으로 근무 중인 나고객(40세) 씨는 자신의 소득만으로 평생 동안 가계지출을 유지할 수 있는지 알아보고자 한다. 아래 수입과 지출에 대한 정보를 참고하여 나고객 씨의 생애수입과 생애지출을 현재가치를 기준으로 비교 · 설명한 내용 중 가장 적절한 것을 고르시오.

[나고객 씨의 소득과 가계 지출 정보]
- 나고객 씨의 올해 말 연간 세후소득은 70,000천원으로 54세 말까지 매년 말에 발생하며, 연봉은 매년 4%씩 증가하는 것으로 가정함
- 나고객 씨 가정의 연간 가계지출은 나고객 씨 퇴직 전에는 현재물가기준으로 40,000천원, 퇴직 후에는 퇴직 전 지출의 80%가 79세 말까지 매년 초에 필요하며, 가계지출은 매년 물가상승률인 연 3%씩 증가함
- 생애수입과 생애지출의 현재가치 기준 비교를 위한 할인율은 세후투자수익률 연 5%를 적용하기로 함

① 생애수입의 현가가 생애지출의 현가보다 약 48,376천원 더 크다.
② 지출비용의 현가가 생애수입의 현가보다 약 48,376천원 더 크다.
③ 생애수입의 현가가 생애지출의 현가보다 약 70,798천원 더 크다.
④ 지출비용의 현가가 생애수입의 현가보다 약 70,798천원 더 크다.
⑤ 생애수입의 현가가 생애지출의 현가보다 약 81,238천원 더 크다.

투자설계

10 (주)FP산업의 금년도 주당순이익(EPS_0)이 3,000원일 경우 다음 추가 정보를 참고하여 정률성장배당모형으로 계산한 적정주가, 적정PER, 적정PBR이 순서대로 적절하게 나열된 것을 고르시오.

[(주)FP산업 관련 추가 정보]
- 무위험이자율 : 4%
- 자기자본이익률(ROE) : 10%
- 주식시장의 위험프리미엄 : 3%
- (주)FP산업의 베타계수 : 1.3
- 내부유보율 : 40%

① 적정주가 : 30,678원, 적정PER : 9.8배, 적정PBR : 0.9배
② 적정주가 : 30,678원, 적정PER : 12.2배, 적정PBR : 1.5배
③ 적정주가 : 48,000원, 적정PER : 12.2배, 적정PBR : 1.2배
④ 적정주가 : 48,000원, 적정PER : 15.4배, 적정PBR : 1.5배
⑤ 적정주가 : 48,000원, 적정PER : 16.5배, 적정PBR : 1.8배

[풀이공간]

11 아래 정보를 참고하여 현재 6.2%인 (주)FP회사채의 유통수익률이 시중 금리 하락에 따라 1% 하락한 5.2%가 될 경우 (주)FP회사채의 시장가격은 얼마나 변동하는지 수정듀레이션과 볼록성을 가지고 채권가격을 추정하시오.

[(주)FP회사채 관련 정보]
- 현재 채권 가격 : 10,128원
- 표면이자율(3개월마다 이자지급) : 5.5%
- 유통수익률 : 6.2%
- 발행일 : 2021년 11월 04일
- 만기일 : 2024년 11월 04일
- 듀레이션(년) : 2.84
- 볼록성(년) : 18.3269

① 291.33원 상승　② 291.33원 하락
③ 292.53원 상승　④ 292.53원 상승
⑤ 293.73원 상승

12 다음 정보를 바탕으로 (주)FP주식펀드의 샤프척도, 트레이너척도, 젠센척도를 산출할 때 가장 적절한 것을 고르시오.

[(주)FP기업 관련 정보]
- (주)FP펀드 실현수익률 : 12%
- (주)FP펀드 리스크프리미엄 : 6%
- (주)FP 펀드 수익률의 분산 : 0.0064
- 주식시장 평균수익률 : 8%
- 무위험수익률 : 4%
- 주식시장 리스크 프리미엄 : 4%

	샤프척도	트레이너척도	젠센척도
①	1.2%	4.66%	4%
②	4.66%	1.2%	4%
③	1.4%	3.66%	3%
④	1.0%	5.33%	2%
⑤	5.33%	1.0%	2%

[풀이공간]

13 다음과 같이 주식과 채권에 각각 60%와 40%씩 투자하는 포트폴리오를 구성할 때, 신뢰수준 95.45%에서의 포트폴리오 기대수익률 범위로 가장 적절한 것은? (단, 수익률의 분포는 정규분포곡선의 형태를 보인다고 가정함)

- 포트폴리오 구성 비중 : 주식 60%, 채권 40%
- 주식의 기대수익률 : 10%
- 주식의 수익률의 표준편차 : 10%
- 채권의 기대수익률 : 3%,
- 채권의 수익률의 표준편차 : 2%
- 주식과 채권의 상관계수 : 0.2

① 1~13.4%
② −5.2~19.6%
③ −7.5~21.9%
④ −6.6~20.7%
⑤ −8.2~22.6%

14 나고객 씨의 주식형 펀드에 대한 2년간의 투자성과는 다음과 같다. 아래 자료를 토대로 연간 금액가중수익률과 시간가중수익률 중 기하평균수익률을 계산하시오.

시점 (년)	납입금액 (금액)	펀드기준가 (원)	구입 좌수 (좌)	잔고 좌수 (좌)	평가 금액 (천원)
0	20,000	1,000	20,000	20,000	20,000
1	50,000	1,250	40,000	60,000	75,000
2		1,500		60,000	90,000

※ 현금배당금은 기말에 지급, 주식의 신규 매입/매도는 배당락 이후에 이루어졌음
※ 현금배당금을 펀드에 재투자하지 않았음
※ 투자자금회수는 주식을 시장에 매도하여 마련하였음

	금액가중 수익률	시간가중 수익률
①	21.22%	22.47%
②	10.61%	11.24%
③	25.00%	25.00%
④	12.50%	12.50%
⑤	22.47%	21.22%

[풀이공간]

부동산설계

15 매수가격이 500,000천원인 부동산을 매수할 경우 예상하는 순영업수익이 1차 연도에는 30,000천원, 2차 연도에는 40,000천원, 3차 연도에는 30,000천원, 4차 연도와 5차 연도에는 각각 50,000천원이 될 것으로 예상된다. 5년 후 매도가격은 5차 연도 순영업수익에 종합환원율 10%를 적용한 가격으로 예상될 경우 순영업수익을 기준으로 하는 부동산의 내부수익률로 적절한 것을 고르시오.

① 3.65%
② 4.29%
③ 5.56%
④ 6.67%
⑤ 7.85%

16 투자하고자 하는 부동산의 순영업수익(NOI)이 1차 연도에는 60,000천원이며, 2차 연도부터 매년 8,000천원씩 증가될 것으로 예상된다. 매입 후 4년간 보유할 예정이며, 4차 연도 말 매각 시 매각금액은 4차 연도 순영업수익에 시장추출법에 따른 종합환원율 10%를 적용하며, 매도비용은 없는 것으로 한다. 부동산 매입 시 5억원을 15년 만기 연 7%, 만기일시상환조건으로 대출받아 부족자금을 충당할 계획이다. 자기자본에 대한 요구수익률이(세전) 8%일 때, 세전할인현금수익분석(BTCF)에 의한 부동산의 가치를 고르시오.

① 369,914천원
② 428,716천원
③ 869,914천원
④ 920,000천원
⑤ 928,716천원

[풀이공간]

17 다음과 같은 정보를 토대로 나고객 씨가 부동산을 구입할 경우 실질투자금액 대비 수익률을 고려한 Cash On Cash Rate로 적절한 것을 고르시오.

> [나고객 씨가 구입을 고려하고 있는 오피스텔 건물 현황]
> - 매수가액 : 10억원 (부동산 취득 관련 세금 등 부대비용 포함)
> - 임대료(월) : 6,000천원
> - 예상되는 임대보증금 총액 : 200,000천원(보증금 운용 수익은 발생하지 않음)
> - 예상 공실 : 가능총수익의 5%
> - 운영경비 : 월 1,000천원
> - 대출금 : 300,000천원, 이자율 연 7%, 대출기간 5년 만기 일시 상환 방식

① 6.03%
② 6.94%
③ 7.08%
④ 7.13%
⑤ 8.04%

18 나고객 씨가 보유 중인 상가의 2023년도 순영업수익은 150,000천원이며 상가 매입 시 부동산 담보대출액 700,000천원과 자기자본투자액 400,000천원, 총 1,100,000천원을 투자하여 매수했다. 그리고 2023년의 대출원리금상환액이 67,000천원이다. 2024년도 상가의 예상 순영업수익은 200,000천원이고, 다른 조건은 동일할 경우 다음 중 적절한 것을 고르시오.

① 2023년도에 비해 2024년도 자기자본환원율이 12.50% 감소했다.
② 2023년도에 비해 2024년도 자기자본환원율이 12.50% 증가했다.
③ 2023년도에는 종합환원율이 대출환원율보다 크므로 부의 레버리지가 발생한다.
④ 2024년도에는 대출환원율이 자기자본환원율보다 크므로 정의레버리지가 발생한다.
⑤ 종합환원율은 2024년도가 18.18%로서 2023년도에 비해 다소 감소했다.

[풀이공간]

은퇴설계

19 다음 나고객 씨의 은퇴설계를 위한 정보를 참고하여 나고객 씨 부부가 은퇴시점에서 은퇴일시금 마련을 위해 저축해야 할 첫해 말 저축금액으로 적절한 것을 고르시오.

[가족 상황]
- 나고객(본인) : 40세(근로소득자)
- 여배우(부인) : 35세(전업주부)

[은퇴설계를 위한 정보]
- 은퇴시점 필요한 은퇴일시금을 800,000천원으로 가정함
- 나고객 씨 부부는 나고객 씨 사망 직전 5년간 발생될 수 있는 간병비(매년 초 20,000천원)를 추가적으로 준비할 계획임
- 간병비는 현재물가기준이며 기시에 발생되고 매년 물가상승률만큼 증액됨
- 은퇴예정일 : 나고객 씨 나이 60세
- 부부 은퇴기간 : 나고객 씨 나이 80세 말까지
- 은퇴자산에 대한 세후투자수익률 : 은퇴 전 연 7%, 은퇴 후 연 6%
- 물가상승률 : 연 3%
- 저축은 15년간 매년 말에 이루어지며 매년 물가상승률만큼 증액함

① 17,597천원
② 20,146천원
③ 20,750천원
④ 20,928천원
⑤ 21,556천원

20 다음 나고객 씨의 은퇴설계 정보를 참고하여 현재 35세인 나고객 씨가 은퇴기간 중 매년 확보할 수 있는 은퇴소득의 현재물가기준 금액으로 가장 적절한 것을 고르시오. (국민연금 수령액을 고려할 것)

[나고객 씨의 은퇴설계를 위한 정보]
- 국민연금 : 은퇴시점부터 현재물가기준 매년 초 8,000천원 수령 예상
- 은퇴자산의 세후투자수익률 : 연 6%
- 물가상승률 : 연 4%
- 은퇴나이 : 60세
- 은퇴기간 : 30년
- 국민연금과 은퇴소득은 매년 물가상승률만큼 인상됨
- 은퇴 이전에 개인연금보험에서 수령하는 연금수령액은 은퇴자산으로 사용하지 않음

[나고객 씨 은퇴준비 자산]
- 아파트 : 700,000천원, 60세에 매각하여 50%는 주거용 아파트를 구입하고, 50%는 은퇴자산으로 활용할 예정임(아파트 가격은 매년 6% 상승 예정, 매각에 따른 비용 및 수수료는 2% 가정)
- 변액연금보험 : 65세부터 매년 초 30,000천원을 종신토록 수령함
- 세제비적격 개인연금보험 : 55세 시점부터 매년 초 20,000천원을 20년간 수령함

① 28,875천원
② 29,430천원
③ 32,829천원
④ 40,222천원
⑤ 40,842천원

[풀이공간]

21 현재 55세인 나고객 씨는 5년 후인 60세에 은퇴할 예정이나, 자녀들의 교육과 결혼 등으로 국민연금 외에는 별도의 은퇴자금을 마련하지 못해 은퇴시점에 현재 거주 주택을 담보로 한 역모기지(주택연금)를 활용하는 방안을 고려하고 있다. 나고객 씨가 수령하고자 하는 희망 연금 수령액과 역모기지 대출조건을 참고로 설명한 내용 중 가장 적절하지 않은 것을 고르시오.

[역모기지 관련 기본 정보]
- 나고객 씨는 최초 9,600천원을 시작으로 매년 물가상승률(4.5%)만큼 증액된 금액을 25년간 연초에 연금으로 수령하기를 희망함
- 역모기지 대출조건 : 대출이자율 8.2%, 역모기지 만기 시 상환액이 담보가액의 70% 미만일 것
- 거주용 주택 : 현재 가격 700,000천원, 주택상승률은 연 2.5% 가정

① 만기 시 역모기지의 상환액은 약 1,169,893천원으로 예상된다.
② 역모기지 만기 시 거주 주택의 담보가치(70%)는 약 1,027,808천원으로 예상된다.
③ 역모기지의 만기상환액이 거주 주택의 담보가치를 142,084천원 정도 초과하기 때문에 현재의 조건으로는 대출이 불가능하다.
④ 나고객 씨가 최초 연금액을 8,500천원으로 낮출 경우에는 대출이 가능할 것으로 판단된다.
⑤ 역모기지 대출이 일정 요건을 충족한 경우 나고객 씨는 매년 지급받은 연금의 이자에 대해서 200만원 한도로 연금소득금액에서 공제가 가능하다.

22 나고객 씨는 은퇴시점에서 추가로 필요한 은퇴일시금 마련을 위해 20년간 매년 말 추가로 저축하기로 하고 투자포트폴리오를 구성하려고 한다. 나고객 씨의 다음 정보를 토대로 했을 때, RM(Retirement model)포트폴리오 구성과 관련한 내용으로 가장 적절하지 않은 것을 고르시오.

[나고객 씨 RM포트폴리오 구성을 위한 조건]
- 은퇴시점에서 추가로 필요한 은퇴일시금 : 720,000천원
- 추가저축액에 대한 포트폴리오 세후투자수익률 : 연 6%
- 각 투자자산에 대한 예상 수익률
  - 확정금리형 : 4.5%, 채권형 : 5.5%, 주식형 : 10%
- 투자성향을 감안한 RM포트폴리오 모델에 의한 자산배분 기본 비중
  - 부동산 : 60%, 확정금리형 : 16%, 채권형 : 16%, 주식형 : 8%
- 은퇴시점에 확보 가능한 은퇴자산 평가액 1,000,000천원으로 가정

① 나고객 씨의 은퇴자산에 대한 투자성향은 안정형이다.
② RM포트폴리오에 따라 구성한 매년 주식의 투자 비중은 매년 저축액의 15.18%이며, 주식 투자 금액의 은퇴시점 평가액은 약 170,173천원이다.
③ RM포트폴리오에 따라 구성한 매년 확정금리형 상품과 채권의 투자 비중은 각각 매년 저축액의 42.41%이며, 연간 투자금액은 각각 8,301천원이다.
④ RM포트폴리오에 따라 구성한 매년 확정금리형 상품의 투자금액의 은퇴시점 평가액은 약 250,310천원이다.
⑤ 추가 저축에 따른 은퇴시점의 총은퇴자산 평가액은 1,720,000천원이다.

[풀이공간]

세금설계

23 남편(40세)이 있는 여배우(36세) 씨의 소득 및 지출 관련 현황을 참고하여 계산할 경우 최대한 절세할 수 있는 여배우 씨의 2020년도 귀속 종합소득세 산출세액으로 적절한 것을 고르시오.

[여배우 씨 소득 및 지출 관련 현황]
- 근로소득금액 : 70,000천원
- 사업소득금액 : 20,000천원
- 고용관계가 없는 일시적 강사 수입 : 6,000천원
- 본인 외 남편과 자녀(9세) 1명 있음(남편은 이자소득 10,000천원)
- 국민연금보험료 : 1,600천원
- 본인을 피보험자로 하는 보장성 보험 : 1,100천원

① 14,376천원　② 14,925천원
③ 14,940천원　④ 17,240천원
⑤ 18,264천원

24 거주자 나고객 씨는 부동산임대업자이다. 다음 부동산 임대 현황을 참고하여 임대소득을 장부작성 기준으로 과세할 때, 2023년 귀속 부동산임대업에서 발생한 소득에 대한 총수입금액은 얼마인가?

[나고객 씨 부동산 임대 현황]
- 임대기간 : 2022년 5월부터 2024년 4월 30일까지
- 임대보증금 : 600,000천원
- 월 임대료 : 1,500천원(VAT 별도)
- 월 관리비 : 400천원(전기료 등 공공요금 포함)
- 상가의 총 취득가액 : 1,000,000천원(건물분 250,000천원)
- 국세청 고시 이자율 : 2.9%
- 당해 과세연도 중 임대사업부분에서 발생한 금융수익
  - 주식매매차익 : 7,000천원
  - 이자소득 : 1,000천원
  - 배당소득 : 1,000천원

① 25,000천원　② 28,510천원
③ 30,950천원　④ 41,200천원
⑤ 43,200천원

[풀이공간]

25 거주자 나고객 씨에 대한 다음 자료를 참고하여 2023년 귀속 종합소득세 신고 시 종합소득금액 합산대상이 되는 배당소득금액과 금융소득금액으로 가장 적절한 것을 고르시오.

[나고객 씨 금융소득 관련 정보]
- 은행 정기예금 이자 : 15,000천원(원천징수세율 15.4%)
- 10년 경과한 저축성보험의 보험차익 : 30,000천원
- 세금우대종합저축 이자 : 1,000천원
- 채권양도차익 : 5,000천원(보유기간 이자 2,000천원)
- A 투자신탁 이익 : 40,000천원(과세대상 이익 30,000천원 포함)
- B 무츄얼펀드 환매손실 : 10,000천원(과세대상 이익 5,000천원 포함)
- 주식발행초과금을 재원으로 하는 무상주배당 : 15,000천원
- 1% 재평가세율이 적용되는 재평가 적립금을 재원으로 하는 무상주배당 : 18,000천원
- 자기주식처분이익을 재원으로 하는 무상주배당 : 15,000천원
- 비상장주식 양도차익 : 30,000천원
- 상장법인으로부터 받은 주식배당 : 20,000천원
- 비상장법인으로부터 현금배당 : 10,000천원

※ 상기 소득 중 금융소득은 모두 내국법인으로부터 받은 배당이며 원천징수세율은 15.4%임

① 배당소득금액 : 98,400천원, 금융소득금액 : 118,400천원
② 배당소득금액 : 102,950천원, 금융소득금액 : 119,950천원
③ 배당소득금액 : 107,800천원, 금융소득금액 : 124,800천원
④ 배당소득금액 : 113,800천원, 금융소득금액 : 130,800천원
⑤ 배당소득금액 : 118,400천원, 금융소득금액 : 135,400천원

26 거주자 여배우 씨가 남편 나고객 씨로부터 2023년 5월 10일에 증여받은 토지를 증여일로부터 10년 이내에 양도하는 경우와 10년 이후에 양도하는 경우의 양도소득세 과세방법에 대한 설명 중 가장 적절한 것을 고르시오.

[나고객 씨 증여내역]
- 남편 나고객 씨의 토지취득가액 : 300,000천원
- 증여 당시 상증법상 평가액 : 600,000천원
- 토지 양도가액 : 300,000천원

	구분	10년 이내 양도 시	10년 이후 양도 시
①	취득가액	600,000천원	300,000천원
②	증여세 처리	환급	필요경비 산입 불가
③	납세의무자	나고객	여배우
④	연대납세의무	없음	없음
⑤	보유기간	증여받은 시점부터 계산	나고객 씨 당초 취득일로부터 계산

[풀이공간]

상속설계

27 구정완 씨는 재혼한 배우자 정아람 씨와 자녀 구지호, 구제남, 구연호, 구지혜 씨와 모친 김희애 씨를 두고 사망하였다. 구제남 씨에게는 자녀 A와 자녀 B가 있고 구연호 씨에게는 자녀 C가 있다. 구지호 씨는 구정완 씨의 전처 최수진 씨 사이의 자녀이고, 정아람 씨도 전 남편 이지호 씨와의 사이의 자녀 이지연이 있다. 다음 중 구정완 씨의 사망 시 상속관계에 대한 설명으로 가장 적절한 것을 고르시오.

① 배우자 정아람 씨와 자녀 구제남, 구연호, 구지혜 씨가 모두 상속을 포기하는 경우 상속포기는 대습상속사유가 아니므로 손자녀 A, B, C가 본위 상속한다.
② 구정완 씨의 자녀와 손자녀가 살아있으면 모친 김희애 씨가 구정완 씨의 재산을 상속받는 경우는 발생할 수 없다.
③ 배우자 정아람 씨가 구정완 씨보다 먼저 사망한 경우 구정완 씨 사망 시 배우자가 받아야 했던 상속분은 정아람 씨를 피대습자로 하여 이지연이 대습상속한다.
④ 구지호, 구제남, 구연호, 구지혜 씨 모두가 상속을 포기한 경우 손자녀인 A, B, C가 대습상속한다.
⑤ 구정완 씨의 사망 전에 구제남, 구연호, 구지혜 씨가 모두 먼저 사망하였다면, 상속인은 구지호 씨와 손자녀인 A, B, C와 배우자 정아람 씨이다.

28 구제남 씨는 어려서 아버지를 여의고 어머니인 김희애 씨와 함께 살아왔다. 형제로는 아버지는 같지만 어머니가 다른 이복형인 구정완 씨와 친동생인 구연호 씨, 구지혜 씨가 있다. 아버지 사망 후 구제남 씨는 어머니와 함께 사업에 성공하여 부유하게 생활하였으나, 최근 김희애 씨가 지병으로 사망하였을 경우 이 사례에 대한 다음 설명 중 적절한 것을 모두 고르시오. (각 답지는 별개의 사항임)

가. 김희애 씨가 구정완 씨에게 유증하더라도 구정완 씨는 김희애 씨의 상속인이 될 수 없기 때문에 유증을 받을 수 없다.
나. 구제남 씨가 어머니의 사업 성공에 크게 기여한 부분이 인정된다면 가정법원의 심판에 의해서만 기여분을 인정받을 수 있다.
다. 상속재산에 대한 분할협의는 구정완, 구제남, 구연호, 구지혜 씨 전원이 참가하여 전원의 동의가 있어야 한다.
라. 김희애 씨가 구정완 씨에게 한 유증이 구제남 씨의 기여분을 침해하는 경우라도 이 유증은 유효하다.
마. 김희애 씨가 2년 전 구정완 씨에게 유류분이 침해된다는 사실을 알고 전 재산을 증여한 경우라도, 구제남 씨는 구정완 씨에게 유류분을 주장할 수 없다.

① 가, 라
② 나, 다, 마
③ 다, 마
④ 라
⑤ 라, 마

[풀이공간]

29 구정완 씨는 2023년 05월 상속재산 42억원을 남기고 지병으로 사망하였다. 가족으로는 부인 정아람 씨와 첫째 구지호, 둘째 구제남, 셋째 구지혜를 두고 있고, 아버지 구정호 씨와 어머니 김희애 씨가 있다. 구정완 씨가 42억원의 상속재산 중 33억원을 친구인 변성엽 씨에게 유증하였을 경우, 부인 정아람 씨가 변성엽 씨에게 반환청구할 수 있는 유류분 금액으로 가장 적절한 것을 고르시오.

① 200,000천원
② 250,000천원
③ 300,000천원
④ 350,000천원
⑤ 400,000천원

30 거주자 나고객 씨는 분가한 자녀에게 아파트를 증여하면 보유세 및 양도소득세를 절세할 수 있다는 말을 듣고, 결혼하여 분가한 자녀 나장녀 씨에게 2023년 중에 아파트 A를 증여하기로 결심한 상태이다. 다음 증여할 아파트 A의 현황을 토대로 2023년 5월 중에 아파트 A를 증여할 경우 납부할 증여세액으로 적절한 것을 고르시오.

[아파트 A의 재산 현황]
- 증여일 현재 아파트 A의 증여재산가액 : 1,000,000천원
- 증여일 현재 아파트 A의 대출금 : 300,000천원(나장녀 씨가 인수하기로 함)
- 나장녀 씨는 상기 증여받을 예정인 아파트를 제외하고는 누구에게도 증여받은 재산이 없음
- 증여세는 법정신고기한과 예정신고기한 이내에 신고하고 납부한다고 가정함

① 130,950천원
② 141,000천원
③ 155,100천원
④ 180,000천원
⑤ 201,000천원

[풀이공간]

복합사례 I

다음의 질문을 참고로 문제 31~40번까지의 질문에 답하시오.
(질문에 등장하는 개인은 모두 세법상 거주자에 해당함)

신준호, 이은주 씨 부부는 2023년 1월 초 CFP® 자격인증자를 찾아와 재무설계를 요청하였다. CFP® 자격인증자가 파악한 고객의 상황은 아래와 같다.

Ⅰ. 고객정보

[동거가족]

- 신준호(45세) : 본인, 토마토 종합병원 소속 내과의사 연봉 100,000천원
- 이은주(42세) : 배우자, 전업주부
- 신민철(12세) : 아들, 초등학교 6학년, 장애인
- 신미경(9세) : 딸, 초등학교 3학년

Ⅱ. 재무제표

1. 자산부채상태표(2022년 12월 31일 현재)

(단위 : 천원)

자산		부채	
항목	금액	항목	금액
현금성자산	**51,800**	**단기부채**	
보통예금[주1)]	51,800		
저축성자산	**515,000**	**장기부채**	**400,000**
정기예금	515,000	상가 A 대출금	400,000
투자자산	**1,468,930**		
비상장주식	120,000		
채권	8,230		
거치식 주식형 펀드	16,500		
적립식 주식형 펀드	24,200		
상가 A	700,000		
상가 B	600,000		
사용자산	**1,055,000**		
아파트 A	1,000,000		
기타 사용자산	55,000		
기타자산	**15,600**		
보장성보험 해지 환급금	15,600		
		총부채	**400,000**
		순자산	**2,716,330**
총자산	**3,106,330**	**부채 및 순자산**	**3,106,330**

주1) 결제용 계좌임

2. 현금흐름표(2022년 1월 1일~2022년 12월 31일)

(단위 : 천원)

유입		유출	
항목	금액	항목	금액
근로소득	**100,000**	**저축 및 투자**	**59,600**
급여	100,000	보통예금	51,800
		적립식 펀드	4,800
사업소득	**60,000**	연금저축보험	3,000
사업소득	60,000		
재산소득	**45,000**	**고정지출**	**89,400**
금융소득 (이자, 배당)	45,000	국민연금보험료	1,944
연금소득		국민건강보험료	2,540
		고용보험료	450
이전소득		보장성 보험료	3,000
		소득세	(　　)
기타소득		기타고정지출	(　　)
기타유입			
		변동지출	**66,000**
		기부금[주1)]	10,000
		기타 변동지출	56,000
총유입	205,000	총유출	205,000
		순현금흐름	0

주1) 사회복지 공동모금회에 기부한 금액임

Ⅲ. 자산 세부내역(2022년 12월 31일 현재)

1. 현금 및 저축성 자산

(단위 : 천원)

구분	명의	가입일	가입금액	평가금액주1)	자금용도
정기예금	신준호	20. 02. 06	500,000	515,000	사업자금
합계				515,000	

주1) 정기예금 : 원금 500,000천원, 연 이자율 3%, 2022년도 예상 이자수입금액 15,000천원(원천징수세율 15.4%, 지방소득세 포함)

2. 투자자산

(단위 : 천원)

구분	명의	가입일	가입금액	평가금액	자금용도
비상장 주식주1)	신준호	16. 01. 02	50,000	120,000	신민철 부양자금
채권주2)	신준호	20. 01. 06	7,836	8,230	–
거치식 주식형 펀드주3)	신준호	18. 01. 02		16,500	신미경 결혼자금
적립식 주식형 펀드주3)	신준호	18. 01. 02	월 400	24,200	신미경 교육자금
합계				168,930	

주1) 비상장회사인 ㈜토마토패스로부터의 2022년 현금배당금은 27,000천원(원천징수세율 15.4%, 지방소득세 포함)이며, 소유주식은 10,000주로 주당액면가액 5천원에 회사설립 시 출자

주2) 액면금액 10,000원, 발행일 2018년 1월 6일, 만기일 2023년 1월 6일, 표면이율 5.0%인 연단위 후급 이표채, 2022년도 이자수입액 400천원(원천징수세율 15.4%, 지방소득세 포함)

주3) 적립식 및 거치식 주식형펀드 2022년도 과세대상 배당소득은 2,600천원임

3. 연금자산

(단위 : 천원)

구분	명의	가입일	납입기간	월납입액	평가금액
연금저축 보험	신준호	13. 01. 02	60세납	250	19,200
합계					19,200

※ 세제적격 연금저축보험이며, 신준호 씨 나이 60세까지 불입 후 연금을 수령할 계획임

4. 부동산자산

구분	취득일	취득 당시 기준 시가 /취득원가	현재 기준 시가/ 적정시세	비고
아파트 A	10. 08. 27	200,000 / 400,000	800,000 / 1,000,000	신준호 씨 세대 거주
상가 A	15. 03. 20	300,000 / 500,000	500,000 / 700,000	• 임대보증금 200,000 • 대출금 400,000 • 월세 4,000
상가 B주1)	14. 07. 12	100,000 / 150,000	400,000/ 600,000	• 임대보증금 200,000 • 월세 3,000

주1) 상가 B는 2014년 07월 12일에 배우자 이은주 씨가 취득하였으며, 2019년 05월 10일에 신준호 씨에게 증여하였음(증여일 당시 증여가액/적정시세는 300,000천원/350,000천원임)

Ⅳ. 기타사항

- 신준호 씨는 세법상 성실신고확인대상자에 해당하지 않음
- 신준호 씨는 CFP® 자격인증자에게 장애인인 장남 신민철의 부양을 위한 장애인 특별부양신탁에 대한 조언을 요청함
- 자녀들의 유학비용은 매년 4%씩 상승하는 것으로 가정함

31 신준호 씨가 의뢰한 장애인 장남 신민철의 장애인 특별부양신탁과 관련한 CFP® 자격인증자의 조언 내용으로 가장 적절하지 않은 것은?

① 장애인 특별부양신탁은 신민철이 신탁이익의 전부를 지급받는 수익자로 지정해야 한다.
② 수혜대상은 장애인 복지법에 의한 장애인이어야 하며(미등록 장애인 제외) 신탁재산은 금전, 유가증권, 부동산 모두 가능하다.
③ 장애인 특별부양신탁을 해지한 경우 증여로 간주하여 증여세가 추징될 수 있음을 주의해야 한다. 단 신민철 본인의 의료비 및 특수교육비 지출을 위한 원금 인출은 가능하다.
④ 장애인 특별부양신탁의 신탁기간은 20년, 30년, 40년 등 다양하게 선택에 의해 정할 수 있다.
⑤ 일정 요건을 갖추게 되면 신탁재산 500,000천원까지 증여세가 면제된다.

32 CFP® 자격인증자가 장남 신민철의 장애인특수학교 교육비 마련과 관련하여 다음과 같은 제한을 했다. 이와 관련한 설명으로 적절하지 않은 것은?

- 신준호 씨는 장남 신민철을 외국의 장애인특수학교에서 유학시킬 계획을 하고 있음
- 유학기간은 신민철 나이 15세부터 20세까지 5년이며 예상되는 유학비용은 현재물가기준으로 매년 초 50,000천원
- 유학자금은 신민철이 유학을 떠나는 시점까지 마련함
- 유학자금 마련을 위한 투자상품의 세후투자수익률은 연 6%

① 지금부터 3년간 매월 말에 6,900천원을 저축해야 신민철의 유학자금을 해결할 수 있다.
② 정기예금 중 약 227,370천원을 인출해서 투자를 하면 신민철의 유학자금을 해결할 수 있다.
③ 정기예금 중 100,000천원을 인출해서 투자를 하고, 3년간 매월 말 3,846천원을 저축하면 유학자금을 해결할 수 있다.
④ CFP® 자격인증자는 환변동 위험에 대비하여 외화정기예금 가입과 환율 하락 시 마다 분할 매입하는 등의 내용을 제안할 수 있다.
⑤ 유학생 1인당 송금액 누계가 연간 10만 달러를 초과할 경우 국세청과 금융감독원에 통보될 수 있다는 점에 유의하여야 한다.

[풀이공간]

33 장녀 신미경의 교육자금에 대한 준비를 아래와 같이 진행한다면 각 자금별 필요시점에서의 부족자금 및 저축액에 대한 CFP® 자격인증자의 설명으로 적절하지 않은 것은?

- 장녀 신미경은 19세부터 6년간 유학을 보낼 계획이며, 예상 되는 교육비는 현재물가기준으로 매년 초에 30,000천원임
- 적립식 주식형 펀드의 세후투자수익률은 연 6%로 유학자금 마련은 신미경이 19세가 될 때까지 운용하는 것으로 가정

① 현재시점에서 유학필요자금 총액은 141,937천원이다.
② 현재시점에서 부족한 유학자금은 117,737천원이다.
③ 신미경이 19세에 부족한 유학자금은 174,279천원이다.
④ 지금부터 10년간 매월 말에 1,298천원을 적립식 펀드에 투자하면 유학자금을 해결할 수 있다.
⑤ 지금부터 10년간 매년 초 5%씩 증액하여 적립식펀드에 투자할 경우 저축금액은 매년 초 12,282천원을 투자해야 한다.

34 신준호 씨가 투자하고 있는 표면이자 8%, 연후급 이표채, 액면가 10,000원인 3년 만기 채권의 현재 채권수익률이 10%인 경우 이 채권의 가격은 9,502.63원이며 듀레이션은 2.78년이 된다. 만약 채권수익률이 8%로 하락할 경우 채권의 시장가격 상승분 얼마인가? (수정듀레이션을 이용하여 계산함)

① 240천원 ② 256천원
③ 264천원 ④ 479천원
⑤ 504천원

[풀이공간]

35 신준호 씨가 보유한 상가 A와 B의 연도별 수익률이 다음과 같다. 상가 A와 B를 동일 비율로 투자하여 포트폴리오를 구성했다고 가정할 때 포트폴리오 기대수익률을 구하시오.

연도	수익률(%)	
	상가 A	상가 B
2018	9	28
2019	12	25
2020	16	21
2021	18	19
2022	24	13
2023	8	29

① 4.5%
② 9%
③ 12.5%
④ 14.5%
⑤ 18.5%

※ 신준호 씨가 가입한 펀드에 대한 다음의 추가 정보를 참고하여 36~37번의 질문에 답하시오.

[추가 정보]

펀드명	실현수익률	수익률 표준편차	펀드베타
적립식 주식형 펀드	9.5%	15.0%	1.2
거치식 주식형 펀드	14.0%	30.0%	2.0

※ 무위험이자율은 4.5%로 가정함

36 신준호 씨가 가입한 적립식 주식형펀드와 거치식 주식형펀드의 총위험대비 성과평가에 대한 설명으로 적절한 것은?

① 적립식 주식형펀드의 성과가 더 좋다.
② 거치식 주식형펀드의 성과가 더 좋다.
③ 적립식 주식형펀드와 거치식 주식형펀드의 성과가 동일하다.
④ 적립식 주식형펀드와 거치식 주식형펀드의 성과를 비교할 수 없다.
⑤ 윌리엄 샤프의 샤프척도는 증권시장선(SML)의 원리를 이용하여 "투자수익률 대 변동성 비율"로 포트폴리오 성과를 측정하였다.

[풀이공간]

37 **신준호 씨의 요구수익률이 11%라면 두 펀드에 대해 젠센척도 지수로 평가한 설명으로 적절하지 않은 것은?**

① 젠센척도는 재무설계사의 자산배분능력이나 자산관리의 효율성 등을 평가할 수 없는 모형이다.
② 적립식 주식형펀드의 젠센척도 지수는 음의 값을 갖는다.
③ 거치식 주식형펀드의 젠센척도 지수는 양의 값을 갖는다.
④ 적립식 주식형펀드의 펀드매니저 종목선택능력은 시장평균에 비해 상대적으로 떨어진다.
⑤ 거치식 주식형펀드는 펀드의 실현수익률이 증권시장선상 기대수익률보다 더 낮은 수익률을 유지했다.

38 **신준호 씨의 2022년도 귀속 종합소득세 신고와 관련된 설명 중 가장 적절하지 않은 것은?**

① 신준호 씨가 추가공제로 최대한 공제받을 수 있는 금액은 2,000천원이다.
② 신준호 씨가 납입한 연금저축보험은 연 9,000천원 한도로 연말정산 시 15% 세액공제율을 적용해 연금계좌세액공제를 받을 수 있다.
③ 신준호 씨가 사회복지공동모금회에 기부한 10,000천원은 전액 세액공대상 기부금이다.
④ 신준호 씨는 금융소득종합과세 대상이다.
⑤ 신준호 씨는 2023년 5월 31일까지 주소지 관할 세무서에 종합소득세를 신고하고 납부해야 한다.

[풀이공간]

39 신준호 씨의 2022년도 귀속 총급여와 사업소득금액이 현금흐름표상 금액과 동일하고, 종합소득공제액이 10,000천원이라고 가정할 경우 예상되는 2022년도 종합소득 과세표준으로 적절한 것은? (근로소득공제액은 14,750천원임)

① 183,000천원
② 185,750천원
③ 190,250천원
④ 193,000천원
⑤ 195,750천원

40 신준호 씨가 보유한 상가 B를 2022년 5월에 친구인 박지호 씨에게 적정 시세로 양도하였을 경우 양도차익으로 적절한 것은?

① 100,000천원
② 150,000천원
③ 300,000천원
④ 350,000천원
⑤ 450,000천원

[풀이공간]

MEMO

CFP® 실전모의고사 1회

사례형 4교시

수험번호		성명	

시험 유의사항

1. 수험표에 명시된 준비물을 꼭 지참하고, 특히 규정신분증 이외의 신분증 및 신분증을 지참하지 않을 경우 입실이 허용되지 않음
2. 시험 시작 후 1시간이 경과하기 전에는 퇴실할 수 없으며, 퇴실 시 반드시 문제지와 답안지를 제출해야 함
3. 응시자 이외의 사람은 시험장에 출입할 수 없으며 시험장 내 주차장이 협소하거나 주차장을 사용할 수 없는 고사장이 있으므로 대중교통을 이용하고, 만약 자가용 이용으로 발생되는 문제(주차 및 차량훼손 등)은 한국 FPSB가 책임지지 않음
4. 시험장 내 휴대전화, 무선기, 컴퓨터, 태블릿 PC 등 통신 장비를 휴대할 수 없으며 휴대가 금지된 물품을 휴대하고 있음이 발견되면 부정행위 처리기준에 따라 응시제한 1년 이상으로 징계됨
5. 답안 작성은 컴퓨터용 사인펜을 이용하고 예비답안 작성은 반드시 붉은 사인펜만을 이용해야 하며, 붉은 사인펜 이외의 필기도구(연필, 볼펜 등)를 사용하여 예비답안을 작성한 경우 이중 마킹으로 인식되어 채점되지 않음을 유의함
6. 답안은 매 문항마다 하나의 답안을 골라 그 숫자에 빈틈없이 표기해야 하며, 답안지는 훼손, 오염되거나 구겨지지 않도록 주의해야 함. 특히, 답안지 상단의 타이핑 마크를 절대로 훼손해서는 안 되며, 마킹을 잘못하거나(칸을 채우지 않거나 벗어나게 마킹하는 경우) 답안지 훼손에 의해서 발생되는 문제에 대한 모든 책임은 응시자에 귀속됨
7. 문제지와 답안지 작성을 제외한 모든 종류의 필사(본인 답안 필사 등)를 하는 행위 및 컨닝용 쪽지, 책자 또는 노트 등을 휴대하는 행위는 부정행위로 처리함
8. 시험 종료 안내는 종료 20분, 10분, 5분 전에 방송되며 시험시간 관리의 책임은 전적으로 수험생 본인에게 있으므로 종료 후 답안 작성으로 인하여 부정행위 처리되지 않도록 유의함
9. 시험장 내에선 금연이며 시험장의 시설물이 훼손되지 않도록 주의함
10. 유의사항 위반에 따른 모든 불이익은 응시자가 부담하고 부정행위 및 규정 위반자는 부정행위 세부처리기준에 준하여 처리됨

복합사례 II

CFP® 자격인증자가 2023년 1월 초 고객 김정한 씨로부터 수집한 아래 정보를 참고하여 문제 1~10번까지의 질문에 답하시오. (질문하지 아니한 상황은 일반적인 것으로 판단되며, 개별문제의 가정은 다른 문제와 관련 없음, 질문에 등장하는 개인은 모두 세법상 거주자에 해당함)

Ⅰ. 고객정보

[배우자 및 직계비속]

- 김정한 : 남편(42세), 대기업 차장으로 연봉 72,000천원
- 이정애 : 부인(37세), 전업주부
- 장남 : 김인호(8세, 올해 초등학교 2학년)
- 장녀 : 김아름(6세, 미취학 아동)

[직계존속 및 형제자매]

- 부친 : 김성호(73세), 부동산 임대사업을 하고 있음
- 모친 : 박현미(70세)
- 남동생 : 김태현(32세), 미혼이며, 중증 장애인으로 별도의 소득이 없음
- 여동생 : 김영희(36세), 출가하여 배우자 한영호(35세), 아들 한소망(6세)과 함께 한영호 씨 소유 주택에서 거주하고 있음

Ⅱ. 자산 세부내역(2022년 12월 31일 현재)

1. 현금 및 저축성 자산

(단위 : 천원)

구분	명의	가입일	가입금액	평가금액	자금용도
MMF	김정한	18. 05. 07	3,000	3,050	–
정기예금	이정애	18. 07. 01	10,000	10,700	교육자금
합계				13,750	

2. 투자자산

(단위 : 천원)

구분	명의	가입일	가입금액	평가금액	자금용도
상장주식	김정한	17. 12. 01	10,000	10,800	결혼자금
적립식 펀드	이정애	17. 05. 20	월 300	9,300	은퇴자금
합계				20,100	

3. 연금자산

(단위 : 천원)

구분	명의	가입일	납입기간	월납입액	평가금액
변액연금보험	김정한	16. 01. 01	60세납	월 300	9,300
합계					9,300

- 김정한 씨 나이 만 60세부터 사망할 때까지 매년 초에 8,500천원의 연금지급이 예상됨
- 연금지급 개시 전 김정한 씨 사망시 보험금은 10,000천원과 사망시점의 해지환급금이 지급됨

4. 부동산 자산

(단위 : 천원)

구분	취득 당시 기준시가 / 취득원가	현재 기준시가 / 적정시세	비고
아파트 A	600,000천원	500,000천원	김정한 씨가 2012년 10월 10일 부친으로부터 증여받은 후 김정한 씨 세대가 거주하고 있음

5. 보장성 보험

(1) 생명보험 관련 정보

구분	종신보험주1)	유니버설종신보험주2)
보험계약자	김인호	이정애
피보험자	김정한	이정애
수익자	김인호	이정애
보험가입금액	100,000천원	50,000천원
계약일	2013. 06. 15	2013. 01. 01
만기일	–	–
월납보험료	165천원	130천원
해지환급금	7,450천원	4,150천원
보험료 납입기간	20년납	20년납

주1) 종신보험

60세 만기 정기특약, 보험가입금액 50,000천원을 가입함

주2) 유니버설 종신보험

- 피보험자 사망 시 지급되는 보험금은 50,000천원과 사망시점의 적립금액이 지급됨
- 보험가입금액 30,000천원의 의료실비보장특약을 추가하였으며, 보장기간은 100세임
- 현재시점에서 해지환급금과 적립금액(책임준비금)은 동일한 것으로 가정함

(2) 주택화재보험료

보험계약자/피보험자	김정한
계약일~만기일	2022년 10월 01일 ~2027년 10월 01일
보험가입금액	건물 100,000천원, 가재도구 20,000천원
보험료	월 20,000원

※ 화재배상책임보험에 가입됨

Ⅲ. 부모 재산 현황(2022년 12월 31일 현재)

1. 부동산 자산

(단위 : 천원)

구분	취득 당시 기준시가	현재 기준시가	비고
아파트 B	400,000	300,000	2004년 4월 2일 취득 이후 박현미 씨와 함께 거주하고 있음
상가 A	500,000	400,000	• 임대보증금 200,000 • 월세수입 1,500 • 은행대출금100,000

2. 자녀 등에 대한 사전 증여 현황

수증자	증여내용	증여일	비고
김정한	아파트 A	2012년 10월 10일	• 증여일 현재 증여재산가액 300,000천원 • 2022년 12월 31일 현재 상증법상 평가액 : 500,000천원
박현미	상가 A	2015년 8월 10일	• 증여일 현재 증여재산가액 300,000천원 • 2022년 12월 31일 현재 상증법상 평가액 : 400,000천원
한소망	토지	2017년 9월 25일	• 증여일 현재 증여재산가액 200,000천원 • 2022년 12월 31일 현재 상증법상 평가액 : 250,000천원

3. 생명보험

- 계약자 : 김성호, 피보험자 : 김성호, 수익자 : 김태현인 종신보험 가입
- 김성호 씨 사망 시 사망보험금 100,000천원이 지급되며 1999년 4월 5일 가입

Ⅵ. 김정한/이정애 부부의 은퇴 관련 정보

1. 은퇴기간 및 매년 필요한 은퇴소득(현재물가기준)

가정 1) 부부의 은퇴기간 : 김정한 씨 나이 60세부터 25년간 매년 초 36,000천원 필요함

가정 2) 김정한 씨 사망 후 이정애 씨만의 은퇴기간 : 10년간 매년 초 18,000천원 필요함

2. 국민연금 수령 예상 금액(현재물가기준)

가정 1) 노령연금 예상 금액 : 김정한 씨 65세부터 연간 8,000천원

가정 2) 김정한 씨 사망 시 유족연금 : 연간 5,000천원

3. 현재 준비하고 있는 은퇴자산

가정 1) 적립식펀드, 변액연금보험 이외 별도의 은퇴자산은 없음

가정 2) 김정한 씨의 퇴직금은 은퇴자산으로 고려하지 않음

4. 은퇴자산에 대한 세후투자수익률

가정 1) 은퇴 전 : 연 5.5%, 은퇴 후 : 연 4.5%

가정 2) 은퇴기간 중 매년 필요한 은퇴소득과 국민연금은 매년 초에 발생되며 매년 물가상승률만큼 증가함

Ⅴ. 고객 재무목표

1. 본인의 조기사망에 따른 위험관리
2. 부부의 은퇴설계
3. 장애인 남동생 김태현 씨에 대한 안정적인 생활대책 수립

Ⅵ. 기타 정보

- 물가상승률 : 연 3.0%
- 금융자산의 세후투자수익률 : 연 5.5%

01 다음 추가 자료를 참고했을 때 현재시점에서 김정한 씨가 사망할 경우 유동성 제공을 위한 생명보험 필요보장액으로 적절한 것은?

[생명보험 필요보장액 관련 정보]
- 예상 사후정리비용
  - 장례비 : 25,000천원
  - 최후 의료비 : 15,000천원
  - 사후조정자금 : 30,000천원
  - 상속세 : 0원
- 부채 : 미상환 부채잔액 40,000천원
- 유동자산 분류 시 유의사항 : 국민연금의 유족연금이나 일시금 등 국민연금의 급부는 고려하지 않음

① 유동성자금이 58,000천원 초과하여 추가로 생명보험을 가입할 필요가 있다.
② 유동성자금이 62,350천원 초과하여 추가로 생명보험을 가입할 필요가 없다.
③ 유동성자금이 62,350천원 초과하여 추가로 생명보험을 가입할 필요가 있다.
④ 유동성자금이 74,750천원 초과하여 추가로 생명보험을 가입할 필요가 없다.
⑤ 유동성자금이 74,750천원 초과하여 추가로 생명보험을 가입할 필요가 있다.

02 이정애 씨가 가입한 유니버설 종신보험 분석 내용으로 가장 적절하지 않은 것은?

① 유니버설 보험의 가장 큰 특징은 보험료 구성요소가 개별화되었다는 점이다.
② 이정애 씨가 가입한 유니버설 종신보험의 사망보험금은 가입금액 50,000천원과 사망시점에서의 적립금을 합산하여 지급한다.
③ 이정애 씨가 가입한 유니버설 종신보험은 보장기능과 저축기능을 모두 포함한 상품으로 보장성 보험과 저축성 보험으로 분류할 수 있다.
④ 이정애 씨가 보험료를 비정기적으로 납입하거나 최소 필요금액만을 납입할 경우 값비싼 정기보험을 구입한 것과 같은 결과를 가져오게 된다.
⑤ 이정애 씨가 의료실비보장특약을 가입하였기 때문에 질병 또는 상해로 입원 치료 시 최고 30,000천원 한도로 보험금을 지급받을 수 있다.

[풀이공간]

03 김정한 씨가 가입한 종신보험 분석 내용으로 가장 적절하지 않은 것은?

① 김정한 씨가 현재 사망하는 경우 종신보험에서 지급되는 보험금은 150,000천원이다.
② 김정한 씨가 질병을 원인으로 사망을 하든, 재해사고로 사망을 하든 지급되는 보험금은 동일하다.
③ 김정한 씨가 현재 사망하는 경우와 지금부터 20년 후에 사망하는 경우에 지급되는 사망보험금액은 동일하다.
④ 수익자 김인호가 사망한 이후 김정한 씨가 사망하는 경우 보험금 수익자 지위는 상속되지 않는다.
⑤ 김정한 씨 사망 시 지급되는 보험금은 상속세와 증여세 과세 대상이다.

04 김정한 씨의 아들 김인호의 중대한 과실로 아파트에 화재가 발생하여 건물손해액 30,000천원, 가재도구손해액 10,000천원이 발생한 경우 지급되는 화재보험금에 대한 설명으로 적절한 것은? (화재발생 시 보험가액은 건물 200,000천원, 가재도구 50,000천원임)

① 건물손해에 대한 지급보험금은 15,000천원이 지급된다.
② 가재도구 손해에 대한 지급보험금은 10,000천원이 지급된다.
③ 김정한 씨의 아파트에서 발생한 화재가 이웃으로 번져 이웃집 재산에 손해가 발생하였다면 화재보험금이 지급된다.
④ 기타협력비용이 보험가입금액을 초과한다면 보험가입금액 한도로 지급된다.
⑤ 친족의 중과실로 인한 화재이므로 보험금이 지급되지 않는다.

[풀이공간]

05 김정한, 이정애 씨 부부의 은퇴기간만을 가정할 경우 변액연금보험에서 확보할 수 있는 연간 은퇴소득의 현재물가기준 금액으로 적절한 것은?

① 2,150천원
② 3,661천원
③ 3,849천원
④ 4,993천원
⑤ 8,500천원

06 김정한 씨가 사망한 이후 은퇴시점에서 배우자 이정애 씨만의 은퇴기간 중 필요한 은퇴일시금을 구하시오. (국민연금의 유족연금을 고려할 것)

① 84,935천원
② 117,602천원
③ 144,596천원
④ 200,210천원
⑤ 302,751천원

[풀이공간]

07 김정한 씨 부부가 은퇴시점에서 추가로 필요한 은퇴일시금을 550,000천원으로 가정할 경우, 이 금액을 마련하기 위해 지금부터 13년간 매월 말 저축할 때 월 저축금액으로 적절한 것은?

① 1,789천원
② 1,862천원
③ 1,871천원
④ 1,876천원
⑤ 1,886천원

08 2023년 10월 부친 김성호씨가 사망하였을 경우 사망 당시 거주하고 있던 아파트 B에 대한 세금 내용으로 가장 적절하지 않은 것은? (상속주택에 대한 상증법상 평가액은 300,000천원으로 가정함)

① 배우자 박현미 씨가 아파트 B를 상속받게 되면 동거주택상속공제를 받을 수 없다.
② 배우자 박현미 씨가 아파트 B를 상속받게 되면 취득세 특례세율을 적용받을 수 있다.
③ 아들 김정한 씨가 상속받게 되면 동거주택상속공제를 받을 수 없다.
④ 유증에 의해 손자 김인호가 아파트 B를 상속받게 되면 동거주택상속공제를 받을 수 없다.
⑤ 아들 김태현 씨가 아파트 B를 상속받게 되면 240,000천원의 동거주택상속공제를 받을 수 있다.

[풀이공간]

09 **김성호 씨는 장애인인 자녀 김태현 씨를 위해 장애인 특별부양신탁을 설정하려고 한다. 다음 중 장애인 특별부양신탁에 대한 증여세 면제 요건에 대한 설명으로 적절하지 않은 것은?**

① 장애인 특별부양신탁은 자본시장법에 의해 설립된 신탁기관에 신탁을 하여야 한다.
② 장애인 특별부양신청의 수혜대상자가 되기 위해서는 장애인 등록이 필수이다.
③ 신탁이익 전부에 대해 김태현 씨가 수익자로 지정되어야 하며, 신탁기간은 김태현 씨가 사망할 때까지이어야 한다.
④ 신탁재산은 금전 및 유가증권에 한한다.
⑤ 장애인 특별부양신탁의 요건을 갖춘 경우 최대 5억원까지 증여세를 감면받을 수 있다.

10 **상기 자료를 참고로 김성호 씨가 2022년 6월에 사망할 경우 상속세 과세가액으로 적절한 것은? (상속재산가액 평가 시 부동산을 기준시가를 적용할 것)**

① 795,000천원
② 865,000천원
③ 800,000천원
④ 995,000천원
⑤ 1,000,000천원

[풀이공간]

복합사례 III

CFP® 자격인증자가 2023년 1월 초 고객 한진수 씨로부터 수집한 아래 정보를 참고하여 문제 11~20번까지의 질문에 답하시오. (질문하지 아니한 상황은 일반적인 것으로 판단되며, 개별문제의 가정은 다른 문제와 관련 없음. 질문에 등장하는 개인은 모두 세법상 거주자에 해당함)

Ⅰ. 고객정보

[배우자 및 직계비속]

- 한진수 : 남편(43세), 개인사업자
- 박현진 : 부인(40세), 전업주부
- 한다연 : 장녀(13세), 한진수 씨 전처 방소현과의 사이에서 태어남
- 한민수 : 장남(15세), 박현진 씨 전남편 박상훈과의 사이에서 태어남

※ 한진수 씨와 박현진 씨는 2014년 11월에 재혼하였으며, 자녀들은 두 부부가 재혼 1년 후에 한진수 씨는 한민수를, 박현진 씨는 한다연을 가정법원에 친양자 입양의 심판청구를 하여 친양자 입양이 확정되었고, 한민수는 양부의 성으로 변경하였음

[직계존속 및 형제자매]

- 부친 : 한길호(75세), 한진수 씨와 2018년도 중 계속하여 함께 거주, 2023년 예상소득은 이자소득 12,000천원 이외에는 다른 소득은 없음
- 모친 : 최현희(70세, 계모), 한진수 씨와 2023년도 중 계속하여 함께 거주
- 여동생 : 한미정(47세), 배우자 강철한(남, 50세), 자녀 2명과 함께 강철한 씨 소유 주택에서 함께 거주

Ⅱ. 자산 세부내역(2022년 12월 31일 현재)

1. 금융자산 및 2023년도 예상 금융소득 현황
   - 은행정기예금 : 원금 1,000,000천원, 연 이자율 2.5%, 2023년도 예상 이자수입 25,000천원(원천징수세율 15.4%, 지방소득세 포함)
   - 펀드 : 적립식 펀드로 평가가액은 200,000천원이며, 2023년도 펀드에서 발생할 예상 배당소득은 5,000천원(원천징수 세율은 15.4%, 지방소득세 포함)

2. 부동산자산

(단위 : 천원)

구분	취득일자	취득당시 기준시가 /적정시세	현재 기준시가 /적정시세	비고
아파트 A	2008. 05	200,000 / 300,000	900,000 / 1,000,000	• 전용면적 148m² • 한진수 씨 세대 거주
아파트 B	2013. 08	350,000 / 500,000	400,000 / 500,000	• 전용면적 105m² • 전세보증금 200,000
상가 A	2014. 07	450,000 / 600,000	700,000 / 900,000	• 임대보증금 350,000 • 월세 5,000

3. 기타자산 현황
   - 아파트 분양권(비조정지역이며 조합입주권 아님)
     - 계약금 지급일 : 2022년 3월 17일
     - 최근 불입일 : 2022년 12월 17일
     - 준공예정일 : 2024년 9월 27일

4. 한진수 씨와 동거가족의 현재 자산 및 2023년 예상 소득현황

(단위 : 천원)

가족	금융 재산	부동산	2023년 예상소득	비고
한진수	위 참조	위 참조	위 소득 외 사업소득금액 83,500	개인사업체 운영
한길호	300,000	–	이자소득 12,000	–

※ 한진수 씨는 세법상 성실자영업자 또는 성실신고 확인대상 사업자에 해당하지 않음

11 상기 자료를 토대로 한진수 씨의 2023년도 귀속 종합소득세 신고와 관련된 설명 중 가장 적절하지 않은 것은?

① 최현희 씨는 친모가 아니므로 한진수 씨의 기본공제대상자가 될 수 없다.

② 한진수 씨가 인적공제로 받을 수 있는 최대 금액은 11,000천원이다.

③ 한진수 씨가 부친의 질병치료비를 지출하였더라도 의료비 세액공제는 받을 수 없다.

④ 한진수 씨가 국민연금보험료를 납입하였다면 불입금액 전액을 공제받을 수 있다.

⑤ 한진수 씨가 기부금을 납부한 경우 사업상 필요경비와 표준세액공제 7만원을 받을 수 있다.

12 한진수 씨의 2023년도 귀속 금융소득과 관련된 세금에 대한 설명으로 가장 적절한 것은? (2023년도 귀속 종합소득공제 금액은 6,100천원으로 가정함)

① 적립식 펀드에서 발생한 배당소득은 Gross－up 대상 배당소득에 해당한다.

② 종합소득과세표준에 합산되는 금융소득금액은 30,055천원이다.

③ 종합과세되는 금융소득 중 종합소득세율이 적용되는 금액은 10,550천원이다.

④ 부동산임대사업소득금액이 30,000천원일 경우 2023년도 귀속 종합소득세 산출세액은 22,350천원이다.

⑤ 금융소득종합과세에 따라 추가로 부담하는 금융소득에 대한 소득세(지방소득세 제외)는 2,100천원이다.

[풀이공간]

13 다음의 추가 정보를 참고하여 한진수 씨가 2021년 8월 5일에 아파트 분양권을 한기수 씨에게 양도할 경우 양도소득세 산출세액으로 적절한 것을 고르시오.

[양도소득세 관련 정보]
- 양도가액 : 450,000천원
- 양도비용 : 2,000천원(상기 양도비용 이외에는 어떤 필요경비도 발생하지 않았으며, 양도비용에 대한 적법한 증빙서류가 있음)
- 양도 시까지 총 불입액은 350,000천원
- 한진수 씨는 2023년도 중 상기 아파트분양권 이외에 양도소득세 과세대상 양도자산을 양도한 적이 없음
- 분양권 취득시기는 계약금 지급일로 가정

① 16,458천원 ② 18,525천원
③ 20,667천원 ④ 38,200천원
⑤ 57,300천원

14 한진수 씨가 소유한 부동산을 사전증여하는 것과 관련된 세금 내용으로 가장 적절한 것은? (각 답지는 별개의 사항이며, 상가 A는 시가를 산정하기 어려워 보충적 평가방법으로 평가한다고 가정함)

① 아파트 분양권에 대한 증여재산가액은 증여일 현재 불입금액이다.
② 상가 A를 아들 한민수에게 증여하는 경우에 한민수가 부담하는 취득세(부가세 포함)는 시가표준액의 4.6%이다.
③ 아파트 B를 딸 한다연에게 2023년 7월 10일에 증여를 하면 한진수 씨는 2023년도 부동산 보유세를 절세할 수 있다.
④ 상가 A를 배우자 박현진 씨에게 2023년 6월 1일 증여 시 상가의 증여재산가액은 700,000천원이다.
⑤ 상가 A를 아들 한민수에게 임대보증금을 승계하는 조건으로 부담부증여를 하는 경우 과세되는 양도소득세의 납세의무자는 한진수 씨이다.

[풀이공간]

15 **한진수 씨는 최근 자신이 소유한 아파트 A의 가치를 알아보기 위해 감정평가를 신청하였고 1,000,000천원이라는 감정평가액이 기재된 감정평가서를 수령하였다. 아파트 가치 산정과 관련된 설명으로 가장 적절한 것은?**

① 아파트의 가치에 대한 접근방식은 비용접근법(원가법)이 가장 적합하다.
② 아파트 가치를 구체적으로 산정하는 방법은 아파트 역시 토지와 건물로 구성되어 있으므로 토지는 공시지가기준법, 건물은 직접환원법을 적용한다.
③ 아파트의 대지권은 집합건축물대장을 통해 확인이 가능하다.
④ 아파트의 대지권의 목적인 토지의 표시는 등기사항전부증명서의 표제부를 통해 확인이 가능하다.
⑤ 등기사항전부증명서의 표제부에서는 각 아파트의 공용면적을 확인할 수 있다.

16 **다음과 같은 상황에 근거할 때, 2023년 7월에 한진수 씨가 사망하는 경우 상속과 관련한 내용으로 적절하지 않은 것은?**

[한진수 씨 상속 관련 정보]
- 한진수 씨의 사망 당시에 상속채무가 300,000천원 있음
- 상속인들은 상속재산을 협의분할하고자 함

① 한진수 씨와 박현진 씨의 재혼 시부터 한민수는 한진수 씨와 친양자 관계가 발생하여 한진수 씨의 상속인이 될 수 있다.
② 친양자 입양 후 한민수의 생부 및 그 친족과 한민수 간의 친족관계는 단절되므로 한민수는 자신의 생부 및 그 친족의 상속인이 될 수 없다.
③ 미성년자인 한민수와 한다연은 각각에 특별대리인을 선임하여 그 선임된 대리인과 박현진 씨가 상속재산분할협의를 하여야 한다.
④ 박현진 씨가 한민수와 한다연의 법정대리인으로서 상속재산분할협의를 한 경우 한민수와 한다연이 성인이 되어 이를 추인해야 유효로 된다.
⑤ 박현진 씨가 상속채무에 관하여 법정상속분을 초과하여 채무를 부담하기로 공동상속인들 사이에 분할협의를 한 경우 다른 공동상속인들이 법정상속분에 따른 채무의 전부 또는 일부를 면하려면 채권자의 승낙을 요한다.

[풀이공간]

17 다음과 같은 상황에 근거할 경우, 설명 중 가장 적절한 것을 고르시오.

[한진수 씨 유증 내용]
한진수 씨는 유언으로 한민수 씨에게는 아파트 A와 상가 A를, 한다연 씨에게는 아파트 B를 각각 유증할 계획이다.

① 한진수 씨가 공정증서의 방식으로 위 유언을 한 경우 증인의 참여 유무는 공정증서 유언으로서 효력 발생에 아무런 영향을 미치지 않는다.
② 한진수 씨가 자필증서의 방식으로 위 유언을 한 경우 전문과 연월일, 주소, 성명을 자서하였다면 자필증서 유언으로 효력이 발생한다.
③ 한진수 씨가 위 유언 후 사업이 어려워지자 급전이 필요하여 아파트 A를 제3자에게 처분한 사실이 있다고 하면, 아파트 B에 대한 유언이 유효하기 위해서 다시 유언장을 작성해야 하는 것은 아니다.
④ 한진수 씨는 언제든지 유언 또는 생전행위로써 위 유언의 전부나 일부를 철회할 수 있으며, 유언을 철회할 권리 또한 포기할 수 있다.
⑤ 한진수 씨가 질병으로 인하여 구수증서의 방식으로 위 유언을 한 경우 특별한 사정이 없는 한 유언이 있은 날(급박한 사유 종료일)로부터 5일 이내에 법원에 신청하여 검인을 받아야 유언의 효력이 있다.

18 다음과 같은 상황이 발생했다고 가정할 경우, 딸 한다연이 유류분반환청구권을 행사하고자 한다. 이와 관련된 설명으로 적절하지 않은 것은?

[한진수씨 상속 관련 정보]
- 한진수 씨와 처 박현진 씨가 2023년 6월 13일 부부동반으로 동창회에 다녀오던 중 교통사고로 모두 사망하였다.
- 한진수 씨는 사망하기 3년 전에 아파트 A와 B를 자녀 한민수에게 증여하고, 사망 6개월 전 상가 A와 금융재산을 모두 토마토나눔재단에 기부하였으며, 사망 당시 남은 재산은 없다.

① 한진수 씨가 아들 한민수 씨에게 생전에 증여한 아파트 A와 B는 상속개시 1년 이전의 것이므로 유류분 산정의 기초재산에 산입한다.
② 유류분반환청구권의 행사는 반드시 소로 할 필요는 없고 재판 이외로도 청구가 가능하며, 그 의사표시는 침해를 받은 유증 또는 증여행위를 지정하여 그 목적물을 구체적으로 특정해야 하는 것은 아니다.
③ 한다연 씨는 한민수 씨뿐만 아니라 토마토나눔재단에 각각 유류분 반환을 청구할 수 있다.
④ 토마토나눔재단이 증여받은 상가 A를 제3자에게 양도한 경우, 그 양수인이 양도 당시 한다연 씨의 유류분을 침해한다는 사정을 알았다면 그 양수인에 대하여도 반환을 청구할 수 있다.
⑤ 유류분반환청구권은 한다연 씨가 상속의 개시와 반환하여야 할 증여를 한 사실을 안 때로부터 3년 내에 행사하지 않으면 소멸하며, 상속이 개시된 때로부터 10년을 경과한 경우도 마찬가지이다.

[풀이공간]

19 **한진수 씨는 상가에 대한 신규 투자를 고민 중이다. 다음 중 아파트단지 내 상가와 지분제 상가, 전문 상가에 대한 분석으로 적절하지 않은 것을 고르시오.**

① 지분제 상가는 소액으로도 투자할 수 있고 장사에 경험이 없어도 되며, 자신이 직접 운영하지 않고도 대형 상가가 가진 규모의 이익으로 인해 소형 상가에 분산투자하는 것보다 높은 영업이익이 발생할 가능성이 높다.
② 지분제 상가는 상가 경영이 부실해질 경우에도 책임을 물을 대상이 분명하기 때문에 경영 안정을 도모할 수 있다.
③ 전문 상가는 대형 상권에 입지하여 한 가지 상품이나 브랜드를 집중 육성하므로 고객응집력이 강하고 판매 경쟁력을 확보할 수 있다는 장점이 있으나, 대부분 투자금액이 커서 위험부담이 따른다는 문제가 있다.
④ 단지 내 상가는 배후인구가 안정적인 반면, 활성화되어도 상가의 성장에는 한계가 있다.
⑤ 단지 내 상가는 전문 상가에 비해 분양가격이 저렴하다.

20 **다음의 추가 정보를 참고하여 한진수 씨가 상가 A를 취득할 당시 투자금액을 기준으로 한 Cash On Cash Rate로 적절한 것을 고르시오.**

[상가 취득 추가 정보]
- 취득 당시 대출금 300,000천원, 대출기간 10년, 이자율 연 7.5% 매년 말 원리금균등분할상환방식
- 취득 당시 임대보증금 200,000천원, 월세 2,000천원으로 임대차계약을 체결하였음
- 취득 당시 취득세 등 부대비용으로 취득금액의 10%를 지불하였음
- 공실과 기타 경비는 발생하지 않은 것으로 가정함

① 0.94% ② 3.26%
③ 4.17% ④ 5.34%
⑤ 9.38%

[풀이공간]

종합사례

한우주 씨의 다음 자료를 참고하여 문제 21~40번까지의 질문에 답하시오. (질문하지 아니한 상황은 일반적은 것으로 판단되며, 질문에 등장하는 개인은 모두 세법상 거주자에 해당함)

대기업에 근무하고 있는 한우주 씨는 얼마 전에 부친의 사망으로 상속을 받게 되었고, 한우주 씨의 부친은 생전에 상속재산의 대부분을 경제적으로 어려운 대학생을 도와주기 위해 세법상 인정받는 공익법인인 토마토장학재단에 기부하겠다는 유언을 하였다. 한우주 씨는 부친의 유언대로 상속재산 전액을 토마토장학재단에 출연할 경우 자녀의 교육자금과 부부의 은퇴자금 마련에 어려움이 생길 것으로 판단하고, 2023년 1월 초에 CFP® 자격인증자에게 상담을 의뢰하였다.

Ⅰ. 고객정보

[배우자 및 직계비속]
- 한우주 : 남편(40세), 대기업 차장으로 연봉 84,000천원
- 정수진 : 부인(35세), 전업주부
- 한준호 : 장남(8세), 초등학교 2학년

[직계존속 및 형제자매]
- 한고수 : 부친(75세), 2022년 10월 25일 사망
- 장인희 : 모친(70세), 한우주 씨와 별도 주택에 거주
- 한미숙 : 여동생(36세), 한우주 씨의 유일한 형제자매로 황범희 씨와 결혼하여 자녀 2명이 있으며 한미숙 씨 세대는 주택을 소유하지 않음

[주거상황]
서울 소재 전용면적 105.8m² 아파트 A에 거주하고 있으며, 구입 시 100,000천원을 대출받았고 대출이율은 연 6.5% 월복리, 15년간 매월 말 원리금균등분할상환으로 주택금융공사의 모기지 대출을 받음(현재 27회차 상환하였음)

Ⅱ. 재무제표

1. 자산부채상태표(2022년 12월 31일 현재)

(단위 : 천원)

자산		부채	
항목	금액	항목	금액
현금성 자산	**25,700**	**단기부채**	**4,200**
보통예금[주1)]	10,300	신용카드 잔액	4,200
CMA[주2)]	15,400		
저축성 자산	**21,300**	**장기부채**	( )
정기예금	9,880	모기지 잔액	( )
연금보험	11,420		
투자자산	**34,400**		
적립식 펀드 A	18,600		
적립식 펀드 B	13,040		
변액연금보험	2,760		
사용자산	**733,500**		
아파트 A	670,000		
자동차	18,500		
기타 사용자산	45,000		
기타자산	**4,200**		
보장성보험 해지환급금	4,200		
		총부채	( )
		순자산	( )
총자산	**819,100**	**부채 및 순자산**	**819,100**

주1) 결제용 계좌임
주2) 2022년 2월 6일 상장주식을 매도하고 CMA에 입금함

2. 현금흐름표(2022년 1월 1일~2022년 12월 31일)

(단위 : 천원)

유입		유출	
항목	금액	항목	금액
근로소득	**84,000**	**저축 및 투자**	**35,400**
한우주 씨 급여	84,000	CMA	15,000
사업소득		보통예금[주2)]	4,800
		적립식 펀드	6,000
재산소득		연금보험	3,600
		변액연금보험	6,000
연금소득			
		고정지출	( )
이전소득		주택담보대출 상환액	( )
		국민연금보험료	1,944
기타소득		국민건강보험료[주3)]	2,082
		고용보험료	369
기타유입	**15,000**	보장성보험 보험료[주4)]	2,916
상장주식 처분[주1)]	15,000	자동차보험료	590
		소득세	4,470
		재산세	1,360
		자동차세	415
		아파트관리비[주5)]	4,320
		기타고정지출	1,200
		변동지출	**33,481**
		변동지출	33,481
총유입	**99,000**	**총유출**	**99,000**
		순현금흐름	**0**

주1) 상장주식 처분가액 15,000천원은 CMA에 재투자됨
주2) 2022년도 총유입에서 지출금액을 차감한 금액으로 한우주 씨의 추가저축 가능 금액임
주3) 장기요양보험료 포함
주4) 종신보험과 암보험의 보험료 연간 납입금액이며, 2022년 1월부터 12월까지 보험료 전액(12회차)을 납입함
주5) 아파트관리비에 주택화재보험료가 포함되어 있음

Ⅲ 자산 세부내역(2022년 12월 31일 현재)

1. 현금 및 저축성 자산

(단위 : 천원)

구분	명의	가입일	만기일	가입 금액	평가 금액	자금 용도
CMA	한우주	19. 02. 06	–	15,000	15,400	–
정기 예금	정수진	21 07. 01	23. 07. 01	9,000	9,880	–
합계				24,000	25,280	

※ 평가금액은 상시 인출 가능하며 인출 관련 수수료 및 세금은 없는 것으로 가정함

2. 투자자산

(단위 : 천원)

구분	명의	가입일	가입금액	평가금액	자금용도
적립식 펀드 A	한우주	20. 01. 05	월 300	18,600	교육자금
적립식 펀드 B	한우주	20. 01. 02	월 200	13,040	결혼자금
합계			월 500	31,640	

※ 적립식 펀드 A, B는 모두 주식형 펀드임

3. 연금자산

(단위 : 천원)

구분	명의	가입일	납입기간	월납입액	평가금액
연금보험[주1)]	한우주	18. 07. 02	60세납	300	11,420
변액연금 보험[주2)]	한우주	20. 07. 02	55세납	500	2,760
합계				800	14,180

주1) • 2019년 7월부터 매월 말 300천원씩 납입, 한우주 씨가 59세 말까지 납입 후 60세부터 매년 초 8,000천원의 종신연금을 수령할 예정임(세제비적격 보험임)
• 연금개시 전에 피보험자 사망 시 사망보험금은 10,000천원과 사망시점의 해지환급금이 지급됨
• 계약자 한우주, 피보험자 한우주, 수익자 한우주

주2) • 2021년 7월부터 매월 말 500천원씩 납입, 한우주 씨가 54세 말까지 납입 후 60세부터 매년 초 13,800천원씩 20년간 정액연금을 수령할 예정임
• 연금지급 전 한우주 씨 사망 시 사망보험금은 5,000천원과 사망시점의 해지환급금이 지급됨
• 계약자 한우주, 피보험자 한우주, 수익자 한우주

4. 사용자산

(단위 : 천원)

구분	소유주	취득일자	취득당시 기준시가/취득원가	현재 기준시가/적정시세	비고
아파트 A	한우주	2020. 09. 10	350,000/500,000	500,000/670,000	• 전용면적 : 105.8m² • 한우주 씨 세대거주

5. 보장성 보험

(1) 생명보험

구분	종신보험	암보험주1)
보험계약자	한우주	정수진
피보험자	한우주	정수진
수익자	정수진	정수진
보험가입 금액	100,000천원	20,000천원
계약일	2016. 04. 01	2013. 09. 01
만기일	–	80세 만기
월납보험료	206천원	37천원
해지환급금	4,200천원	–
보험료 납입기간	20년납	20년납

주1) 암보험의 보험금은 암진단 시 20,000천원, 암수술 1회당 2,000천원 지급(순수보장형이며 암 이외의 원인으로 사망 시 사망보험금이 지급되지 않음)

(2) 자동차보험

피보험자(소유자)		한우주
계약일 / 만기일		2022. 12. 01~2023. 12. 01
보험가입금액	대인 Ⅰ	자배법 시행령에서 정한 금액
	대인 Ⅱ	무한
	대물	무한
	자기신체사고	1인당 30,000천원
	무보험자동차상해	1인당 최고 200,000천원
	자기차량손해	자기부담금(200천원) 차량(19,000천원)
	특약	부부한정운전특약
보험료		연간 590천원

(3) 주택화재보험

보험계약자 / 피보험자	한우주
계약일 / 만기일	2022. 10. 01~2027. 10. 01
보험가입금액	건물 : 500,000천원, 가재도구 : 0원
연간보험료	210천원

6. 공적연금

(단위 : 천원)

구분	가입자	가입일	연금개시 연령	연간 연금액 (현재물가기준)
국민연금	한우주	2009. 01. 03~현재	65세	10,000

Ⅲ. 부모 재산현황(2022년 12월 31일 현재)

1. 한고수 씨의 상속재산 및 유증 현황(2022년 10월 25일 현재)

(단위 : 천원)

구분	상속재산가액	수유자/상속인	비고
토지	14억원	토마토장학재단	
아파트 B	8억원	장인희	11년 전 취득 후 한고수, 장인희 씨 부부만 거주
상가 A	4억원	한미숙	
예금	1억원	장인희	

※ 한고수 씨는 한우주 씨에게 8년 전에 현금 1억원을 증여한 것을 제외하고는 생전에 어느 누구에게도 증여한 적이 없음

※ 상속아파트 B는 지방세법상 고급주택에 해당하지 않으며, 기준시가는 2023년 4월 30일에 그 직전년도에 비해 5% 상승한 것으로 가정함

2. 모친 장인희 씨 부동산 보유 및 임대수입 현황

(단위 : 천원)

구분	소유자	취득일자	취득 당시 기준시가/취득원가	현재 기준시가/적정시세	비고
상가 B	장인희	2009.03	100,000/200,000	300,000/450,000	• 임대보증금 80,000 • 월세 2,000
상가 C	장인희	2013.07	250,000/400,000	350,000/500,000	• 임대보증금 50,000 • 월세 2,000

※ 상가 B와 C는 모두 서울에 소재하고 있으며, 임대계약은 2022년도 12월경에 이루어져 2023년도 말까지 변동 없음

Ⅳ. 고객 재무목표

1. 본인의 조기사망에 따른 위험관리
2. 자녀 교육자금/결혼자금 마련
3. 부친의 장학재단 출연에 대한 유언 집행
4. 부부 은퇴설계
5. 세부 재무목표 달성을 위한 투자설계

Ⅴ. 기타 정보

1. 자녀교육자금 관련
   - 한준호는 19세에 대학교에 입학하며, 재학기간은 총 4년임
   - 대학교 연간 교육비는 현재물가기준으로 12,000천원임
   - 교육비는 매년 교육비상승률만큼 상승하고 매년 초 필요함

2. 자녀 결혼자금 관련
   - 한준호의 결혼시점은 30세로 예상
   - 현재물가기준으로 예상 결혼비용은 100,000천원임
   - 결혼비용은 매년 물가상승률만큼 상승하며, 결혼비용 전액을 지원할 예정임

3. 은퇴 관련 정보
   - 은퇴기간 및 매년 필요한 은퇴소득(현재물가기준)
     가정 1) 부부의 은퇴기간 : 한우주 씨 60세부터 85세까지 25년간
     가정 2) 부부 은퇴기간 동안 필요 은퇴생활비 : 매년 36,000천원
     가정 3) 한우주 씨 사망 전 3년간 간병비용 : 매년 초 12,000천원 발생
   - 퇴직연금
     - 한우주 씨가 근무하는 회사는 작년 말에 퇴직연금제도(확정급여형과 확정기여형 모두 도입하여 근로자가 선택하도록 함)를 도입하여 시행 중이며, 한우주 씨는 확정급여형 퇴직연금에 가입하였음
     - 올해 1월 한우주 씨의 임금은 월 7,000천원이며, 임금은 매년 초에 인상됨
     - 한우주 씨는 54세 말까지 현재의 직장에서 근무할 예정이며 55세부터 30년간 퇴직연금을 수령할 계획임
     - 퇴직연금계정의 투자수익률은 연 4%임
     - 연봉은 매년 '물가상승률+2%'로 상승할 것으로 예상함
   - 은퇴자산에 대한 세후 투자수익률
     - 은퇴 전 : 연 4.0%, 은퇴 후 : 연 4.0%
   - 부채 잔액은 은퇴 전에 모두 상환하는 것으로 가정함
   - 국민연금은 매년 초에 지급되고 생활비는 매년 초 필요하며 매년 물가상승률만큼 증가함

Ⅵ. 분석을 위한 가정

- 물가상승률 : 은퇴 전 연 2.0%, 은퇴 후 연 3.0%
- 교육비상승률 : 연 5.0%
- 금융자산의 세후투자수익률 : 연 4.0%
  - 현금성 및 저축성 자산 : CMA 연 2.0%, 정기예금 연 2.0%
  - 투자자산 : 적립식 펀드 연 4.0%
  - 연금자산 : 연금보험 연 4.0%, 변액연금보험 연 4.0%

21 한우주 씨 부부의 자산부채상태표상의 순자산 금액과 2022년도 한해 동안 상환한 모기지 원리금으로 적절한 것을 고르시오.

① 순자산 720,812천원, 모기지 상환금액 8,897천원
② 순자산 720,812천원, 모기지 상환금액 8,947천원
③ 순자산 724,450천원, 모기지 상환금액 8,947천원
④ 순자산 724,450천원, 모기지 상환금액 10,453천원
⑤ 순자산 725,397천원, 모기지 상환금액 10,453천원

22 한우주 씨 부부의 재무상태 분석 및 평가에 대한 설명으로 가장 적절한 것은?

① 가계수지지표는 75.71%로 연령대별 가이드라인을 초과하므로 합리적인 지출관리가 필요하다.
② 거주주택마련부채상환지표는 10.56%로 가이드라인 20% 대비 적정 수준이다.
③ 비상예비자금지표는 월 생활비의 약 4.7배로 비상예비자금을 충분히 보유하고 있다.
④ 보장성보험준비지표는 4.43%로 가이드라인 이내의 보험료를 지출하고 있다.
⑤ 저축성향지표는 24.29%로 연령대별 제안지표인 30%에 미달하고 있다.

[풀이공간]

23 **한우주 씨 부부의 현재시점에서 자녀의 대학교육자금마련을 위한 CFP® 자격인증자의 제안 내용으로 적절하지 않은 것을 고르시오.**

- 교육자금 마련을 위한 기존의 투자계획과 추가저축은 한준호가 대학에 입학하기 전까지 계속한다.
- 교육자금 마련을 위한 추가 저축은 적립식 펀드 A를 활용하여 매월 100천원 증액하여 400천원씩 11년간 저축한다.

① 자녀의 대학교육 필요자금의 현재가치는 54,102천원이다.
② 자녀의 대학교육 부족자금의 현재가치는 35,502천원이다.
③ 지금부터 매월 초에 503천원씩 추가하여 저축을 해야 부족자금을 마련할 수 있다.
④ 자녀의 대학 입학까지 11년이 남아있는 점을 고려하면, 교육자금마련을 위해 기대수익률을 너무 보수적으로 정하는 것보다 장기의 투자기간에 따른 위험을 최소화하면서 수익을 낼 수 있는 투자전략이 필요하다.
⑤ 부족한 교육자금 마련을 위해 보험상품을 활용한다면 인플레이션을 커버하면서도 장기간 투자해서 매년 인상되는 교육비 인상률 이상의 수익을 낼 수 있는 변액보험 등 투자형 상품이 적합할 수 있다.

24 **한우주 씨 부부의 생명보험 관련 정보를 분석한 결과로 적절하지 않은 것을 고르시오.**

① 한우주 씨가 현재시점에서 사망하는 경우 가입한 생명보험에서 지급되는 사망보험금은 129,180천원이다.
② 한우주 씨의 소득세와 생명보험료 및 용돈이 연간 20,000천원(소득기간 60세까지, 할인율 4.5%)이라고 가정하면 생애가치법에 의한 추가로 필요한 생명보험 필요보장액은 703,328천원이다.
③ 정수진 씨가 가입한 암보험의 경우 암 이외의 원인으로 사망시 사망시점의 해지환급금이 지급된다.
④ 한우주 씨가 가입한 변액연금보험에서 지급되는 연금은 연금지급개시 전까지의 특별계정 운용성과에 관계없이 납입한 보험료 이상을 수령할 수 있다.
⑤ 한우주 씨가 가입한 연금보험을 60세에 해지하고, 예상 해지환급금 140,000천원으로 예정이율 연 4%인 즉시연금(매년초 종신지급)에 가입하는 것보다 현재의 연금보험을 연금으로 수령하는 것이 유리하다.

[풀이공간]

25 다음의 추가 정보를 참고하여 가해차량 및 한우주 씨가 가입한 자동차보험에 대한 설명으로 가장 적절한 것을 고르시오.

[자동차 보험 추가 정보]
- 생년월일 : 1983년 9월 13일
- 사망일(사고일) : 2023년 07월 18일
- 한우주씨의 60세까지 취업가능월수(241개월)에 해당하는 호프만 계수 : 166.6046
- 한우주씨의 65세까지 취업가능월수(301개월)에 해당하는 호프만 계수 : 194.7894
- 소득가능기간 : 60세
- 월평균 현실소득금액 : 월 7,000천원
- 일용근로자 평균임금 : 2,400천원
- 과실관계 : 한우주 씨 과실비율 20%임
- 가해 차량은 책임보험과 보상한도 3억원인 대인배상Ⅱ 담보에 가입되어 있음
- 보험금은 사망일로부터 7일 이내에 지급함

① 가해자동차가 무보험자동차이고 한우주 씨의 자동차를 배우자 정수진 씨가 운전하다가 생긴 사고인 경우에는 사망보험금이 지급되지 않는다.
② 한우주 씨의 상실수익액 계산은 월평균현실소득에 생활비를 합산하여 계산한다.
③ 가해차량의 자동차 보험에서 지급되는 상실수익액은 727,231천원이 된다.
④ 한우주 씨의 교통사고로 인한 사망보험금 지급 시 위자료와 장례비에 대해서는 과실상계를 적용하지 않는다.
⑤ 위 사고로 가해차량의 자동차보험에서 지급되는 사망보험금은 994,017천원이다.

26 한우주 씨의 아파트에서 배우자 정수진 씨의 과실로 화재가 발생하여 400,000천원의 건물 재산손해와 20,000천원의 가재도구 재산손해가 발생하였다. 보험사고 발생 시의 건물 및 가재도구의 보험가액이 각각 400,000천원, 50,000천원일 경우 주택화재보험에서 지급받을 수 있는 보험금에 대한 설명으로 적절하지 않은 것을 고르시오.

① 한우주 씨의 아파트 화재가 배우자 정수진 씨의 과실에 의한 화재인 경우 가입한 주택화재보험에서 재산손해액에 대한 지급보험금은 400,000천원이다.
② 비용손해 중 기타협력비용으로 60,000천원이 발생했다면 전액 보상받을 수 있다.
③ 한우주 씨의 재산손해가 가스폭발에 따른 것이라면 주택화재보험에서 지급되는 보험금은 없다.
④ 화재로 인한 재산손해에 대한 지급보험금 계산 시 보험가액은 화재 발생 시점에서 평가한 금액이다.
⑤ 가재도구 손해액은 보험에 가입하지 않았기 때문에 보험금을 지급받지 못한다.

[풀이공간]

27 **한우주 씨 부부의 은퇴설계를 위한 분석 내용 중 가장 적절하지 않은 것을 고르시오.**

① 한우주 씨가 은퇴시점에서 간병비를 제외한 부부 은퇴기간 중 필요로 하는 총은퇴일시금은 은퇴시점의 가치로 935,100천원이다.
② 한우주 씨의 사망 전 3년간 필요로 하는 간병비에 대한 필요자금은 은퇴시점 가치로 42,836천원이다.
③ 한우주 씨가 55세부터 매년 수령하는 퇴직연금의 과세대상 연금액은 10,111천원이다.
④ 한우주 씨가 사망하는 경우 국민연금에서 지급되는 유족연금 수급권자는 배우자인 정수진 씨가 1순위가 되며, 유족연금 수령 중 정수진 씨가 사망하거나 재혼한 때에 자녀 한준호가 25세 미만이라면 한준호가 25세가 될 때까지 그 수급권을 승계하게 된다.
⑤ 한우주 씨가 가입한 연금보험과 변액연금보험은 10년 이상 가입하고 연금으로 수령할 경우 연금소득과 이자소득에 대하여 과세를 하지 아니하며, 연금지급 이후에는 일시금으로 수령할 수 없다.

28 **한우주 씨 부부가 은퇴자금 마련을 위한 추가적인 저축을 하지 않고 은퇴생활을 할 경우, 은퇴생활 소비수준에 대한 CFP® 자격인증자의 설명으로 가장 적절한 것을 고르시오.**

- 퇴직연금의 세후수령액은 매년 14,300천원이며, 은퇴기간 이전 수령금액은 은퇴자금으로 사용하지 않음
- 은퇴시점에서 연금보험과 변액연금보험의 세후평가액은 320,000천원으로 가정함
- 한우주 씨의 사망 전 3년간 필요한 간병비는 고려하지 않음

① 국민연금만으로 은퇴생활을 하는 경우 현재물가기준으로 매년 11,593천원 정도의 은퇴생활 수준을 유지하게 된다.
② 매년 수령하는 퇴직연금만으로 은퇴생활을 한다고 가정하면, 은퇴기간 중 매년 현재물가기준으로 10,410천원의 은퇴생활을 유지할 수 있다.
③ 연금보험과 변액연금보험에서 수령하는 연금만으로 은퇴생활을 할 경우, 은퇴시점에 매년 14,339천원의 은퇴생활을 유지할 수 있다.
④ 은퇴기간 중 매년 수령하는 국민연금 및 연금보험과 변액연금보험의 연금만으로 은퇴생활을 할 경우, 매년 현재물가기준으로 17,005천원의 은퇴생활을 유지할 수 있다.
⑤ 은퇴기간 중 매년 수령하는 국민연금, 퇴직연금, 연금보험, 변액연금보험으로 은퇴생활을 할 경우, 매년 현재물가기준으로 26,654천원의 생활을 유지할 수 있기 때문에 은퇴자금 마련을 위한 추가저축이 필요 없다.

[풀이공간]

29 한우주 씨 부부가 목표하고 있는 은퇴생활 수준을 달성하기 위해 CFP® 자격인증자가 제안한 내용으로 가장 적절하지 않은 것을 고르시오.

- 은퇴시점에서 추가로 필요한 은퇴일시금은 420,000천원으로 가정함
- 은퇴자산 마련을 위한 추가저축은 한우주 씨 나이 54세 말까지임

① 은퇴시점에서 추가로 필요한 은퇴일시금의 마련을 위해서는 매월 말 1,411천원씩 저축해야 한다.
② 은퇴자산 포트폴리오에 대한 세후투자수익률을 높이기 위해 주식형 자산을 편입하는 경우 위험허용수준 범위 내에서 주식투자 비중을 결정하여야 한다.
③ 임금인상률이 확정기여형 퇴직연금의 운용수익률보다 낮을 경우 수익률 측면에서만 보면 한우주 씨가 가입한 확정급여형 퇴직연금보다 확정기여형 퇴직연금으로 전환하는 것이 유리하다.
④ 은퇴시점에서 은퇴자산이 부족한 경우 한우주 씨 나이 60세부터 주택연금을 신청하여 추가적인 은퇴소득원으로 활용할 수 있다.
⑤ 한우주 씨가 은퇴자금 마련에 어려움이 있어 부친의 상속재산을 활용하고자 한다면, 한우주 씨가 유증받은 재산은 없지만 청구 가능한 유류분 4억원을 모친 장인희 씨와 토마토장학재단에 청구하여 은퇴자산으로 활용할 수 있다.

30 한우주 씨 부부가 현재 저축 및 투자하고 있는 금융자산 포트폴리오에서 기대되는 세후투자수익률로 가장 적절한 것은?

① 3.29%
② 4.21%
③ 4.93%
④ 5.10%
⑤ 5.53%

[풀이공간]

31 투자자산의 배분을 다음과 같이 재조정한다고 하였을 때 새로운 포트폴리오의 기대수익률과 68.27%의 신뢰수준으로 1년 후 실제 수익률이 나타날 수 있는 범위를 적절하게 표시한 것을 고르시오.

자산군	투자비중	세후 기대수익률	수익률 표준편차
현금자산	40%	3.0%	0.0%
채권	30%	3.8%	3.0%
주식	40%	7.0%	20.0%

※ 현금자산은 무위험자산으로 운용
채권과 주식의 상관계수 0.2
수익률의 분포는 정규분포를 가정함

① 기대수익률 : 5.14%, 수익률 범위 : −3.09~13.37%
② 기대수익률 : 5.14%, 수익률 범위 : −11.32~21.6%
③ 기대수익률 : 5.46%, 수익률 범위 : −3.76~14.68%
④ 기대수익률 : 5.46%, 수익률 범위 : −4.25~15.17%
⑤ 기대수익률 : 5.46%, 수익률 범위 : −13.96~24.88%

32 한우주 씨가 가입한 적립식 펀드의 성과가 저조하여 다음과 같이 펀드를 검토하였다. 성과평가에 대한 설명으로 가장 적절하지 않은 것을 고르시오. (무위험이자율은 4.0%로 가정함)

펀드명	실현 수익률	펀드베타	수익률 표준편차	Bench Mark 수익률	Tracking error 표준편차
A 가치형 펀드	13.0%	0.9	16.0%	13.2%	1.00%
B 성장형 펀드	16.4%	1.1	20.0%	16.5%	2.00%
C 인덱스 펀드	15.2%	1.0	18.0%	15.0%	0.30%

펀드명	젠센척도	샤프척도	트레이너 척도	정보비율
A 가치형 펀드	0.7%	0.563	0.100	−0.20
B 성장형 펀드	−1.4%	0.620	0.113	−0.50
C 인덱스 펀드	0.2%	0.622	0.112	0.67

① 젠센척도 값이 (−) 인 B 성장형 펀드는 증권선택능력이 부족하다고 할 수 있다.
② 총위험 대비 성과가 좋은 펀드는 C 인덱스 펀드이다.
③ 체계적인 위험 대비 성과가 좋은 펀드는 B 성장형 펀드이다.
④ 정보비율은 0에 가까울수록 성과가 좋은 펀드이며 B 성장형 펀드가 우수하다.
⑤ 강세장이 예상이 되면 B 성장형 펀드를 선택하는 것이 성과가 좋을 것이다.

[풀이공간]

33 **한고수 씨의 상속과 관련된 유증에 대한 설명으로 가장 적절한 것을 고르시오.**

① 한고수 씨의 유언이 공정증서에 의한 유언인 경우에도 녹음에 의한 유언과 마찬가지로 검인절차를 거쳐 유언의 내용을 집행할 수 있다.

② 한고수 씨의 공동상속인 중 한미숙 씨와 한우주 씨는 상속의 개시와 반환하여야 할 증여 또는 유증을 한 사실을 안 때로부터 1년 내에 토마토장학재산에 대하여 유류분 반환을 청구할 수 있다.

③ 한미숙 씨가 피상속인 한고수 씨보다 먼저 사망하였다면 유증은 무효가 되며 황범희 씨와 그 자녀들은 상가 A를 자신의 법정상속분에 따라 상속받게 된다.

④ 한우주 씨가 토마토나눔재단에 유류분 청구를 하면 토마토장학재단은 토지의 소유권을 획득할 수 없다.

⑤ 상속인들이 유증을 이행한 이후 뒤늦게 상속채무가 발견되었다면, 한우주 씨가 고려기간 내에 상속포기를 하지 아니하였더라도 유증받은 재산이 없으므로 한우주 씨는 상속채무에 대한 부담을 지지 아니한다.

34 **한우주 씨의 고객정보와 현금흐름표를 참고로 2023년도 귀속 연말정산 시 종합소득공제에 대한 설명으로 적절한 것을 고르시오.**

① 기본공제 금액 6,000천원을 받을 수 있다.

② 특별공제 항목의 보험료공제는 5,367천원을 받을 수 있다.

③ 한우주 씨는 2023년 귀속 연말정산 시 장기주택저당차입금에 대한 이자상환액 공제를 받을 수 있다.

④ 모친 장인희 씨에 대한 기본공제와 추가공제는 받을 수 있다.

⑤ 연금보험 납입보험료에 대한 연금계좌세액공제를 연간 납입금액 6,000천원 한도로 받을 수 있다.

[풀이공간]

35 **아파트 B의 상속과 관련된 세금에 대한 설명으로 가장 적절하지 않은 것을 고르시오.**

① 장인희 씨가 아파트 B를 유언의 내용대로 상속을 받으면 동거주택상속공제를 받을 수 없다.
② 장인희 씨가 아파트 B를 상속받을 경우 취득세 신고기한은 상속개시일이 속한 달의 말일로부터 60일 이내이다.
③ 장인희 씨가 아파트를 상속받은 후 2023년 3월 말에 전세 3억원에 임대하고 한우주 씨와 함께 거주하여도 주택 임대에 따른 사업소득은 발생하지 않는다.
④ 장인희 씨가 상속받은 아파트 B를 상속개시일로부터 6개월이 지난 시점에 처분하면 장기보유특별공제를 적용받지 못하며 양도소득세 세율은 기본세율을 적용한다.
⑤ 아파트 B를 유언의 내용대로 받지 않고 한미숙 씨가 상속을 받더라도 상속아파트에 대한 취득세 특례세율을 적용받아 절세할 수 있다.

36 **한고수 씨의 유언서에 따라 상속재산을 분할했을 때의 세금에 대한 설명으로 가장 적절한 것을 고르시오. (각 답지는 별개 사항임)**

① 한고수 씨가 상속재산 전부를 유증하였더라도 공동상속인 및 수유자는 상속세 연대납세의무가 없다.
② 한우주 씨는 상속재산에 대해 유증을 받지 않았으므로 상속세를 납부할 의무가 없다.
③ 아파트를 유언의 내용대로 상속하지 않고 공동상속인들의 협의로 한우주 씨가 상속받으면 한우주 씨는 증여세를 부담하여야 한다.
④ 토마토장학재단이 유언대로 상속세 과세표준 신고기한까지 토지를 출연받으면 그 토지의 가액은 상속세 과세가액에 산입되지 않는다.
⑤ 상가를 상속받은 한미숙 씨가 3년이 지난 시점에 상가를 양도하여 양도소득세를 계산할 경우의 취득가액은 한고수 씨가 상가를 취득한 가액이 된다.

[풀이공간]

37 장인희 씨의 부동산임대업에 대한 세금과 관련한 설명으로 가장 적절한 것을 고르시오.

① 부동산 임대사업자인 장인희 씨가 남편 한고수 씨 사망 후 딸 한미숙 씨와 함께 거주하기 위해 상속받은 아파트 B를 월세로 임대하는 경우 발생하는 주택임대소득은 소득세 과세 대상에서 제외된다.
② 부동산 임대사업자인 장인희 씨가 상가 B를 양도하는 경우에는 부동산매매업으로 과세한다.
③ 상가 C를 임대해주고 임대료 외에 구분 징수하여 받은 전기료, 수도료, 청소비, 난방비 등은 부동산 임대소득의 총수입금액에 산입한다.
④ 장인희 씨가 부동산임대업에서 발생한 소득을 기장에 의해 신고할 경우 간주임대료는 [(임대보증금 적수 − 건설비 적수) 정기예금 이자율 × 1/365] 계산하며 금융수익을 합산하여 계산한다.
⑤ 2023년 7월 중에 장인희 씨가 사회복지공동모금회에 10,000천원을 기부하였다면 해당 기부금은 기부금세액공제를 항목으로 종합소득세 신고 시 공제받을 수 있다.

38 한우주 씨 가족이 보유한 금융재산과 관련된 세금에 대한 설명으로 가장 적절한 것을 고르시오.

① 한우주 씨가 가입한 연금보험과 변액연금 보험은 최초납입일로부터 납입기간과 보험계약기간이 10년 이상인 경우 월 납입금액과 상관없이 보험차익에 대해서 과세되지 않는다.
② 한우주 씨가 가입한 변액연금보험을 계약대로 불입하고 연금형태로 수령하면 연금에 대한 소득세는 과세하지 않지만 일시금으로 수령 시 이자소득세는 부과된다.
③ 한우주 씨가 가입한 주식형 적립식 펀드가 만기 시 원금보다 적은 금액을 수령하였을 경우에도 소득세가 과세될 수 있다.
④ 정수진 씨가 가입한 암보험을 10년이 지난 시점에 해지하면 해지환급금에 대해 이자소득세가 과세된다.
⑤ 한우주 씨가 피보험자로 되어 있는 종신보험의 보험료를 한우주가 납부한 경우 한우주 씨가 사망하여 수령한 그 종신보험의 사망보험금은 상속재산으로 과세되지 않는다.

[풀이공간]

39 한우주 씨가 배우자 정수진 씨에게 2023년 5월 7일 소유하고 있는 아파트 지분(비조정대상지역 102m²)의 50%를 증여할 경우 증여세 납부세액과 취득세 합계액으로 적절한 것은?

- 증여 당시 시가는 매매사례 가액 700,000천원 가정
- 증여 당시 시가표준액은 580,000천원 가정

① 9,480천원
② 10,000천원
③ 11,600천원
④ 13,600천원
⑤ 14,000천원

40 한우주 씨의 모친 장인희 씨가 보유한 상가 C에 대한 다음의 추가 자료를 기초로 임대부동산에 대한 수익분석 및 부동산 관리방안에 대한 설명으로 가장 적절하지 않은 것을 고르시오.

[상가C 관련 정보]
- 공실 및 영업경비의 합계는 가능총수익의 10%
- 임대보증금에 대한 운용수익은 없는 것으로 함
- 소득세 : 순영업수익(NOI)의 10%
- 양도비용 및 양도소득세 : 매각대금의 10%
- 보유 예상기간 : 3년
- 상가 임대료 및 시세 상승률 : 매년 5% 상승
- 장인희 씨의 세후기대수익률 : 연 5%

① 보유 중인 상가는 상가임대차보호법에 1년간 임대차계약 갱신요구권이 10년간 인정되므로 임차인 교체에 제한이 있다.
② 상가 C의 3년 뒤 예상 매각금액은 578,813천원이다.
③ 상가 C의 세후기대수익률이 2.18%로 장인희 씨의 세후기대수익률 5.0%보다 낮으므로 수익률 측면에서만 보면 매각 후 금융상품에 투자하는 것이 바람직하다.
④ 세후기대수익률 5.0%를 요구수익률로 할 때, 순현가(NPV)는 12,352천원이므로 상가를 계속 보유하는 것이 좋다.
⑤ 보유상가의 요구수익률이 10%일 때 순현가(NPV)는 (−) 45,537천원이므로 임대료 인상이나 매각 등 다른 대안을 모색한다.

[풀이공간]

MEMO

고사장 ______________ 고사실 ______________

성 명 ______________

※ 답안은 컴퓨터용 사인펜을 사용하여 표시하고, 예비답안 표시는 빨간색 사인펜만 사용 가능합니다.

CFP® 자격시험 OMR 답안지(지식형)

수험번호(7자리)

①	①	①	①	①	①	①
②	②	②	②	②	②	②
③	③	③	③	③	③	③
④	④	④	④	④	④	④
⑤	⑤	⑤	⑤	⑤	⑤	⑤
⑥	⑥	⑥	⑥	⑥	⑥	⑥
⑦	⑦	⑦	⑦	⑦	⑦	⑦
⑧	⑧	⑧	⑧	⑧	⑧	⑧
⑨	⑨	⑨	⑨	⑨	⑨	⑨
⓪	⓪	⓪	⓪	⓪	⓪	⓪

교시

①

②

주민앞번호(6자리)

①	①	①	①	①	①
②	②	②	②	②	②
③	③	③	③	③	③
④	④	④	④	④	④
⑤	⑤	⑤	⑤	⑤	⑤
⑥	⑥	⑥	⑥	⑥	⑥
⑦	⑦	⑦	⑦	⑦	⑦
⑧	⑧	⑧	⑧	⑧	⑧
⑨	⑨	⑨	⑨	⑨	⑨
⓪	⓪	⓪	⓪	⓪	⓪

감독관 확인란

수험생 유의사항

- 반드시 컴퓨터용 사인펜을 사용하여 마킹합니다.
- 예비마킹 시 빨간색 사인펜을 사용합니다.
- 보기

바른 예 ●　　틀린 예 ⊙ ◑ ☑

01	① ② ③ ④ ⑤	21	① ② ③ ④ ⑤	41	① ② ③ ④ ⑤	61	① ② ③ ④ ⑤	81	① ② ③ ④ ⑤
02	① ② ③ ④ ⑤	22	① ② ③ ④ ⑤	42	① ② ③ ④ ⑤	62	① ② ③ ④ ⑤	82	① ② ③ ④ ⑤
03	① ② ③ ④ ⑤	23	① ② ③ ④ ⑤	43	① ② ③ ④ ⑤	63	① ② ③ ④ ⑤	83	① ② ③ ④ ⑤
04	① ② ③ ④ ⑤	24	① ② ③ ④ ⑤	44	① ② ③ ④ ⑤	64	① ② ③ ④ ⑤	84	① ② ③ ④ ⑤
05	① ② ③ ④ ⑤	25	① ② ③ ④ ⑤	45	① ② ③ ④ ⑤	65	① ② ③ ④ ⑤	85	① ② ③ ④ ⑤
06	① ② ③ ④ ⑤	26	① ② ③ ④ ⑤	46	① ② ③ ④ ⑤	66	① ② ③ ④ ⑤	86	① ② ③ ④ ⑤
07	① ② ③ ④ ⑤	27	① ② ③ ④ ⑤	47	① ② ③ ④ ⑤	67	① ② ③ ④ ⑤	87	① ② ③ ④ ⑤
08	① ② ③ ④ ⑤	28	① ② ③ ④ ⑤	48	① ② ③ ④ ⑤	68	① ② ③ ④ ⑤	88	① ② ③ ④ ⑤
09	① ② ③ ④ ⑤	29	① ② ③ ④ ⑤	49	① ② ③ ④ ⑤	69	① ② ③ ④ ⑤	89	① ② ③ ④ ⑤
10	① ② ③ ④ ⑤	30	① ② ③ ④ ⑤	50	① ② ③ ④ ⑤	70	① ② ③ ④ ⑤	90	① ② ③ ④ ⑤
11	① ② ③ ④ ⑤	31	① ② ③ ④ ⑤	51	① ② ③ ④ ⑤	71	① ② ③ ④ ⑤		
12	① ② ③ ④ ⑤	32	① ② ③ ④ ⑤	52	① ② ③ ④ ⑤	72	① ② ③ ④ ⑤		
13	① ② ③ ④ ⑤	33	① ② ③ ④ ⑤	53	① ② ③ ④ ⑤	73	① ② ③ ④ ⑤		
14	① ② ③ ④ ⑤	34	① ② ③ ④ ⑤	54	① ② ③ ④ ⑤	74	① ② ③ ④ ⑤		
15	① ② ③ ④ ⑤	35	① ② ③ ④ ⑤	55	① ② ③ ④ ⑤	75	① ② ③ ④ ⑤		
16	① ② ③ ④ ⑤	36	① ② ③ ④ ⑤	56	① ② ③ ④ ⑤	76	① ② ③ ④ ⑤		
17	① ② ③ ④ ⑤	37	① ② ③ ④ ⑤	57	① ② ③ ④ ⑤	77	① ② ③ ④ ⑤		
18	① ② ③ ④ ⑤	38	① ② ③ ④ ⑤	58	① ② ③ ④ ⑤	78	① ② ③ ④ ⑤		
19	① ② ③ ④ ⑤	39	① ② ③ ④ ⑤	59	① ② ③ ④ ⑤	79	① ② ③ ④ ⑤		
20	① ② ③ ④ ⑤	40	① ② ③ ④ ⑤	60	① ② ③ ④ ⑤	80	① ② ③ ④ ⑤		

고사장 ______________ 고사실 ______________

성 명 ______________

※ 답안은 컴퓨터용 사인펜을 사용하여 표시하고, 예비답안 표시는 빨간색 사인펜만 사용 가능합니다.

CFP® 자격시험 OMR 답안지(지식형)

수험번호(7자리)

①	①	①	①	①	①	①
②	②	②	②	②	②	②
③	③	③	③	③	③	③
④	④	④	④	④	④	④
⑤	⑤	⑤	⑤	⑤	⑤	⑤
⑥	⑥	⑥	⑥	⑥	⑥	⑥
⑦	⑦	⑦	⑦	⑦	⑦	⑦
⑧	⑧	⑧	⑧	⑧	⑧	⑧
⑨	⑨	⑨	⑨	⑨	⑨	⑨
⓪	⓪	⓪	⓪	⓪	⓪	⓪

교시

①

②

주민앞번호(6자리)

①	①	①	①	①	①
②	②	②	②	②	②
③	③	③	③	③	③
④	④	④	④	④	④
⑤	⑤	⑤	⑤	⑤	⑤
⑥	⑥	⑥	⑥	⑥	⑥
⑦	⑦	⑦	⑦	⑦	⑦
⑧	⑧	⑧	⑧	⑧	⑧
⑨	⑨	⑨	⑨	⑨	⑨
⓪	⓪	⓪	⓪	⓪	⓪

감독관 확인란

수험생 유의사항

- 반드시 컴퓨터용 사인펜을 사용하여 마킹합니다.
- 예비마킹 시 빨간색 사인펜을 사용합니다.
- 보기

바른 예 ●　　틀린 예 ⊙ ◑ ☑

01	① ② ③ ④ ⑤	21	① ② ③ ④ ⑤	41	① ② ③ ④ ⑤	61	① ② ③ ④ ⑤
02	① ② ③ ④ ⑤	22	① ② ③ ④ ⑤	42	① ② ③ ④ ⑤	62	① ② ③ ④ ⑤
03	① ② ③ ④ ⑤	23	① ② ③ ④ ⑤	43	① ② ③ ④ ⑤	63	① ② ③ ④ ⑤
04	① ② ③ ④ ⑤	24	① ② ③ ④ ⑤	44	① ② ③ ④ ⑤	64	① ② ③ ④ ⑤
05	① ② ③ ④ ⑤	25	① ② ③ ④ ⑤	45	① ② ③ ④ ⑤	65	① ② ③ ④ ⑤
06	① ② ③ ④ ⑤	26	① ② ③ ④ ⑤	46	① ② ③ ④ ⑤	66	① ② ③ ④ ⑤
07	① ② ③ ④ ⑤	27	① ② ③ ④ ⑤	47	① ② ③ ④ ⑤	67	① ② ③ ④ ⑤
08	① ② ③ ④ ⑤	28	① ② ③ ④ ⑤	48	① ② ③ ④ ⑤	68	① ② ③ ④ ⑤
09	① ② ③ ④ ⑤	29	① ② ③ ④ ⑤	49	① ② ③ ④ ⑤	69	① ② ③ ④ ⑤
10	① ② ③ ④ ⑤	30	① ② ③ ④ ⑤	50	① ② ③ ④ ⑤	70	① ② ③ ④ ⑤
11	① ② ③ ④ ⑤	31	① ② ③ ④ ⑤	51	① ② ③ ④ ⑤	71	① ② ③ ④ ⑤
12	① ② ③ ④ ⑤	32	① ② ③ ④ ⑤	52	① ② ③ ④ ⑤	72	① ② ③ ④ ⑤
13	① ② ③ ④ ⑤	33	① ② ③ ④ ⑤	53	① ② ③ ④ ⑤	73	① ② ③ ④ ⑤
14	① ② ③ ④ ⑤	34	① ② ③ ④ ⑤	54	① ② ③ ④ ⑤	74	① ② ③ ④ ⑤
15	① ② ③ ④ ⑤	35	① ② ③ ④ ⑤	55	① ② ③ ④ ⑤	75	① ② ③ ④ ⑤
16	① ② ③ ④ ⑤	36	① ② ③ ④ ⑤	56	① ② ③ ④ ⑤	76	① ② ③ ④ ⑤
17	① ② ③ ④ ⑤	37	① ② ③ ④ ⑤	57	① ② ③ ④ ⑤	77	① ② ③ ④ ⑤
18	① ② ③ ④ ⑤	38	① ② ③ ④ ⑤	58	① ② ③ ④ ⑤	78	① ② ③ ④ ⑤
19	① ② ③ ④ ⑤	39	① ② ③ ④ ⑤	59	① ② ③ ④ ⑤	79	① ② ③ ④ ⑤
20	① ② ③ ④ ⑤	40	① ② ③ ④ ⑤	60	① ② ③ ④ ⑤	80	① ② ③ ④ ⑤

고사장 고사실

성 명

※ 답안은 컴퓨터용 사인펜을 사용하여 표시하고, 예비답안 표시는 빨간색 사인펜만 사용 가능합니다.

CFP® 자격시험 OMR 답안지(사례형)

수험번호(7자리)						
①	①	①	①	①	①	①
②	②	②	②	②	②	②
③	③	③	③	③	③	③
④	④	④	④	④	④	④
⑤	⑤	⑤	⑤	⑤	⑤	⑤
⑥	⑥	⑥	⑥	⑥	⑥	⑥
⑦	⑦	⑦	⑦	⑦	⑦	⑦
⑧	⑧	⑧	⑧	⑧	⑧	⑧
⑨	⑨	⑨	⑨	⑨	⑨	⑨
⓪	⓪	⓪	⓪	⓪	⓪	⓪

교시
③
④

주민앞번호(6자리)					
①	①	①	①	①	①
②	②	②	②	②	②
③	③	③	③	③	③
④	④	④	④	④	④
⑤	⑤	⑤	⑤	⑤	⑤
⑥	⑥	⑥	⑥	⑥	⑥
⑦	⑦	⑦	⑦	⑦	⑦
⑧	⑧	⑧	⑧	⑧	⑧
⑨	⑨	⑨	⑨	⑨	⑨
⓪	⓪	⓪	⓪	⓪	⓪

감독관 확인란

수험생 유의사항

- 반드시 컴퓨터용 사인펜을 사용하여 마킹합니다.
- 예비마킹 시 빨간색 사인펜을 사용합니다.
- 보기

바른 예 ●　　틀린 예 ⊙ ◑ ✓

01 ① ② ③ ④ ⑤	11 ① ② ③ ④ ⑤	21 ① ② ③ ④ ⑤	31 ① ② ③ ④ ⑤
02 ① ② ③ ④ ⑤	12 ① ② ③ ④ ⑤	22 ① ② ③ ④ ⑤	32 ① ② ③ ④ ⑤
03 ① ② ③ ④ ⑤	13 ① ② ③ ④ ⑤	23 ① ② ③ ④ ⑤	33 ① ② ③ ④ ⑤
04 ① ② ③ ④ ⑤	14 ① ② ③ ④ ⑤	24 ① ② ③ ④ ⑤	34 ① ② ③ ④ ⑤
05 ① ② ③ ④ ⑤	15 ① ② ③ ④ ⑤	25 ① ② ③ ④ ⑤	35 ① ② ③ ④ ⑤
06 ① ② ③ ④ ⑤	16 ① ② ③ ④ ⑤	26 ① ② ③ ④ ⑤	36 ① ② ③ ④ ⑤
07 ① ② ③ ④ ⑤	17 ① ② ③ ④ ⑤	27 ① ② ③ ④ ⑤	37 ① ② ③ ④ ⑤
08 ① ② ③ ④ ⑤	18 ① ② ③ ④ ⑤	28 ① ② ③ ④ ⑤	38 ① ② ③ ④ ⑤
09 ① ② ③ ④ ⑤	19 ① ② ③ ④ ⑤	29 ① ② ③ ④ ⑤	39 ① ② ③ ④ ⑤
10 ① ② ③ ④ ⑤	20 ① ② ③ ④ ⑤	30 ① ② ③ ④ ⑤	40 ① ② ③ ④ ⑤

고사장 고사실

성 명

※ 답안은 컴퓨터용 사인펜을 사용하여 표시하고, 예비답안 표시는 빨간색 사인펜만 사용 가능합니다.

CFP® 자격시험 OMR 답안지(사례형)

수험번호(7자리)						
①	①	①	①	①	①	①
②	②	②	②	②	②	②
③	③	③	③	③	③	③
④	④	④	④	④	④	④
⑤	⑤	⑤	⑤	⑤	⑤	⑤
⑥	⑥	⑥	⑥	⑥	⑥	⑥
⑦	⑦	⑦	⑦	⑦	⑦	⑦
⑧	⑧	⑧	⑧	⑧	⑧	⑧
⑨	⑨	⑨	⑨	⑨	⑨	⑨
⓪	⓪	⓪	⓪	⓪	⓪	⓪

교시
③
④

주민앞번호(6자리)					
①	①	①	①	①	①
②	②	②	②	②	②
③	③	③	③	③	③
④	④	④	④	④	④
⑤	⑤	⑤	⑤	⑤	⑤
⑥	⑥	⑥	⑥	⑥	⑥
⑦	⑦	⑦	⑦	⑦	⑦
⑧	⑧	⑧	⑧	⑧	⑧
⑨	⑨	⑨	⑨	⑨	⑨
⓪	⓪	⓪	⓪	⓪	⓪

감독관 확인란

수험생 유의사항

- 반드시 컴퓨터용 사인펜을 사용하여 마킹합니다.
- 예비마킹 시 빨간색 사인펜을 사용합니다.
- 보기

바른 예 ●　　틀린 예 ⊙ ◑ ✓

01 ① ② ③ ④ ⑤	11 ① ② ③ ④ ⑤	21 ① ② ③ ④ ⑤	31 ① ② ③ ④ ⑤
02 ① ② ③ ④ ⑤	12 ① ② ③ ④ ⑤	22 ① ② ③ ④ ⑤	32 ① ② ③ ④ ⑤
03 ① ② ③ ④ ⑤	13 ① ② ③ ④ ⑤	23 ① ② ③ ④ ⑤	33 ① ② ③ ④ ⑤
04 ① ② ③ ④ ⑤	14 ① ② ③ ④ ⑤	24 ① ② ③ ④ ⑤	34 ① ② ③ ④ ⑤
05 ① ② ③ ④ ⑤	15 ① ② ③ ④ ⑤	25 ① ② ③ ④ ⑤	35 ① ② ③ ④ ⑤
06 ① ② ③ ④ ⑤	16 ① ② ③ ④ ⑤	26 ① ② ③ ④ ⑤	36 ① ② ③ ④ ⑤
07 ① ② ③ ④ ⑤	17 ① ② ③ ④ ⑤	27 ① ② ③ ④ ⑤	37 ① ② ③ ④ ⑤
08 ① ② ③ ④ ⑤	18 ① ② ③ ④ ⑤	28 ① ② ③ ④ ⑤	38 ① ② ③ ④ ⑤
09 ① ② ③ ④ ⑤	19 ① ② ③ ④ ⑤	29 ① ② ③ ④ ⑤	39 ① ② ③ ④ ⑤
10 ① ② ③ ④ ⑤	20 ① ② ③ ④ ⑤	30 ① ② ③ ④ ⑤	40 ① ② ③ ④ ⑤

CFP®

실전모의고사 2회 지식형

1교시	재무설계 원론 / 위험관리와 보험설계 / 은퇴설계 / 부동산설계
2교시	투자설계 / 세금설계 / 상속설계

CFP® 실전모의고사 2회

지식형 1교시

수험번호		성명	

시험 유의사항

1. 수험표에 명시된 준비물을 꼭 지참하고, 특히 규정신분증 이외의 신분증 및 신분증을 지참하지 않을 경우 입실이 허용되지 않음
2. 시험 시작 후 1시간이 경과하기 전에는 퇴실할 수 없으며, 퇴실 시 반드시 문제지와 답안지를 제출해야 함
3. 응시자 이외의 사람은 시험장에 출입할 수 없으며 시험장 내 주차장이 협소하거나 주차장을 사용할 수 없는 고사장이 있으므로 대중교통을 이용하고, 만약 자가용 이용으로 발생되는 문제(주차 및 차량훼손 등)은 한국 FPSB가 책임지지 않음
4. 시험장 내 휴대전화, 무선기, 컴퓨터, 태블릿 PC 등 통신 장비를 휴대할 수 없으며 휴대가 금지된 물품을 휴대하고 있음이 발견되면 부정행위 처리기준에 따라 응시제한 1년 이상으로 징계됨
5. 답안 작성은 컴퓨터용 사인펜을 이용하고 예비답안 작성은 반드시 붉은 사인펜만을 이용해야 하며, 붉은 사인펜 이외의 필기도구(연필, 볼펜 등)를 사용하여 예비답안을 작성한 경우 이중 마킹으로 인식되어 채점되지 않음을 유의함
6. 답안은 매 문항마다 하나의 답안을 골라 그 숫자에 빈틈없이 표기해야 하며, 답안지는 훼손, 오염되거나 구겨지지 않도록 주의해야 함. 특히, 답안지 상단의 타이핑 마크를 절대로 훼손해서는 안 되며, 마킹을 잘못하거나(칸을 채우지 않거나 벗어나게 마킹하는 경우) 답안지 훼손에 의해서 발생되는 문제에 대한 모든 책임은 응시자에 귀속됨
7. 문제지와 답안지 작성을 제외한 모든 종류의 필사(본인 답안 필사 등)를 하는 행위 및 컨닝용 쪽지, 책자 또는 노트 등을 휴대하는 행위는 부정행위로 처리함
8. 시험 종료 안내는 종료 20분, 10분, 5분 전에 방송되며 시험시간 관리의 책임은 전적으로 수험생 본인에게 있으므로 종료 후 답안 작성으로 인하여 부정행위 처리되지 않도록 유의함
9. 시험장 내에선 금연이며 시험장의 시설물이 훼손되지 않도록 주의함
10. 유의사항 위반에 따른 모든 불이익은 응시자가 부담하고 부정행위 및 규정 위반자는 부정행위 세부처리기준에 준하여 처리됨

재무설계 원론

01 **재무설계 이론적 배경에 대한 설명으로 적절하지 않은 것은?**

① 재무설계에 대한 개인의 의사결정을 설명하는 이론에는 소비자선택이론과 기대효용이론 등이 있다.
② 전망이론에 따르면 투자에 대한 결정 등 위험성이 따르는 대안들에 대해 개인은 결코 합리적인 결정을 하지 않는다.
③ 생애주기별 재무관심사에서 지출 증가에 대비한 소비성향 관리가 필요한 시키는 가족성숙기 단계이다.
④ 항상소득가설과 생애주기가설은 생애 전체에 걸친 소득을 사용한다는 점에서 비슷하다.
⑤ 동일한 의사결정에 대한 사안이더라도 제시하는 방법에 따라 서로 다른 선택이 발생할 수 있다는 것은 프레이밍 효과에 대한 설명이다.

02 **재무설계사의 보수형태에 대한 적절한 설명으로 모두 묶인 것은?**

가. Commission－Only 재무설계사는 고객에게 재무설계를 제시할 때 보험이나 투자관련 금융상품 등 고객의 니즈에 부합하는 상품을 판매하는 조건으로 서비스를 제공한다.
나. Salary－Only 재무설계사는 회사에 소속되어 회사로부터 급여를 받는 것은 물론, 재무설계안의 작성이나 실행에 대한 개별적인 보수도 받는다.
다. 최근 우리나라에서는 Commission 위주였던 보수방식에서 고객과의 관계를 더욱 중요시하는 경향이 증가하면서 Fee를 받는 사례가 많아지고 있다.
라. 대형 금융회사의 직원 신분으로 회사의 재무설계 센터를 통해서 고객에게 재무설계 서비스를 제공하는 경우, 이 전문가들은 Salary－Only 재무설계사에 해당된다고 할 수 있다.
마. 고객의 이해를 최우선으로 하기에 적합한 보수체계는 Fee－Only이며, 고객 입장에서도 가장 수수료가 저렴한 보수체계이다.

① 가, 라, 마
② 나, 마
③ 가, 다, 라
④ 다, 마
⑤ 다, 라, 마

03 **재무설계 프로세스 1단계에 대한 설명으로 적절하지 않은 것은?**

① 본격적인 재무설계 업무를 시작하기 전에 업무수행 계약서를 작성하며, 업무영역이 허용된 범위일 경우 고객의 요구가 없더라도 수행할 수 있다.
② 고객에게 재무설계를 하게 될 경우 정보수집이 왜 중요하고, 어떻게 정보를 수집하며 또 어떤 서류를 재무설계사에게 제출하는지 자세히 설명한다.
③ CFP® 자격인증자가 고객에게 자신의 개인 프로파일을 소개하는 문서를 제시할 때, 보수방식이나 서비스 범위를 포함시킬 경우 반드시 고객의 동의를 받아야 한다.
④ 재무설계사는 고객에게 단기간 투자 상담을 해주고 투자 수익률에 초점을 맞추어 서비스하는 투자상담사와는 근본적인 차이가 있다.
⑤ 고객이 요청하는 업무를 수행하는 데 있어 영향을 미칠 만한 이해상충 가능 여부를 점검하고 그 사실을 고객에게 정확히 알려야 한다.

04 **재무설계 프로세스 5단계에 대한 설명과 그 내용이 올바르게 연결된 것은?**

가. 재무설계안 실행에 필요한 고객과 재무설계사 각각의 역할
나. 고객의 재무상태에 적합하고 고객의 목표, 니즈 및 우선순위를 합리적으로 충족시킬 수 있는 금융상품과 서비스 선별
다. 다른 전문가에게 의뢰할 경우 고객정보 공개의 허용범위
라. 실행 과정에서 준수해야 할 관련 법규에 관한 사항
마. 금융상품 및 서비스에 부과되는 비용
바. 다른 전문가가 선별한 재무설계안이 자신의 것과 다를 수 있음을 고객에게 밝히는 것

	실행과 관련하여 고객과 합의하여야 할 사항	실행 단계에서 재무설계사가 점검 및 고려할 사항
①	가, 다, 마	나, 라, 바
②	나, 다, 바	나, 마, 바
③	가, 다, 바	가, 라, 마
④	다, 라, 바	라, 마, 바
⑤	가, 라, 바	나, 다, 라

05 자산종류별 평가방법 및 기준에 대한 적절한 설명으로 모두 묶인 것은?

가. 거주 목적의 부동산은 감정평가액, 개별공시지가 또는 개별주택가격, 실거래가격
나. 상장주식은 고객 자산부채상태표 작성일 기준일 전후 2개월 평균 종가
다. 비상장주식은 거래가 또는 공정가치평가금액으로 평가한 금액
라. 연금계좌는 고객 자산부채상태표 작성일 기준일의 평가금액
마. 확정급여형(DB형) 퇴직연금은 작성일 당시에 퇴직한다고 가정 시 받을 수 있는 예상 퇴직급여

① 가, 다, 라
② 나, 다, 라
③ 가, 나, 마
④ 나, 라, 마
⑤ 가, 다, 라, 마

06 재무상태 분석의 의의와 필요성에 대한 설명으로 적절하지 않은 것은?

① 재무설계 프로세스 3단계는 개인재무제표를 이용하여 고객의 재무상태를 분석하고 평가하는 단계이다.
② 재무상태를 분석하고 평가해야 하는 이유는 현재 재무상태와 고객이 생각하고 이루고 싶은 재무목표의 차이를 파악하기 위함이다.
③ 재무상태를 분석하는 방법에는 절댓값 분석과 재무비율 분석이 있다.
④ 절댓값 분석은 우리나라 전체 평균 또는 고객과 유사한 특성을 갖는 가계들과 고객의 자산과 부채, 소득과 지출 항목을 분석하는 방법이다.
⑤ 재무비율 분석은 절댓값을 이용한 평가에 비해 개인 및 가계의 재무활동을 주관적으로 평가할 수 있다.

07 고객의 재무비율 분석에 대한 설명으로 적절하지 않은 것은?

① 소득의 경우 항목별로 정기적으로 반복되는 소득인지 여부를 파악해야 하고 기타유입이 있는 경우에는 해당 항목을 유입하게 된 이유를 파악한다.
② 소비생활과 관련한 소비생활부채상환지표는 총소득의 10% 이하가 바람직한 것으로 본다.
③ 거주주택을 마련하기 위한 거주주택부채상환지표는 총소득의 20% 이하, 거주주택을 마련하기 위하여 지게 된 거주주택마련 부채부담지표는 총자산의 40% 이하가 바람직한 것으로 본다.
④ 소비생활부채와 거주주택마련을 위한 부채 등 모든 부채를 합한 총부채부담지표는 총자산의 40% 이하가 바람직한 것으로 본다.
⑤ 고객 소유의 주택이 현재 5억원의 가치가 있고 그 주택의 담보대출이 2억원이라면 자산부채상태표 자산 부문에 5억원을 기재하고, 부채란에는 2억원을 기재한다.

08 나고객 씨는 매 반기 초 1,000천원씩 영구히 고아원에 기부하고자 한다. 향후 기부금은 세후투자수익률 연 4%로 운영한다고 가정했을 때, 나고객 씨가 현재 예치해야 하는 금액으로 적절한 것은?

① 3,809천원
② 3,884천원
③ 10,797천원
④ 50,495천원
⑤ 51,495천원

09 나고객 씨는 가나은행에서 주택담보대출을 통해 2억원의 대출을 받았다. 대출금리는 연 5.5% 월복리이며, 대출기간은 15년으로 3년간 거치하고, 이후 12년간 매월 말 원리금균등분할상환조건이다. 만약 나고객 씨가 대출을 받은 후 5년이 경과된 시점에 주택을 매도하면서 남은 대출잔액을 모두 상환한다면 5년차 말에 상환해야 할 상환금액은 얼마인지 가장 적절한 것을 고르시오. (중도상환 및 거치기간에 대한 수수료와 이자비용은 없다고 가정함)

① 54,118천원
② 132,243천원
③ 150,577천원
④ 175,104천원
⑤ 181,841천원

10 나고객 씨는 아래와 같은 조건으로 자동차 대출을 받아 상환하고 있다. 이 경우 자동차 대출의 최초원금으로 적절한 것은?

- 자동차 할부금 잔액 : 10,000천원
- 자동차 구입일 : 2022년 04월 30일
- 대출 조건 : 만기 36개월, 연 8.5% 월복리, 매월 말 원리금균등분할상환 방식
- 오늘은 2023년 04월 30일

① 3,619천원
② 6,944천원
③ 14,399천원
④ 15,399천원
⑤ 19,540천원

11 고객상황별 재무설계에 대한 설명으로 적절하지 않은 것은?

① 사회초년생은 재무목표나 재무상황이 비교적 단순하고, 재무관리에 대해 구체적으로 고민해 본 경험이 적기 때문에 재무설계사의 주도적 상담이 매우 중요하게 작용한다.
② 신혼부부의 재무적 관심사는 상황에 따라 다를 수 있지만 비슷한 생애주기를 겪는 이들의 일반적인 관심사는 비슷할 가능성이 높다.
③ 재무설계사는 신혼부부 재무설계 시 되도록이면 모든 상담과정에 부부가 함께 참여하고 정기적 부부대화를 통해 가정의 재무상황을 함께 상의하고 공유할 수 있도록 유도해야 한다.
④ 1인 가구란 1인이 독립적으로 취사, 취침 등 생계를 유지하고 있는 가구를 의미하므로 단독가구 및 독신가구와 동일한 개념이다.
⑤ 한부모가구 재무설계는 삶의 복지수준 저하를 최소화하는 데 초점을 두어야 한다.

12 채무자 구제제도에 대한 설명으로 적절하지 않은 것은?

① 개인회생은 모든 변제계획을 이행했을 때 나머지 채무에 대해서 면책 받을 수 있다.
② 재정적인 어려움으로 인하여 파탄에 직면하고 장래에 안정적인 수입이 없다면 개인회생과 파산면책제도를 이용할 수 있다.
③ 신청일로부터 6개월 이내 신규발생 채무가 잔여 총 채무액의 30% 이하인 자는 프리워크아웃을 신청할 수 있다.
④ 개인워크아웃과 프리워크아웃의 담보채무 감면은 연체이자만 가능하다.
⑤ 파산면책제도는 낭비 또는 사기행위 등으로 파산에 이른 경우 면책이 허가되지 않을 수 있다.

13 주택구입의 장 · 단점에 대한 설명으로 적절하지 않은 것은?

① 주택구입은 성취감을 주며, 주거이동과 관련하여 정서적 불안감을 해소하는 데 도움을 준다.
② 주택담보대출 이자에 대한 소득공제와 1세대 1주택에 대한 양도소득세 면제 등의 세제 혜택이 있다.
③ 보유주택 가격이 하락하면 자본손실이 발생할 수 있다.
④ 비용 및 시기의 측면에서 거주이전이 자유롭지 못하다.
⑤ 재무적 부담과 인플레이션 위험에 노출된다.

14 은퇴자금 마련 재무설계에 대한 설명으로 적절한 것은?

① 은퇴 생활기 중 가장 많은 생활자금이 필요한 시기는 간병기이다.
② 은퇴파산 리스크가 높아지는 시기는 활동기이다.
③ 은퇴 필요자금은 배우자의 사망 이후 남아 있는 배우자의 은퇴기간(종신)까지 함께 고려해야 한다.
④ 이미 은퇴를 맞이하였거나 은퇴가 임박한 고객들은 재무설계가 필요하지 않다.
⑤ 은퇴 후 생활비나 기타 필요자금이 부족하다면 보유하고 있는 보장성보험의 해지를 고려해야 한다.

15 고객과의 커뮤니케이션에 대한 설명으로 적절하지 않은 것은?

① 언어적 커뮤니케이션의 가장 기본은 대화이며 말하기와 듣기의 상호작용에 의해 이루어진다.
② 경청의 방해요인에는 심리적 요인과 신체적 요인이 있다.
③ 비언어적 커뮤니케이션의 유형에는 신체에 의한, 음성을 통한, 상징물에 의한, 공간을 통한 비언어적 표현이 있다.
④ 재무설계사의 언어적 표현과 비언어적 표현이 일치하지 않을 경우 고객은 재무설계사의 전문성이 떨어진다고 느낀다.
⑤ 경청은 단순히 듣는 것을 의미하며 소극적인 커뮤니케이션 행위이다.

16 다음 보기에서 설명하고 있는 고객에 대한 재무설계사의 의무로 적절한 것은?

> 재무설계사와 고객 사이의 이해상충의 가능성이 있는 모든 사항은 고객에게 사전에 통보하여야 한다.

① 고지의무
② 고지의무, 자문의무
③ 충실의무, 고지의무
④ 충실의무, 고지의무, 진단의무
⑤ 충실의무, 고지의무, 진단의무, 자문의무

17 윤리원칙에 대한 설명으로 적절하지 않은 것은?

① 객관성의 원칙 – 합리적이고 건실한 전문가로서의 분별력과 객관성을 바탕으로 건전한 판단을 하여야 한다.
② 비밀유지의 원칙 – 재산 보유 및 운용 상태를 비롯한 고객의 중요한 개인정보가 대외비로 취급되어 기밀이 유지된다는 믿음을 바탕으로 고객과의 신뢰관계가 형성될 수 있다.
③ 전문가정신의 원칙 – 자부심과 책임감을 가지고 전문가로서 모범이 되는 태도와 방법으로 업무를 수행하여야 한다.
④ 성실성의 원칙 – 자격인증자는 고객으로부터 믿음과 신뢰의 대상이 되어야 한다.
⑤ 공정성의 원칙 – 자신이 받기 원하는 것과 동일하게 다른 사람을 대우하는 것이다.

18 CFP® 자격인증자의 결격사유로 적절하지 않은 것은?

① 음주운전이나 마약물 사용 등의 혐의로 벌금형을 선고받은 경우
② 다른 전문 자격인증기관 등으로부터 징계처분을 받은 경우
③ 파산자로서 복권되지 아니한 자 또는 파한신청 후 3년이 지나지 아니한 경우
④ 금고 이상의 형의 집행유예를 선고받고 그 기간이 경과한 후 1년이 지나지 아니한 경우
⑤ 금고 이상의 형의 선고유예의 선고를 받고 그 유예기간 중에 있는 자

19 CFP® 자격표장 사용기준에 대한 적절한 설명으로 모두 묶인 것은?

가. 나고객, CFP™
나. 나고객, CFP®
다. 나고객, CERTIFIED FINANCIAL PLANNER™
라. 나고객, CERTIFIED FINANCIAL PLANNER®
마. 로고는 항상 아트워크 원본으로 복제하여야 하며 변형하거나 수정하여서는 안 된다.
바. 회원국 CFP® 자격인증자는 국제공인자격인증의 특성상, 별도의 인증절차 없이 대한민국 내에서 아무 제약 없이 CFP® 영업활동에 종사할 수 있다.

① 가, 다, 바
② 나, 다, 마
③ 가, 라, 바
④ 나, 라, 바
⑤ 나, 라, 마, 바

20 개업공인중개사의 금지행위에 대한 설명으로 적절하지 않은 것은?

① 중개대상물의 매매를 업으로 하는 행위
② 사례, 증여, 기타 어떠한 명목이든지 조례 등으로 정한 수수료와 실비의 한도를 초과하여 금품을 받는 행위
③ 중개의뢰인과 직접 거래하거나 거래 당사자 일방을 대리하는 행위
④ 탈세 목적의 부동산 매매를 중개하는 등 부동산투기 조장 행위
⑤ 중개대상물의 거래상 중요 사항에 대하여 거짓된 방법으로 중개의뢰인의 판단을 그르치게 하는 행위

위험관리와 보험설계

21 위험관리 프로세스에 대한 설명이 순서대로 올바르게 연결된 것은?

가. 고객의 현재 위험관리 상태의 강점과 약점을 평가하고 위험요소의 분석과 위험의 평가를 진행한다.
나. 위험에 맞는 보험상품을 설계할 때는 측정된 위험금액에서 기가입한 보험의 가입금액을 차감한 차액만큼 보험을 구입하면 된다.
다. 정보와 자료를 충분하게 수집하지 못한 경우에는 업무수행계약을 변경하거나 계약의 종료를 검토할 수 있다.
라. 재무설계사는 고객 니즈의 충족 가능성에 대해 결정하고 업무수행 범위를 상호 합의하여 문서로 작성한 후 양 당사자가 기명・날인한다.
마. 위험통제와 위험재무의 위험처리방법의 선택이 이루어진다.
바. 고객의 상황과 니즈가 변경되는 경우 재무설계사는 이미 수행한 위험관리 업무수행과정의 단계를 다시 시작할 수 있다.

① 다－라－가－나－마－바
② 다－라－가－마－나－바
③ 다－라－마－가－나－바
④ 라－다－가－나－마－바
⑤ 라－다－가－마－나－바

22 조기사망 니즈에 대한 적절한 설명으로만 모두 묶인 것은?

가. 부채 상환 종료 전 사망, 배우자의 연금수령기간 이후 생존, 개인적 목표는 가족니즈에 해당한다.
나. 개인적 목표란 주로 자선기부를 위한 목표를 의미한다.
다. 외벌이 부부의 경우 소득이 없는 배우자도 생명보험의 가입이 필요하다.
라. 최후 비용에는 의료비용과 장례비용, 법정비용, 회계비용, 감정비용 및 피상속인의 부채 잔액 등이 포함된다.

① 가　　② 가, 나
③ 가, 나, 다　　④ 나, 다, 라
⑤ 모두 옳다.

23 조기사망위험의 평가 방법에 대한 설명으로 적절하지 않은 것은?

① 미국의 휴푸너(Hubner)박사가 개발한 생애가치 개념을 활용한 것으로 생애가치법은 가장의 미래소득의 현재가치라고 정의할 수 있다.
② 생애가치법은 사망 시 상실수익액의 계산 방법과 동일한 논리적 근거를 갖고 있어 현실 적응력이 있다.
③ 국민연금의 유족연금과 같은 다른 수입원을 고려하는 것은 생애가치법과 니즈분석법의 공통점이다.
④ 계산이 단순하며 이해하기 쉽고, 상속할 재산을 마련할 수 있는 것은 자본보유방법의 장점이다.
⑤ 가족니즈에는 일시적 자금니즈와 계속적 수입니즈가 구분되는데, 사후정리자금, 결혼자금, 부채상환자금, 비상예비자금은 일시적 자금니즈에 해당한다.

24 배상책임위험의 분류에 대한 적절한 설명으로만 모두 묶인 것은?

가. 배상책임자는 자신의 고의 또는 과실이 있는 행위에 대해서만 책임을 지며, 타인의 행위에 대해서는 책임을 지지 않는다.
나. 가해자의 고의 또는 과실에 의한 행위, 가해자의 책임능력, 가해행위의 위법성, 가해행위에 의한 손해발생은 일반배상책임의 성립요건이다.
다. 민법에 규정된 특수불법행위에서 피용자 자신은 일반불법행위책임을, 사용자는 사용자배상책임을 지게 되며 사용자 또는 감독자가 배상을 한 때에는 피용자에 대하여 구상권을 행사할 수 있다.
라. 보험업법에 따르면 보험사의 임직원이 보험모집과 관련하여 보험계약자에게 손해를 가한 경우 보험사업자는 무과실 책임을 진다.
마. 특수불법행위는 타인의 행위나 일반적인 과실요건과는 달리 사람 또는 물건의 감독이나 관리의 소홀로 인하여 발생한 손해에 대한 책임을 지게 된다.

① 가
② 가, 나
③ 가 , 나, 다
④ 가, 나 , 다, 라
⑤ 가, 나, 다, 라, 마

25 국민건강보험의 보험료와 보험급여의 종류에 대한 설명으로 적절하지 않은 것은?

① 보수월액에 산정에 포함된 보수를 제외한 직장가입자의 소득이 연간 2,000만원을 초과하는 직장가입자는 소득월액 보험료 부과대상자가 되며 직장가입자 본인이 부담한다.
② 지역가입자의 건강보험료는 가입자의 소득, 재산(전월세 포함), 자동차, 생활수준 및 경제활동 참가율을 참작하여 정한 부과요소별 점수를 합산한 보험료 부과점수에 점수당 금액을 곱하여 보험료를 산정한다.
③ 보험급여는 현물급여와 현금급여로 구분되는데 건강검진, 요양비, 장애인보장구, 본인부담액 상한제, 임신・출산 진료비는 현금급여에 해당한다.
④ 부득이한 사유가 있을 경우 요양급여의 보완적 역할로서 예외적으로 현금급여를 인정하고 있다.
⑤ 입원 시 총 진료비의 20%가 가입자의 본인부담금이며 외래 시 가입자 본인부담금은 병원의 규모에 따라 차등 적용된다.

26 산업재해보상보험의 특징에 대한 설명으로 적절하지 않은 것은?

① 업무상 재해를 입은 재해근로자에 대하여 무과실책임주의에 입각하여 사업주의 보상책임을 담보하여 주는 사업주 책임보험이다.
② 업무수행 과정에서 코로나바이러스감염증 감염자의 접촉으로 감염된 경우 업무상 재해로 인정받을 수 있다.
③ 보험관계 성립 등 제반 행정이 자신신고 및 보험료의 자진납부를 원칙으로 한다.
④ 현금급여로만 제공된다는 점에서 국민연금과 동일한 보험급여 체계를 가지고 있다.
⑤ 행정행위에 의한 재량 또는 담당자의 자의에 좌우되지 않은 공정한 보상이 이루어진다.

27 고용보험에 대한 설명으로 적절하지 않은 것은?

① 근로자를 사용하는 모든 사업 또는 사업장에 적용된다.
② 고용보험은 고용안정・직업능력개발사업, 실업급여, 육아휴직급여 및 출산전후휴가급여로 구성되어 있다.
③ 65세 이후에 고용되거나 자영업을 개시한 자는 고용보험 제외 대상에 포함된다.
④ 구직급여 산정의 기초가 되는 임금일액은 수급자격의 인정과 관련된 마지막 이직 당시 근로기준법에 따라 산정된 통상임금액으로 한다.
⑤ 구직급여를 받는 기간을 국민연금 가입기간으로 추가 산입하려는 수급자격자에게 국민연금보험료의 25%를 지원해 준다.

28 정기보험에 대한 적절한 설명으로만 모두 묶인 것은?

가. 정기보험의 대부분은 평준보험료로 설계되며, 평준보험료의 보험료는 보험기간이 길어질수록 높아지게 된다.
나. 체감정기보험은 보험기간 동안 납입보험료는 동일하지만 보험기간의 경과에 따라 사망보험금이 감소한다.
다. 주택담보대출상환보험은 주로 특정 상품의 주계약으로, 보험계약은 대출과는 독립적이다.
라. 갱신정기보험은 피보험자의 연령에 따른 인상을 제외하고는 위험도 증가를 이유로 보험료를 인상할 수 없다.
마. 전환정기보험은 적격 피보험체 여부에 대한 증명 없이 정기보험을 종신보험으로 전환할 수 있지만 피보험자의 연령 및 위험도 증가를 이유로 보험료가 인상될 수 있다.

① 가, 나, 라
② 가, 라, 마
③ 나, 라, 마
④ 가, 나, 다, 마
⑤ 가, 다, 라, 마

29 종신보험에 대한 설명으로 적절한 것은?

① 전기납 종신보험은 단기납 종신보험에 비해 준비금 적립 속도는 느리지만, 반대로 보장부분이 많다는 것을 의미한다.
② 보험료 수정 종신보험의 최종보험료는 평준보험료가 적용되어 더 이상 상승은 없고, 최종보험료 도달 1~2년 전에 구입하는 전기납 종신보험의 보험료와 동일하다.
③ 계단식 보험료 종신보험의 최종보험료는 최종보험료에 도달하는 시기에 전기납 종신보험을 구입하는 경우의 보험료보다 약간 저렴하다.
④ 하이브리드 종신보험은 배당금을 이용하여 보험료를 저렴하게 만든 종신보험으로 기본보장금액이 보험가입금액보다 높아 동일한 보험가입금액의 일반 종신보험보다 비싸다.
⑤ 단기납 종신보험의 보험료는 전통적 종신보험의 보험료에 비해 저렴하다.

30 상해보험에 대한 설명으로 적절하지 않은 것은?

① 상해보험은 우연성, 급격성, 외래성 이외에도 사고와 신체손상과의 인과관계가 있어야 한다.
② 상해보험은 보험기간에 따라 일반상해보험과 장기상해보험으로 구분한다.
③ 해외여행보험, 운전자보험, 실손의료비보험은 장기상해보험에 해당한다.
④ 생명보험회사의 상해보험은 주보험계약에 재해사망이나 질병사망을 동시에 보장한다.
⑤ 생명보험사의 단체보험은 장기인 데 반해 손해보험사의 단체상해보험은 단기, 즉 일반적으로 1년이라는 특징이 있다.

31 질병보험(CI보험)의 장 · 단점에 대한 설명으로 적절하지 않은 것은?

① CI보험은 라이프사이클 변화에 따른 다양한 고객의 니즈를 연금전환기능으로 충족시켜줄 수 있다.
② 손해보험사의 CI보험은 다양한 특약을 활용하여 종합보장 설계를 할 수 있는 장점이 있다.
③ CI보험은 중대한 질병 등에 대한 고액보장을 미리 받을 수 있다는 장점이 있지만, 보장 범위는 건강보험과 실손의료보험에 비해 훨씬 제한적이다.
④ 경제적 손실이 큰 CI에 대해서 보장하는 장점이 있지만 실손의료보험과 상호 보완적인 역할을 수행할 수 없다는 단점도 존재한다.
⑤ CI보험금의 보험금은 중대한 질병이나 수술 등 발생 시 사망보험금의 일부(50~80%)를 사망 전에 선지급받을 수 있다.

32 나고객 씨가 가입한 실손의료보험에서 지급하는 입원의료비 보험금으로 적절한 것은?

[선택형 실손의료보험 질병 입원 · 통원형 가입]
• 급여는 90%, 비급여는 80% 보장
• 약관상 보장하는 질병으로 총 10일간 입원치료
• 입원기간 중 10일 중 5일간은 기준병실, 5일간은 1인실 사용하여 병실차액 80만원이 발생
• 병실차액을 포함한 본인부담 총액은 170만원

① 96만원
② 112만원
③ 121만원
④ 136만원
⑤ 152만원

33 손해보험의 정의 및 특징에 대한 설명으로 적절하지 않은 것은?

① 우연한 사고로 인하여 생기는 손해에 대해서 일정한 금액을 정액으로 지급한다.
② 손해보험은 사고 발생 여부, 시기, 원인, 범위가 모두 우연한 것이어야 하는 데 비해, 인보험은 이 중 어느 하나 이상만 우연한 것이면 우연한 사고가 될 수 있다.
③ 인보험은 보험의 목적이 사람의 생명 또는 신체인 보험인 반면, 손해보험은 보험의 목적이 재산인 보험을 말한다.
④ 피보험이익이란 피보험자가 갖고 있는 재산에 아직 사고가 발생하지 아니함으로써 누리고 있는 금전적 이익을 의미한다.
⑤ 인보험도 보험사고로 피보험자가 입게 되는 손해를 보상하는 보험인 점에서 손해보험과 같이 피보험이익이 존재한다.

34 화재보험의 특징에 대한 설명으로 적절한 것은?

① 화재보험료는 화재보험가액에 해당 화재보험요율을 곱하여 산출한다.
② 형식적으로 화재사고만을 담보하는 보험종목이지만, 실질적으로는 열거담보방식에 의하여 보험 목적에 관한 모든 우연한 사고를 담보하는 보험 종목이다.
③ 다수의 물건을 보험에 가입하는 경우에는 열거담보방식과 포괄담보방식이 있으며 실무에서는 포괄담보방식이 주로 사용되어지고 있다.
④ 1보험당 보험가입금액이 20억원 이상의 계약인 경우 할증요율을 적용한다.
⑤ 보험의 목적 또는 보험의 목적이 들어있는 건물을 계속하여 15일 이상 비워두거나 휴업하는 때에는 지체 없이 서면으로 회사에 알리고 보험증권에 확인을 받아야 한다.

35 재산보험금 지급방식에 대한 적절한 설명으로만 모두 묶인 것은?

가. 재산보험금 지급방식은 일반물건(재고자산 제외) 및 주택화재와 공장물건 및 재고자산 모두 동일하다.
나. 주택 및 일반물건(재고자산 제외)은 보험가입금액이 보험가액의 80% 이상인 경우 보험가액을 한도로 손해액 전부를 보상한다.
다. 공장물건 및 재고자산의 경우 보험가입금액과 보험가액의 비율에 따라 비례보상한다.
라. 잔존물제거비용의 보험금은 실제의 잔존물 제거비용을 재산보험금 계산방법에 따라 지급하되 재산손해액의 10%를 초과할 수 없으며 보험가입금액 한도로 보상된다.
마. 재산보험금과 잔존물제거비용의 합계액은 보험가입금액을 한도로 지급한다.

① 가
② 가, 나
③ 가, 나, 다
④ 나, 다, 라
⑤ 다, 라, 마

36 배상책임보험과 그에 대한 설명이 올바르게 연결된 것은?

가. 시설에 기인된 사고와 일반업무에 기인된 사고로 배상책임을 담보하는 보험을 말한다.
나. 보험계약자의 의사와는 관계 없이 법률규정에 의하여 가입이 강제되는 보험이다.
다. 주택의 소유·사용·관리에 따른 위험과 일상생활에 따르는 위험을 담보하는 보험을 말한다.
라. 회사가 현재 가입되어 있는 영업배상책임보험, 자동차보험 및 산재보험 등 각종 배상책임보험계약을 전제조건으로 하여 각종 배상책임위험을 하나의 보험계약으로 일정 한도까지 담보하는 배상책임보험을 말한다.
마. 개인이나 기업 단체가 수행하는 모든 사무형태의 사무활동에 따르는 위험을 담보대상으로 하고 있다.

① 가 – 영업배상책임보험
② 나 – 일반배상책임보험
③ 다 – 개인배상책임보험
④ 라 – 영업배상책임보험
⑤ 마 – 포괄배상책임보험

37 가족운전한정특약에서 담보하는 운전자의 범위로만 모두 묶인 것은?

가. 기명피보험자의 부모, 양부모, 계부모
나. 기명피보험자의 사실혼 관계에 있는 배우자
다. 사실혼 관계에서 태어난 기명피보험자의 자녀 및 계자녀
라. 기명피보험자의 사위
마. 기명피보험자의 배우자의 계부모

① 가
② 가, 나
③ 가, 나, 다, 마
④ 가, 다, 라, 마
⑤ 가, 나, 다, 라, 마

38 공시이율형 보험에 대한 설명으로 적절하지 않은 것은?

① 공시이율형 보험은 주식시장의 상승과 하락에 직접적인 영향을 받는다.
② 공시이율형 보험은 저축보험의 부리이율을 공시이율로 적용하는 보험상품이다.
③ 공시이율은 보험개발원의 공시기준이율에서 각 보험사가 조정률을 가감하여 결정한다.
④ 공시기준이율은 객관적인 외부지표금리를 가중평균하여 산출한다.
⑤ 공시이율은 주식시장의 상승으로 인한 혜택을 받지 못한다.

39 변액보험에 대한 적절한 설명으로만 모두 묶인 것은?

가. 계약자가 납입한 제1회 보험료의 경우 보험계약이 청약철회기간이 지난 후 승낙되었다면 승낙일의 다음 날 일반계정에서 특별계정으로 이체된다.
나. 투자실적에 상관없이 사망보험금은 가입금액이 최저보증된다.
다. 해지환급금은 투자실적에 따라 매일 변동되며, 투자실적이 나쁠 경우에는 원금손실이 발생할 수 있다.
라. 펀드를 자유롭게 선택할 수 있지만 펀드 선택에 따른 적립금 이동 시 세금이 부과된다.
마. 일반적으로 전통형 종신보험이나 변액유니버설보험 보다 보험료가 비싼 편이다.

① 가, 나
② 나, 다
③ 다, 라
④ 라, 마
⑤ 다, 라, 마

40 변액유니버설보험에 대한 설명으로 적절하지 않은 것은?

① 계약 당시 정해지는 의무납입기간이 지나면 보험료의 납입이 자유롭다.
② 적립금이 사망과 사업비를 충당할 수 있을 정도로 충분히 있을 경우 보험료 납입을 중단할 수 있다.
③ 적립금이 충분할 경우 보험계약대출을 통해 이자 부담 없이 자금을 활용할 수 있다.
④ 주식편입비율은 대체로 보장형보다 적립형 펀드가 더 높다.
⑤ 계약자가 납입한 보험료 100%가 펀드에 투자되어 운영되지 않는다.

41 투자실적형 연금보험에 대한 설명으로 적절하지 않은 것은?

① 투자성과가 좋을 경우 높은 연금액을, 투자성과가 나쁠 경우 금리형 연금보다 낮은 연금액을 받을 수 있다.
② 변액연금보험은 변액유니버설보험만큼 유연하지는 않지만 중도인출, 추가납입, 보험료납입 일시 중단 기능 등을 갖추고 있다.
③ 자산연계형 연금보험은 채권금리연계형, 주가지수연동형, 금리스왑연계형 등의 형태로 판매된다.
④ 변액연금보험은 연금소득 확보를 위해 최저적립금보증(GMAB) 기능이 있다.
⑤ 자산연계형 연금보험은 금리형 연금보험보다 안정적으로 수익으로 연금을 확보하고자 하는 가입자에게 적합하다.

42 다음 보기를 참고하여 사망 시 유동자산의 평가에서 유동자산의 분류가 올바르게 연결된 것은?

가. 결제용 계좌
나. 자동차
다. 부동산
라. 미술품이나 골동품 등의 수집품
마. 상속받게 될 자산
바. 개인연금

	유동자산으로 분류될 수도, 되지 않을 수도 있는 자산	유동자산이나 비유동자산 어느 쪽으로도 분류할 수 없는 자산
①	가, 다, 마	나, 라, 바
②	나, 다, 라	가, 마, 바
③	나, 다, 바	가, 라, 마
④	다, 라, 바	가, 나, 마
⑤	가, 라, 바	나, 다, 라

43 생명보험 상품 선택 시 고려사항으로만 모두 묶인 것은?

가. 나이가 어린 경우 보험료 측면에서 정기보험이 종신보험보다 유리하다.
나. 모든 생명보험 상품은 연령이 높아질수록 보험료가 비싸진다.
다. 생명보험을 높은 수익의 투자상품으로 인식하기보다는 고객이 필요로 하는 보장을 충족시키기 위한 보험상품 선택에 관심을 가져야 한다.
라. 고객이 특정한 생명보험에 가입할 수 있는 적격 피보험체임이 확인된 경우라 하더라도 다른 생명보험에도 가입할 수 있는 적격 피보험체라고 볼 수는 없다.
마. 보험상품의 결정은 고객의 개인적인 상황에 따른 것이지, 생명보험의 다양성 확보가 목적이 되어서는 안 된다.

① 가, 나
② 나, 다
③ 다, 라
④ 가, 마
⑤ 나, 다, 마

44 손해보험상품 선택 시 고려사항으로 적절한 것은?

① 사망, 재해, 질병의 보장을 위주로 구성된 보험은 보장성 보험이며 대체로 보장성 보험의 환급금이 저축성 보험의 환급금보다 많다.
② 보험은 상품별로 보험기간과 보험료기간이 동일하다.
③ 만기환급금은 보험료 납입기간이 종료되는 시점에 지급받는다.
④ 해지환급금은 보험계약자가 납입하는 보험료 중 위험보험료와 저축보험료 부분에 의해 발생된다.
⑤ 보험상품은 부분적으로 보장의 기능과 저축의 기능을 동시에 가지고 있다.

45 실손의료보험 가입 전 점검사항으로 적절하지 않은 것은?

① 일반적으로 해외 소재 병원에서 발생한 의료비 및 해외에서 발생한 질병에 대한 치료비는 보상하지 않는다.
② 실손의료비보험은 표준화되어 있지만 회사별로 보험료 수준은 다를 수 있다.
③ 실손의료비보험은 피보험자의 연령 증가, 의료수 상승, 손해율 변동에 따라 보험료가 인상될 수 있다.
④ 갱신주기가 3년인 상품의 경우에는 갱신주기가 1년인 상품보다 보험료 인상의 변동 폭이 더 클 수 있다.
⑤ 단체실손보험과 개인 실손의료비보험을 중복 가입한 경우에는 비례보상한다.

은퇴설계

46 프리드먼의 항상소득가설에 대한 적절한 설명으로만 모두 묶인 것은?

가. 프리드먼의 항상소득가설은 실제소득을 항상소득과 임시소득으로 나누고, 실제소비를 항상소비와 임시소비로 나누어 설명한다.
나. 경기가 좋은 경우 추가적인 임시소득의 증가로 저축을 하게 되지만 반대로 경기가 좋지 않은 경우 사람들은 소비를 줄인다.
다. 항상소득과 임시소득에 영향을 주는 것은 경기변동이다.
라. 사람들은 소득이 많을 때나 적을 때나 일정한 소비수준을 유지하길 원하며 소비는 항상소득에 의해 결정된다.
마. 은퇴자들이 은퇴 이후 소득수준이 감소하였음에도 은퇴 이전의 소비지출 수준을 유지하기 위해 노력하는 현상을 설명한다.

① 가, 나, 마
② 가, 다, 라
③ 가, 라, 마
④ 나, 다, 라
⑤ 나, 라, 마

47 은퇴설계 프로세스 6단계를 순서대로 올바르게 나열한 것은?

가. 은퇴자산 마련을 위한 투자계획을 수립한다.
나. 재무설계사는 고객과 전문가 단체를 연결시키면서 실행의 관리자로 남게 된다.
다. 고객에게 은퇴설계의 중요성과 은퇴설계 6단계 프로세스의 기본 내용에 대해서 충분히 설명한다.
라. 은퇴설계 관련 정보수집을 위해 은퇴설계 질문표를 작성한다.
마. 은퇴설계 정보요약표를 이용하여 은퇴소득목표를 위해 추가적인 저축이 필요한지 여부를 결정한다.
바. 실행성과에 대한 측정을 하며 경우에 따라서 은퇴설계 제안서의 내용을 수정한다.

① 다－라－마－나－가－바
② 다－라－마－가－나－바
③ 바－라－마－가－나－다
④ 바－라－마－나－가－다
⑤ 바－마－라－나－가－다

48 워크시트 접근법에 대한 설명이 순서대로 올바르게 나열된 것은?

가. 은퇴 시 추가적으로 필요한 은퇴일시금을 구한다.
나. 은퇴필요소득 부족액을 은퇴시점에서의 일시금으로 계산한다.
다. 추가적으로 필요한 은퇴일시금을 마련하기 위한 연간 저축액을 결정한다.
라. 은퇴 후 필요한 연간소득에서 국민연금 등 공적연금을 차감하여 연간 은퇴소득 부족액을 계산한다.
마. 은퇴시점에서 자산의 순미래가치를 계산한다.
바. 은퇴시점에서 자산의 미래가치를 계산한다.

① 다－라－마－나－가－바
② 다－라－마－가－나－바
③ 바－라－마－가－나－다
④ 바－라－마－나－가－다
⑤ 바－마－라－나－가－다

49 RM포트폴리오의 2원칙 3가정에 대한 설명으로 적절하지 않은 것은?

① 제1원칙 : 고객의 위험수용성향과 자산배분은 은퇴시점을 기준으로 한다.
② 제2원칙 : 은퇴시점의 고객의 위험수용성향은 매우 안정형, 안정형 또는 중립형이다.
③ 제1가정 : 은퇴자산 중 부동산에 대한 바람직한 비중은 60%이다.
④ 제2가정 : 전체 금융자산 중 주식형 자산의 비중은 매우 안정형, 중립형, 공격형, 매우공격형에 대해 각각 0%, 20%, 40%, 60%, 80%이다.
⑤ 제3가정 : 은퇴시점의 현금성자산과 채권형자산의 비중은 각각 50%이다.

50 투자의 성과측정 지표에 대한 설명으로 적절하지 않은 것은?

① 알파(젠센척도)가 양의 값을 가질 경우 기대수익보다 높은 수익을 달성한 것을 의미한다.
② 베타는 시장의 변화에 따른 수익률 변화의 민감도를 나타내며 베타가 1보다 큰 경우 수익률이 시장변화에 민감하게 반응한다.
③ 결정계수가 클수록 자산의 움직임이 시장수익률의 움직임으로 설명되는 부분이 크다는 의미이다.
④ 트레이너척도는 위험조정수익률을 측정하는 척도이며 위험의 척도로 표준편차를 사용한다.
⑤ 샤프척도가 높을수록 위험당 실현된 위험프리미엄이 크다는 것을 의미한다.

51 은퇴소득에 대한 설명으로 적절하지 않은 것은?

① 적정 은퇴소득 수준을 산출하기 위해 소득대체율을 활용하는 것이 일반적이다.
② 은퇴기간은 은퇴시점으로부터 예상 기대여명을 의미하며, 최근에는 은퇴기간을 최빈사망연령으로 적용하기도 한다.
③ 은퇴 이후 소득의 유형은 근로소득, 연금소득, 자산소득, 이전소득, 기타소득으로 구분한다.
④ 은퇴라이프스타일에 따라 기본생활비, 표준생활비, 유락생활비로 구분하며 약간의 여유가 있는 월평균생활비는 표준생활비이다.
⑤ 은퇴소득 중 실물자산을 연금화시키는 방법으로 주택연금과 농지연금이 있으며 주택연금과 농지연금을 신청하기 위한 연령은 소유자 기준으로 만 60세 이상이어야 한다.

52 은퇴소득 확보방안에 대한 적절한 설명으로만 모두 묶인 것은?

가. 공적연금과 퇴직연금, 개인연금의 경우 물가상승률을 반영하여 연금액을 조정할 수 있다.
나. 은퇴 후 소득은 연금형태로 준비하는 것이 바람직하다.
다. 변액연금보험은 45세 이후부터 연금개시 나이를 선택할 수 있어 조기은퇴 시 은퇴소득을 확보할 수 있다.
라. 즉시연금은 목돈을 금융회사에 맡기고 일정 시점부터 매달 연금으로 수령 가능하며 확정연금형과 종신연금형 중 선택이 가능하다.
마. 농지연금의 경우 국민연금 등 공적연금을 수령하고 있는 경우에는 신청이 불가능하다.

① 가, 나, 마
② 가, 다, 라
③ 가, 라, 마
④ 나, 다, 라
⑤ 나, 라, 마

53 다음은 국민연금에 대한 설명이다. 적절하지 않은 것은?

① 국민연금 가입자는 가입이 강제되는 의무가입자와 본인의 신청에 의해 가입하는 임의가입자로 나뉜다.
② 연금보험료율은 사업장 가입자의 경우 본인과 회사가 각각 반반씩 부담하지만 지역가입자의 경우 본인이 연금보험료를 전부 부담한다.
③ 연금보험료는 월납이 원칙이며, 현금이 아닌 직불카드 또는 신용카드로 납부할 수 없다.
④ 국민연금 가입자 중 50세 이상 가입자는 5년 범위 내에서 국민연금 보험료 선납이 가능하다.
⑤ 해당 연도에 연금보험료를 납부한 이력이 있는 가입자로서 종합소득이 있는 자는 가입자 본인이 부담한 연금보험료 100%를 소득공제받는다.

54 국민연금보험료에 대한 설명으로 적절하지 않은 것은?

① 국민연금보험료는 가입자의 기준소득월액에 연금보험료율 9%를 곱해서 산정한다.
② 반환일시금을 반납하고 다시 가입자 자격을 취득한 경우 지급받은 반환일시금 전부 또는 일부에 대해 그에 상응하는 가입기간을 복원해 주며 현재의 소득대체율이 적용된다.
③ 10인 미만 고용사업장의 근로자가 일정 요건을 모두 충족하는 경우 국가로부터 사용자와 가입자가 부담하는 각각의 연금보험료 중 40~90% 범위 내에서 지원받을 수 있다.
④ 농어업에 종사하는 지역가입자 및 지역임의가입자는 연금보험료를 국가에서 지원받을 수 있다.
⑤ 국민연금 가입자 중 구직급여를 수급하는 자가 실업크레딧을 신청하면 퇴직 전 평균임금의 50%에 해당하는 연금보험료의 75%를 지원받을 수 있다.

55 국민연금 노령연금에 대한 설명으로 적절하지 않은 것은?

① 가입기간별로 지급되는 기본연금액은 가입기간 20년을 기준으로 산출한 연금액에 20년 초과 또는 미달 가입기간 1년당 5%씩 가감된다.
② 조기노령연금은 가입기간이 10년 이상인 가입자가 소득이 있는 업무에 종사하지 않을 경우에 '연금수령개시연령 −5년'부터 연금을 지급받을 수 있다.
③ 연금지급연기를 신청할 경우 기본연금액을 전국소비자물가상승률로 조정한 금액에 연기되는 매 1개월 마다 그 금액의 0.6%를 더한 금액을 지급하며 만 65세 이후에는 연금지급연기를 신청할 수 없다.
④ 분할연금은 수급권이 발생한 때부터 5년 이내에, 이혼한 날로부터 3년 이내에 신청도 가능하다.
⑤ 노령연금 수급권자가 65세 이전에 소득이 있는 업무에 종사할 경우, 노령연금의 일부 금액을 감액하고 부양가족 연금액은 지급하지 않는다.

56 국민연금의 유족연금에 대한 적절한 설명으로만 모두 묶인 것은?

가. 유족연금은 가입기간의 1/3 이상 납부하거나 최근 5년간 3년 이상 국민연금을 납부한 경우, 가입기간이 10년 미만 가입자 또는 가입자였던자가 사망하는 경우에도 지급된다.
나. 국민연금법상 유족의 범위는 민법의 법정상속 순위와 동일하다.
다. 유족연금액은 기본연금액에 가입기간에 따른 지급률을 곱한 금액과 부양가족연금액을 더하여 지급한다.
라. 가입기간이 20년 이상인 경우 기본연금액 60%+부양가족연금액이 유족연금으로 지급된다.
마. 유족연금의 수급권자가 배우자인 경우 수급권이 발생한 때부터 3년 동안 유족연금을 지급한 후 65세까지 지급을 중지한다.

① 가, 나, 마 ② 가, 다, 라
③ 가, 라, 마 ④ 나, 다, 라
⑤ 나, 라, 마

57 국민연금 반환일시금에 대한 설명으로 적절 하지 않은 것은?

① 반환일시금은 가입기간이 10년 미만인 자가 65세가 된 때 반환일시금 수급권이 발생한다.
② 반환일시금은 연금보험료를 납부한 날의 다음 달부터 반환일시금 수급권이 발생한 날까지의 기간에 대해 3년 만기 정기예금이자율로 산정한 이자를 더한 금액을 지급받는다.
③ 반환일시금의 소멸시효는 수급권 발생일로부터 10년이다.
④ 반환일시금 반납은 지급받은 반환일시금과 1년 만기 정기예금이자율을 적용한 경과이자를 가산하여 반납해야 반납금에 해당하는 기입기간을 복원할 수 있다.
⑤ 임의가입자와 임의계속가입자의 경우에도 반환일시금을 반납할 수 있다.

58 국민연금 연계급여의 종류와 연계연금 수급요건에 대한 설명으로 적절하지 않은 것은?

① 연계급여는 선택사항이며, 연금을 받기 위해서는 연계기간이 10년(군인연금 20년) 이상이어야 한다.
② 퇴직일시금을 미수령한 직역연금 가입자가 국민연금으로 연계신청하고자 할 때는 퇴직급여수급권이 소멸하기 전에 연계신청을 해야 한다.
③ 연계노령연금 가입기간이 1년 이상~10년 미만인 경우 기본연금×(가입기간 / 20)+부양가족연금액을 급여로 지급한다.
④ 연계신청자의 국민연금 임의가입기간과 출산 및 군복무 크레딧 기간은 대상에서 제외된다.
⑤ 연계신청자의 국민연금 임의가입기간과 출산 및 군복무 크레딧 기간은 대상에서 제외된다.

59 퇴직연금제도에 대한 적절한 설명으로만 모두 묶인 것은?

가. 퇴직연금제도는 하나의 사업장에 DB형 및 DC형 퇴직연금 중 하나를 설정하거나 복수로 설정할 수 있다.
나. 퇴직연금제도를 도입하기 위해서는 근로자대표의 동의가 있어야 하고 근로자의 과반수가 가입한 노동조합이 없는 경우에는 퇴직연금제도를 도입할 수 없다.
다. 원칙적으로 퇴직연금 급여를 받을 권리는 양도 또는 담보제공할 수 없으나, 예외적으로 담보제공 또는 인출이 허용된다.
라. 퇴직연금의 연금개시연령은 55세 이후이다.
마. 특별한 사정이 있는 경우 사용자, 가입자 및 퇴직연금 사업자 간의 협의에 따라 지급기일을 연장할 수 있다.

① 가 ② 나, 다
③ 가, 나, 다 ④ 가, 라, 마
⑤ 나, 다, 마

60 개인형 퇴직연금에 대한 적절한 설명으로만 모두 묶인 것은?

가. 계약내용이나 운용방법은 DC형 퇴직연금과 동일하며, 가입자 자신의 운용방법을 선택하고 투자상품을 선정하여 운영한다.
나. 상시 10인 미만의 근로자를 두는 사업장에서는 기업형 IRP를 도입할 수 있다.
다. 추가형 IRP의 연간 납입한도는 없다.
라. 퇴직일시금을 지급받은 자가 IRP에 퇴직급여를 운용하기 위해서는 퇴직급여를 지급받은 날로부터 60일 이내에 퇴직일시금 전액을 납부해야 한다.
마. 이연퇴직소득이 이전된 IRP는 55세 이전에 일부 해지가 불가능하다.

① 가, 나, 마 ② 가, 다, 라
③ 가, 라, 마 ④ 나, 다, 라
⑤ 나, 라, 마

61 **세제비적격연금에 대한 설명으로 적절하지 않은 것은?**

① 확정기간연금은 연금지급기간 종료 후 생존 시 재무적 위험에 노출될 위험이 있다.
② 연금보험은 적립금 운용에 따른 투자위험을 가입자가 부담한다.
③ 변액연금의 최저적립금보증옵션(GMAB)은 특별계정의 성과와 관계없이 납입된 원금을 보증한다.
④ 일반계정에서 연금적립금을 운용하는 경우 안정적인 연금을 지급받을 수 있고 특별계정에서 운용하는 경우 투자성과에 따라 연금액이 증가하거나 반대로 투자위험에 노출되어 연금적립금 가치가 감소할 수 있다.
⑤ 자산연계형 연금의 경우 투자성과가 저조하면 공시이율형 연금보다 낮은 수익을 얻는다.

62 **다음은 변액연금의 연금지급보증옵션에 대한 설명이다. 바르게 연결된 것을 고르시오.**

가. 연금개시 이후 특별계정 투자성과에 관계없이 일정 수준의 연금지급을 보증한다.
나. 특별계정의 운용성과가 최저보증연금 지급을 위한 수익률보다 높은 경우 연금지급액이 최저연금보증금액보다 많아진다.
다. 보증하는 연금액은 납입된 원금 또는 Step-up, Roll-up, 또는 Ratchet 방식에 따라서 보증된 연금적립금의 일정 비율로 산정된다.

	가	나	다
①	종신연금보증 (GLWB)	최저인출보증 (GMWB)	최저수입보증 (GMIB)
②	최저인출보증 (GMWB)	종신연금보증 (GLWB)	최저수입보증 (GMIB)
③	최저인출보증 (GMWB)	최저수입보증 (GMIB)	종신연금보증 (GLWB)
④	최저수입보증 (GMIB)	최저인출보증 (GMWB)	종신연금보증 (GLWB)
⑤	최저수입보증 (GMIB)	종신연금보증 (GLWB)	최저인출보증 (GMWB)

63 **연금계좌에 대한 적절한 설명으로만 모두 묶인 것은?**

가. 현재 도입되어 시행 중인 연금계좌에는 세제적격연금과 세제비적격연금이 있다.
나. 연금저축계좌는 거주자라면 소득활동 여부나 나이 제한 없이 가입할 수 있다.
다. 연금저축신탁, 연금저축펀드의 연금수령 방법에는 확정형과 상속형이 있다.
라. 연금계좌는 납입액에 대한 세액공제, 적립금 운용수익에 대한 과세이연, 인출 시 과세를 하는 EET(Exemption-Exemption-Taxation) 방식을 채택하고 있다.
마. 퇴직연금계좌는 확정기여형(DC)형 퇴직연금과 개인형 퇴직연금(IRP) 및 과학기술공제연금을 말한다.

① 가, 나, 마 ② 가, 다, 라
③ 가, 라, 마 ④ 나, 다, 라
⑤ 나, 라, 마

64 **연금저축계좌의 적립금 운용방법에 대한 설명으로 적절한 것은?**

① 연금계좌는 하나의 유형을 선택해야 하며 여러 유형의 연금계좌를 선택하여 납입・운용하는 것은 불가능하다.
② 퇴직연금계좌는 위험자산에 대한 투자는 적립금의 70% 이내로 제한된다.
③ 위험수용성향이 적극적투자성향이라면 연금저축펀드 또는 퇴직연금계좌의 원리금 보장 운영방법의 비중을 높인다.
④ 연금개시 전 다른 연금계좌로 이체되는 경우 이체에 따른 세제상 불이익을 고려해야 한다.
⑤ 연금계좌 전액 이체 시 연금계좌 가입일은 이체받은 연금계좌 기준으로 적용한다.

65 **연금계좌 운용 및 인출단계 세제에 대한 설명 중 적절하지 않은 것은?**

① 연금계좌에서 연금수령 시 소득원천별로 연금소득세, 이연퇴직소득세 또는 기타소득세가 과세된다.
② 연금계좌 적립금 운용에 따른 투자수익에 대한 소득세는 운용기간 중에 과세하지 않고, 그 적립금을 인출할 때 소득원천별로 과세한다.
③ 연금계좌에서 연금으로 수령 시 이연퇴직소득세의 30%가 감액된다.
④ 연금외 수령 시 연금계좌 적립금 운용수익에 대해서 15%의 기타소득세가 과세된다.
⑤ 연금계좌 인출 시 과세제외금액이 먼저 인출되기 때문에 과세제외금액이 전부 인출되는 기간만큼 추가적인 소득세인 이연효과가 발생한다.

66 **연금계좌 활용에 대한 적절한 설명으로만 모두 묶인 것은?**

가. 퇴직급여를 은퇴소득원으로 활용하기 위해서 인출 시까지 별도의 금융상품에 투자하거나 연금계좌에 납입하여 운용하는 방법을 선택할 수 있다.
나. IRP로 이전하여 운용하는 방법의 과세이연 효과는 퇴직급여액이 많을수록, 투자기간과 연금수령기간이 길수록 커진다.
다. 퇴직연금계좌 DC형과 IRP 그리고 연금저축펀드는 위험자산에 대한 투자한도의 제한이 없다.
라. 연금계좌 납입액 중 세액공제를 받지 않은 금액은 해당 과세연도 이후에는 세액공제 신청이 불가능하다.
마. ISA 만기금의 전부를 연금계좌로 이전하면 이전금액의 10%(300만원) 한도로 세액공제 추가 적용이 가능하다.

① 가, 나, 마
② 가, 다, 라
③ 가, 라, 마
④ 나, 다, 라
⑤ 나, 라, 마

67 **은퇴자산 인출모델에 대한 설명으로 적절하지 않은 것은?**

① 일정 기간 동안 주식과 채권 등 금융자산의 평균수익률을 이용하여 인출금액을 산출하는 모델은 과거 수익률을 활용한 모델이다.
② 난수(Random Number)를 통계적으로 가장 최적의 결과값을 얻기 위해 난수(Random number)를 여러 번 반복하여 목푯값의 확률분포를 알아내는 방법은 몬테카를로 시뮬레이션을 활용한 모델의 특징이다.
③ 지속 가능한 인출률을 활용한 모델에서 인출률은 은퇴자산에서 소비지출을 위해 사용하고자 하는 금액의 비율을 뜻하며, 최초 설정된 상승률과 당해 수익률에 의해 매년 동일한 값을 가지게 된다.
④ 최대안전인출률을 활용한 모델은 이론적으로 예측하기 어려운 요인들 때문에 현실적으로 가능하지 않다.
⑤ 현금흐름적립을 활용한 모델은 원금의 손실을 꺼려하는 심리를 반영한 인출전략으로서, 현금흐름적립전략과 현금흐름평준화전략으로 구분할 수 있다.

68 **은퇴 후 자산관리에 대한 설명으로 적절하지 않은 것은?**

① 일반적으로 은퇴소득 수준은 은퇴 직전 소득의 60%는 되어야 최소한의 생활을 유지할 수 있다.
② 은퇴 후 적정 소비지출수준을 파악하기 위해 은퇴 전/후 소비지출비목 분석은 반드시 필요하다.
③ 은퇴 후 연금성 자산을 보유한 경우에는 탄력적으로 수익률 변동 위험을 줄이면서 안정적인 수익을 올리는 자산배분전략을 전개할 수 있다.
④ 나이를 고려한 은퇴 후 자산관리 기법에는 '100에서 자신의 나이를 빼는 투자법'이 있지만 자기 과신으로 인해 재무의사결정에 오류가 발생할 수 있다는 단점이 존재한다.
⑤ 개인의 위험수용성향은 단기적으로 쉽게 변하지 않기 때문에 주로 10년 또는 15년 주기형을 사용하며, 10년 주기형을 사용한다고 해서 10년마다 위험수용성향을 반드시 바꿔야 하는 것은 아니다.

69 **은퇴자산 인출전략 수립에 대한 설명으로 적절하지 않은 것은?**

① 은퇴자산 인출전략 수립과정은 '현재 재무상태 평가 → 은퇴자산포트폴리오 평가 → 지속 가능한 인출률 산정 → 인출전략 결정 및 조정' 순으로 이루어진다.
② 평균수익률을 이용하는 방법은 매년 동일한 수익률을 낼 수 있어야 하고 물가상승률도 고정되어야 하는 등 가정의 한계가 있다.
③ 포트폴리오의 주식비중이 높아질수록 어느 시점까지는 최대인출률이 커지다가 일정 수준 이상이 되면 위험이 더 커지게 되어 다시 우하향하는 역 U자형 그래프가 그려진다.
④ 은퇴자산이 고갈되지 않을 가능성은 높으면서 가장 높은 수준의 인출률을 선택하는 것이 포트폴리오의 변동성 위험을 반영하는 것이므로 바람직하다.
⑤ 우리나라와 같이 주식시장 수익률의 편차가 심한 경우 여러 기간의 수익률과 표준편차를 이용하는 것이 좋다.

70 **사내근로복지지금에 대한 설명으로 적절하지 않은 것은?**

① 사내복지기금 제도를 통해 기업은 다양화 · 고도화되어 가는 근로복지 수요에 능동적으로 대처할 수 있다.
② 회사가 재정적으로 어려워지더라도 사내근로복지기금을 통해 지속적으로 복리후생 혜택을 받을 수 있다.
③ 기금의 설립은 법적 의무사항이며, 사업주가 임의적으로 설립할 수 없다.
④ 사업주가 사내근로복지기금에 출연한 경우 출연금 전액을 손비로 인정한다.
⑤ 사내근로복지기금은 업무수행상 필요한 경우를 제외하고는 부동산을 소유할 수 없다.

부동산설계

71 **부동산 현상과 활동에 대한 설명으로 가장 적절하지 않은 것은?**

① 부동산 현상이란 관찰할 수 있는 부동산의 모든 관련 사실에 대한 법칙성을 말한다.
② 부동산의 매매현상 · 평가현상 · 권리분석현상 · 관리현상 · 중개현상 · 입지현상 · 이용현상 · 개발현상 등은 부동산 활동에 의해 형성된다.
③ 부동산 활동은 공익 부동산 활동과 사익 부동산 활동으로 구분되는데, 정부기관의 부동산 소유활동과 거래활동이 포함되는 것은 공익 부동산 활동이다.
④ 부동산업은 부동산 임대 및 공급업과 부동산 관리업으로 구분한다.
⑤ 부동산 활동의 주체는 민간부문, 공공부문, 제3섹터부분으로 구분할 수 있다.

72 **다음 중 시장분석의 절차가 순서대로 나열된 것은?**

① 수요분석 – 공급분석 – 시장확정 – 생산성분석 – 균형분석 – 판매율분석
② 시장확정 – 수요분석 – 공급분석 – 균형분석 – 생산성분석 – 판매율분석
③ 시장확정 – 생산성분석 – 수요분석 – 공급분석 – 균형분석 – 판매율분석
④ 생산성분석 – 수요분석 – 공급분석 – 균형분석 – 시장확정 – 판매율분석
⑤ 생산성분석 – 시장확정 – 수요분석 – 공급분석 – 균형분석 – 판매율분석

73 **상업용부동산 시장분석에 대한 설명으로 적절하지 않은 것은?**

① 슈퍼마켓, 일용품 등의 소매점으로서 당해 용도 바닥면적 1,000m² 미만인 경우 제1종 근린생활시설에 포함된다.
② 상권의 범위는 점포의 크기, 인구나 교통체계 등 지역 요인의 변화, 시간의 경과에 따라서 유동적이며 가변적이다.
③ 레일리의 소매인력법칙에 의하면 두 도시의 상권이 미치는 범위는 두 도시의 크기(인구)에 비례하며, 거리의 제곱에 반비례한다.
④ 상업용부동산의 상권은 고객의 비중에 따라 1차상권, 2차상권, 3차상권으로 구분되며 2차상권의 규모는 경쟁이 되는 유사 소매용 부동산의 존재 여부에 따라 영향을 받는다.
⑤ 분할시장접근법은 상권의 중첩을 인정하고 확률적으로 상권을 확보하는 방법이다.

74 **부동산의 시장가치와 투자가치에 대한 설명으로 적절하지 않은 것은?**

① 시장가치란 특정 부동산의 특정 권익에 대해 성립될 가능성이 가장 높은 가액으로 객관적인 가치를 의미한다.
② 시장가치를 산정하는 방법으로는 비용접근법, 시장접근법, 수익접근법이 사용된다.
③ 투자가치는 투자자가 대상부동산에 부여하는 가치로서 객관적이며, 투자가치를 산정하기에 앞서 부동산 투자분석이 필수적으로 요구된다.
④ 투자는 미래에 실현될 수익을 얻기 위하여 현재의 자본을 지출하는 것을 의미한다.
⑤ 투자가치의 산정방법은 할인현금흐름분석법을 이용한다.

75 **부동산 시장가치 분석 중 직접환원법에 대한 설명으로 적절하지 않은 것은?**

① 수익이 영구적으로 발생한다는 전제하에 장래 예상되는 초년도 순영업수익(NOI)을 종합환원율(환원이율)로 환원하여 수익가치를 산정한다.
② 순영업수익은 일정 기간 동안 계속적, 규칙적으로 발생하는 소득으로 누구에게나 적용될 수 있는 객관적 소득이어야 한다.
③ 투자결합법은 보유기간 동안 예상되는 소득수익을 제외한 부동산의 가치 상승과 하락, 지분형성분을 고려한다.
④ 엘우드법은 부동산 보유 기간 동안 예상되는 소득수익과 가치의 상승, 하락, 지분형성분을 모두 반영하여 산정한다.
⑤ 조성법은 개별적인 위험에 따라 위험할증률을 고려하여 종합환원율을 산정하지만 평가자의 주관이 지나치게 개입될 가능성이 높다.

76 **부동산 투자수익의 예측에 대한 설명이다. 가장 적절하지 않은 것은?**

① 투자수익의 예측은 장래에 일어날 수 있는 일에 대한 결론을 도출해내고, 영향을 주고받는 요인 사이의 관계를 확인하는 작업이다.
② 부동산시장에서는 초과수요와 초과공급을 반복하는 거미집 효과가 빈번히 발생하여 투자자는 더 많은 위험을 부담하게 된다.
③ 부동산의 고유 특징 중 하나인 고정성으로 인해 지역분석이 요구되며, 개별성으로 인해 개별분석이 요구된다.
④ 종합수익률은 투자된 모든 자본에 대한 수익률로 기간 중 현금흐름의 변화와 기간 말 현금흐름의 변화를 모두 고려한다.
⑤ 종합환원율이 여러 기간의 다양한 세전 또는 세후현금흐름을 대상으로 수익률을 산정하는 반면, 종합수익률은 한 기간의 순영업수익을 대상으로 수익률을 산정한다.

77 투자위험분석방법에 대한 설명으로 가장 적절하지 않은 것은?

① 수익요소분석법은 위험의 대략적인 파악에 좋다.
② 민감도 분석의 장점은 단일 가정요소를 조정함에 따라 결괏값의 차이를 구분하여 산정할 수 있다는 점이다.
③ 시나리오분석법은 복수의 가정이 동시에 변동하는 방식으로, 개별 가정요소뿐만 아니라 여러 가정요소를 시나리오별로 다르게 조정하여 적용한다.
④ 변동계수는 상대적인 분산의 척도로 변동계수가 낮은 자산보다 변동계수가 큰 자산을 선택하는 것이 합리적이다.
⑤ 부동산 보유기간 말에 발생하는 자본수익에 의해 IRR이 형성되는 비중이 클수록 투자자가 직면하는 위험도 커진다.

78 부동산가치를 산정하는 방법에 대한 설명으로 가장 적절하지 않은 것은?

① 토지가치는 시장접근법 측면에서 공시지가기준법, 거래사례비교법, 할당법으로 산정이 가능하다.
② 공제법은 유사획지 위에 세워진 복합부동산의 전체 가치에서 건물가치를 공제하여 토지의 가치를 산정하는 방식이다.
③ 일정 기간 임대 후 매각이 가능한 경우에는 할인현금흐름분석법으로 대상토지의 가치를 산정한다.
④ 건물가치는 비용접근법 측면의 원가법을 중심으로 산정한다.
⑤ 비용접근법 측면에서 대상건물의 가치는 단위비교법을 이용하여 재조달원가를 산정한 후 감가누계액을 합산하여 건물의 가치를 산정한다.

79 부동산 담보금융에 대한 적절한 설명으로 짝지어진 것은?

가. 담보대출인정비율은 담보력에 기초한 대출능력을 보는 지표로 총투자금액 또는 감정평가액에 대한 대출금의 비율을 의미한다.
나. 부채감당률은 사업자의 대출금 변제능력을 보는 지표로 0을 초과하는 것이 바람직하다.
다. 일정 기간 이자만 납입하므로 대출 초기 자금 부담이 완화되는 대출금상환방식은 만기일시상환방식이다.
라. 차입자의 대출상환 능력을 고려하여 예정된 증가율에 의해 기간별로 상환하는 방식은 점증상환대출방식이다.
마. 약정기간 동안의 전체 상환액은 원금균등분할상환보다 원리금균등분할상환이 더 많지만 초기 비용 부담은 원금균등분할상환이 더 많다.

① 가
② 나, 다
③ 가, 나, 다
④ 가, 라, 마
⑤ 나, 다, 마

80 다음 정보를 참고하여 자기자본 환원율과 레버리지효과 여부로 적절한 것은?

• 종합환원률 : 14%
• 대출환원율 : 10%
• 부채비율 : 40%

① 자기자본환원율 9.8%로 부의 레버리지효과가 발생한다.
② 자기자본환원율 16.67%로 정의 레버리지효과가 발생한다.
③ 자기자본환원율 16.67%로 부의 레버리지효과가 발생한다.
④ 자기자본환원율 26%로 정의 레버리지효과가 발생한다.
⑤ 자기자본환원율 26%로 부의 레버리지효과가 발생한다.

81 은퇴 이후 주거부동산 활용방법 중 주택연금에 대한 설명으로 적절하지 않은 것은?

① 주택연금 대상 주택의 재산세는 25% 감면된다.
② 주택연금으로 발생하는 이자비용은 연금소득공제 대상이다.
③ 주택연금 이용 도중 이사는 불가능하다.
④ 담보주택에 대출이 있는 경우 주택연금을 받을 수 없다.
⑤ 주택 소유자 또는 배우자 중 한사람이 만 55세 이상이어야 한다.

82 주택재건축 · 재개발사업의 추진절차에 대한 설명으로 적절하지 않은 것은?

① 조합을 설립하고자 하는 경우 정비구역지정고시 후 위원장을 포함한 5인 이상의 위원 및 토지 등 소유자의 과반수의 동의를 얻어 조합설립추진위원회를 구성하여 시장 · 군수의 승인을 얻어야 한다.
② 주택재건축사업에 동의하지 않은 자에 대해서는 매도청구를 할 수 있다.
③ 재개발조합설립인가 시 토지 등 소유자 및 토지면적의 2분의 1 이상의 동의를 얻어 시장 · 군수의 인가를 받아야 한다.
④ 조합설립인가를 받은 후 조합 총회에서 국토교통부장관이 정하는 경쟁 입찰 방법으로 시공자를 선정하여야 한다.
⑤ 과밀억제권역에서 투기과열지구에 위치하지 아니한 주택재건축사업의 경우 3주택 이하로 공급할 수 있다.

83 상권분석에 대한 설명으로 적절하지 않은 것은?

① 상권분석에서 상권이란 공간적, 시간적 범위뿐만 아니라 고객층의 두께도 감안한 상태에서 기대할 수 있는 매출 규모의 범위를 의미한다.
② 상권은 매출구성비 중 의존도가 높은 정도에 따라 1차, 2차, 3차 상권 등으로 구분한다.
③ 2차 상권은 상권 내 소비수요의 10% 이상을 흡수하고 있는 지역이다.
④ 집심형 점포는 지역, 지구, 중심지에 입지해야 유리하며 백화점 및 고급음식점이 대표적인 집심형 점포이다.
⑤ 집재형 점포는 집객효과를 얻을 수 있는 핵시설을 중심으로 모여야 유리한 점포유형이다.

84 농지의 취득 및 이용에 대한 설명으로 적절한 것은?

① 농지를 소유한 자가 해당 농지를 정당한 사유 없이 농업경영에 이용하지 않을 경우 농업경영에 이용하지 않는 시점부터 3년 이내에 처분해야 한다.
② 농지전용허가를 받은 사람은 농지를 소유한 후 농지취득자격증명을 발급받을 수 있다.
③ 도시민이 영농 목적으로 농지를 취득하기 위해서는 농업인의 자격과 농지취득자격증명을 발급받아야 한다.
④ 농지전용을 통해 건축허가를 받기 위해서는 토지 경계와 최소 3m 이상의 농지 진입로가 확보되어야 한다.
⑤ 농지원부 작성 시점은 농지를 취득 또는 임차한 후 농업경영을 계획하고 있는 시점이다.

85 경매절차에 대한 설명으로 적절하지 않은 것은?

① 경매는 기일입찰과 기간입찰, 호가경매방식으로 구분되며 입찰기일을 확인해서 그 기간 내 입찰표를 작성하는 방식은 기간입찰방식이다.
② 입찰가액은 법원이 공고한 최저입찰가액 이상이어야 하며 입찰보증금은 원칙적으로 최저가액의 10%이다.
③ 매각허가 여부 결정선고에 불복하는 사람은 7일 이내에 즉시항고를 할 수 있으며 대금의 1/10에 해당하는 금액을 공탁해야 한다.
④ 매각허가결정이 선고된 후 10일 내에 이해관계인의 즉시항고가 없으면 매각허가결정이 확정된다.
⑤ 매수인이 대금을 완납하면 등기 없이도 부동산의 소유권을 취득할 수 있다.

86 투자자가 특정 대상에 투자하기 전에 요구하는 최소 수익률을 의미하는 요구수익률에 대한 적절한 설명으로만 모두 묶인 것은?

가. 위험할증률의 대상이 되는 위험은 체계적 위험이다.
나. 고객의 위험수용성향은 단순한 위험에 대한 재무적 위험수용능력과는 구별된다.
다. 투자대안의 선택에서 필요한 요구수익률을 설정할 경우 다른 투자자의 요구수익률을 이용해서는 안 된다.
라. 무위험자산의 수익률은 절대적 위험과 파산위험이 없는 상태를 말한다.
마. 위험수용능력은 보유자산의 규모보다는 투자자의 심리적 요인에 크게 좌우된다.

① 가, 나, 마
② 가, 다, 라
③ 가, 라, 마
④ 나, 다, 라
⑤ 나, 라, 마

87 부동산 투자환경분석에 대한 설명으로 적절하지 않은 것은?

① 부동산 시장자료는 크게 거시자료와 미시자료로 나눌 수 있으며, 경기종합지수, 지가변동률, 주택가격지수는 거시자료에 해당한다.
② 부동산 공부 중 토지이용계획확인서와 지적도 및 임야도에는 토지의 소유자에 대한 정보가 등록되어 있지 않다.
③ 부동산의 가치는 수요와 공급에 의해 좌우된다.
④ 공급량 결정 시 우선적으로 임대료와 공실률을 고려해야 하며, 부동산 조세와 토지이용계획규제는 공급에 지대한 영향을 미친다.
⑤ 재개발, 재건축 관련 규제의 완화 또는 강화는 정부의 부동산 정책 중 간접개입에 해당된다.

88 투자가치 평가와 관련된 설명으로 적절하지 않은 것은?

① 수익용부동산은 지속적으로 수익이 창출되는 부동산이므로 수익환원법이 적합하다.
② 투자분석은 일정 투자기간 전체의 손익을 구하는 것이 목적이다.
③ 수익환원법은 환원방법에 따라 직접환원법과 할인현금흐름분석법(DCF분석법)으로 구분된다.
④ 투자대상부동산의 가치평가에서 DCF분석법을 적용하기 위해서는 통상 3~5년간의 현금수지를 분석하는 것이 일반적이다.
⑤ 부동산 투자수지는 현재 및 미래의 운용성과에 대한 기록이며, 대표적인 투자수지에는 종합수익률이 있다.

89 **부동산설계 시 포트폴리오 구성에 대한 설명으로 적절하지 않은 것은?**

① 부동산 투자자들이 포트폴리오 이론에 부합되는 투자형태를 보이지 않고 있는 결정적인 이유는 투자 관련 수익률과 위험에 관한 자료가 빈약하기 때문이다.
② 많은 주택소유자는 대부분의 부를 주택에 투자하고 있는데, 포트폴리오 구성에 있어 그들은 최적의 의사결정을 한 것으로 볼 수 없다.
③ 특정 지역의 임대부동산에 집중적으로 투자하는 투자자는 지리적 분산을 고려하지 않는다.
④ 거시경제사항, 인구통계, 부동산시장 전망 등을 고려하여 포트폴리오를 구성하는 것은 Top－down 접근 방식이다.
⑤ 개별 부동산에 관한 현장 정보를 모아 포트폴리오에 넣어야 할 부동산을 선택하는 방법은 Bottom－Up 접근 방식이다.

90 **부동산 개발전략에 대한 설명으로 적절하지 않은 것은?**

① 부동산 개발이란 부동산의 현재 상태를 변화시키는 물리적 작업을 의미한다.
② 사업 초기 단계인 기획 단계에 검토한 사업타당성분석 결과 및 위험관리방안에 따라 사업의 성패가 좌우된다.
③ 부지상황의 적절성, 사업추진시기의 적절성, 사업추진상의 기술상 문제점은 사업타당성분석 대상 중 물리적 · 기술적 부문에 해당한다.
④ 시공사를 선정하는 방법에는 전통적인 경쟁입찰방식이 있으나 발주는 경쟁입찰방식에 의하지 않고 계약자를 선정할 수 있다.
⑤ 개발사업의 마케팅은 개발공간의 임대, 매도 등으로 구분하며, 쇼핑센터 및 대규모 사무실의 경우 임차인의 확보가 중요하다.

MEMO

CFP® 실전모의고사 2회

지식형 2교시

수험번호		성명	

시험 유의사항

1. 수험표에 명시된 준비물을 꼭 지참하고, 특히 규정신분증 이외의 신분증 및 신분증을 지참하지 않을 경우 입실이 허용되지 않음
2. 시험 시작 후 1시간이 경과하기 전에는 퇴실할 수 없으며, 퇴실 시 반드시 문제지와 답안지를 제출해야 함
3. 응시자 이외의 사람은 시험장에 출입할 수 없으며 시험장 내 주차장이 협소하거나 주차장을 사용할 수 없는 고사장이 있으므로 대중교통을 이용하고, 만약 자가용 이용으로 발생되는 문제(주차 및 차량훼손 등)은 한국FPSB가 책임지지 않음
4. 시험장 내 휴대전화, 무선기, 컴퓨터, 태블릿 PC 등 통신 장비를 휴대할 수 없으며 휴대가 금지된 물품을 휴대하고 있음이 발견되면 부정행위 처리기준에 따라 응시제한 1년 이상으로 징계됨
5. 답안 작성은 컴퓨터용 사인펜을 이용하고 예비답안 작성은 반드시 붉은 사인펜만을 이용해야 하며, 붉은 사인펜 이외의 필기도구(연필, 볼펜 등)를 사용하여 예비답안을 작성한 경우 이중 마킹으로 인식되어 채점되지 않음을 유의함
6. 답안은 매 문항마다 하나의 답안을 골라 그 숫자에 빈틈없이 표기해야 하며, 답안지는 훼손, 오염되거나 구겨지지 않도록 주의해야 함. 특히, 답안지 상단의 타이핑 마크를 절대로 훼손해서는 안 되며, 마킹을 잘못하거나(칸을 채우지 않거나 벗어나게 마킹하는 경우) 답안지 훼손에 의해서 발생되는 문제에 대한 모든 책임은 응시자에 귀속됨
7. 문제지와 답안지 작성을 제외한 모든 종류의 필사(본인 답안 필사 등)를 하는 행위 및 컨닝용 쪽지, 책자 또는 노트 등을 휴대하는 행위는 부정행위로 처리함
8. 시험 종료 안내는 종료 20분, 10분, 5분 전에 방송되며 시험시간 관리의 책임은 전적으로 수험생 본인에게 있으므로 종료 후 답안 작성으로 인하여 부정행위 처리되지 않도록 유의함
9. 시험장 내에선 금연이며 시험장의 시설물이 훼손되지 않도록 주의함
10. 유의사항 위반에 따른 모든 불이익은 응시자가 부담하고 부정행위 및 규정 위반자는 부정행위 세부처리기준에 준하여 처리됨

투자설계

01 투자지침서 작성 시 고려사항으로 적절하지 않은 것은?

① 선택한 투자전문가를 평가하고 관리하는 기준을 제시한다.
② 투자지침서에는 자산배분에 대한 사항이 포함된다.
③ 고객의 성향에 맞는 투자전문가를 선택할 수 있는 기준을 제시한다.
④ 투자지침서는 이상적으로 명확하게 장기적인 관점에서 작성되어야 한다.
⑤ 개인적, 법률적 사항에 대한 투자 제약조건을 포함한다.

02 투자설계 프로세스 6단계 모니터링에 대한 설명으로 적절하지 않은 것은?

① 투자성과 평가 시 기대수익률 이하라고 해서 1년도 안 된 투자 포트폴리오를 구성을 대폭 수정하는 것은 곤란하다.
② 만일 고객의 상황에 맞는 상품이 새로이 나타났다면 기존 상품을 축소하고 새로운 상품으로의 이전을 고려해야 한다.
③ 포트폴리오 리밸런싱이란 상황변화가 있을 경우 원래대로 투자비율을 환원시키는 방법이다.
④ 포트폴리오 업그레이딩은 포트폴리오의 위험을 감소시키거나 기대수익률을 증가시키기 위하여 행하는 포트폴리오 수정을 말한다.
⑤ 포트폴리오 리밸런싱은 원래 의도하였던 수준의 비체계적 위험을 다시 회복할 수 있어 가격변동에 따른 자본이득을 충실하게 실현할 수 있도록 해주는 장점이 있다.

03 이자율 변동요인 분석에 대한 설명으로 적절하지 않은 것은?

① 우리나라 경기순환과 이자율순환을 비교해보면, 이자율은 경기가 수축국면으로 전환된 직후에는 더욱 상승하는 경향이 있으며 경기가 본격적인 회복국면으로 진입한 후에야 비로소 하락하는 경향이 나타나고 있다.
② 일반적으로 통화공급의 증가가 이자율에 영향을 미치는 경로는 유동성효과, 피셔효과, 소득효과 등의 세 가지가 있다.
③ 우리나라의 통화증가율과 회사채수익률의 관계를 실증적으로 살펴보면 통화증가율이 상승할 때 유동성효과가 미미하게 나타나는 반면 물가와의 장기관계는 비교적 강하게 나타나고 있다.
④ 원화의 가치하락은 이자율의 상승요인으로 작용하며, 중장기적으로 원화의 가치하락은 경상수지를 개선시켜 이자율을 하락시키는 효과도 있다.
⑤ 자본시장 개방으로 단기투기성 국제자금의 유출입도 크게 증가하고 있는 것으로 보여 자본자유화는 국내이자율의 변동성을 크게 하는 요인으로 작용할 수도 있다.

04 환율결정이론 중 '구매력평가설'에 대한 적절한 내용으로 모두 묶인 것은?

가. 자본수지에 초점을 맞추어 균형 환율을 설명하는 이론이다.
나. 많은 무역장벽이 있고 높은 거래비용이 존재한다는 문제점을 가지고 있다.
다. 무역장벽이 높고 거래비용이 많은 개발도상국들 사이에서 장기적으로 잘 적용된다.
라. 경제에 충격이 있을 때 시간이 지남에 따라 균형 수준으로 수렴해 가는 현상을 의미한다.
마. 자산시장에 비하여 상품시장의 조정속도가 느려서 장기 균형환율의 변동 경로에서 이탈하는 현상이다.

① 가, 다
② 나
③ 가, 나
④ 나, 다
⑤ 가, 나, 라, 마

05 경기동향 판단 및 예측방법에 대한 적절한 설명으로만 모두 묶인 것은?

가. 개별경제지표
나. 기업경기실사지수(BSI)
다. 경기종합지수(CI)
라. 거시계량경제모형

A. 경제이론을 바탕으로 현실경제를 다수의 방정식으로 축약시킨 것으로 '설정 → 추정 → 모의실험'의 과정을 거쳐 작성된다.
B. 경제주체들의 경기에 대한 판단, 전망 및 계획 등이 국민경제에 중대한 영향을 미친다는 경험적인 사실에 바탕을 두고 전반적인 경기동향을 파악하는 방법이다.
C. 전체 경기의 움직임을 포괄적으로 파악하기 어려울 뿐만 아니라 개인의 주관에 치우지기 쉽다는 단점이 있다.
D. 경기대응성이 저하될 가능성이 크므로 적절한 시기에 구성지표나 합성방법 등의 변경을 통해 경기지표를 개편해야 한다.

① 가−C, 나−B, 다−D, 라−A
② 가−C, 나−D, 다−B, 라−A
③ 가−A, 나−B, 다−C, 라−D
④ 가−D, 나−B, 다−C, 라−A
⑤ 가−D, 나−A, 다−C, 라−B

06 포트폴리오의 기대수익률이 10%, 표준편차 5%일 경우, 68.26%인 범위, 95.45%인 범위, 향후 수익률 0% 이하일 확률, 향후 수익률이 20% 이상일 확률로 적절하게 묶인 것은? (단, 확률분포는 왜도는 0, 첨도는 3이라고 가정함)

	68.26% 범위	95.45% 범위	0% 이하일 확률	20% 이상일 확률
①	+5∼+15%	+0∼+20%	2.275%	2.275%
②	+0∼+20%	−5∼+25%	2.275%	2.275%
③	+5∼+15%	+0∼+20%	15.87%	15.87%
④	+0∼+20%	−5∼+25%	15.87%	15.87%
⑤	+5∼+15%	+0∼+20%	0.135%	0.135%

07 현대포트폴리오 이론에 대한 설명으로 적절하지 않은 것은?

① 수많은 조합을 통해 포트폴리오를 구성할 수 있으며, 상관계수가 1이 아닌 경우 단일자산으로 구성된 것보다 위험이 축소된다.
② 포트폴리오의 기대수익률은 개별 자산들의 기대수익률과 자산별 투자비중에 의해 결정되고, 포트폴리오의 위험은 개별 자산들의 위험과 자산별 투자비중, 그리고 개별 자산 간 상관계수에 의해 결정된다.
③ 지배원리는 동일한 위험 수준을 가지는 투자대상 가운데 기대수익률이 가장 높은 포트폴리오를 찾으면 그 포트폴리오가 해당 위험 수준에서 가장 효율적인 것이며, 동일한 기대수익률을 가지는 투자대상 가운데 위험 수준이 가장 낮은 포트폴리오를 선택하면, 그것이 해당 기대수익률에서 가장 효율적인 것이다.
④ 단일지표모형은 증권시장 전체의 수익률 변동을 적절하게 나타내주는 어떤 하나의 시장지표가 존재하고 각 증권의 수익률과 이 시장지표 사이에 단순회귀관계가 존재한다는 것을 가정한다.
⑤ 시장이 상승세일 때는 베타 값이 1보다 작은 증권이 유리하고, 하강국면일 때는 베타 값이 1보다 큰 증권이 유리하다.

08 포트폴리오선택이론과 자본자산 가격결정모형에 대한 적절한 설명으로만 모두 묶인 것은?

가. 포트폴리오 선택 이론이란 수많은 포트폴리오 중에서 투자자의 위험수준에 적합한 최적의 포트폴리오를 선택하는 과학적 방법론을 제시해주는 것이다.
나. 포트폴리오의 표준편차를 제대로 계산하려면 개별 자산 간 수익률의 공분산을 계산하고 수익률 간 상관계수를 알아야 한다.
다. 상관계수가 '0'이 아닌 경우 단일자산으로 구성된 것보다 포트폴리오의 위험이 축소된다.
라. 포트폴리오의 베타는 개별증권의 베타를 투자비중에 따라 가중평균한 수치이다.
마. 국채는 미래 수익률의 표준편차가 0이며 따라서 다른 자산과의 상관계수도 0이다.
바. 증권시장선은 총위험인 표준편차와 효율적인 포트폴리오의 기대수익률을 나타낸 선이라고 설명할 수 있으며, 자본시장선은 체계적인 위험과 개별증권이 기대수익률의 균형을 나타낸 선이라 말할 수 있다.

① 가, 나, 다, 라, 마
② 나, 라, 바
③ 가, 나, 라, 마
④ 가, 나, 다
⑤ 나, 다, 라, 마

09 행동재무학에 대한 설명으로 적절하지 않은 것은?

① 사람은 절대적인 변화보다 상대적인 변화에 민감하게 반응한다는 것이 전망이론의 기초이다.
② 전망이론에서의 가치함수는 이익이나 손실의 규모가 작을 때는 변화에 민감하지만, 규모가 커짐에 따라 변화에 대한 가치의 민감도는 감소한다는 특징을 가지고 있다.
③ 전망이론에서의 가치함수는 손실을 같은 금액의 이익과 동등하게 평가한다는 특징을 가지고 있다.
④ 후회회피 성향은 투자를 지나치게 보수적으로 하거나 아무 행동도 취하지 않도록 하는 상태를 낳는다.
⑤ 심리적 회계의 많은 실험적 연구결과 투자자들은 자산 사이의 상관관계를 고려하지 않는다고 하며, 낮은 상관성을 가진 자산을 결합하여 전체 리스크를 감소시킨다는 분산투자 이론은 무시된다.

10 주식의 가치평가방법에 대한 설명으로 적절하지 않은 것은?

① 현금흐름할인방법은 적자기업, 경기순환 기업, 건설 중인 사업 부문, 무형자산에 대한 평가, 구조조정 중이거나 합병된 기업과 같이 현금흐름이 (−)이거나 특별한 사유가 포함되는 경우 평가에 어려움이 따른다.
② 산업이나 시장 전체가 고평가되거나 저평가되어 있다면 상대가치를 비교하는 방법도 고평가하거나 저평가한다.
③ 조건부 청구권방법에서는 잔여분의 가치가 설혹 (−)값을 가져도 주식을 보유한 사람에게 추가 부담은 없다.
④ 조건부 청구권방법을 이용하는 데 문제점은 옵션의 가격결정모형이 단기는 비교적 정확한 반면 장기의 경우 오류의 소지가 많다는 점이다.
⑤ 조건부 청구권방법은 영업의 불확실성이 일종의 옵션 변동성과 같은데 옵션가격결정모형이 일정한 변동성을 가정하고 있다는 단점을 가지고 있지만, 현금흐름에서 배당금의 예측오류가 적다는 장점이 있다.

11 경제적 부가가치(EVA)에 대한 설명으로 적절하지 않은 것은?

① 기업의 EVA는 영업이익에서 법인세를 공제한 값에서 기업의 총자본조달비용을 차감하여 산출한다.
② EVA = 세후영업이익(NOPAD) − 평균투하자본(IC) × 가중평균자본비용(WACC)이다.
③ EVA는 주주 입장에서 본 실질적인 기업가치 증가를 나타내는 지표이다.
④ EVA가 (+)라는 것은 기업이 자기자본을 투입해 영업을 한 성과가 자본금을 은행에 맡겨두었을 때 기대할 수 있는 이자수익보다 좋지 않았다는 의미이다.
⑤ EVA가 높다면 그만큼 자본을 효율적으로 활용하고 있는 기업으로 평가할 수 있으며, 반대로 EVA 가 (−)라면 주주이익을 침해했다고 평가할 수도 있다.

12 토마토패스 주식회사의 베타계수가 1.2이고 현재 무위험 수익률은 6%이며 시장포트폴리오의 기대수익률은 12%이다. 자기자본이익률은 12%이며, 금년도 순이익이 주당 5,000원, 금년도 배당금액이 주당 2,000원 일때, 정률성장배당할인모형으로 계산한 토마토패스 주식회사의 적정주가는 얼마인가?

① 34,622원　② 35,733원
③ 36,012원　④ 37,901원
⑤ 39,456원

13 스타일투자전략에 대한 설명으로 적절하지 않은 것은?

① 스타일투자의 투자목표는 중소형 성장주, 대형 가치주, 벤처전용펀드, 신용등급 우량 회사채펀드, 정크본드펀드, 국공채 장기형 등 다양하다.
② 투자자들은 스타일투자전략을 통해 자산집단에 대한 분산투자를 효과적으로 달성할 수 있으며, 자산배분과정에 대한 통제권을 향상시킬 수 있다.
③ 성장형 투자자에게 좋지 않은 경우는 미래의 이익성장이 예상에 못 미치거나, 예상치 못한 변수로 PER가 낮아지는 경우이다.
④ 가치중시형 투자자는 특히 악재로 인해 주가가 지나치게 하락하는 시기를 주식매입의 호기로 여긴다.
⑤ 성장형 투자자의 위험은 주식의 가치평가에서 오류가 발생할 수도 있으며, 시장이 악재에도 불구하고 하락하지 않는 경우 매입의 기회를 갖지 못하는 일이 발생할 수 있다는 것이다.

14 말킬의 채권가격정리에 대한 설명으로 적절하지 않은 것은?

① 채권가격과 채권수익률은 역의 관계이다.
② 만기가 긴 채권이 만기가 짧은 채권보다 일정한 수익률 변동에 대한 가격 변동폭이 크다.
③ 채권수익률 변동에 따른 채권가격 변동폭은 만기가 길어질수록 증가하며 그 증가율도 체증한다.
④ 만기가 일정할 때 채권수익률 하락으로 인한 가격 상승폭이 같은 폭의 채권수익률 상승으로 인한 가격 하락폭보다 크다.
⑤ 표면이자율이 낮은 채권이 높은 채권보다 일정한 수익률 변동에 따른 가격 변동폭이 크다.

15 채권의 듀레이션에 대한 설명으로 적절하지 않은 것은?

① 듀레이션은 채권의 만기까지 각 기간에 들어오는 현금흐름의 현재가치를 기간별로 가중하여 채권 투자액을 회수하는 데 걸리는 가중평균상환기간으로서, 채권 투자 시 현가 1원이 상환되는 데 걸리는 평균기간을 의미한다.
② 듀레이션은 적극적 채권투자 전략에서 중요한 도구가 된다.
③ 이자지급을 하는 이표채의 경우 듀레이션은 표면만기보다 항상 작다.
④ 높은 표면이자율의 채권은 듀레이션이 작고 가격변동률도 낮아지게 된다.
⑤ 일반적으로 만기가 길어질수록 듀레이션은 크고 채권가격의 변동성도 크다.

16 채권투자전략에 대한 적절한 설명으로만 모두 묶인 것은?

가. 잔존기간(만기) 구성전략 – 수익률 상승이 예상되면 수익률 변동에 따른 채권가격의 변동폭이 작은 통안채를 비롯한 금융채 등 잔존기간이 1년 이하인 단기채를 매입하여 수익률 상승에 따른 투자손실을 최소화하여야 한다.
나. 롤링효과 – 10년 만기채를 매입하여 상환 시까지 그대로 보유하는 것보다는 10년 만기채의 잔존기간이 9년이 되는 시점에서 매각하고 다시 10년 만기채에 재투자하는 것이 수익률 하락폭만큼 투자효율을 높일 수 있게 된다.
다. 스프레드 운용전략 – 채권시장이 효율적인 경우 초과이득을 얻을 수 없게 된다.
라. 사다리형 만기전략 – 사다리형 포트폴리오는 바벨형 포트폴리오보다 높은 볼록성을 갖기 때문에 채권가격의 상승 시나 하락 시 모두 유리할 수 있다.
마. 채권면역전략 – 채권면역전략에서 주의할 점은 채권의 콜위험(조기상환위험)이다.

① 가, 나
② 가, 마
③ 나, 다
④ 다, 라
⑤ 라, 마

17 신종채권에 대한 적절한 설명으로만 모두 묶인 것은?

가. 자산유동화증권은 기초자산으로부터 발생하는 위험이 동자산을 매각한 이후에도 계속 자산보유자에게 영향을 미칠 수 있다.
나. SPV는 자산보유자와 기초자산의 법률적 관계를 분리하기 위해 설립되는 서류상의 회사이다.
다. 풋옵션부 채권이란 발행회사가 특정한 가격에 채권을 매입할 수 있는 권리를 가진 채권이다.
라. 금리스왑은 계약의 만기에 실질적인 원금교환을 하는 방식으로 금리를 서로 교환하는 계약이다.
마. 물가연동채권은 원금 및 이자지급액을 물가에 연동시켜 물가상승에 따른 실질구매력을 보장하는 채권을 말한다.
바. 신주인수권도 옵션과 같이 시간가치가 있기 때문에 프리미엄이 붙고, 이 시간가치는 만기가 다가올수록 급격히 소멸한다.
사. 금리스왑에서 계약의 만기에 실질적인 원금교환은 없으며, 이자금액의 교환이 아닌 차액결제로 거래 상대방의 신용위험을 줄여준다.

① 가, 나, 바, 사
② 가, 나, 다, 마, 사
③ 나, 다, 마, 바
④ 가, 마, 바, 사
⑤ 마, 바, 사

18 선물투자전략과 그 내용이 올바르게 연결된 것은?

가. 동일한 거래소에서 거래되는 선물 중 대상자산이 동일하고 만기가 다른 2개의 선물을 동시에 매매하는 거래전략
나. 선물가격이 현물가격에 비해 비정상적으로 높은 경우 상대적으로 저평가된 현물을 매수, 고평가된 선물을 매도하는 거래
다. 선물가격이 상승할 것으로 예상하면 개시증거금을 납입하고 선물매수포지션을 취하는 거래
라. 현물가격이 상승할 위험에 대비하는 것으로서 현물가격이 상승하여 손실이 발생하여도 이와 반대 포지션을 취한 선물에서 현물포지션의 손실을 상쇄하여 주는 선물거래전략

	가	나	다	라
①	상품 간 스프레드	매수헤지	매도차익 거래	투기거래
②	결제월 간 스프레드	매수차익 거래	투기거래	매수헤지
③	매수헤지	투기거래	매도차익 거래	상품 간 스프레드
④	상품 간 스프레드	매도차익 거래	투기거래	매수헤지
⑤	결제월 간 스프레드	매도차익 거래	매수헤지	투기거래

19 **금리리스크의 유형과 헤지전략 표를 참고하여 (가)~(다) 안에 들어갈 내용으로 적절한 것은?**

현물 포지션	현물거래	금리리스크	헤지전략
현재 보유	채권투자 고정금리 차입	금리(가) – 가격하락 금리하락 – 기회손실발생	금리선물 매도 금리선물 매수
보유 예정	채권투자 예정 차입예정	금리하락 – 기회손실 발생 금리상승 – 차입비용 (나)	금리선물 매수 금리선물 (다)

	(가)	(나)	(다)
①	상승	상승	매도
②	상승	상승	매수
③	상승	하락	매수
④	하락	상승	매도
⑤	하락	하락	매도

20 **옵션가격결정 요인에 대한 적절한 설명으로만 모두 묶인 것은?**

가. 주식가격이 올라가면 콜옵션의 가치는 올라가고 풋옵션의 가치는 하락한다.
나. 만기가 길어질수록 콜옵션과 풋옵션 모두 가치가 상승한다.
다. 변동성이 증대하면 콜옵션의 가치는 상승하게 되고 풋옵션의 가치는 하락한다.
라. 무위험이자율이 상승하면 콜옵션의 가치는 상승하고 풋옵션의 가치는 하락한다.
마. 배당이 커지면 콜옵션의 가치는 상승하고 풋옵션의 가치가 하락한다.

① 가, 다　　② 가, 나, 라
③ 나, 라　　④ 나, 라, 마
⑤ 다, 마

21 **옵션투자전략에 대한 설명으로 적절하지 않은 것은?**

① 강세 콜 스프레드 전략은 콜옵션을 이용한 강세 스프레드이며 기초자산의 가격이 상승할 것으로 전망될 때 이용할 수 있는 전략이다.
② 스트래들 매수는 만기일과 행사가격이 동일한 콜옵션과 풋옵션을 동시에 매수하는 전략이다.
③ 버터플라이 매도 전략은 스트래들 매수, 스트랭글 매수와 마찬가지로 변동성이 증가하는 경우 이익을 보게 되고 예상과 달리 변동성이 줄어드는 경우 손실을 입게 되나, 이익과 손실에 있어서 그 폭이 상대적으로 작다.
④ 커버드 콜 매도는 주가가 손익분기점보다 낮은 경우에 손실이 발생하지만 그 손실은 고정된다.
⑤ 실증분석에 따르면 보호적 풋매수를 한 경우 주식시장 상승 시 상대적으로 낮은 수익을 기록하였지만 하락 시 손실폭을 축소시켜 낮은 수익률 변동성이 나타났다.

22 **자산배분전략에 대한 설명으로 적절한 것은?**

① 전술적 자산배분은 장기적인 구성비율과 중기적으로 개별자산이 취할 수 있는 투자비율의 변화폭을 결정하는 의사결정이다.
② 전술적 자산배분은 원금, 목표수익률, 최소한의 손실 등을 보장하면서 고수익을 추구한다.
③ 전술적 자산배분 전략은 위험자산과 무위험자산 간의 자산구성비를 매우 단기적으로 변화시키거나, 선물이나 옵션과 같은 파생상품을 사용하는 운용구조를 가지고 있다.
④ BHB의 투자수익률 평가모형에 따르면 Ⅱ사분면은 종목선택활동은 전혀 하지 않고 자산의 가격변화만을 예측해서 수익률을 높인다는 투자행동을 반영한 성과이다.
⑤ BHB의 투자수익률 평가모형은 고객의 수익률은 투자 시작 이후에 수립하는 장기적인 설계에 의해 전체 수익률의 90% 이상이 결정된다는 것을 말한다.

23 **전략적 자산배분에 대한 적절한 설명으로만 모두 묶인 것은?**

가. 회귀분석, 자본자산가격결정모형(CAPM), 차익거래 가격결정모형(APT) 등의 방법을 이용하여 자산의 기대수익률을 추정하는 방법을 근본적 분석방법이라고 한다.
나. 평균반전이란 자산가격이 단기적으로는 내재가치에서 벗어나지만 장기적으로는 결국 내재가치를 향해 돌아오는 현상을 의미한다.
다. 경제변수에 대한 중단기적인 전망치가 수시로 바뀌는 경우에 재조정을 실시하게 된다.
라. 애초 세웠던 자본시장이나 고객의 제약조건이 크게 변화하게 되는 경우에는 자산배분을 수정하게 된다.
마. 현재의 시장가격에 대한 변화추세만을 반영하여 투자하는 전략으로서 기업이나 경제동향에 대한 리서치가 불필요한, 단지 계량적인 모형을 이용해서 수동적으로 투자하는 방법이다.

① 가, 다　　② 가, 라
③ 나, 다　　④ 나, 라
⑤ 나, 마

24 금융상품의 특징에 대한 적절한 설명으로만 모두 묶인 것은?

가. 혼합형 상품은 투자자가 스스로 자산배분을 통해 주식상품과 채권상품에 분산투자하면 혼합형 상품과 동일한 성과를 얻을 수 있기 때문에 투자설계에서 활용도가 떨어지는 상품이다.
나. 가치주란 높은 PER과 PBR, 낮은 배당수익률, 과거 PER에 비해 높은 PER 등의 특징을 지니며, 우리나라에서는 최근 배당주식이라는 자산군이 인정되고 있는데, 배당주식은 가치주의 특성을 가지고 있기 때문에 사실상 가치주라는 자산군이 널리 인정되고 있다.
다. 인프라자산의 투자방법 중 사모펀드를 통한 투자는 주식시장과의 높은 상관관계로 포트폴리오의 위험분산효과가 떨어지는 단점이 있다.
라. 헤지펀드의 분류체계에서 상대가치 전략군은 시장 위험에 대한 노출 정도가 크기 때문에 변동성 역시 높은 전략군이다.

① 가, 나, 다　② 나, 다
③ 가　④ 가, 다, 라
⑤ 다, 라

25 핵심-위성 포트폴리오 방법에 대한 설명으로 적절하지 않은 것은?

① 핵심상품이란 국내주식의 경우 대형주펀드, 인덱스펀드와 같이 주식시장의 움직임과 크게 다르지 않은 수익률을 달성하는 상품을 말한다.
② 핵심상품이란 특정한 분야나 지역에 집중투자하지 않는 상품을 의미하므로, 단기간 투자하기 좋은 상품을 말한다.
③ 위성상품이란 높은 초과수익률을 달성하기 위해 특정한 분야에 집중적으로 투자하는 상품을 말한다.
④ 위성상품은 국내주식의 경우 중소형주, 업종별 주식, 테마주 등으로 종합주가지수와 같은 시장평균과 매우 다른 성과를 달성하는 상품을 말하는데, 해외주식의 경우 중국펀드, 인도펀드와 같은 특정 지역 펀드를 말하며, 글로벌 명품펀드, 이머징마켓펀드, 글로벌 금융주펀드와 같은 테마형 상품이 해당된다.
⑤ 핵심 포트폴리오의 비중을 낮추면 기대수익률과 위험이 동시에 높아진다.

26 다음의 과거 자료를 바탕으로 주식과 채권의 기대수익률과 수익률 표준편차를 산출하고자 한다. (가)~(라) 안에 들어갈 내용으로 적절한 것은?

구분	KOSPI 지수	채권종합지수
2018년 12월 01일	848.50	134.96
2023년 12월 01일	1,162.11	171.29
총수익률	36.96%	26.92%
월간 수익률 표준편차	6.5%	0.8%
산술평균 연간 수익률	(가)	5.38%
기하평균 연간 수익률	(나)	(다)
연간 수익률 표준편차	22.52%	(라)

① 가 : 4.88%, 나 : 7.39%, 다 : 6.49%, 라 : 2.77%
② 가 : 6.49%, 나 : 7.39%, 다 : 2.77%, 라 : 4.88%
③ 가 : 6.49%, 나 : 4.88%, 다 : 7.39%, 라 : 2.77%
④ 가 : 7.39%, 나 : 6.49%, 다 : 4.88%, 라 : 2.77%
⑤ 가 : 7.39%, 나 : 4.88%, 다 : 6.49%, 라 : 2.77%

27 투자수익률에 대한 적절한 설명으로만 모두 묶인 것은?

가. 금액가중 수익률은 자금 유출입액의 크기에 의해 수익률이 왜곡되지만, 매일 변화하는 시장가격을 잘 반영하므로 투자성과평과를 적용하는 데 주로 이용된다.
나. 시간가중 수익률은 일정한 기간 동안 포트폴리오 내부로 유입된 현금흐름의 현재가치와 포트폴리오 외부로 유출된 현금흐름의 현재가치를 일치시키는 할인율을 측정하여 수익률로 간주하는 방법으로 내부수익률법(IRR)이라고도 한다.
다. 시간가중 수익률은 포트폴리오의 현금유출입이 발생할 때마다 수익률을 계산한 다음 산출된 여러 개의 수익률을 연결하여 총수익률을 만드는 방식이다.

① 가　② 가, 나
③ 가, 나, 다　④ 나, 다
⑤ 다

28 투자성과평가에 설명과 그 내용이 올바르게 연결된 것은?

가. 이 척도가 크다는 것은 투자자가 싫어하는 손실이 발생할 가능성이 낮다는 것을 의미한다.
나. 상대적인 위험을 측정하기 위해서는 CAPM이나 APT와 같은 모형을 사용해야 한다.
다. 이 척도는 펀드매니저의 증권선택능력만을 평가하는 방법이므로, CFP® 자격인증자의 자산배분 능력이나 고객자산관리의 효율성 등을 거시적으로 평가할 수 없는 모형이다.

	가	나	다
①	소티노척도	베타	젠센척도
②	초과수익률	베타	젠센척도
③	소티노척도	베타	샤프척도
④	베타	소티노척도	트레이너 척도
⑤	베타	초과수익률	정보비율

세금설계

29 **국세부과의 제척기간에 대한 설명으로 적절하지 않은 것은?**

① 납세자가 부정행위로 상속세 또는 증여세를 포탈하였다면 제척기간은 재산금액에 관계없이 15년으로 가장 길다.
② 법정신고기한 내에 과세표준신고서를 제출하지 아니한 경우에는 7년간이다.
③ 소득세 부과제척기간의 기산일은 납세자의 신고에 관계없이 그 과세표준의 신고기한의 다음 날이 된다.
④ 납세자가 부정행위로 상속세 · 증여세를 포탈하는 경우로서 일정한 경우에 해당하고, 포탈세액 산출의 기준이 되는 재산가액이 50억원을 초과하였다면 당해 재산의 상속 또는 증여가 있음을 안 날부터 1년 이내에 상속세 및 증여세를 부과할 수 있다.
⑤ 부담부증여에 따라 증여세와 함께 부과되는 양도소득세를 누락 신고한 경우의 부과제척기간은 5년이나, 상속세를 누락 신고한 경우의 부과제척기간은 15년이다.

30 **조세구제제도에 대한 설명으로 적절하지 않은 것은?**

① 과세전적부심사는 원칙적으로 과세예고통지를 받은 자가 과세예고통지를 받은 날로부터 30일 이내에 해당 세무서장 또는 지방국세청장에게 청구할 수 있다.
② 이의신청은 고지서를 받은 날로부터 90일 이내에 신청해야 한다.
③ 조세불복절차를 거치지 않은 경우에도 행정소송을 제기할 수 있다.
④ 국세청에 대한 심사청구와 조세심판원의 심판청구의 결정기간 내에 결정통지를 받지 못한 경우에는 결정 전이라도 행정소송을 제기할 수 있다.
⑤ 불복청구에 대한 결정에 대하여 행정소송을 제기하지 않는 경우에는 그 결정이 확정되어, 당연무효가 아닌 이상 그 결정의 내용을 쟁송에 의하여 다툴 수 없게 되는 효력이 생긴다.

31 **소득세법상 인적공제 중 기본공제에 대한 설명으로 적절하지 않은 것은?**

① 기본공제대상자 판정 시 연간 소득금액이란 종합과세되는 종합소득뿐 아니라 퇴직소득, 양도소득의 연간 합계액을 의미한다.
② 맞벌이부부 중 부인이 총급여액 500만원 이외에 다른 소득이 없는 경우 남편이 부인에 대하여 배우자공제가 가능하다.
③ 해당 과세기간 12월 2일 결혼식을 올리고 아직 혼인 신고가 안 된 상태라도 배우자가 연간 소득금액이 없거나 연간 소득금액의 합계액이 100만원 이하인 경우 나이나 생계를 같이 하는지의 요건과 상관없이 연 150만원을 공제한다.
④ 직계비속과 그 직계비속의 배우자가 모두 장애인이면서 소득금액이 100만원 이하인 경우에는 그 배우자를 포함하여 부양가족공제를 받을 수 있다.
⑤ 거주자가 부녀자공제와 한부모공제에 모두 해당하는 경우에는 한부모공제를 적용한다.

32 **종합소득공제와 세액공제 대한 설명으로 적절한 것은?**

① 기본공제대상자인 배우자가 과세기간 중에 사망한 경우 공제가 불가능하다.
② 국민연금법, 고용보험법 또는 노인장기요양보험법에 따라 본인이 부담하는 보험료의 전액은 특별소득공제 중 보험료공제의 공제대상 보험료에 해당한다.
③ 비거주자의 경우 본인에 대한 기본공제 및 추가공제와 연금보험료공제만 받을 수 있다.
④ 교육비공제 대상인 기본공제 대상자는 나이요건의 제한을 받지 아니하므로 기본공제 대상자인 71세의 부친이 대학교에 진학한 경우 900만원 한도로 교육비공제가 가능하다.
⑤ 사업소득자가 과세표준 확정신고 시 증명서류를 미제출한 경우 본인에 대한 기본공제(150만원)와 표준세액공제(연 12만원)만 적용된다.

33 **소득금액이 각각 100만원을 초과하는 맞벌이 부부의 소득세법상 소득공제 및 세액공제에 대한 설명으로 적절하지 않은 것은?**

① 기본공제 대상자인 부양가족 1명에 대하여 부부가 동시에 기본공제를 받을 수 없다.
② 자녀세액공제는 자녀를 기본공제대상자로 공제받는 경우에만 공제가 가능하다.
③ 12세인 자녀에 대하여 남편이 기본공제를 받고 부인이 그 자녀를 피보험자로 하여 보험료를 지출한 경우 해당 보험료는 부인이 공제한다.
④ 배우자를 위하여 지출한 의료비는 의료비세액공제가 가능하나, 교육비는 교육비세액공제를 받을 수 없다.
⑤ 직계존비속과 형제자매를 위하여 지출한 의료비는 해당 부양가족에 대한 기본공제를 받은 사람이 본인 지출분에 대하여 공제가 가능하다.

34 **소득세법상 종합소득공제 및 세액공제에 대한 적절한 설명으로만 모두 묶인 것은?**

가. 무주택 세대주이면서 근로소득자의 경우 연간 주택임차자금 차입금의 원리금 상환액이 연 1,000만원인 경우 주택자금소득공제로 600만원을 적용한다.
나. 57세인 아버지(사업소득금액 20,000천원)를 위하여 지출한 의료비는 의료비세액공제대상이 아니다.
다. 직계비속과 그 직계비속의 배우자가 모두 장애인이면서 소득금액이 100만원 이하인 경우에는 그 배우자를 포함하여 부양가족공제를 받을 수 있다.
라. 거주자가 부녀자공제와 한부모공제에 모두 해당하는 경우에는 한부모공제를 적용한다.
마. 소득세를 무신고한 경우 근로소득자는 본인에 대한 기본공제만 적용된다.
바. 70세인 직계존속의 이자소득금액이 2,000만원인 경우에도 기본공제가 가능하다.
사. 종합소득금액이 7,000만원인 근로소득자의 연금저축 납입액이 500만원이고 퇴직연금 본인부담액이 200만원 경우에 연금계좌세액공제액은 84만원이다.

① 가, 나, 다, 마, 사
② 나, 다, 라, 마, 바
③ 가, 나, 다, 마, 바
④ 가, 나, 다, 사
⑤ 다, 라, 바, 사

35 **거주자 나고객 씨의 2023년 귀속 연말정산 시 의료비세액공제에 대한 설명으로 적절하지 않은 것은?**

[2023년 12월 31일 현재 동거가족 현황]
• 본인(35세) : 연봉 75,000천원
• 처(31세) : 연봉 60,000천원
• 부친(68세) : 부동산 임대소득금액 30,000천원
• 부친의 건강진단비 3,000천원을 제외한 다른 의료비 지출액은 없음
※ 상기 가족은 모두 생계를 같이하고 있으며 가족에 대한 인적공제는 나고객 씨가 받고 있음
※ 상기 의료비는 모두 나고객 씨의 연봉에서 지급되었음

① 의료비세액공제 적용대상이 되는 기본공제 대상자는 나이요건과 소득금액요건의 제한을 받지 아니하므로 부친과 배우자는 의료비세액공제 대상자에 해당한다.
② 부친은 의료비세액공제 대상자에 해당하고 65세 이상 자이므로 부친이 지출한 건강진단비 3,000천원은 전액 의료비세액공제대상금액이다.
③ 만약 배우자가 법률혼 관계가 아닌 사실혼 관계에 있다면 배우자로서 공제를 받을 수 없다.
④ 맞벌이 부부의 경우에 배우자를 위하여 지출한 의료비는 세액공제가 가능하나 교육비는 세액공제가 불가능하다.
⑤ 만약 추가로 본인의 의료비를 2,000천원 지출한 경우 공제받을 수 있는 의료비세액공제액은 412.5천원이다.

36 **2023년 귀속 나고객 씨의 근로소득과 공제내역이 다음과 같은 때 세부담을 최소로하는 종합소득 과세표준으로 적절한 것은?**

• 총급여액 : 60,000천원
• 근로소득공제 : 14,500천원
• 가족 현황 : 배우자(이자소득 5,000천원)
• 국민연금보험료 납부액 : 500천원
• 보장성보험료 납부액 : 800천원
• 신용카드사용액 : 8,000천원

① 37,500천원
② 38,000천원
③ 38,500천원
④ 39,000천원
⑤ 42,000천원

37 **사업소득 신고방법에 대한 설명으로 적절하지 않은 것은?**

① 간편장부대상자가 종합소득세 신고 시 복식부기에 따라 기장하여 소득금액을 계산하는 경우에는 기장세액공제(산출세액의 20%, 한도 100만원) 혜택이 있다.
② 복식부기의무자가 기준경비율에 의한 신고 시 수입금액에서 주요경비와 수입금액에 기준경비율을 곱한 금액을 공제한 후 단순경비율에 의한 소득금액에 배율(복식부기 : 3.2배, 간편장부 : 2.6배)을 곱한 금액을 한도로 계산한다.
③ 전문직사업자의 경우 신규개업 여부나 직전연도의 수입금액 규모와 상관없이 복식부기장부에 의해 기록해야 한다.
④ 해당 과세기간에 신규로 사업을 개시한 자 또는 직전연도 수입금액 합계액이 일정금액에 미달한 자는 간편장부대상자에 해당한다.
⑤ 거주자가 추계에 의한 신고방법으로 신고 시 장부에 의한 신고방법보다 세부담이 많고, 소규모사업자가 아닌 경우라면 무기장가산세를 추가적으로 부담해야 하는 등의 세제상 불이익이 있다.

38 **결손금공제와 이월결손금공제에 대한 설명으로 적절하지 않은 것은?**

① 사업소득은 해당 과세기간에 결손금이 발생한 경우 그 결손금을 사업자의 다른 사업장의 사업소득에서 먼저 공제하고 그 결과 공제되지 않은 결손금이 있다면 부동산임대사업소득 · 근로소득 · 연금소득 · 기타소득 · 이자소득 · 배당소득 금액에서 순차로 공제한다.
② 주택임대사업소득의 결손금은 먼저 부동산임대사업소득 내에서 통산을 한 이후에 다른 소득 간 통산하지 않고 바로 이월결손금이 된다.
③ 결손금 및 이월결손금의 공제에서 해당 과세기간에 결손금이 발생하고 이월결손금이 있는 경우에는 결손금을 먼저 소득금액에서 공제한다.
④ 이월결손금이 여러 개일 경우 먼저 발생한 이월결손금부터 공제한다.
⑤ 결손금 및 이월결손금의 공제에 있어서 이자소득에 대한 종합과세 시 세액계산의 특례 규정에 의한 세액계산을 하는 경우 종합과세되는 배당소득 또는 이자소득이 있는 때에는 그 배당소득 또는 이자소득 중 원천징수세율을 적용받는 부분은 결손금 또는 이월결손금의 공제대상에서 제외한다.

39 **사업자가 세법상 필요경비로 인정받을 수 있는 항목으로 적절한 것은?**

① 사업용 자산의 현상유지를 위한 수선비(자본적 지출액 포함)
② 접대비로 지출한 금액이 1만원을 초과하면서 신용카드 등으로 결제한 경우
③ 사업자와 가사와 관련하여 지출하는 경비
④ 부가가치세 매입세액
⑤ 소득세와 지방소득세 소득분

40 **사업소득자의 절세방안과 유의사항에 대한 적절한 설명으로만 모두 묶은 것은?**

가. 실질적으로 공동사업을 운영하는 상태라면 공동사업자로 등록하는 것이 종합소득세를 절세할 수 있는 방안이다.
나. 간편장부대상자가 종합소득세 신고 시 복식부기에 따라 기장하여 소득금액을 계산하는 경우에는 기장세액공제를 받을 수 있다.
다. 사업이 부진하여 폐업하는 경우라도 이를 적자로 종합소득세를 신고하면 사업 폐지 후 10년간 종합소득금액에서 이월결손금 공제가 된다.
라. 법인 전환 시 종합소득세율과 법인세율 차이만큼 절세효과가 있지만 법인의 경우 자금인출 시 추가적인 세금 부담이 있고, 각종 협력 불이행 시 가산세가 개인보다 무겁다.
마. 성실하게 신고하는 것이 절세의 지름길이며, 납부할 세금이 없어도 신고는 하는 것이 좋다.

① 가, 나, 다, 라, 마
② 가, 나, 라, 마
③ 나, 다, 라, 마
④ 가, 나, 다, 마
⑤ 가, 다, 라, 마

41 **법인사업자에 대한 세금 설명으로 가장 적절한 것만을 모두 묶은 것은?**

가. 영리내국법인의 경우 국내 · 외 모든 소득 중 청산소득에 대해서도 법인세 납세의무가 있다.
나. 세무조정에 따른 금액이 사외로 유출되었으나 그 귀속이 불분명한 경우에는 대표자 상여로 소득처분한다.
다. 중소 법인이 납부할 세액이 2,500만원인 경우 1,500만원은 납부기한이 경과한 날로부터 1개월 이내에 분납할 수 있다.
라. 법인소득은 순자산증가설에 따라 유형별 포괄주의적 관점에서 과세되고, 사업소득은 소득원천설에 따라서 완전포괄주의 방식을 따른다.
마. 비영리외국법인은 국내원천소득 중 수익사업소득에 대한 법인세, 토지 등 양도소득 및 청산소득에 대한 법인세의 납세의무가 있다.

① 가, 나
② 가, 라
③ 나, 다
④ 가, 마
⑤ 나, 라

42 **금융상품과 세금에 대한 설명으로 적절하지 않은 것은?**

① 채권을 보유하고 있던 개인이 중도에 채권을 증권회사 등 법인에 매도하는 경우 매수법인은 채권 양도자의 보유기간 동안의 이자소득금액을 계산한 후 이자소득금액의 소득세를 원천징수하여야 한다.
② 보장성보험의 보험차익이나 보험계약기간이 10년 이상이고 개인별 납입보험료 합계액이 1억원 이하인 일시납식 저축성 보험차익은 소득세 과세대상에서 제외된다.
③ 개인 거주자의 경우에는 이자소득에 대해 소득세 14%와 지방소득세 1.4%를 합한 15.4%로 원천징수하고 나머지 잔액을 지급하면 된다. 이후 총금융소득(분리과세, 비과세소득은 제외)이 기준금액을 초과하면 종합과세한다.
④ 채권의 양도차익에 대하여는 과세하지 않으며, 공개시장에서 발행하는 국채 등 일부 채권을 제외하고, 채권 발행 시 할인액은 이자소득으로 과세한다.
⑤ 금융소득의 연간 합계액이 기준금액을 초과하는 경우에는 그 초과분만 종합과세 대상으로 한다.

43 **종합소득금액에 합산되어 종합과세되는 금융소득금액으로 적절한 것은?**

- 재형저축이자 : 2,000천원
- 세금우대종합저축 이자소득 : 3,000천원
- 자기주식처분이익 : 30,000천원
- 자기주식소각이익(2년 이내 자본전입) : 15,000천원
- 정기예금이자 : 5,000천원
- 뮤추얼펀드로부터 배분받는 이익 : 20,000천원(과세대상분)

※ 원천징수세율은 15.4%(부가세 포함)

① 47,500천원
② 50,000천원
③ 53,300천원
④ 63,300천원
⑤ 73,300천원

44 **금융소득종합과세에 대한 설명으로 적절한 것은?**

① 국외에서 발생한 금융소득(국내에서 원천징수 안 된 것)은 무조건 종합과세대상 금융소득으로서 금융소득 종합과세 여부 판단 시에는 금융소득에 포함되지만, 금융소득금액이 기준금액을 초과하지 않는 경우에는 종합과세되는 금융소득이 아니다.
② 기준금액 초과 여부를 판단할 때에는 Gross－up 금액을 가산한 후의 금액으로 하며, 출자공동사업자의 배당소득은 금융소득종합과세 여부 판단 시에 제외된다.
③ 금융소득 중 비과세 금융소득과 무조건 분리과세대상 금융소득을 제외한 금융소득의 합계액이 금융소득 종합과세 기준금액을 초과하는 경우에는 금융소득 전체 금액을 다른 종합소득금액과 합산하여 기본세율을 적용한다.
④ 금융소득을 분리과세하는 경우보다 조세부담이 적어지는 것을 방지하기 위하여 분리과세방식 산출세액과 비교하여 큰 금액을 종합소득 산출세액으로 하는 비교과세방식을 채택하고 있다.
⑤ 종합소득금액에 Gross－up 대상 배당소득이 포함되어 있어 배당세액공제가 적용될 경우 금융소득을 분리과세하는 경우보다 조세부담이 적어질 수 있다.

45 **주식을 다음과 같이 양도할 때, 양도소득세 세율로 적절한 것은? (각각 별개의 사례이며, 당해 연도 중에는 다른 주식 등을 처분하지 않은 것으로 가정하며, 양도차익은 3억 미만, 비상장주식은 벤처기업주식이 아님)**

구분	가	나	다	라	마
상장 구분	상장	상장	비상장	비상장	비상장
기업 구분	중소기업	대기업	대기업	대기업	중소기업
주주 구분	대주주	대주주	대주주	대주주	소액주주
보유 기간	6개월	2년	6개월	6년	6년

	가	나	다	라	마
①	20%	20%	30%	20%	10%
②	10%	20%	10%	30%	20%
③	10%	10%	20%	30%	20%
④	20%	20%	30%	10%	10%
⑤	25%	30%	30%	20%	10%

46 과점주주에 대한 설명으로 적절하지 않은 것은?

① 과점주주는 주주 1명과 그의 특수관계인 중 대통령령이 정하는 자로서 그들의 소유주식의 합계가 해당 법인의 발행주식총수의 100분의 50 초과이면서 그에 관한 권리를 실질적으로 행사하는 자들을 말한다.
② 최초 법인설립 시부터 과점주주에 해당하는 경우에는 취득세 과세대상이 되지 아니한다.
③ 50%를 소유하던 자가 추가적으로 10%의 지분을 취득하는 경우에는 60% 전체에 대해 취득세를 납부해야 한다.
④ 지분율이 60%이던 과점주주가 20%의 지분을 처분한 후 6년 만에 다시 30%의 지분을 취득한 경우에는 10%의 지분만을 취득으로 보아 취득세 납세의무가 있다.
⑤ 유가증권상장법인의 과점주주는 해당 법인의 체납국세에 대하여 제2차 납세의무가 없다.

47 사치성 재산 취득 시 고려사항으로 적절하지 않은 것은?

① 농어촌 지역의 소규모 주택을 별장으로 이용할 경우 지방세가 중과세 되지 않고 소득세법상 주택에 포함되지 않는다.
② 별장을 취득하게 되면 1세대1주택 비과세규정을 적용할 때 주택수에는 포함되므로 유의해야 한다.
③ 1구의 건물의 대지면적이 662m²를 초과하는 주거용 건물과 그 부속토지는 고급주택으로 본다.
④ 별장의 부속토지는 비사업용토지로 보아 양도소득 산출세액 산정 시 기본세율 + 10%의 세율이 적용된다.
⑤ 임대한 상가에 임차인이 고급오락장을 설치하더라도 상가소유자가 취득세 납세의무자로서 추가 취득세를 납부해야 한다.

48 부동산 보유세제에 대한 적절한 설명으로만 모두 묶인 것은?

가. 재산세에 대한 부가세로서 재산세액의 20%가 지방교육세로 부과된다.
나. 종합부동산세에 대한 부가세로서 종합부동산세액의 20%가 농어촌특별세로 부과된다.
다. 재산세와 종합부동산세의 납세의무자는 모두 6월 1일 현재 재산소유자로 동일하다.
라. 별장에 대한 재산세 세율은 4%로 중과세되나, 종합부동산세 과세대상이 아니다.
마. 상가를 배우자와 공동소유한다고 하더라도 재산세 절세효과는 없다.
바. 주택을 배우자와 공동소유하는 경우 재산세 절세효과가 있다.
사. 주택에 대하여 주택분 재산세로 부과된 세액 상당액은 주택분 종합부동산세에서 공제한다.
아. 주택에 대한 종합부동산세의 과세기준일은 6월 1일이며, 과세표준과 세액은 12월 1일 부터 12월 15일까지 부과징수가 원칙이다.
자. 주택에 대한 재산세는 6월 1일 현재의 소유 주택에 대하여 재산세를 계산하며, 산출세액의 1/2은 7월 16일부터 7월 31일까지, 나머지 1/2은 9월 16일부터 9월 30일까지 납부한다.
차. 종합부동산세는 물건별로 과세하기 때문에 주택을 공동소유하는 경우에도 종합부동산세가 감소하지 않는다.

① 가, 나, 다, 라, 사, 아, 자
② 가, 나, 라, 사, 아, 차
③ 가, 바, 사, 자, 차
④ 나, 라, 마, 바, 아, 자
⑤ 마, 바, 사, 자, 차

49 다음 자료를 참고하여 거주자 나고객 씨의 부동산 양도 시 양도차익으로 적절한 것은?

• 양도당시 가액(양도일 : 2023.09.30)
실지거래가액 600백만원, 개별공시지가 200백만원
• 취득당시 가액(취득일 : 2013.08.20)
실지거래가액은 알 수 없음, 감정가액 350백만원, 매매사례가액 200백만원, 개별공시지가 100백만원
• 취득세, 중개료 등 : 10백만원
※ 해당 부동산은 국내소재 부동산으로써 등기된 자산이며 조정대상지역 내 부동산이 아님

① 207,900천원
② 240,000천원
③ 297,000천원
④ 390,000천원
⑤ 397,000천원

50 특수관계인에게 양도 시 고려사항으로 적절한 것은?

① 특수관계인에게 시가보다 낮은 가격으로 자산을 양도하는 경우 양도소득의 부당행위계산에 대한 부인규정을 적용하여 양도자에게는 양도소득세를 경정 · 결정하나, 양수자가 얻은 이익에 대하여는 증여세가 과세되지 않는다.
② 특수관계인 간 저가양도에 대하여 양수인에게 증여의제하여 증여세를 부과하고, 동시에 양도인에게 양도소득세를 부과하는 것은 이중과세에 해당한다.
③ 상속세 및 증여세법에서는 배우자 또는 직계존비속에게 양도한 부동산은 양도한 때에 증여한 것으로 간주한다.
④ 특수관계인에게 양도한 재산을 그 양수자가 양수일부터 5년 이내에 당초 양도자의 배우자 등에게 다시 양도한 경우에는 양수자가 당해 재산을 양도한 당시의 재산가액을 당해 배우자 등이 증여받은 것으로 추정하여 이를 배우자 등의 증여재산가액으로 한다.
⑤ 상속받은 부동산의 양도소득세 계산 시 장기보유특별 공제에 적용되는 취득시기는 상속개시일로하며, 세율에 적용되는 취득시기는 피상속인이 취득한 날을 기준으로 한다.

51 증여자의 양도의제와 배우자등이월과세에 대한 설명으로 적절한 것은?

① 2022년 남편으로부터 부동산을 증여받은 후 이혼한 경우에는 당초 증여일로부터 5년 이내에 해당 부동산을 제3자에게 양도하더라도 배우자 증여자산에 대한 이월과세 규정이 적용되지 않는다.
② 2022년 남편에게 증여받은 자산을 아내가 5년 이내 제3자에게 양도할 경우 양도세 납세의무자는 남편이다.
③ 2022년 형에게 증여받은 자산을 동생이 5년 후 제3자에게 양도할 경우 기납부한 증여세는 수증자에게 환급된다.
④ 증여자의 양도의제와 배우자 등 이월과세 모두 양도소득세 세율 및 장기보유특별공제 적용 시 보유기간을 증여자의 당초 취득일부터 계산한다.
⑤ 배우자 등 이월과세는 수증자와 증여자가 연대납세의무를 진다.

52 다음은 양도소득세 절세방안에 대한 내용을 설명한 것이다. 가장 적절하지 않은 것은?

① 5월 17일에 부동산을 양도하고 잔금을 받은 경우에는 재산세와 종합부동산세의 절세효과가 발생한다.
② 양도차익과 양도차손이 발생한 상가건물의 경우 같은 해에 동시에 양도하여 양도소득세를 합산하면 절세할 수 있다.
③ 1세대 1주택 비과세 규정을 적용받기 위해서는 양도일 현재 1세대가 하나의 주택을 보유하고 있는지에 대하여 검토하여야 한다.
④ 상속받은 주택 1개와 일반주택 1개를 보유하고 있는 경우에 일반주택을 먼저 양도하면 1세대 1주택 비과세 규정을 적용함에 있어서 상속주택은 주택 수에 포함되지 않는다.
⑤ 실지 취득가액을 모르거나 의제취득일 이전에 취득한 부동산은 기준시가의 상승이 예상될 때에는 기준시가 고시일 이후 양도하고, 기준시가의 하락이 예상될 때는 고시일 이전에 양도하는 것이 절세할 수 있는 방안이다.

53 소득세법상 연금계좌에 대한 적절한 설명으로만 모두 묶인 것은?

가. 공적연금을 제외한 과세대상 총연금액이 연 1,200만원을 초과하면 무조건 종합과세된다.
나. 연금계좌에서 일부 금액이 인출되는 경우에는 과세제외금액, 이연퇴직소득, 그 밖에 연금계좌에 있는 금액의 순서에 따라 인출되는 것으로 본다. 만약, 인출된 금액이 연금수령한도를 초과하는 경우에는 연금수령분이 먼저 인출되고 그 다음으로 연금외수령분이 인출되는 것으로 본다.
다. 공적연금과 사적연금 모두 다음 연도 1월에 연말정산하여야 한다.
라. 연금소득에 대해서는 필요경비를 인정하지 아니하고 연금소득공제만을 공제한다.
마. 연금계좌세액공제를 받은 납입액과 운용소득을 연금 이외의 방법으로 수령하는 경우에는 원칙적으로 기타소득(원천징수세율 : 15%)으로 분리과세한다.
바. 하나의 공적연금만 있으면서 종합과세하는 다른 종합소득이 없는 자로서 연금소득에 대한 원천징수의무자가 연말정산을 하여 소득세를 납부한 경우에는 분리과세로 종결한다.

① 가, 다, 라, 바　　② 나, 라, 마, 바
③ 다, 라, 마, 바　　④ 가, 다, 마
⑤ 나, 라, 마

54 연금상품 세제에 대한 설명으로 적절한 것은?

① 퇴직연금 수령액 중 이연퇴직소득을 연금으로 수령하는 경우의 세율은 3%이며, 사적연금을 종신형으로 수령하는 경우의 원천징수세율은 5%이다.
② 세제적격연금은 연금납입단계에서 종합소득세 한계세율이 높은 소득자가 낮은 소득자보다 종합소득세 절세효과가 크다.
③ 일시납식 저축성보험의 보험차익은 계약기간이 10년 이상이면 원칙적으로 가입금액에 관계없이 이자소득에 대하여 과세되지 않는다.
④ 2013년 2월 15일 이전에 체결된 보험계약의 유지기간이 10년 이상 되었다면 계약자 및 수익자를 유지기간 중에 변경하였더라도 보험유지기간 계산 시 적용되는 기산점은 최초보험료 납입일로 보아 보험차익을 과세대상 이자소득으로 보지 않는다.
⑤ 종합과세대상 종합소득 중 하나의 공적연금소득만 있는 자로서 연금소득에 대한 원천징수의무자가 해당 연금소득에 대한 연말정산을 한 경우에도 종합소득세를 신고해야 한다.

55 보험관련 세제에 대한 설명으로 적절하지 않은 것은?

① 법인이 사업과 관련된 보장성보험을 가입하는 경우 적립보험료가 있으면 그 적립보험료는 자산으로 처리한다.
② 임원을 피보험자로 계약자와 수익자를 법인으로 하는 보장성 보험에서 만기환급금에 보장성보험료가 포함된 경우 자산으로 처리한다.
③ 보험계약으로 혜택을 받는 자가 무상으로 보험금 등을 수령할 수 있으므로 증여세 또는 상속세의 과세 문제가 발생할 수 있다.
④ 사업자가 부담하는 단체순수성보장보험과 단체환급부 보장성보험의 보험료 중 연 70만원 이하의 금액은 근로소득으로 과세되지 않는다.
⑤ 종합소득세 한계세율이 상대적으로 낮은 개인이 연금수령단계에서 종합소득세 한계세율이 높을 것으로 예상되는 경우 세제비적격 연금상품에 가입하는 것이 세금 면에서 유리하다.

상속설계

56 상속설계의 기본원칙에 대한 설명으로 적절하지 않은 것은?

① 상속설계는 상속세 절세 위주가 아니라 본인 및 배우자의 노후 생활 대책, 세대 간 부의 이전, 기부 등 가치관의 실현을 효율적으로 달성하기 위하여 재무설계 입장에서 장기에 걸쳐 실행시키고 모니터링하는 과정이다.
② 상속설계에서 가장 중요한 것은 상속인의 의사를 확인하고 그 의사에 가장 적합한 방안을 실현하는 것이다.
③ 상속인에게 좀 더 많은 재산을 물려주기 위해서는 상속세 절세도 중요하지만, 이외에 상속세 재원도 마련하여야 하고, 합리적인 세대 간 부의 이전, 상속인 간 갈등의 예방 등도 매우 중요하다.
④ 피상속인의 상속 및 사업승계 대상이 상속 후 더 많은 재산이 확산되고 사업이 활성화되는 방안이 무엇인지 함께 고려하여야 한다.
⑤ 상속받을 재산이 없어서 상속포기를 할 예정이더라도 정확한 상속설계가 필요하다.

57 상속결격에 대한 적절한 설명으로만 모두 묶인 것은?

가. 모친의 상속에 있어 고의로 형과 다투다 형에게 상해를 가하여 사망에 이르게 한 동생의 경우에는 상속결격이 아니다.
나. 상속결격자는 피상속인에 대하여 상속인이 될 수 없으나 유증을 받을 수는 있다.
다. 고의로 상속의 동순위에 있는 자에게 상해를 가하여 사망에 이르게 한 자는 상속결격사유에 해당한다.
라. 상속개시 후에 결격사유가 발생하면 유효하게 개시된 상속도 상속이 개시된 때로 소급하여 무효가 된다.
마. 피상속인의 상속에 관한 유언장을 위조, 변조, 파기, 은닉한 자는 상속결격사유에 해당한다.
바. 결격의 효과는 결격자에게만 미치고 결격자의 직계 비속, 배우자가 대습상속을 하는 데에는 지장이 없다.

① 나, 라, 마, 바
② 가, 다, 바
③ 가, 라, 마, 바
④ 가, 다, 라, 마
⑤ 가, 나, 라, 마

58 명의신탁관계에 대한 설명으로 적절하지 않은 것은?

① 명의신탁은 대내적 관계에서는 명의신탁자가 소유자이지만, 대외적 관계에서는 명의수탁자가 소유자이다.
② 명의수탁자가 명의신탁자의 동의 없이 신탁재산을 처분한 경우에도 제3자는 적법하게 소유권을 취득한다.
③ 3자간 등기명의신탁의 경우에는 명의신탁약정과 등기가 모두 무효가 되므로 명의신탁자는 명의수탁자에게 자신의 권리를 주장할 수 없고, 부동산은 매도자에게 귀속되며 명의신탁자는 형사처벌과 과징금을 부과받고 매도자에게 소유권 이전등기를 청구할 수 있다.
④ 2자간 등기명의신탁의 경우에는 명의신탁약정과 등기가 모두 무효가 되므로, 명의신탁자는 형사처벌과 과징금을 부과받고 명의수탁자에 대하여 소유권 이전등기 말소를 청구할 수 있다.
⑤ 3자간 계약명의신탁의 경우에는 등기가 유효한 것으로 인정되기 때문에 부동산은 명의수탁자에게 귀속되며, 명의신탁자가 명의수탁자에게 자신의 권리를 주장할 수 있다.

59 법정상속분에 대한 설명으로 적절하지 않은 것은?

① 동순위의 상속인이 수인인 때에는 그 상속분은 균등한 것으로 한다.
② 부인 B, 미혼의 자식 C, 부친 D와 함께 사는 피상속인 A씨와 아들 C가 함께 해외여행 후 귀국하는 도중 비행기 사고로 모두 사망하였다. 이때 C가 A보다 먼저 사망하였을 경우, A의 재산은 B와 D가 공동상속한다.
③ 배우자는 직계존비속과 공동상속하는 경우 직계존비속 상속분에 5할을 가산한다.
④ 채무가 공동상속된 경우에는 상속개시와 동시에 당연히 법정상속분에 따라 공동상속인에게 분할되어 귀속되고 상속재산의 분할의 대상이 되지 않는다.
⑤ 대습상속인으로서 피대습자의 직계비속이나 배우자는 상속개시 시에 그 자격을 갖추어야 하며, 태아는 대습상속인이 될 수 없다.

60 구정완 씨는 가족으로 부인 문은영 씨와 아들 구성엽, 구의범, 구아람이 있고 5년 전 구성엽에게 사업자금 으로 9억원을 증여하였고, 1년 전 구의범에게 독립자 금으로 7억원을 증여하였으며, 6개월 전 나눔장학재 단에 2억원을 기부하였다. 구정완 씨 사망 시 상속재 산 38억원과 채무 7억원인 경우 구의범의 법정상속분으로 적절한 것은?

① 5억
② 7억
③ 10억
④ 12억
⑤ 15억

61 구정완 씨는 처 문은영 씨, 모친, 세 자녀를 남기고 사망하였다. 구정완 씨가 남긴 재산은 300,000천원이며, 그 중 120,000천원은 처 문은영 씨가 재산형성에 특별히 기여한 몫으로 인정된다. 이와 같은 상황을 참고하여 구정완 씨의 상속에 대한 설명으로 적절하지 않은 것은?

① 처 문은영 씨의 상속분은 180,000천원이다.
② 구성완 씨는 유언으로 기여분을 지정할 수 있으며 이때 기여분은 피상속인의 재산가액에서 유증의 가액을 공제한 금액을 초과하지 못한다.
③ 기여분은 상속인 전원의 협의로 정하며, 전원이 협의가 되지 아니하거나 협의할 수 없을 때 가정법원에 청구하여 정하여야 한다.
④ 구정완 씨가 교통사고를 당하여 치료를 받으면서 처로부터 간병을 받았다고 하더라도 이는 부부 간의 부양의무 이행의 일환일 뿐, 망인의 상속재산 취득에 특별히 기여한 것으로 볼 수 없다.
⑤ 기여분권자는 상속인에 한하므로 구정완 씨의 모친은 기여분권자가 될 수 없다.

62 특별수익과 기여분에 대한 적절한 설명으로만 모두 묶인 것은?

가. 기여분과 특별수익이 공존하는 경우에는 우선 기여분을 공제하여 상속재산을 확정한 이후 특별수익을 계산하면 된다.
나. 기여분의 가액이 상속재산의 95%가 된다고 하더라도 이는 다른 공동상속인의 유류분을 침해하는 것이 아니다.
다. 피상속인의 재산의 유지, 증가에 특별히 기여한 자가 있다면, 피상속인은 유언으로써 기여분을 인정해 줄 수 있다.
라. 기여분권리자는 피상속인을 특별히 부양하는 등 특별한 기여를 한 상속인이어야 한다.
마. 기여분제도는 특별수익과 마찬가지로 공동상속인의 형평성을 기하기 위해서 만들어진 제도이다.
바. 특별수익자의 경우 증여나 유증받은 재산이 상속분에 달하지 못하는 때에는 그 부족분에 대해서만 상속분을 인정하고 있다.
사. 기여분은 상속이 개시된 때의 피상속인의 재산가액에서 유증가액을 공제한 금액을 넘지 못한다.

① 가, 나, 라, 마, 바, 사
② 가, 라, 마, 바
③ 가, 나, 다, 라
④ 가, 마, 바, 사
⑤ 다, 라, 마

63 2023년 5월 10일 사망한 A는 상속인으로 배우자 B, 자식 C, D, E가 있다. A는 사망 전 상속인들의 상속 분에 피해를 입힐 것을 쌍방 모두 인지한 상태로 내연녀 X에게 2022년 5월 8일 4억5천만원을 증여하였으며, 유언으로 남은 재산 중 부동산 18억원을 토마토장학재단에 기부하였다. A의 사망 당시 적극재산은 부 동산과 현금 36억원이 있었으며, 소극재산은 9억원이었다. 이 경우 배우자 B가 토마토장학재단에 청구할 수 있는 유류분으로 적절한 것은?

① 0원
② 50,000천원
③ 225,000천원
④ 450,000천원
⑤ 750,000천원

64 법정 유언사항에 해당하는 유언으로만 모두 묶인 것은?

가. 사단법인의 설립
나. 친양자 입양
다. 인지
라. 후견인 지정
마. 상속재산 분할방법의 위탁
바. 상속재산 현황 평가
사. 유류분의 지정

① 나, 나, 다
② 나, 다, 라
③ 다, 라, 마
④ 라, 마, 바
⑤ 마, 바, 사

65 유언으로 할 수 있는 법률행위 대한 설명으로 적절하지 않은 것은?

① 유언의 방식에 흠결이 있어 유증이 무효라 하더라도 사인증여의 요건을 갖추고 있으면 사인증여의 효력은 인정한다.
② 수증자가 부담을 이행하지 않을 경우 상당한 기간을 정하여 부담을 이행할 것을 최고하지 않고 가정법원에 유언의 취소를 청구할 수는 없다.
③ 재단법인의 설립은 임의해산을 할 수 있고 그 설립목적에 따라 영리 · 비영리를 재단을 설립할 수 있다.
④ 혼인외의 출생자를 그의 생부 또는 생모가 자기의 자녀라고 인정하는 것을 인지라 하는데 인지는 태아와 사망한 자녀에 대해서도 할 수 있다.
⑤ 유언자는 직접 분할방법을 지정하는 것뿐만 아니라 특정인에게 분할방법을 위탁할 수도 있다.

66 유언방식의 요건에 대한 설명으로 적절한 것은?

① 자필증서유언의 경우 주소는 반드시 주민등록법에 의하여 등록된 곳이어야 한다.
② 녹음유언에서 녹음은 음향을 음반, 테이프, 필름 등에 기록하는 것으로 카세트테이프에 녹음하는 것은 가능하지만 비디오 동영상 촬영을 하는 것은 녹음유언에 해당하지 않는다.
③ 비밀증서의 요건에 맞지 않아도 그 전문을 자필로 작성하는 등 자필증서의 유언방식에 적합한 때에는 자필증서에 의한 유언으로 인정된다.
④ 공정증서유언이 성립하기 위해서는 가정법원의 검인이 필요하다.
⑤ 비밀증서 유언봉서는 그 표면에 제출연월일을 작성하고 7일 이내에 가정법원에 검인을 신청해야 한다.

67 유언의 철회에 대한 설명으로 적절하지 않은 것은?

① 유언자는 언제든 새로운 유언 또는 생전행위로써 유언의 전부나 일부를 철회할 수 있다.
② 전후의 유언이 저촉되거나 유언 후의 생전행위가 유언과 저촉되는 경우에는 그 저촉되는 부분의 전 유언은 이를 철회한 것으로 본다.
③ 유언 후 유증하기로 한 재산의 일부를 처분하면 다른 재산에 대한 유언도 모두 철회한 것으로 본다.
④ 유언자의 고의로 유언증서 또는 유증의 목적물을 파훼한 때에는 그 파훼한 부분에 관한 유언은 이를 철회한 것으로 본다.
⑤ 부담이 있는 유증을 받은 자가 그 부담 부분을 최고 기한 내에 이행하지 아니한 때에는 상속인 또는 유언집행자는 법원에 유언의 취소를 청구할 수 있다.

68 상속개시 전 상속재산의 이전방식에 대한 적절한 설명으로만 모두 묶인 것은?

가. 부동산의 소유권 이전은 점유의 이전과 등기가 필요하며, 반드시 소유권이전등기가 이루어져야 효력이 발생한다.
나. 채권의 이전은 채권자를 변경하는 것이다.
다. 서면에 증여의 의사를 명기하지 않고 구두 약속만으로도 증여계약은 성립된다.
라. 사전증여의 대상이 되는 재산은 반드시 증여자 자신의 것이어야 한다.
마. 증여는 무상계약이므로 특정물의 증여의 경우 원칙적으로 담보책임을 부담하지 않는다.

① 가, 나, 다, 라, 마
② 가, 나, 라, 마
③ 나, 다, 라, 마
④ 가, 나, 다, 마
⑤ 가, 다, 라, 마

69 신탁에 대한 설명으로 적절하지 않은 것은?

① 최근 금융기관에서 유언신탁상품을 도입하기도 하였으나, 상속세 감면혜택이 없어서 활용도가 낮다.
② 신탁은 미성년자녀 또는 재산관리능력이 부족한 자녀가 있거나, 고령자 또는 장애인을 부양하면서 적절한 재산 이전을 도모해야 할 경우 재산관리에 전문적인 제3자에게 재산의 운용을 맡기는 것이다.
③ 사인처분으로서의 신탁계약은 사인증여와 유사하므로 유증에 관한 규정이 유추 적용되고, 그 외는 신탁계약에 관한 법칙이 적용된다.
④ 신탁선언에 의한 신탁은 본인의 파산위험으로부터 신탁재산을 보호하고 재산 내역에 대해서 가장 잘 알고 있는 본인이 직접 관리할 수 있으므로 높은 효율성을 거둘 수 있지만, 본인이 부채를 지고 채권자의 강제집행을 회피할 목적으로 사용될 수는 없다.
⑤ 유언대용신탁은 소유자가 자기 재산의 사후처분을 자신의 의사대로 실현시키는 것으로서 자녀들이 반대하는 경우에도 재산의 기부가 가능해져 기부 활성화에도 기여할 것으로 보인다.

70 상속개시 후 상속재산의 분할에 대한 설명으로 적절하지 않은 것은?

① 공동상속인 전원이 협의하여 10년 이내에 상속재산의 전부나 일부를 분할하지 않기로 하는 계약을 체결할 수 있다.
② 상속재산의 협의분할은 공동상속인 간의 일종의 계약으로서 공동상속인 전원이 참여하여야 하고, 일부 상속인만으로 한 협의분할은 무효이다.
③ 현물분할은 개별재산에 대해서 상속하는 수량, 금액, 비율을 정하여 분할하는 방법이다.
④ 피상속인의 유산의 주된 것이 자택뿐이고 물리적으로 분할이 곤란한 경우, 피상속인의 사업을 특정 상속인에게 승계하기 위한 재산을 공동상속인에게 세분화할 수 없는 경우에 대상분할이 쓰인다.
⑤ 금전채무와 같이 급부의 내용이 가분인 채무가 공동상속된 경우, 이는 상속개시와 동시에 당연히 법정상속분에 따라 공동상속인에게 분할되어 귀속되는 것이므로, 상속재산분할의 대상이 될 여지가 없다.

71 상속인의 보호에 대한 적절한 설명으로만 모두 묶인 것은?

가. 미성년자나 피성년후견인의 경우 법률행위에 대한 판단이 부족하기 때문에 이를 보조해야 하고 친권자나 후견인 등이 제한능력자인 상속인의 법률행위를 대리해야 한다.
나. 미성년자에게 친권을 행사하는 부모는 유언으로 미성년후견인을 지정하거나 공동상속인의 협의로 미성년 후견인을 지정할 수 있다.
다. 미성년자에 대하여 친권을 행사하는 부모는 유언으로 미성년자의 후견인을 지정할 수 있다.
라. 유언자는 유언으로 유언집행자를 지정할 수 있지만 그 지정을 제3자에게 위탁할 수 없다.
마. 유언으로 지정된 미성년후견인이 없는 경우 직원으로 또는 미성년자, 친족, 이해관계인, 검사, 지방자치단체의 장의 청구에 따라 미성년후견인을 선임할 수 있다.

① 가, 나, 라
② 가, 다, 라
③ 가, 다, 마
④ 나, 다, 마
⑤ 나, 라, 마

72 상속세와 증여세에 대한 설명으로 적절하지 않은 것은?

① 상속세는 피상속인이 과세의 주체가 되는 유산세 과세방식이고, 증여세는 수증자가 주체가 되는 유산취득세 과세방식이다.
② 상속세는 상속개시일로부터 6개월이 되는 날이, 증여세는 증여일로부터 3개월이 되는 날이 법정신고기한이다.
③ 상속은 피상속인의 사망 또는 실종에 의해 법률적 효력이 발생하나, 증여는 증여자와 수증자가 서로 합의했을 경우에만 법률적 효력이 발생한다.
④ 상속세와 증여세는 동일하게 5단계 초과누진세율이 적용되며 분납, 연부연납 및 물납제도가 있다.
⑤ 피상속인의 상속재산이 많아 상속개시 당시에 상속세가 많이 부과될 것으로 예상되는 경우에는 장기에 걸쳐 효율적인 사전증여를 통한 절세방안을 수립하는 것이 가장 효율적인 상속세 절세전략의 초석이 된다.

73 거주자 나고객 씨가 2023년 11월 9일 사망하였다. 상속개시일 전 2년간 재산 처분내역이 다음과 같을 때 추정상속재산가액으로 적절한 것은?

[부동산처분내역]
- 2022년 11월 20일 보유 아파트를 300,000천원에 처분하였으며, 상속개시일 현재 사용용도가 입증되는 금액은 50,000천원
- 2021년 12월 26일 보유 상가를 800,000천원에 처분하였으며, 상속개시일 현재 사용용도가 입증되는 금액은 100,000천원

① 50,000천원
② 190,000천원
③ 540,000천원
④ 730,000천원
⑤ 750,000천원

74 동거주택상속공제에 대한 설명으로 적절하지 않은 것은?

① 상속주택가액의 100%에 상당하는 금액(한도 6억원)을 상속세 과세가액에서 공제한다.
② 피상속인과 상속인(직계비속에 한함, 이하 동일)이 상속개시일로부터 소급하여 10년 이상 계속하여 하나의 주택에서 동거할 것
③ 피상속인과 상속인이 동거주택 판정기간에 계속하여 1세대를 구성하면서 양도소득세 비과세요건을 갖춘 1세대 1주택에 해당할 것
④ 대상주택이 고가주택에 해당하지 아니할 것
⑤ 상속개시일 현재 무주택자로서 피상속인과 동거한 직계비속 상속인이 상속받은 주택일 것

75 상속세 납부방법에 대한 설명으로 적절하지 않은 것은?

① 상속재산가액 중 부동산과 유가증권의 가액이 1/2을 초과하는 경우 일정한 요건에 의한 신청에 의해 물납을 허가받으면 상속세를 물납으로 할 수 있다.
② 분납, 물납, 연부연납을 하기 위해서는 허가를 받아야 하며, 연부연납을 허가받은 경우 분납제도는 적용하지 않는다.
③ 납부세액이 2천만원을 초과하는 경우, 납세의무자는 일정한 요건을 갖추어 관할세무서장에게 신청하여 연부연납 허가를 받은 날로부터 10년 이내에 연부연납할 수 있다. 다만, 각 회분의 분할납부할 세액이 1천만원을 초과하도록 연부연납 기간을 정하여야 한다.
④ 상속세 물납의 경우, 연부연납기간 첫 회분 분납세액(중소기업자는 5회분 분납세액)에 대해서는 물납을 신청할 수 있다.
⑤ 납부할 세액이 1천만원 초과인 경우에 납세의무자의 신청으로 그 금액의 일부를 납부기한이 지난 후 2개월 이내에 분납할 수 있다.

76 구정완 씨는 직계존속 및 친족으로부터 많은 재산을 증여받았다. 아래 구정완 씨의 과거 증여 내역을 토 대로, 금번 2023년 12월 2일 모친이 추가로 증여할 경우 증여재산에 가산할 과거의 증여재산가액은 얼마인가?

구분	증여일	증여재산	증여 당시 재산평가액	현재 재산 평가액
부친	2013년 2월 1일	아파트	2억원	2.5억원
큰아버지	2016년 11월 3일	주식	1억원	2억원
할머니	2018년 2월 4일	임대상가	3억원	2억원
할아버지	2019년 4월 17일	단독주택	2억원	3억원
모친	2022년 4월 6일	주식	4억원	5억원
부친	2023년 3월 2일	임야	1억원	1.5억원

① 5억원
② 6.5억원
③ 7억원
④ 9억원
⑤ 11.5억원

77 증여세에 대한 적절한 설명으로만 모두 묶인 것은?

가. 아버지로부터 현금 1억원을 증여받은 후 그 증여받은 1억원을 증여세 과세표준 신고기한 이내에 반환하는 경우에는 처음부터 증여가 없었던 것으로 본다.
나. 2023년 11월 5일 아파트를 증여받은 후 그 아파트를 당사자 사이의 합의에 따라 2024년 2월 1일에 반환하는 경우에도 2024년 1월 15일에 세무서장에게 과세표준과 세액의 결정을 받은 경우에는 증여세를 부담해야 한다.
다. 특수관계인으로부터 1억원 이상의 금전을 무상 또는 적정이자율보다 낮은 이자율로 대출받은 경우에는 그 금전을 대출받은 날에 기획재정부장관 고시이자율과 실제거래이자율과의 차액(1천만원 이상)을 그 금전에 대한 대출받은 자의 증여재산가액으로 평가한다.
라. 창업자금에 대한 증여세 과세특례규정을 적용할 경우, 창업자금은 창업자금 이외의 타 상속재산 및 타 증여재산과 합산 과세한다.
마. 상속재산 및 증여재산의 평가 시 골프회원권은 원칙적으로 평가기준일 현재의 시가로 평가한다.

① 가, 나, 라
② 가, 다, 라
③ 가, 다, 마
④ 나, 다, 마
⑤ 나, 라, 마

78 가업승계 증여세 과세특례에 대한 적절한 설명으로만 모두 묶인 것은?

가. 수증자는 20세 이상인 거주자 또는 그 배우자이어야 한다.
나. 상속세 계산 시 가업승계 증여세 과세특례 받은 재산은 기간과 관계없이 상속재산에 가산된다.
다. 증여재산공제는 증여세 과세가액에서 10억원을 공제하며, 증여세의 세율은 10%(과세표준 60억 초과 시 20%)이다.
라. 가업승계주식 등에 대한 증여세 과세표준을 신고하는 경우에도 신고세액공제는 적용되지 않는다.
마. 창업자금 승계에 대한 증여세 과세특례규정을 중복 적용할 수 있다.
바. 증여세 과세특례를 적용받은 경우, 비상장주식은 증여세 물납의 대상이 되므로 별도의 재원을 마련하지 않아도 된다.
사. 증여세 과세가액은 300억원을 한도로 한다.
아. 증여일로부터 5년 이내 대표이사로 취임하여야 한다.

① 가, 나, 라
② 가, 다, 라
③ 가, 다, 마
④ 나, 다, 라
⑤ 나, 라, 마

79 상속재산 및 증여재산의 보충적 평가방법에 대한 설명으로 적절한 것은?

① 부동산을 취득할 수 있는 권리의 가액은 평가기준일까지 불입한 금액으로 평가한다.
② 골프회원권은 불입금액과 프리미엄에 상당하는 금액을 합한 금액과 지방세법상 시가표준액 중 큰 금액으로 평가한다.
③ 증권시장에 상장된 법인의 주식 및 출자지분은 일반적으로 평가기준일 전후 3개월 간에 공표된 매일의 한국거래소 최종시세가액의 평균액을 시가로 인정하고 있다.
④ 한국거래소에서 거래되는 국채, 공채 및 사채는 평가 기준일 이전 2개월간의 공표된 매일의 한국거래소 최종시세가액의 평균액과 평가기준일 이전 최근일의 최종시세가액 중 큰 금액으로 평가한다.
⑤ 예금, 저금 또는 적금의 평가는 평가기준일 현재 예입 총액과 같은 날 현재 미수이자 상당액을 합친 금액으로 평가한다.

80 가업승계전략에 대한 설명으로 적절하지 않은 것은?

① 유한회사는 물적시설을 중시하는 물적회사이므로 인적회사들에 비해 지분의 양도가 자유롭지만, 주식회사만큼 자유롭지는 못하다.
② 소유권과 경영권이 일치하는 사업의 형태는 개인기업이나 합자회사이다.
③ 공유된 재산을 협의하여 분할하게 되면 법정상속분을 초과하더라도 상속인 간의 증여세는 발생하지 아니한다.
④ 주식회사의 주주는 원칙적으로 주식을 자유롭게 양도할 수 있지만, 정관에 정하여 주식의 양도에 대하여 이사회의 승인을 얻도록 할 수 있다.
⑤ 개인사업자가 사망한 경우, 그 사업용 재산에 대한 권리·의무뿐만 아니라 영업상의 지위까지 승계된다.

CFP®

실전모의고사 2회 사례형

3교시	재무설계 원론 / 보험설계 / 투자설계 / 부동산설계 / 은퇴설계 / 세금설계 / 상속설계 / 복합사례 I
4교시	복합사례 Ⅱ / 복합사례 Ⅲ / 종합사례

CFP® 실전모의고사 2회

사례형 3교시

수험번호		성명	

시험 유의사항

1. 수험표에 명시된 준비물을 꼭 지참하고, 특히 규정신분증 이외의 신분증 및 신분증을 지참하지 않을 경우 입실이 허용되지 않음
2. 시험 시작 후 1시간이 경과하기 전에는 퇴실할 수 없으며, 퇴실 시 반드시 문제지와 답안지를 제출해야 함
3. 응시자 이외의 사람은 시험장에 출입할 수 없으며 시험장 내 주차장이 협소하거나 주차장을 사용할 수 없는 고사장이 있으므로 대중교통을 이용하고, 만약 자가용 이용으로 발생되는 문제(주차 및 차량훼손 등)은 한국 FPSB가 책임지지 않음
4. 시험장 내 휴대전화, 무선기, 컴퓨터, 태블릿 PC 등 통신 장비를 휴대할 수 없으며 휴대가 금지된 물품을 휴대하고 있음이 발견되면 부정행위 처리기준에 따라 응시제한 1년 이상으로 징계됨
5. 답안 작성은 컴퓨터용 사인펜을 이용하고 예비답안 작성은 반드시 붉은 사인펜만을 이용해야 하며, 붉은 사인펜 이외의 필기도구(연필, 볼펜 등)를 사용하여 예비답안을 작성한 경우 이중 마킹으로 인식되어 채점되지 않음을 유의함
6. 답안은 매 문항마다 하나의 답안을 골라 그 숫자에 빈틈없이 표기해야 하며, 답안지는 훼손, 오염되거나 구겨지지 않도록 주의해야 함. 특히, 답안지 상단의 타이핑 마크를 절대로 훼손해서는 안 되며, 마킹을 잘못하거나(칸을 채우지 않거나 벗어나게 마킹하는 경우) 답안지 훼손에 의해서 발생되는 문제에 대한 모든 책임은 응시자에 귀속됨
7. 문제지와 답안지 작성을 제외한 모든 종류의 필사(본인 답안 필사 등)를 하는 행위 및 컨닝용 쪽지, 책자 또는 노트 등을 휴대하는 행위는 부정행위로 처리함
8. 시험 종료 안내는 종료 20분, 10분, 5분 전에 방송되며 시험시간 관리의 책임은 전적으로 수험생 본인에게 있으므로 종료 후 답안 작성으로 인하여 부정행위 처리되지 않도록 유의함
9. 시험장 내에선 금연이며 시험장의 시설물이 훼손되지 않도록 주의함
10. 유의사항 위반에 따른 모든 불이익은 응시자가 부담하고 부정행위 및 규정 위반자는 부정행위 세부처리기준에 준하여 처리됨

재무설계 원론

01 나고객, 여배우 씨 부부는 자녀의 교육 준비자금으로 현재 20,000천원을 보유하고 있다. 아래 정보를 참고하여 자녀 교육을 위해 부족한 자금을 마련하기 위해서 나고객, 여배우 씨 부부가 투자해야 할 금액으로 가장 적절한 것을 고르시오.

[자녀교육비 관련 정보]
- 자녀 연령 : 12세
- 대학입학 예정시기 : 19세
- 교육비 지출기간 : 대학교 4년, 유학 2년
- 필요교육비 : 현재물가기준으로 연간 대학교육자금 15,000천원, 유학자금 20,000천원 예상
- 세후투자수익률 : 연 8%, 교육비 상승률 연 5%
- 교육자금 마련을 위한 저축은 매년 초 교육비 상승률만큼 증액시켜 나갈 예정임
- 교육비 마련을 위한 저축은 자녀가 대학교 입학 전까지 7년간 이루어짐

① 8,270원 ② 8,719원
③ 8,968원 ④ 9,417원
⑤ 10,480원

02 나고객 씨는 아래와 같은 조건으로 대출을 받으려고 한다. 나고객 씨가 20년차 말에 상환해야 하는 금액은 얼마인지 고르시오.

[나고객 씨 관련 대출정보]
- 대출금액 : 300,000천원
- 대출기간 : 20년
- 대출금리 : 연 6%
- 상환방식 : 1~19년차까지 매년 말 25,000천원씩 상환하고 20년차 말에는 나머지 대출 잔액과 원리금을 전액 상환하는 조건

① 27,500천원
② 37,500천원
③ 47,500천원
④ 57,500천원
⑤ 67,500천원

[풀이공간]

03 나고객 씨는 지금부터 10년 뒤 직장퇴직 이후 현재물가기준으로 300,000천원의 사업자금을 마련하기 위해 매년 말 30,000천원씩 10년간 투자하고자 한다. 매년 말 투자하는 30,000천원의 준비자금 중 50%는 세후투자수익률 연 5%의 금융상품에 투자하기로 하였다면 나고객 씨가 10년 뒤 사업 부족자금을 충당하기 위하여 나머지 50%의 준비자금을 투자할 금융상품의 세후투자수익률로 가장 적절한 것을 고르시오. (사업자금은 매년 3%씩 증가한다고 가정)

① 5.61%
② 7.72%
③ 8.64%
④ 9.85%
⑤ 10.53%

04 나고객 씨 부부는 현재 거주하고 있는 주택 구입 당시 가나은행의 모기지 대출 300,000천원을 매월 말 원리금균등분할상환, 대출기간 15년, 대출이자율 연 6% 월복리 조건으로 대출받아 현재까지 48회차 상환하였다. 나고객 씨 부부는 최근 시중 대출금리가 연 5% 월복리로 내려 가나은행 대출금을 조기상환하고 행복은행 대출로 리파이낸싱하려고 한다. 나고객 씨 부부가 아래 조건으로 리파이낸싱하려고 할 경우 매월 줄어드는 원리금 차액을 저축하여 11년 후 20,000천원을 마련하고자 한다면 연 몇 %의 세후투자수익률로 재투자를 해야 하는가?

[행복은행 신규 대출조건]
- 대출금리 연 5% 월복리, 매월 말 원리금균등분할상환 조건
- 대출기간 : 11년
- 가나은행에서 남은 대출잔액만큼 행복은행에서 대출하여 전액 상환하고 신규대출에 따른 수수료는 0.5% 발생하며 신규 대출 시 대출 수수료 포함하여 대출 받는다고 가정

① 연 5.63%
② 연 6.92%
③ 연 7.46%
④ 연 8.68%
⑤ 연 9.63%

[풀이공간]

보험설계

05 최근 연금보험가입을 고려하고 있는 나고객 씨는 보험회사별로 연금지급방식이 달라 선택에 어려움을 겪고 있다. 아래 보험정보를 참고하여 나고객 씨가 B보험사의 종신연금형 상품을 선택할 경우 A보험사의 확정기간형 연금보다 유리해지기 위한 생존연령으로 적절한 것을 고르시오.

[보험정보]
- A보험사는 60세 시점에 확정기간형으로 수령할 경우 매년 초 8,000천원을 20년간 수령할 수 있다.
- B보험사는 60세 시점에 종신연금형으로 수령할 경우 매년 초 6,000천원씩 수령할 수 있다.
- 연금수령은 기시에 이루어지며, 할인률은 5%를 적용하기로 한다.
- 납입기간 중 세제혜택 및 연금수령 시 연금소득세는 고려하지 않기로 한다.

① 약 89세 이상
② 약 91세 이상
③ 약 93세 이상
④ 약 95세 이상
⑤ 약 97세 이상

06 나눔생명에 종신보험을 가입하고 있는 나고객 씨는 최근 희망생명으로부터 종신보험 가업을 권유받고 두 회사의 코스트를 비교해 보고자 한다. 두 회사 종신보험 가입설계서상 예시가 아래와 같을 경우 벨쓰방식으로 계산한 100천원당 코스트 비교로 적절한 것을 고르시오. (김범곤 CFP® 인증자와 고객이 정한 이자율은 연 4%임)

구분	나눔생명 종신보험	희망생명 종신보험
주 계약 사망보험금	100,000천원	100,000천원
당해 보험연도 말의 해지환급금	7,223천원	7,679천원
직전 보험연도 말의 해지환급금	6,240천원	6,835천원
월 납입보험료	100천원	130천원
배당금	100천원	340천원

① 나눔생명의 종신보험이 153.53천원 만큼 적게 부담한다.
② 희망생명의 종신보험이 153.53천원 만큼 적게 부담한다.
③ 나눔생명의 종신보험이 324.12천원 만큼 적게 부담한다.
④ 희망생명의 종신보험이 324.12천원 만큼 적게 부담한다.
⑤ 나눔생명의 종신보험이 378.21천원 만큼 적게 부담한다.

[풀이공간]

07 화장품을 생산하는 ㈜토마토 화장품제조는 공장건물 및 기계에 대하여 한국화재보험에 보험가입금액 1,500,000천원의 화재보험을 가입하였다. 6개월 후 원인을 알 수 없는 화재가 발생하여 건물 및 기계의 화재손해액 1,000,000천원, 잔존물 제거비용 240,000천원이 각각 발생하였고 화재 발생 후 ㈜토마토 화장품제조의 보험가액은 3,000,000천원으로 확인되었다. 다음 중 ㈜토마토 화장품제조가 지급받을 수 있는 보험금으로 가장 적절한 것을 고르시오. (화재보험 가입 시 별도의 특약은 가입하지 않음)

① 600,000천원
② 645,000천원
③ 650,000천원
④ 670,000천원
⑤ 737,500천원

08 나고객(38세) 씨는 부인 여배우(35세) 씨와 함께 중소기업에 근무하고 있다. 올해 나고객 씨와 여배우 씨의 연봉은 각각 60,000천원과 32,000천원이며, 부부 모두 정년은 58세 말까지이다. 부부는 16세인 아들 나장남과 7세인 딸 나장녀를 두고 있으며, 연간 55,000천원을 생활비로 지출하고 있다. 만일 나고객 씨가 막내 독립 시까지의 부양가족 양육비와 부인 여배우 씨의 생애수입(은퇴 전후 수입)에 필요한 자금에 대한 추가적인 생명보험 필요보장액을 니즈분석방법에 의하여 계산할 경우 적절한 것을 고르시오. (각 니즈 단계에서 남는 금액이 있을 경우 그 기간에 대한 필요보장액은 0으로 함)

[나고객 부부의 추가 정보]
- 사망 시 유족생활비 : 막내 독립 전 현 생활비의 80%, 막내 독립 후 현 생활비의 60%
- 자녀들의 독립시기 : 27세
- 부인 여배우 씨의 기대여명 : 80세 말까지 생존
- 세후투자수익률 연 5.5%, 물가상승률 3.5%로 예상
- 국민연금의 유족연금은 매년 6,000천원 지급됨

[자산부채 현황]
- 적립식 펀드 : 100,000천원
- 정기예금 : 50,000천원(10,000천원은 자녀교육자금 목적)
- 거주용 주택 : 200,000천원
- 신용대출잔액 : 20,000천원
- 종신보험사망보험금 : 100,000천원
- 필요비용과 수입은 모두 매년 초 발생하고 물가상승률만큼 인상
- 여배우 씨의 국민연금 노령연금은 고려하지 않음

① 약 89,843천원의 생명보험 추가 금액이 필요하다.
② 약 127,494천원의 생명보험 추가 금액이 필요하다.
③ 약 182,073천원의 생명보험 추가 금액이 필요하다.
④ 약 189,843천원의 생명보험 추가 금액이 필요하다.
⑤ 약 239,843천원의 생명보험 추가 금액이 필요하다.

[풀이공간]

09 나고객 씨는 2023년 7월 ㈜토마토손해보험회사에 1사고당 보험가입금액 50,000천원의 실손의료보험에 가입하였다. 이후 다음과 같은 의료비가 발생한 경우 ㈜토마토손해보험에서 지급해야 할 입원의료비와 통원의료비 보험금 합계액으로 가장 적절한 것을 고르시오.

[실손의료보험 가입 내역]
표준형 실손의료비보험(본인부담금＋비급여 80% 보장) 질병 입원 통원형

[질병으로 인한 입원비 내역]
- 입원실료 : 20일간 2인실 입원, 1일당 100천원(기준병실 사용료 1일당 10천원)
- 입원 제비용
  - 본인 부담금 : 400천원
  - 비급여 : 1,000천원(무릎 보호장비 등 진료 재료대 300천원 포함)
- 입원수술비
  - 본인부담금 : 800천원
  - 비급여 : 2,000천원

[질병으로 인한 통원진료비 내역]
- 상급종합병원 통원의료비(1일 통원)－본인부담금 : 50천원
- 진단서 발급비 : 20천원

① 4,062천원
② 4,210천원
③ 5,062천원
④ 5,095천원
⑤ 5,365천원

투자설계

10 다음과 같은 성과평가 자료를 통해 전술적 자산배분효과와 증권선택효과를 계산할 때 가장 적절한 것을 고르시오.

구분		주식	채권	부동산	총 수익률
구성비	벤치마크	주가지수	채권지수	가격지수	－
	전략적 자산배분	40%	20%	40%	
	전술적 자산배분	30%	30%	40%	
수익률	벤치마크	10%	4%	7%	
	실제	12%	5%	7%	
전략적 자산배분 수익률		4%	0.8%	2.8%	7.6%
전술적 자산배분 수익률		(　　)	(　　)	(　　)	(　　)
실제 포트폴리오 수익률		(　　)	(　　)	(　　)	(　　)
자산배분효과		(　　)	(　　)	(　　)	(　　)
증권선택효과		(　　)	(　　)	(　　)	(　　)

	자산배분효과	증권선택효과
①	－0.6%	－0.9%
②	0.9%	0.6%
③	0.9%	0.9%
④	－0.6%	0.9%
⑤	0.9%	－0.6%

[풀이공간]

11 현재 25억원 상당의 KOSPI200지수 포트폴리오(베타계수 1.2)를 보유하고 있는 나고객 씨는 향후 선물만기일까지 여러 가지 경제상황으로 보아 10% 정도의 주가지수 하락을 예상하고 있다. 이에 따라 나고객 씨는 주가 하락에 따른 손실을 보전하기 위하여 11월 11일에 만기가 되는 KOSPI200지수선물을 이용하기로 하였다(KOSPI200지수선물거래 승수 250,000원). 10월 4일 현재 KOSPI200지수는 100.00p이며 KOSPI200지수선물가격은 102.00p이다. 나고객 씨의 지수선물을 이용한 헤지 전략에 대한 설명으로 가장 적절한 것을 고르시오.

① 현재 시장 상황은 정상적 백워데이션 상태로 나고객 씨는 주가 하락 위험을 헤지하기 위해 매도헤지를 하여야 한다.
② 주가 하락 위험을 최소한으로 줄이기 위해 거래해야 하는 선물계약 수는 100계약이다.
③ 주가가 10% 하락하였으므로 보유 포트폴리오의 가치는 45억원이 될 것이다.
④ 나고객 씨의 예상대로 된다면 선물 만기 시점에 선물시장에서 6억원 정도의 이익이 실현될 것이다.
⑤ 나고객 씨의 예상대로 된다면 위험을 헤지한 선물거래에서 1계약당 500천원의 순이익이 실현될 것이다.

12 나고객 씨는 투자자금 2억원을 이자율 4.5%인 미국 국채에 투자하였다. 투자 당시 환율은 1,170원/$이었고, 1년 만기 선물환율은 1,170원/$였다. 1년 후 환율이 1,200원/$일 경우 다음 설명 중 적절하지 않은 것을 고르시오.

① 선물환 거래를 이용해 환헤지를 한 경우 투자 초기에 4.5%의 수익률이 고정된다.
② 환헤지를 하지 않은 경우 1년 후 원화표시 투자수익률은 약 1.82%로 나타난다.
③ 선물환 거래를 이용해 환헤지를 했을 경우 그렇지 않은 경우보다 1년 원화표시 수익률은 약 2.68% 낮게 나타난다.
④ 선물환 거래를 이용해 환헤지를 했을 경우가 그렇지 않은 경우보다 약 5,360천원 손해이다.
⑤ 만약 1년 후 환율이 1,050원/$으로 하락하였다면 환헤지를 한 경우가 그렇지 않은 경우보다 수익률이 높게 나타날 것이다.

[풀이공간]

13 개인투자자 나고객 씨가 다음의 채권을 2023년 1월 31일에 액면 1억원에 매수하여 만기까지 보유할 경우, 이자소득세로 가장 적절한 것을 고르시오. (원천징수세율 15.4% 적용)

[복리채권 관련 정보]
- 발행조건 : 발행일 2022년 1월 31일
  만기일 2027년 1월 31일
- 표면금리 : 6.0%(연 단위 복리채)

① 1,166천원
② 2,257천원
③ 4,284천원
④ 5,784천원
⑤ 6,675천원

14 다음 자료를 바탕으로 계산한 ㈜토마토기업의 가중평균자본비용(WACC)으로 가장 적절한 것을 고르시오.

[㈜토마토 기업 관련 정보]
- 부채총계 : 500억
- 자본총계 : 500억(보통주 자본금 400억원, 우선주 자본금 100억원)
- 세전 이자지급액 : 36억원, 실효법인세율 : 25%
- 우선주 주가 : 10,000원, 우선주 배당금액 : 800원
- ㈜FP기업 주식의 수익률 표준편차 : 20%
- 주식시장 수익률의 표준편차 : 10%
- ㈜FP기업 주식시장 수익률의 상관계수 : 0.75
- 주식시장 위험프리미엄 : 3%
- 무위험 이자율 : 5%

① 6.9%
② 7.3%
③ 8.5%
④ 9.6%
⑤ 12.3%

[풀이공간]

부동산설계

15 나고객 씨는 매입 예정인 부동산의 시세 적정성을 직접환원법에 의한 수익가치를 통해 평가하고자 한다. 다음 자료를 참고로 엘우드법을 이용하여 산정한 부동산의 수익가치로 가장 적절한 것을 고르시오.

[매입 예정 부동산 관련 정보]
- 종합환원율은 지분형성분과 가치변동분이 있는 경우에는 모두 고려한다.
- 순영업수익은 매입 첫 해 41,000천원이 예상된다.
- 상가의 기존 대출은 없으며, 매입 시 신규 대출을 받을 계획도 없다.
- 보유기간 동안 상가의 가치는 총 30%가 상승할 것으로 예상되며 보유예정기간은 3년이다.
- 나고객 씨가 요구하는 지분환원율(지분수익률)은 15%이다.

① 525,000～540,000천원
② 640,000～645,000천원
③ 725,000～740,000천원
④ 825,000～840,000천원
⑤ 925,000～940,000천원

16 나고객 씨는 임대사업을 목적으로 부동산을 매입하는 방안을 검토하던 중 김범곤 CFP® 자격인증자에게 상담을 요청하였다. 아래 정보를 참고하여 2023년 11월 매입 검토 중인 부동산의 경제적 타당성 여부에 대한 적절한 설명을 고르시오.

[매입 예정 부동산 현황]
- 토지 면적 : 400m^2, 건물 면적 : 900m^2
- 월 임대료 : m^2당 40천원, 임대보증금 : 800,000천원
- 공실 및 대손충당금 : 가능총수익의 5%
- 보증금 운용이익률 : 연 6%
- 운영경비 : 유효총수익의 20%
- 부동산 소재지역 내 유사한 부동산의 종합환원율은 8%이다.
- 인근 지역 내 유사 토지의 최근 거래가격은 m^2당 6,000천원이었는데 거래된 토지는 경사지에 위치하고 있어 본건이 약 8% 우세하다.
- 2018년 11월에 신축된 본건 건물의 내용연수는 50년이며 현재의 건물을 신축할 경우 재조달원가는 m^2당 1,500천원이 예상된다.
- 인근 쓰레기 매립장으로 인한 경제적 감가 70,000천원이 예상된다.
- 건물의 잔존가치는 재조달원가의 10%인 것으로 추정된다.

① 수익가격은 약 3,750,000천원이고, 수익가격 < 원가가격으로 경제적 타당성이 없다.
② 수익가격은 약 3,750,000천원이고, 수익가격 > 원가가격으로 경제적 타당성이 있다.
③ 수익가격은 약 3,380,000천원이고, 수익가격 < 원가가격으로 경제적 타당성이 없다.
④ 수익가격은 약 4,560,000천원이고, 수익가격 > 원가가격으로 경제적 타당성이 있다.
⑤ 수익가격은 약 4,560,000천원이고, 수익가격 < 원가가격으로 경제적 타당성이 없다.

[풀이공간]

17 나고객 씨가 투자하고자 하는 오피스 빌딩을 600,000천원에 매수할 경우 예상 순영업수익(NOI)이 1차 연도에는 50,000천원이며, 매년 5%씩 증가될 것으로 예상된다. 매입 후 3년간 보유할 계획이며, 3차 연도 말 매각 시 매각금액은 4차 연도까지 보유했을 경우 예상되는 순영업수익에 시장추출법에 따른 종합환원율 10%를 적용하고, 매도비용은 없는 것으로 한다. 부동산 매입 시 1억원을 15년 만기 연 6% 월복리, 매월 말 원리금균등상환조건으로 대출받아 부족자금을 충당할 계획이다. 자기자본에 대한 요구수익률(세전)이 9%일 때 세전할인현금수익분석(BTCF)을 기준으로 하는 경우 오피스 빌딩 매수 의사결정에 대해 가장 타당한 것을 고르시오.

① 투자부동산의 내부수익률 > 요구수익률이므로 투자가치가 있다.
② 순현가(NPV)가 약 −12,830천원이므로 투자가치가 없다.
③ NPV > 0이고 내부수익률 > 요구수익률이므로 투자가치가 없다.
④ NPV > 0이고 내부수익률 < 요구수익률이므로 투자가치가 있다.
⑤ 세전할인현금흐름분석에 의한 부동산가치는 약 487,171천원으로 투자가치가 없다.

18 나고객 씨가 구입을 고려하고 있는 임대용 부동산의 현황과 금융기관에서 제시하는 대출조건이 다음과 같을 때 나고객 씨가 받을 수 있는 최대 대출 가능 금액으로 가장 적절한 것을 고르시오. (대출금은 백만원 미만 절사함)

[구입을 고려 중인 임대용 부동산 현황]
- 예상 임대료 : 임대 첫 해 120,000천원
- 보증금 : 200,000천원(매입자금으로 충당할 예정)
- 공실 및 대손률은 가능총수익의 6%, 영업경비는 유효총수익의 30% 예상
- 부동산 소재 지역 내 유사한 부동산의 종합환원율은 8%

[금융기관 대출조건]
- 수익환원법(직접환원법)에 의한 가격을 기준으로 LTV 60%, 대출금리 연 6% 월복리, 대출기간 10년, 매월 말 원리금균등분할상환 조건이며, DCR은 1.5 이상 요구함
- 금융기관은 위의 대출 기준 중 보수적으로 낮게 산출된 대출금액을 적용하고 있음

① 342,000천원
② 395,000천원
③ 431,000천원
④ 585,000천원
⑤ 631,000천원

[풀이공간]

은퇴설계

19 현재 40세인 나고객 씨는 은퇴자금 마련을 위해 향후 10년간 매년 초 20,000천원씩 저축적립액을 물가상승률만큼 증액하여 저축하고 은퇴시점까지 거치하기로 하였다. 다음의 은퇴설계 관련 정보를 참고하여 은퇴시점에서의 은퇴목표를 충족시키기 위해 추가로 필요한 은퇴일시금으로 적절한 것을 고르시오.

[은퇴설계 관련 기본 정보]
- 은퇴나이 : 60세
- 은퇴기간 : 25년
- 은퇴 후 필요한 은퇴소득 : 현재물가기준 매년 초 40,000천원
- 국민연금 수령액 : 65세부터 현재물가기준으로 매년 초 10,000천원 수령 예상
- 물가상승률 : 연 4%, 세후투자수익률 : 연 7%
- 국민연금과 은퇴소득은 매년 물가상승률만큼 인상되는 것으로 가정

① 498,126천원
② 581,631천원
③ 613,271천원
④ 714,884천원
⑤ 1,296,516천원

20 나고객 씨가 은퇴시점에서 추가로 필요한 은퇴일시금이 700,000천원이라고 가정할 경우 이 금액을 마련하기 위한 저축액으로 가장 적절한 것을 고르시오. (은퇴자금 마련을 위한 저축은 5년 후부터 15년간 매년 초에 이루어지며 매년 물가상승률만큼 증액함)

[나고객 씨 은퇴설계를 위한 가정]
- 은퇴까지 남은 기간 20년, 은퇴기간 26년으로 가정
- 세후투자수익률 : 5.5%
- 물가상승률 : 4.3%

① 19,281천원
② 20,837천원
③ 22,618천원
④ 23,862천원
⑤ 25,9672천원

[풀이공간]

21 다음 은퇴설계를 위한 정보를 참고로 할 때 현재 40세인 나고객 씨 부부의 은퇴기간 동안 현재물가기준으로 매년 얼마의 소비가 가능한지 가장 적절한 것을 고르시오. (국민연금과 은퇴예비자금을 고려할 것)

[나고객 씨 은퇴설계를 위한 정보]
- 부부의 은퇴기간 : 나고객 씨 나이 60세부터 89세 말까지 30년간
- 국민연금 : 나고객 씨 65세부터 매년 초에 현재 물가기준으로 6,000천원 수령 예정
- 나고객 씨 사망 후 부인의 은퇴생활자금을 위해 은퇴시점에서 현재물가기준으로 150,000천원의 은퇴예비자금 준비를 원함
- 세후투자수익률 : 연 6%, 물가상승률 : 연 4%

[현재 준비 중인 은퇴자산]
- 변액연금보험에서 63세부터 27년간 매년 초에 10,000천원씩 수령
- 은퇴시점에서 예상되는 퇴직금 180,000(세전), 200,000천원(세후)을 은퇴자산으로 사용 예정
- 올해 말부터 은퇴를 위해 매년 말 10,000천원씩 20년간 저축할 예정
- 은퇴소득은 매년 물가상승률만큼 증액하여 은퇴기간 동안 매년 초에 수령하는 것으로 가정

① 11,805천원 ② 12,032천원
③ 25,867천원 ④ 26,364천원
⑤ 28,254천원

22 현재 55세인 나고객 씨는 60세 시점에 은퇴를 예상하고 있다. 은퇴 생활비 마련을 위해 나고객 씨는 소유하고 있는 주택을 담보로 역모기지를 통해 은퇴 생활비를 활용하려고 검토하고 있다. 현재 주택의 가치는 400,000천원이고, 주택의 가치는 매년 물가상승률(연 4%)만큼 상승하며, 대출이자는 연 6%로 예상한다. 은퇴생활기간을 20년으로 예상할 때 역모기지 조건은 만기 시 모기지 원리금이 주택가액의 60%를 한도로 하고, 역모기지를 통해 희망하는 첫해 초 연금액은 매년 초 물가상승률만큼 증액된 금액을 지급받기로 했다면 나고객 씨가 역모기지를 통해 첫해 초 받을 수 있는 연금액으로 가장 적절한 것은?

① 9,766천원 ② 9,953천원
③ 10,157천원 ④ 11,881천원
⑤ 12,109천원

[풀이공간]

세금설계

23 제조업을 운영하는 개인사업자인 거주자 나고객 씨에 대한 아래 주어진 내용을 참고하여 나고객 씨의 2023년 귀속 제조업에서 발생한 사업소득금액으로 적절한 것을 고르시오. (기장에 의한 방법으로 사업소득금액을 계산함)

[2023년 귀속 소득 현황]
• 제조업 관련 사업소득 현황
– 매출액 : 400,000천원(세법상 수입금액과 일치)
– 매출원가 : 300,000천원
– 판매비와 일반관리비 : 1,000천원
– 영업 외 수익 : 5,000천원
– 영업 외 비용 : 10,000천원

상기 비용 중에 가사 관련 비용 3,000천원, 공장에 대한 재산세 3,000천원, 감가상각비 한도 초과액 5,000천원이 포함되어 있으며, 사업과 관련된 비과세소득은 처음부터 매출액에 반영하지 않았다.

① 92,000천원
② 94,000천원
③ 96,000천원
④ 99,000천원
⑤ 102,000천원

24 거주자 나고객 씨의 2023년도 종합소득금액과 종합소득공제 추정액은 다음과 같다. 만약 2023년도 중에 나고객 씨가 보유 중인 비상장주식으로부터 현금배당 100,000천원(원천징수세율 14%)을 받는다면, 배당으로 인한 소득세 추가 부담금액(원천징수세액 포함)으로 적절한 것을 고르시오. (배당세액공제만 있는 것으로 가정함)

[나고객 씨 2023년도 종합소득금액 및 종합소득공제 추정액]
• 사업소득 : 220,000천원(필요경비 20,000천원)
• 종합소득공제액 : 50,000천원

① 24,944천원
② 27,744천원
③ 30,244천원
④ 33,244천원
⑤ 37,244천원

[풀이공간]

25 나고객 씨는 인근 신축 상가를 분양회사로부터 분양받으려고 한다. 상가의 가격은 총 2,300,000천원(부가가치세 별도의 금액으로 토지분 800,000천원, 건물분 1,500,000천원)이다. 나고객 씨가 상가를 분양받는 경우, 상가분양과 관련하여 부담하여야 할 부가가치세와 취득세(부가세 포함)으로 적절한 것을 고르시오.

	부가가치세	취득세(부가세 포함)
①	80,000천원	69,000천원
②	150,000천원	69,000천원
③	150,000천원	105,800천원
④	230,000천원	92,000천원
⑤	230,000천원	105,800천원

26 거주자인 나고객 씨는 2023년에 본인 소유로 등기된 제조업 공장 건물을 장남인 나장남 씨에게 다음과 같이 증여하려고 한다. 이때 나고객 씨가 납부해야 할 세목 및 산출세액으로 적절한 것을 고르시오.

[나고객 씨 증여 내역]

- 상기 건물은 제조업 공장 건물로서 상증법상 시가는 5억원임
- 상기 건물은 2년 전에 3억원에 취득한 것이며, 현재 2억원의 보증금을 받고 임대 중임
- 나고객 씨 및 나장남 씨는 2023년 중에 다른 양도소득세 과세대상 자산을 양도한 적이 없으며, 타인으로부터 자산을 증여받은 사실이 없음
- 증여세를 절감하기 위하여 보증금 2억원은 아들이 인수할 계획임
- 나고객 씨 및 나장남 씨는 세금을 부담할 수 있는 충분한 경제적 능력이 있다고 가정함

	세목	산출세액
①	증여세	84,000천원
②	증여세	44,000천원
③	양도소득세	14,035천원
④	양도소득세	0원
⑤	양도소득세	12,840천원

[풀이공간]

상속설계

27 구정완 씨는 모친 김희애, 처 정아람, 장남 구지호, 차남 구제남, 장녀 구지혜, 차녀 구지은 씨를 남기고 사망하였다. 구정완 씨가 남긴 재산은 1,000,000천원이며, 그중 200,000천원은 처 정아람 씨가 재산형성에 기여한 몫으로 인정되었다. 구정완 씨는 장남 구지호 씨가 주택을 구입할 때 100,000천원을 증여하였으며, 장녀 구지혜 씨에게 혼인자금으로 40,000천원을 증여하였고, 모친 김희애 씨에게는 자필증서 유언을 통해 500,000천원을 유증하였다. 다음 설명 중 가장 적절한 것을 고르시오.

① 구정완 씨의 모친 김희애 씨가 구정완 씨 사업에 특별히 기여한 것이 인정되는 경우 유증 500,000천원과 별도로 기여분을 받을 수 있다.
② 정아람 씨가 상속을 포기하더라도 공동상속인의 전원 합의로 기여분이 인정되었다면 기여분 200,000천원은 받을 수 있다.
③ 정아람 씨의 구체적 상속분은 기여분 200,000천원을 포함해 320,000천원이다.
④ 구지호 씨는 특별수익이 상속분을 초과하므로 그 초과액 20,000천원을 반환하여야 한다.
⑤ 상속인들의 유류분이 침해되었다면 유증을 받은 김희애 씨에게 우선적으로 반환을 청구하고 다음으로 기여분을 받은 정아람 씨에게 반환을 청구할 수 있다.

28 나고객 씨는 유가족으로 자녀 나장남과 나장녀 씨 남매를 두고 사망하였으며, 사망 당시 상속재산은 예금 300,000천원, 채무 100,000천원이 있었다. 나고객 씨는 사망하기 3년 전에 장남 나장남 씨에게 400,000천원을 증여하였으며 사망하기 10개월 전에 장학재단에 200,000천원을 기부하였다. 또한 나고객 씨는 자필증서 유언을 통해 복지재단에 상속재산 전부를 유증한다는 유언을 남겼을 경우 상속을 전혀 받지 못한 나장녀 씨는 누구에게 각각 얼마만큼의 유류분을 청구할 수 있는가?

	나장남	장학재단	복지재단
①	133,333천원	66,667천원	0원
②	133,333천원	0원	66,667천원
③	0원	100,000천원	100,000천원
④	100,000천원	50,000천원	50,000천원
⑤	0원	0원	200,000천원

[풀이공간]

29 거주자 나고객 씨는 2023년 11월 30일 사망하였다. 상속개시일 전 3년간 재산 처분 내역 및 채무 부담 내역이 다음과 같을 때 추정 상속재산가액은 얼마인지 적절한 것을 고르시오.

[나고객 씨 부동산 처분 내역]
- 2022년 12월 4일 보유상가 A를 4억원에 처분하였으며, 상속개시일 현재 사용용도가 입증되는 금액은 1.5억원
- 2022년 11월 20일 보유상가 B를 6억원에 처분하였으며, 상속개시일 현재 사용용도가 입증되는 금액은 3억원

[나고객 씨 채무 부담 내역]
- 2023년 6월 30일 금융기관에서 나고객 씨의 명의로 1.5억원을 차입하였으며, 상속개시일 현재 사용용도가 입증되는 금액은 8천만원
- 2022년 1월 18일 금융기관에서 나고객 씨 명의로 6억원을 차입하였으며, 상속개시일 현재 사용용도가 입증되는 금액은 2억원

① 530,000천원
② 630,000천원
③ 670,000천원
④ 730,000천원
⑤ 830,000천원

30 거주자 나고객 씨가 배우자와 성년 자녀 2명을 두고 2023년 7월에 사망하였으며 상속재산에 관한 내용이 다음과 같을 때, 최대한 받을 수 있는 상속공제로 가장 적절한 것은?

[상속재산 내역]
- 예금평가액 : 8억원
- 주식평가액 : 3억원(최대주주 아님)
- 사망보험금 : 4억원(보험료의 50%를 나고객 씨가 납부함)
- 은행차입금 : 2억원
- 임대보증금 : 3억원
- 주택평가액 : 20억원(사망 시까지 12년간 함께 거주해 온 무주택자인 차남이 상속받기로 했으며 나고객 씨는 1세대 1주택자임)
- 나고객 씨가 12년간 운영한 중소기업 ㈜토마토산업의 상속재산평가액은 150억원으로 가업상속공제 요건을 모두 갖추었으며 가업상속공제를 받을 수 있는 장남이 상속받기로 함)
- 배우자에게는 주식 3억원을 상속하기로 협의함
- 나고객 씨는 생전에 증여나 유증을 한 사실이 없음

① 7,700,000천원
② 7,720,000천원
③ 16,700,000천원
④ 9,720,000천원
⑤ 10,020,000천원

[풀이공간]

복합사례 I

아래 주어진 내용을 참고하여 문제 31~40번까지의 질문에 답하시오. (질문하지 아니한 상황은 일반적인 것으로 판단되며, 개별 문제의 가정은 다른 문제와 관련 없음. 질문에 등장하는 개인은 모두 세법상 거주에 해당함)

Ⅰ. 고객정보

[배우자 및 직계비속]

- 윤상규 : 남편(42세), 대기업 과장, 연봉 55,000천원
- 임도연 : 부인(37세), 전업주부
- 윤성민 : 아들(14세)
- 윤정아 : 딸(10세)

[주거상황]

- 서울시 강동구 소재 아파트(면적 : 102m²)
- 아파트는 2019년 4월 말 600,000천원에 구입(구입 시 주택은행에서 주택모기지 150,000천원 받음)
- 모기지 정보 : 대출기간 15년, 매월 말 원리금균등분할상환, 대출이율 연 6% 월복리(2022년 12월 말 현재 44회차 상환)

Ⅱ. 자산 세부내역(2022년 12월 31일 현재)

1. 현금 및 저축성 자산

(단위 : 천원)

구분	명의	가입일	만기일	가입 금액	평가 금액	자금 용도
CMA	윤상규	21. 05. 18	–	5,000	6,080	
합계					6,080	

※ 평가금액은 상시 인출 가능하며 인출 관련 수수료 및 세금은 없는 것으로 가정함

2. 투자자산

(단위 : 천원)

구분	명의	가입일	가입 금액	평가 금액	자금용도
상장주식	윤상규	15. 12. 11	–	10,300	결혼자금
적립식 혼합형 펀드	임도연	16. 09. 04	월 400	9,400	교육자금
거치식 혼합형 펀드	윤상규	16. 07. 11	8,000	6,200	결혼자금
합계				25,900	

3. 연금자산

(단위 : 천원)

구분	명의	가입일	납입 기간	월납 입액	평가 금액
개인연금보험[주1]	윤상규	20 05. 04		500	11,020
변액연금보험[주2]	임도연	20. 04. 00		600	10,800
합계					21,820

주1 : 개인연금보험(세제비적격) 연금은 윤상규 씨 생존 시 60세부터 매년 초 10,000천원씩 20회 정액 지급

주2 : 변액연금보험 연금은 임도연 씨 생존 시 55세부터 매년 초 11,000천원씩 25회 정액 지급

4. 부동산 관련 정보

(단위 : 천원)

구분	취득 일자	취득당시 기준시가 / 취득원가	현재 기준시가 / 적정시세	비고
아파트	18. 04	400,000 / 600,000	600,000 / 800,000	윤상규 세대 거주

※ 매입 예정 부동산 정보

상가 A	–	–	350,000 / 500,000	임대보증금 100,000, 월세 3,500

Ⅲ. 기타 정보

1. 자녀교육자금 관련
   - 윤성민과 윤정아는 각각 19세에 4년제 대학에 입학함
   - 교육비 : 연간 10,000천원씩 4회
   - 교육비용은 현재물가기준으로 매년 초에 필요하며 매년 교육비상승률만큼 상승함

2. 자녀결혼자금 관련
   - 결혼연령 : 윤성민 30세, 윤정아 28세
   - 결혼비용 : 윤성민 90,000천원, 윤정아 65,000천원
   - 결혼비용은 현재물가기준으로 기시에 필요하며, 매년 물가상승률＋2%만큼 상승함

3. 은퇴 관련 정보

- 은퇴기간 및 매년 필요한 은퇴소득(현재물가기준)
  가정 1) 부부의 은퇴기간 : 윤상규 씨 60세부터 85세까지 25년간
  가정 2) 필요한 은퇴소득 : 매년 34,000천원
  가정 3) 윤상규 씨 사망 후 임도연 씨의 은퇴기간에 대한 은퇴필요소득은 윤상규 씨 사망 후 10년간 매년 18,000천원
- 국민연금 수령 예상금액(현재물가기준)
  - 윤상규 씨 나이 65세부터 현재물가기준으로 매년 초 세후 11,000천원
  - 윤상규 씨 사망 시 유족연금 : 현재물가기준으로 매년 초 세후 6,000천원
- 은퇴자산에 대한 세후투자수익률
  - 은퇴 이전 : 연 6.5% / 은퇴 이후 : 연 5.0%
- 퇴직연금 수령 예상금액
  - 윤상규 씨는 2023년 1월 초에 확정기여형 퇴직연금에 가입하였음
  - 퇴직연금 예상금액 : 60세부터 25년간 매년 초 세후 6,000천원
  - 퇴직연금계정의 투자수익률 : 연 5%
- 현재 준비하고 있는 은퇴자산 : 개인연금보험, 변액연금보험
- 부채잔액은 은퇴 전에 모두 상환하는 것으로 가정함
- 은퇴기간 중 매년 필요한 은퇴소득, 국민연금은 매년 물가상승률만큼 증가함

Ⅳ. 분석을 위한 가정

- 물가상승률 : 연 4.0%
- 교육비상승률 : 연 5.0%
- 금융자산의 세후투자수익률 : 연 6.5%

31 윤상규 씨 부부의 2022년 12월 말 기준 모기지 잔액과 2023년 한 해 동안 상환할 모기지 이자상환액으로 가장 적절한 것을 고르시오.

	모기지 잔액	이자상환액
①	124,044천원	7,266천원
②	124,044천원	7,726천원
③	124,686천원	7,266천원
④	124,686천원	7,726천원
⑤	124,686천원	8,389천원

32 두 자녀의 대학교 교육자금을 첫째가 대학교에 입학하기 전까지 마련해 두려고 한다. 현재 교육자금 마련을 위한 저축은 해지하여 세후 투자수익률 연 6.5%의 인덱스펀드에 재투자하고 매년 말 정액으로 추가적인 불입을 원했다. 김범곤 CFP® 자격인증자는 윤상규 씨 부부의 유고시를 대비하여 매년 말 일정 금액을 인덱스펀드에 투자하되, 일부 여유자금으로 체감정기 보험 가입을 권하였다. 윤상규, 임도연 씨 부부가 CFP® 자격인증자의 조언대로 아래와 같은 체감정기보험을 가입했을 경우, 3년 후 체감정기보험의 보험금으로 가장 적절한 것을 고르시오.

[체감정기보험 관련 정보]
- 체감정기보험의 보험금은 윤상규 씨 부부 사망 시 두 자녀가 대학교육을 마칠 수 있는 교육자금이 일시금으로 지급되어야 함
- 인덱스펀드에 투자되는 금액을 감안하여 보험금이 체감되어야 함

① 13,907천원
② 25,320천원
③ 26,965천원
④ 39,227천원
⑤ 50,740천원

[풀이공간]

33 두 자녀의 결혼자금을 첫째가 결혼할 때까지 마련해두려고 한다. 부족자금을 마련하기 위해 매월 말 저축해야 하는 금액으로 가장 적절한 것을 고르시오. (결혼자금 마련을 위한 저축은 해지하여 세후투자수익률 연 6.5% 상품에 재투자한다고 가정함)

① 1,050천원
② 1,063천원
③ 1,113천원
④ 1,135천원
⑤ 1,187천원

34 앞의 정보와 다음 추가 정보를 참고하여 윤상규 씨 부부가 은퇴시점에서 가지고 있을 것으로 추정되는 은퇴자산으로 적절한 것을 고르시오.

[추가 정보]
- 남편 사망 후 임도연 씨만의 노후생활자금을 위해 현재의 은퇴자산 중 현재물가기준으로 200,000천원을 은퇴예비자금으로 반영함
- 상가 A를 적정시세대로 매입한 후 보유하다 은퇴시점에 매각하여 은퇴자산으로 활용할 예정임(상가는 매년 2%씩 상승 예정, 매각에 따른 비용 및 수수료는 3%)

① 533,965천원
② 619,082천원
③ 651,120천원
④ 669,880천원
⑤ 702,448천원

[풀이공간]

35 윤상규 씨 부부가 은퇴시점에서 추가로 필요한 은퇴일시금으로 적절한 것을 고르시오. (문제 34번에서 계산한 두 부부의 추정 은퇴자산은 700,000천원으로 가정함)

① 567,805천원
② 633,645천원
③ 658,325천원
④ 1,150,268천원
⑤ 1,333,645천원

36 윤상규 씨 부부가 은퇴 시 추가적으로 필요한 은퇴일시금이 650,000천원이라고 가정하고 아래와 같이 저축할 예정이라면, 첫해 말 저축해야 하는 금액으로 가장 적절한 것을 고르시오.

[저축 관련 정보]
- 올해 말부터 15년간 저축함(15년간 저축한 원리금은 은퇴시점까지 세후 투자수익률로 부리됨)
- 매년 물가상승률만큼 증액한 금액으로 기말에 저축함

① 15,035천원
② 15,647천원
③ 16,779천원
④ 17,451천원
⑤ 21,660천원

[풀이공간]

37 윤상규 씨 부부는 최근 시장금리가 하락하여 주택은행 주택 모기지 상환을 고려 중인데 지금 상환하게 되면 상환금액의 1% 상환수수료가 발생하게 된다. 이러한 경우 다음과 같은 조건으로 주택은행 대출을 상환하고 잔여기간 동안에 서울은행 대출로 리파이낸싱하는 방안에 대한 설명 중 적절하지 않은 것을 고르시오. (시장 할인율 연 5.2% 월복리임)

[신규대출조건]
- 연 5.2% 월복리, 취급수수료는 대출금의 1%이며 매월말 원리금균등분할상환
- 상환 시 발생하는 상환수수료와 신규대출 시 발생하는 취급수수료는 별도 준비하여 현금으로 지급하는 것으로 함

① 주택은행에 매월 납입하던 금액은 약 1,266천원이다.
② 서울은행 대출로 리파이낸싱을 하는 경우 약 124,686천원을 대출하면 된다.
③ 리파이낸싱으로 발생한 수수료 합계금액은 약 2,494천원이다.
④ 리파이낸싱 후 매월 원리금균등분할상환액은 약 1,215천원이다.
⑤ 리파이낸싱으로 발생한 순이익은 약 5,205천원이다.

38 다음 추가 정보를 참고하여 윤상규 씨가 상가 A를 적정시세대로 매입할 경우 취득 시 투자금액을 기준으로 한 Cash on Cash rate로 적절한 것을 고르시오.

[추가 정보]
- 취득 시 대출금 100,000천원, 대출기간 10년, 이자율연 7%, 매년 말 원리금균등분할상환 방식
- 임대보증금과 월세는 취득 이후 변화가 없으며 취득 시 취득세 등 부대비용으로 취득금액의 10%를 지불하였다.
- 임대보증금 운용수익률 : 연 8%
- 기타 경비는 발생하지 않음

① 7%
② 8.75%
③ 10%
④ 11.67%
⑤ 14.33%

[풀이공간]

39 윤상규 씨가 상가 A를 당해연도에 적정 시세대로 매입하는 경우 부담하여야 하는 부가가치세와 취득세(부가세 포함)의 합계금액으로 적절한 것을 고르시오.

> [취득 부동산 관련 추가 정보]
> - 취득 부동산 : 상가 A
> - 취득가격 : 500,000천원(부가가치세 별도의 금액으로 토지분 200,000천원, 건물분 300,000천원)

① 40,000천원
② 43,000천원
③ 50,000천원
④ 53,000천원
⑤ 73,000천원

40 윤상규 씨가 상가 A를 적정 시세대로 매입한 후 보유하다 2033년 2월 14일에 643,000천원에 양도하는 경우에 양도소득 산출세액으로 적절한 것을 고르시오. (양도비용 3,000천원 이외에는 어떤 필요경비도 발생하지 않았으며 양도비용에 대한 적법한 증명서류가 있고, 윤상규 씨는 당해 연도에 상기 상가 이외에 양도소득세 과세대상 양도 자산을 양도한 적이 없음)

① 16,225천원
② 17,700천원
③ 18,525천원
④ 19,400천원
⑤ 22,785천원

[풀이공간]

MEMO

CFP® 실전모의고사 2회

사례형 4교시

수험번호		성명	

시험 유의사항

1. 수험표에 명시된 준비물을 꼭 지참하고, 특히 규정신분증 이외의 신분증 및 신분증을 지참하지 않을 경우 입실이 허용되지 않음
2. 시험 시작 후 1시간이 경과하기 전에는 퇴실할 수 없으며, 퇴실 시 반드시 문제지와 답안지를 제출해야 함
3. 응시자 이외의 사람은 시험장에 출입할 수 없으며 시험장 내 주차장이 협소하거나 주차장을 사용할 수 없는 고사장이 있으므로 대중교통을 이용하고, 만약 자가용 이용으로 발생되는 문제(주차 및 차량훼손 등)은 한국 FPSB가 책임지지 않음
4. 시험장 내 휴대전화, 무선기, 컴퓨터, 태블릿 PC 등 통신 장비를 휴대할 수 없으며 휴대가 금지된 물품을 휴대하고 있음이 발견되면 부정행위 처리기준에 따라 응시제한 1년 이상으로 징계됨
5. 답안 작성은 컴퓨터용 사인펜을 이용하고 예비답안 작성은 반드시 붉은 사인펜만을 이용해야 하며, 붉은 사인펜 이외의 필기도구(연필, 볼펜 등)를 사용하여 예비답안을 작성한 경우 이중 마킹으로 인식되어 채점되지 않음을 유의함
6. 답안은 매 문항마다 하나의 답안을 골라 그 숫자에 빈틈없이 표기해야 하며, 답안지는 훼손, 오염되거나 구겨지지 않도록 주의해야 함. 특히, 답안지 상단의 타이핑 마크를 절대로 훼손해서는 안 되며, 마킹을 잘못하거나(칸을 채우지 않거나 벗어나게 마킹하는 경우) 답안지 훼손에 의해서 발생되는 문제에 대한 모든 책임은 응시자에 귀속됨
7. 문제지와 답안지 작성을 제외한 모든 종류의 필사(본인 답안 필사 등)를 하는 행위 및 컨닝용 쪽지, 책자 또는 노트 등을 휴대하는 행위는 부정행위로 처리함
8. 시험 종료 안내는 종료 20분, 10분, 5분 전에 방송되며 시험시간 관리의 책임은 전적으로 수험생 본인에게 있으므로 종료 후 답안 작성으로 인하여 부정행위 처리되지 않도록 유의함
9. 시험장 내에선 금연이며 시험장의 시설물이 훼손되지 않도록 주의함
10. 유의사항 위반에 따른 모든 불이익은 응시자가 부담하고 부정행위 및 규정 위반자는 부정행위 세부처리기준에 준하여 처리됨

복합사례 II

아래 주어진 박남규 씨의 자료를 참고하여 문제 1~10번까지의 질문에 답하시오. (질문하지 아니한 상황은 일반적인 것으로 판단되며, 개별 문제의 가정은 다른 문제와 관련 없음. 질문에 등장하는 개인은 모두 세법상 거주자에 해당함)

I. 고객정보

[배우자 및 직계비속]

- 박남규 : 남편(40세), 자영업, 연수입 80,000천원, 부친 박성식 씨 아파트에서 취득 이후 가족 모두 함께 거주함
- 서지영 : 부인(35세), 전업주부
- 박현우 : 장남(7세)

[직계존속 및 형제자매]

- 박성식 : 부친(72세), 부동산임대업을 하고 있음
- 차근예 : 모친(66세), 박성식 씨와 함께 거주함
- 박성훈 : 남동생(30세), 미혼이며, 중증 장애인으로 별도의 소득이 없으며 박성식 씨와 함께 거주함
- 박소미 : 여동생(37세), 출가하여 배우자 윤지훈(35세), 아들 윤성원(5세)과 함께 본인 소유 주택에서 거주하고 있음

II. 자산 세부내역(2022년 12월 31일 현재)

1. 금융자산

(단위 : 천원)

구분	명의	가입일	가입금액	평가금액	자금용도
MMF	박남규	2019.07	–	8,400	–
합계				8,400	

※ 평가금액은 상시 인출 가능하며 인출 관련 수수료 및 세금은 없는 것으로 가정함

2. 투자자산

(단위 : 천원)

구분	명의	가입일	가입금액	평가금액	자금용도
주식형 펀드	서지영	2019.07	40,000	46,782	결혼자금
적립식 펀드	서지영	2019.07	월 500	9,708	은퇴자금
합계				56,490	

3. 연금자산

(단위 : 천원)

구분	명의	가입일	납입기간	월납입액	평가금액
개인연금 보험주1)	서지영	2020.01	20년납	300	12,816
변액연금 보험주2)	박남규	2020.01	60세납	500	26,160
합계					38,976

주1) 개인연금보험은 세제비적격 종신연금형이며 서지영 씨 나이 60세부터 매년 초 10,200천원의 연금이 지급됨(개인연금보험의 예정이율은 연 4.5%이며, 연금지급개시 전에 피보험자 사망 시 사망보험금은 50,000천원과 사망시점의 해지환급금이 지급됨)

※ 계약자 : 서지영 / 피보험자 : 서지영 / 수익자 : 서지영

주2) 변액연금보험은 박남규 씨 나이 60세부터 매년 초에 10,500천원씩 총 25회 연금지급이 예상됨(연금지급개시 전에 박남규 씨 사망 시 사망보험금은 30,000천원과 사망시점의 해지환급금이 지급됨)

※ 계약자 : 박남규 / 피보험자 : 박남규 / 수익자 : 박남규

4. 보장성 보험

(1) 생명보험 가입 현황

구분	종신보험주1)	암보험주2)	의료실비보험주3)
보험계약자	서지영	서지영	서지영
피보험자	박남규	서지영	서지영
수익자	서지영	서지영	서지영
보험가입금액	100,000천원	30,000천원	30,000천원
계약일	2014.07.01	2018.07.01	2020.07.01
만기일	–	80세 만기	100세 만기
월납보험료	180천원	35천원	28천원
해지환급금	7,200천원	–	–
보험료납입 기간	20년납	5년 단위 갱신	100세납 (1년 단위 갱신)

주1) 60세 정기특약 100,000천원, 재해사망 100,000천원이 지급됨

주2) 암보험은 5년 단위 갱신형 보험으로 갱신 시 보험나이 증가에 따른 보험료가 인상될 수 있으며, 보험금은 암진단 시 30,000천원, 암수술 1회당 3,000천원 지급

주3) 순수보장형으로 1년 단위 갱신형으로, 의료비 자기부담률은 20%

(2) 자동차보험

피보험자(소유자)		박남규
계약일 / 만기일		2022. 12. 01~2023. 12. 01
보험가입 금액	대인 I	자배법 시행령에서 정한 금액
	대인 II	무한
	대물	1사고당 50,000천원
	자기신체사고	1인당 30,000천원
	무보험자동차상해	1인당 최고 200,000천원
	자기차량손해	자기부담금(50천원) / 차량(21,550천원)
	특약	가족운전자한정운전특약
보험료		680천원

(3) 화재보험

보험계약자 / 피보험자	박남규
계약일 / 만기일	2022년 12월 1일 ~2023년 12월 1일
보험가입금액	건물 : 100,000천원
연간보험료	80천원

III. 부모 재산 현황(2022년 12월 31일 현재)

1. 금융자산

예금 : 정기예금 원금 1,000,000천원[연 5%(세전), 원천 징수 세율 15.4%(지방소득세 포함)]

2. 부동산 보유 현황

(단위 : 천원)

구분	취득 일자	현재 기준시가	현재 적정시세	비고
아파트	2002. 06	800,000	1,000,000 (유사매매 사례가액)	박성식 씨 거주
임대 상가 건물	–	4,000,000	5,000,000	• 임대보증금 200,000 • 월세수입 월 12,000 • 은행대출금 300,000

3. 보험료 납입 현황

박성식 씨는 사망 시 300,000천원의 보험금을 지급하는 생명보험에 가입하고 있음(계약자 및 피보험자는 박성식, 수익자는 박성훈)

4. 현재까지 박성식 씨의 증여 현황

수증자	증여내용	증여일	비고
박소미	아파트	2002. 07	• 증여일 현재 증여재산가액 : 200,000천원 • 2022. 12. 31 현재 상증법상 평가 가액 : 400,000천원
박남규	상가	2019. 08	• 증여일 현재 증여재산가액 : 400,000천원 • 2022. 12. 31 현재 상증법상 평가 가액 : 500,000천원
박남규	창업자금	2020. 06	현금 900,000천원
박성훈	비상장 주식	2019. 03	• 증여일 현재 증여재산가액 : 100,000천원 • 2022. 12. 31 현재 상증법상 평가 가액 : 200,000천원

VI. 분석을 위한 가정

- 물가상승률 : 연 3.0%
- 금융자산의 세후투자수익률 : 연 5.5%
  - 현금성 및 저축성 자산 : MMF 연 4.5%, 정기적금 연 4.8%
  - 투자자산 : 주식형 펀드 연 11.0%, 적립식 펀드 연 7.0%
  - 연금자산 : 개인연금보험 연 4.5%, 변액연금보험 연 4.5%

01 상기 고객 정보와 다음의 추가 정보를 참고하여 박남규 씨가 오늘 사망할 경우 유동성을 제공하기 위한 생명보험 필요보장액으로 적절한 것을 고르시오.

[추가 정보]
- 부채 : 신용카드 잔액 3,450천원
- 예상 사후정리비용
  - 장례비 : 20,000천원
  - 최후의료비 : 15,000천원
  - 사후조정자금 : 40,000천원
  - 상속처리비용 : 10,000천원
- 유동자산 분류 시 유의사항
  - 국민연금의 유족연금이나 일시금 등 국민연금의 급부는 고려하지 않음

① 유동자산이 176,200천원 정도 부족하며, 추가적인 보장이 필요하다.
② 유동자산이 88,450천원 정도 부족하며, 추가적인 보장이 필요하다
③ 유동자산이 166,200천원 정도 초과하며, 추가적인 보장이 필요 없다.
④ 유동자산이 176,200천원 정도 초과하며, 추가적인 보장이 필요 없다.
⑤ 유동자산이 173,200천원 정도 초과하며, 추가적인 보장이 필요 없다.

02 다음 추가 정보를 참고하여 박남규 씨가 오늘 사망할 경우 유가족들이 유동자산만으로 실질적인 가계지출을 유지할 수 있는 기간과 가장 가까운 것을 고르시오. (단, 사후정리비용과 국민연금의 유족연금은 감안하지 않음)

[박남규씨 가계 추가 정보]
- 박남규 씨 가정의 연간 가계지출은 30,000천원이며, 지출 중 박남규 씨의 생명보험료, 용돈 등 본인을 위해 지출하는 비용은 6,000천원
- 상가담보대출 미상환 잔액 : 55,000천원
- 필요비용은 매 기간 초에 필요하며 매년 물가상승률로 상승함

① 9년 초과~10년 이하
② 10년 초과~11년 이하
③ 11년 초과~12년 이하
④ 12년 초과~13년 이하
⑤ 13년 초과~14년 이하

[풀이공간]

03 다음 중 박남규 씨 부부가 가입한 생명보험상품에 대한 분석 내용으로 가장 적절한 것은?

① 박남규 씨가 사망할 경우 종신보험에서 지급되는 사망보험금은 기간에 상관없이 언제나 동일하다.
② 종신보험은 사망보장이 주목적이므로 사망보험금을 수령하는 것 이외에 활용할 수 있는 방법은 없다.
③ 변액연금보험은 연금을 수령하는 것보다 연금개시시점에서 해지하여 세후투자수익률이 연 4.5% 이상 기대되는 금융상품에 투자하는 것이 연금액이 크다.
④ 의료실비보험은 일반적으로 국민건강보험 급여대상 의료비와 비급여대상 의료비 중 본인부담분의 80%를 지급한다.
⑤ 서지영 씨는 전업주부이므로 질병에 대한 보장은 필요하지만 사망보장은 별도로 준비할 필요가 없다.

04 다음 추가 정보를 참고하여 박남규 씨의 가해차량이 가입된 자동차보험에서 지급될 수 있는 사망보험금에 대한 설명으로 가장 적절한 것을 고르시오.

[추가 정보]
• 박남규 씨의 인적사항
 – 생년월일 : 1983년 2월 15일
 – 사고일(사망일) : 2023년 11월 28일
 – 박남규씨의 65세까지 취업가능월수(290개월)에 해당하는 호프만계수 : 189.8639
 – 직업정년 : 65세
 – 월평균 현실소득액 : 7,200천원
 – 과실비율 : 20%
• 가해차량은 개인용자동차보험의 모든 담보에 가입되어 있음

① 장례비와 위자료의 합계금액은 85,000천원이 지급될 것이다.
② 가해차량이 무보험자동차라면 박남규 씨가 가입한 자동차보험에서 전액을 보상받을 수 있다.
③ 상실수익액 계산 시 라이프니쯔계수를 반영하여 계산한다.
④ 과실상계를 감안한다면 상실수익액은 645,631천원이 지급될 것이다.
⑤ 박남규씨가 가입한 종신보험에서 200,000천원의 사망보험금이 지급된다.

[풀이공간]

05 서지영 씨 명의로 가입한 적립식 주식형펀드의 과거 3년간 투자 내역이 다음과 같다고 할 때 시간가중수익률을 연간 산술평균과 기하평균으로 나누어 계산한 것으로 가장 적절한 것을 고르시오. (펀드의 납입금은 매년 초 일시불로 투자한 것으로 가정함)

(단위 : 원, 천좌)

일자	납입금액	펀드 기준가	구입 좌수	잔고좌수	평가 금액
16. 01. 02	6,000,000	1,500	4,000	4,000,000	6,000
17. 01. 02	6,000,000	1,250	4,800	8,800,000	11,000
18. 01. 02	6,000,000	1,000	6,000	14,800,000	14,800
18. 12. 31	–	1,200	–	14,800,000	17,760

	산출평균	기하평균
①	−6.67%	−7.17%
②	−7.17%	−6.67%
③	−20.0%	−7.17%
④	−7.17%	−20.0%
⑤	−20.0%	−20.0%

06 박남규 씨는 포트폴리오 수정을 위해 김범곤 CFP® 자격인증자로부터 아래 3개의 펀드를 추천받았다. 추천받은 세 펀드의 과거 성과에 대한 설명으로 적절한 것을 고르시오.

집합투자기구	실현 수익률	벤치마크 수익률	베타	수익률 표준편차
A	21%	20%	1.05	16.5%
B	17.5%	18.8%	0.95	19.2%
C	18.5%	16.5%	0.9	13.5%

※ 무위험이자율 : 4%

① 집합투자기구 A의 젠센척도는 +2.3%로 증권선택능력이 있다.
② 집합투자기구 B의 요구수익률은 19.2%이다.
③ 집합투자기구 B의 젠센척도는 −0.56%로 증권선택능력이 떨어진다.
④ 집합투자기구 C의 샤프척도는 1.0741로 집합투자기구중 성과가 가장 부진하다.
⑤ 집합투자기구 C의 트레이너척도는 0.1611로 집합투자 기구 중 성과가 가장 우수하다.

[풀이공간]

07 박남규 씨는 CFP® 자격인증자와의 상담을 통해 전략적 자산배분으로 주식 45%, 채권 50%, 현금 5%로 배분하기로 하였다. 그런데 향후 1년간 주식시장이 하락할 것으로 예상되어 다음과 같이 현금자산과 채권의 비중을 늘리고 주식자산 비중을 줄이는 전술적 자산배분을 실시하였다. 지난 1년간 성과평가의 분석 내용으로 적절한 것을 고르시오.

구분		주식	채권	현금자산	총수익률
벤치마크		KOSPI 200	채권 지수	현금자산 수익률	
구성비	전략적 자산배분	45.0%	50.0%	5.0%	–
	전술적 자산배분	35.0%	55.0%	10.0%	
수익률	벤치마크	9.0%	6.0%	5.0%	
	실현수익률	9.0%	7.0%	6.0%	
전략적 자산배분 수익률		4.05%	3.00%	0.25%	7.30%
전술적 자산배분 수익률		3.15%	3.30%	0.50%	6.95%
실제 포트폴리오 수익률		3.15%	3.85%	0.60%	7.60%
전술적 자산배분효과					
증권선택효과					

	전술적 자산배분효과			증권선택효과		
	주식	채권	현금자산	주식	채권	현금자산
①	−0.17%	−0.07%	−0.12%	0.00%	0.55%	0.10%
②	0.00%	0.55%	0.10%	−0.17%	−0.07%	−0.12%
③	0.17%	0.07%	0.12%	0.00%	0.55%	0.10%
④	0.00%	0.55%	0.10%	0.17%	0.07%	0.12%
⑤	−0.17%	0.07%	−0.12%	0.00%	−0.55%	0.10%

08 다음은 박성식 씨의 부동산임대소득에 대한 설명이다. 적절하지 않은 설명으로 모두 묶은 것은?

가. 임대상가의 임대료 수입에 대하여 부가세를 신고하여야 하며, 간주임대료를 계산하여 수입금액에 가산하여야 한다.
나. 일반과세자의 경우 부가세는 1년에 1회 신고납부해야 한다.
다. 임대상가에 입주하여 임대료를 내는 업종이 병원이라면 병원은 면세사업자이므로 임대상가의 임대료 수입에 대한 부가세는 납부할 필요가 없다.
라. 상가의 보수 등을 위해 지출한 비용에 대하여 세금계산서를 수취하였다면 해당 부분은 매입세액공제를 받을 수 있다.

① 가, 나
② 나, 다
③ 다, 라
④ 가, 나, 라
⑤ 나, 다, 라

[풀이공간]

09 박성식 씨가 오늘 사망하여 박성식 씨의 아파트를 박남규 씨가 상속받을 경우 동거주택상속공제액으로 적절한 것을 고르시오.

① 300,000천원
② 320,000천원
③ 400,000천원
④ 500,000천원
⑤ 600,000천원

10 박남규 씨가 오늘 아버지로부터 아파트를 증여받을 경우, 금번 증여에 따른 계산 시 합산과세되는 과거의 증여재산은 얼마인지 적절한 것을 고르시오.

① 400,000천원
② 500,000천원
③ 600,000천원
④ 1,300,000천원
⑤ 1,400,000천원

[풀이공간]

복합사례 III

아래 주어진 내용을 참고로 하여 문제 11번~20번까지 답하시오. (질문하지 아니한 상황은 일반적인 것으로 판단되며, 각 질문은 개별적인 사항임. 질문에 등장하는 개인은 모두 세법상 거주자에 해당함)

이상우 씨는 자수성가한 사업가로 많은 자산을 보유하고 있다. 대부분의 자산이 부동산으로 구성되어 있는 이상우 씨는 부동산설계에 관심이 많으며, 또한 효율적인 상속설계에도 많은 관심이 있다. 이에 이상우 씨는 지인으로부터 김범곤 CFP® 자격인증자를 소개받아 다음의 정보를 제공하고 재무설계를 실행하기로 합의하였다.

Ⅰ. 고객정보

[배우자 및 직계비속]

- 이상우 : 남편(72세, 부동산임대사업자)
- 강유이 : 부인(69세, 전업주부), 1994년 이상우와 재혼한 후 줄곧 이상우와 함께 거주
- 이광건 : 장남(35세, 미혼), 근로소득자이며 분가하여 본인 소유 주택에 홀로 거주
  - 이광건은 이상우의 전처 서미진(70세, 현재 생존)의 친자임
  - 이광건은 1주택만 소유함
- 이강희 : 차남(33세, 기혼, 소득 없음), 장애인이며 이상우와 출생 이후 계속하여 함께 거주
  - 이강희는 재혼한 강유이의 친자임
  - 이강희는 배우자 오주연(31세, 전업주부), 장녀 이보영 (3세), 장남 이상훈(2세)가 있음
- 이고은 : 장녀(32세, 기혼, 전업주부)
  - 3년 전 이혼하였으며, 얼마 전 조준환(33세)과 재혼하여 조준환 소유 주택에서 자녀와 함께 거주
  - 자녀로는 전 남편과 사이에서 얻은 아들 박동혁(5세)과 조준환이 전부인과 사이에서 얻은 아들 조영호(6세)이 있으며, 자녀들의 입양절차는 이루어지지 않음
- 이다영 : 차녀(29세, 미혼), 전문직 종사자이며 분가하여 본인 소유의 주택에 홀로 거주

[직계존속 및 형제자매]

- 이동혁 : 아버지(2020년에 사망)
- 윤정아 : 어머니(93세, 소득 없음), 이상우와 2022년도 중 계속하여 함께 거주

Ⅱ. 자산 세부내역(2022년 12월 31일 현재)

1. 이상우 씨의 금융재산 및 2023년도 예상 금융소득 현황
   - 은행정기예금 : 원금 1,000,000천원, 연 이자율 4%, 2023년도 이자수입 40,000천원[원천징수세율은 15.4%(지방소득세 포함)]
   - 펀드 : 국내주식형펀드로 원금 500,000천원, 현재 평가 가액은 800,000천원이며, 2023년도 펀드에서 발생할 과세대상 예상 배당소득은 64,500천원[원천징수세율은 15.4%(지방소득세 포함)]
   - 상장주식 : 토마토전자 주식으로 2022년 12월 31일 최종시세가액의 합계액은 200,000천원이며, 2023년도 상장주식에서 발생할 과세대상 예상 배당소득은 5,500천원[원천징수세율은 15.4%(지방소득세 포함)]
   - 비상장주식(토마토물산) : 상증법상 평가액 100,000천원, 2023년도 비상장주식에서 발생할 과세대상 예상 배당은 없음
   - 2023년도 중 금융재산의 종류는 변화 없고, 평가가액은 상승한다고 가정함

2. 부동산자산

(단위 : 천원)

구분	취득일자	취득당시 기준시가 / 취득원가	현재 기준시가 / 적정시세	비고
아파트 A	2009.03.02	300,000 / 500,000	1,400,000 / 2,000,000	• 전용면적 148m^2 • 이상우 세대 전원이 취득 이후 계속 거주
별장 B	2013.09.02	200,000 / 300,000	400,000 / 500,000	• 전용면적 135m^2 • 이상우 세대 별장
상가 C	2016.07.15	400,000 / 500,000	800,000 / 900,000	• 은행대출금 : 100,000 • 임대보증금 : 200,000 • 월세 : 5,000
상가 D	2017.05.02	1,200,000 / 1,500,000	2,000,000 / 2,500,000	• 은행대출금 : 500,000(연 5%, 만기일시상환방식) • 임대보증금 : 300,000 • 월세 : 21,000

※ 상기 재산의 기준시가는 양도소득세 계산 시 적용되는 기준시가 및 상증법상 보충적 평가방법에 적용되는 기준시가를 의미하며, 기준시가는 2023년도 정기변경 고시일에 10% 상승한다고 가정

※ 별장은 지방세법 및 소득세법상 별장의 요건을 모두 충족한 별장임

※ 상기 각 상가의 기준시가는 국세청장이 산정 · 고시한 상업용 건물의 기준시가임

※ 상기 각 상가의 임대계약은 2023년도 말까지 변동 없음

3. 기타재산 현황(2022년 12월 31일 현재)
- 골프회원권 : 평가가액 5억원(취득일 : 2019년 7월/취득가액 : 3억원)
- 헬스클럽회원권 : 평가가액 5천만원(취득일 : 2020년 6월/취득가액 : 4천만원)

4. 현재까지 이상우 씨의 증여현황

수증자	증여일	증여재산	증여재산가액	비고
이광건	2011.12	예금	200,000천원	
강유이	2013.05	상장주식	200,000천원	
이강희	2019.04	현금	200,000천원	
이고은	2021.05	골프회원권	100,000천원	
토마토재단	2022.11	현금	900,000천원	

Ⅲ. 분석을 위한 가정

- 물가상승률 : 연 3.0%
- 금융자산의 세후투자수익률 : 연 8%

11 **상기 자료를 토대로 이상우 씨의 2023년 귀속 종합소득세 계산 시 적용되는 종합소득공제 및 세액공제에 대한 설명으로 가장 적절한 것을 고르시오.**

① 이상우 씨는 이강희 씨에 대한 기본공제를 적용받을 수 없다.
② 2023년도 중 이상우 씨가 상가 D를 강유이 씨에게 증여할 경우, 강유이 씨는 기본공제대상에 해당하지 않으나, 이상우 씨가 강유이 씨의 질병치료를 위해 지출한 의료비는 의료비세액공제대상이 된다.
③ 이상우 씨 본인을 위한 대학원 교육비는 전액 교육비세액공제가 가능하다.
④ 2023년도 중 강유이 씨가 이상우 씨와 별거하여 취업하게 되는 경우에도 이상우 씨가 강유이 씨를 위하여 이미 지급한 보장성보험료에 대한 보험료세액공제가 가능하다.
⑤ 이상우 씨가 성실신고확인대상자에 해당하여 성실신고확인서를 제출하는 경우 종합소득과세표준 확정신고는 2023년 5월 1일부터 6월 30일까지 연장이 가능하며, 표준세액공제로 연 120천원 공제가 가능하게 된다.

12 **이상우 씨의 2023년 귀속 종합소득 결정세액으로 적절한 것을 고르시오. (사업소득금액은 100,000천원이며, 종합소득공제액은 10,000천원으로 가정함)**

① 31,395천원
② 32,000천원
③ 48,645천원
④ 50,884천원
⑤ 52,029천원

[풀이공간]

13 **이상우 씨가 보유 중인 재산과 관련된 세금에 대한 설명으로 가장 적절하지 않은 것을 고르시오.**

① 이상우 씨의 사망 직전 아파트 A의 유사매매사례가액이 변경되더라도 상속 시의 취득세 과세표준은 동일하다.
② 이상우 씨가 보유 중인 별장은 종합부동산세 과세대상에서는 제외된다.
③ 이상우 씨가 사망하여 상속이 개시되면 이상우 씨의 2023년도 귀속 종합소득세 납세의무는 상속인에게 승계된다.
④ 이상우 씨가 2023년 6월 10일에 사망한다면 재산세는 상속세 과세가액 계산 시 공과금으로 차감할 수 있다.
⑤ 이상우 씨가 자녀 및 배우자에게 부동산을 증여하는 경우 가치가 가장 높은 부동산을 증여하는 것이 상속세 절세 측면에서 유리하다.

14 **2023년 10월 24일 이상우 씨가 갑작스런 심장발작으로 사망하였다고 가정할 경우 상속 관련 법률에 대한 설명으로 적절하지 않은 것을 고르시오. (이상우 씨가 남긴 상속재산이 400,000천원뿐이라고 가정하고, 이상우 씨 사전증여 현황을 고려할 것)**

① 특별수익이 상속분을 초과하더라도 유류분을 침해하지 않는 경우 반환할 필요는 없다.
② 특별수익을 고려한 이강희 씨의 상속분은 0원이다.
③ 서미진 씨가 이상우 씨의 사망 당시 간병의무를 충실히 이행했다는 이유만으로 기여분을 인정받을 수는 없다.
④ 이강희 씨의 기여분이 인정되는 경우에는 우선 특별수익을 공제하여 상속재산을 확정한 이후 기여분을 계산하면 된다.
⑤ 유류분산정 기초재산은 2,000,000천원이다.

[풀이공간]

15 이상우 씨가 2023년 1월 5일에 사망하였다고 가정할 경우 다음 추가 정보를 참고하여 각종 상속공제의 합계액으로 적절한 것을 고르시오.

[추가 정보]
- 이강희 씨의 기대여명은 35년으로 가정
- 강유이 씨가 실제로 상속받은 금액은 3억원임
- 2023년 6월 홍수로 인해 별장 B가 침수되었으며 이로 인한 멸실가액은 1억원임
- 아파트 A(상속재산가액 2,000,000천원)는 이광건 씨가 상속받음
- 일괄공제를 적용하는 것으로 가정함

① 800,000천원
② 1,200,000천원
③ 1,300,000천원
④ 1,700,000천원
⑤ 1,800,000천원

16 이상우 씨가 상가 C를 배우자 강유이 씨에게 2023년도 4월에 증여할 경우, 다음 추가 정보를 참고하여 증여에 따른 증여세 산출세액으로 가장 적절한 것을 고르시오. (증여세는 법정신고기한 이내 신고한다고 가정함)

[증여 관련 추가 정보]
- 상가에 딸린 채무를 강유이 씨가 승계하는 조건임
- 상가의 매매사실 등 상증법상 시가로 볼 수 있는 가액이 없음

① 16,400천원
② 25,220천원
③ 26,000천원
④ 60,140천원
⑤ 86,000천원

[풀이공간]

17 이상우 씨의 상속세 및 증여세 절세방안에 대한 다음 설명 중 가장 적절한 것을 고르시오.

① 골프회원권과 헬스클럽회원권은 원칙적으로 평가기준일까지 불입한 금액과 현재의 프리미엄에 상당하는 금액을 합한 금액으로 평가하므로 상속세 절세 측면에서 실익이 없다.
② 이강희 씨를 보험금 수령인으로 하는 보험상품에 가입하면 연간 5억원 한도 내에서는 증여세를 과세하지 않는다.
③ 이상우 씨의 아파트 A를 이강희 씨가 상속하여 동거주택상속공제를 적용받는다.
④ 상속세 과세표준 및 세액이 결정된 다음에 부동산의 상속재산가액이 현저히 하락한 경우 그 사유가 발생한 날로부터 3개월 후에 경정청구를 하게 되면 무의미하다.
⑤ 토마토전자주식의 경우 상속개시일 후 2개월 간에 공표된 매일의 한국거래소 최종 시세가액의 평균액을 시가로 인정하므로 이를 최대한 활용한다.

18 이상우 씨가 보유한 국내주식형펀드, 상장주식, 비상장주식의 기대수익률과 수익률의 표준편차가 다음과 같을 경우 세 자산만으로 구성된 포트폴리오의 기대수익률과 표준편차로 적절한 것을 고르시오. (각 자산의 수익률 간의 상관계수는 0임)

구분	기대수익률	수익률 표준편차
국내주식형펀드	11.0%	5%
상장주식	5.55%	15%
비상장주식	16.5%	10%

① 포트폴리오의 기대수익률 10.5%, 포트폴리오의 표준편차 5.7%
② 포트폴리오의 기대수익률 10.5%, 포트폴리오의 표준편차 4.6%
③ 포트폴리오의 기대수익률 9.5%, 포트폴리오의 표준편차 5.7%
④ 포트폴리오의 기대수익률 9.5%, 포트폴리오의 표준편차 4.6%
⑤ 포트폴리오의 기대수익률 9.2%, 포트폴리오의 표준편차 0%

[풀이공간]

19 이상우 씨는 3년 만기, 표면금리 6%, 연 단위 후급 이표채를 매매수익률 6.5%로 매입하려고 한다. 이 채권의 수정듀레이션으로 적절한 것을 고르시오.

① 2.34
② 2.50
③ 2.66
④ 2.83
⑤ 3.00

20 이상우 씨는 보유하고 있는 상가 D가 노후화되어 현재 시장임대료 수준보다 약 20% 낮은 임대료를 받고 있어 임대수입의 정상화를 위해 시설을 개보수하는 리모델링을 검토하고 있다. 리모델링 비용으로 250,000천원을 일시불로 지급 후 5년간 보유하는 투자방안에 대한 적절한 설명을 고르시오.

[상가 D 리모델링 관련 추가 정보]
- 임대료 수입은 매월 말 발생한다고 가정
- 현재가치 계산을 위한 할인율 연 6% 월복리 적용
- 5년 후 리모델링비용의 잔존가치는 없으며, 리모델링 기간 및 리모델링 후의 가치 상승은 고려하지 않음

① 89,040천원만큼 투자수익 증대가 이루어지므로 리모델링을 실시한다.
② 21,560천원만큼 투자수익 증대가 이루어지므로 리모델링을 실시한다.
③ −26,250천원만큼 투자수익 감소가 이루어지므로 리모델링을 실시하지 않는다.
④ −37,768천원만큼 투자수익 감소가 이루어지므로 리모델링을 실시하지 않는다.
⑤ −54,311천원만큼 투자수익 감소가 이루어지므로 리모델링을 실시하지 않는다.

[풀이공간]

종합사례

김강현 씨의 다음 자료를 참고하여 문제 21~40번까지의 질문에 답하시오. (질문하지 아니한 상황은 일반적인 것으로 판단되며, 개별 문제의 가정은 다른 문제와 관련 없음. 질문에 등장하는 개인은 모두 세법상 거주자에 해당함).

부동산임대사업을 하는 김강현 씨는 사업과 자녀들의 교육에 전념하며 생활하고 있다. 현재 재산도 어느 정도 보유하고 있고 사업도 안정적으로 진행되어 생활하는 데 크게 어려움이 없는 상태이다. 김강현씨는 여러 재무적 상황들에 대해 2023년 1월 초에 김범곤 CFP® 자격인증자에게 상담을 의뢰하였다.

Ⅰ. 고객정보

[배우자 및 직계비속]

- 김강현 : 남편(52세, 부동산임대업)
- 한민희 : 부인(47세, 전업주부)
- 김건일 : 아들(21세, 대학생, 장애인)
- 김가람 : 딸(14세, 올해 중학교 2학년이 됨)
- 상기 가족은 모두 강남구 소재 김강현 소유 주택에 거주하고 있음
- 김강현과 한민희는 2013년 재혼함(김건일은 김강현과 2012년 협의이혼한 전처와의 사이에서 태어난 자녀이고, 김가람은 한민희와 전 남편 사이에서 태어난 자녀이며, 자녀들에 대한 입양절차는 없었음)

[직계존속 및 형제자매]

- 김근석 : 부친(78세), 경기도 용인시 소재 본인 소유 아파트에서 김강현의 모친 허진선(65세)과 함께 거주하고 있음
- 김경진 : 여동생(47세), 재혼(자녀들에 대한 입양절차는 없었음)하여 현재의 배우자 안영진(51세), 김경진의 딸 정미연(21세, 대학생), 안영진의 아들 안동영(19세, 대학생)와 함께 본인의 소유 주택에서 거주하고 있음

Ⅱ. 재무제표

1. 자산부채상태표(2022년 12월 31일 현재)

(단위 : 천원)

자산		부채	
항목	금액	항목	금액
현금성 자산	**45,400**	**단기부채**	**9,340**
보통예금주1)	3,000	보험계약 대출	5,000
MMF	42,400	신용카드 대출	4,340
저축성 자산	**51,363**	**장기부채**	**300,000**
정기적금	51,363	상가 대출금주5)	300,000
투자자산	**1,862,512**		
적립식 펀드 A	34,012		
변액연금보험주2)	28,500		
상가주3)	1,800,000		
사용자산	**1,373,000**		
주택	1,250,000		
자동차	38,000		
가재도구	85,000		
기타자산	**20,500**		
보장성보험 해지환급금주4	20,500		
		총부채	**309,340**
		순자산	**3,043,435**
총자산	**3,352,775**	**부채 및 순자산**	**3,352,775**

주1) 결재용 계좌임
주2) 김강현 씨가 59세 말까지 매월 말 2,000천원씩 납입하고 있으며, 김강현 씨의 나이 60세 초부터 연금을 수령할 예정임
주3) 상가는 2014년 7월 1일에 부친으로부터 증여받으면서 증여세 100,000천원을 납부하였으며, 취득세 등 부대비용으로 30,000천원이 소요되었음
주4) 종신보험의 해지환급금임
주5) 부친이 2013년 7월 1일에 갑을은행에서 이자율 연 6.5%, 만기일시상환 조건으로 대출받았으며 만기상환일은 2023년 7월 1일임(상가수증 시 채무를 인수하였음)

2. 현금흐름표(2022년 1월 1일~2022년 12월 31일)

(단위 : 천원)

유입		유출	
항목	금액	항목	금액
근로소득		**저축 및 투자**	**73,900**
		MMF	34,900
		정기적금	12,000
사업소득	**86,000**	변액연금보험	24,000
사업소득금액	86,000	보통예금[주2)]	3,000
재산소득	**9,137**		
이자	9,137		
연금소득		**고정지출**	**38,363**
		주택담보대출 상환액	5,934
이전소득		건강보험료	6,134
		보장성보험 보험료[주3)]	7,212
기타소득		자동차보험료	1,680
		소득세	4,610
기타유입	**42,400**	재산세[주4)]	5,343
주식형 펀드 환매[주1)]	42,400	자동차세	450
		기타고정지출	7,000
		변동지출	**25,274**
		변동지출	25,274
총유입	137,537	**총유출**	137,537
		순현금흐름	**0**

주1) 2022년 7월 1일에 주식형펀드를 해지하여 그중 일부인 34,900천원을 MMF에 재투자함

주2) 2022년 유입 · 유출의 차액으로 추가 저축 여력 금액임

주3) 종신보험과 암보험의 보험료 연간 납입금액임

주4) 거주주택에 대한 재산세임

Ⅲ 자산 세부내역(2022년 12월 31일 현재)

1. 현금 및 저축성 자산

(단위 : 천원)

구분	명의	가입일	가입금액	평가금액	자금용도
MMF	김강현	2017.07	30,000	42,400	–
정기적금	김강현	2014.07	월 1,000	51,363	유학자금
합계				93,763	

※ 평가금액은 상시 인출 가능하며 인출 관련 수수료 및 세금은 없는 것으로 가정함

2. 투자자산

(단위 : 천원)

구분	명의	가입일	가입금액	평가금액	자금용도
채권혼합형 펀드	김강현	2015.12	–	34,012	결혼자금
합계				34,012	

3. 연금자산

(단위 : 천원)

구분	명의	가입일	납입기간	월납입액	평가금액
변액연금 보험[주1)]	한민희	2015.07	–	월 2,000	28,500
합계					28,500

주1) 한민희 씨 생존 시 만 60세부터 매년 초에 21,500천원씩 총 25회 연금지급이 예상됨(연금지급개시 전에 한민희 씨 사망 시 사망보험금은 50,000천원과 사망시점의 해지환급금이 지급됨)

※ 계약자 : 김강현, 피보험자 : 한민희, 수익자 : 김강현

4. 부동산자산

(단위 : 천원)

구분	현재 적정시세	현재 기준시가	비고
주택	1,250,000	1,000,000	2018년 8월 26일 취득
상가	1,800,000	1,500,000	은행대출금 300,000

※ 상가의 임대계약은 2021년도 8월경에 이루어져 2023년도 말까지 변동이 없다고 가정. 주택의 기준시가는 2023년 4월 30일에 그 직전 연도에 비해 5% 상승하고, 상가의 기준시가는 2023년 1월 1일에 그 직전 연도에 비해 5% 상승하여 2023년 12월 31일까지 변동이 없는 것으로 가정함

※ 상가는 2014년 7월 1일 부친으로부터 증여받은 재산이며, 2022년 연간 임대료수입(임대보증금 운용수익 포함)은 150,000천원이고, 필요경비(대출금이자, 조세공과를 포함하되 감가상각비는 계상하지 않는 것으로 함)를 공제한 세후현금 수익(ATCF)은 86,000천원임

5. 보장성 보험

(1) 생명보험 가입 현황

구분	종신보험주1)	암보험주2)
보험계약자	김강현	김강현
피보험자	김강현	한민희
수익자	한민희	한민희
보험가입 금액	200,000천원	30,000천원
계약일	2015. 08. 13	2013. 05. 01
만기일	–	80세
월납보험료	840천원	35천원
해지환급금	10,800천원	–
보험료 납입기간	20년납	20년납

주1) 보험계약 내용 : 60세 만기 정기특약 100,000천원

주2) 보험계약 내용 : 암진단 시 30,000천원, 암수술 1회당 3,000천원 지급(만기 시 환급금은 없으며 일반 사망이나 재해사망보험금은 없음)

(2) 자동차보험

피보험자(소유자)		김강현
계약일 / 만기일		2022. 12. 01~2023. 12. 01
보험 가입 금액	대인 I	자배법 시행령에서 정한 금액
	대인 II	무한
	대물	무한
	자기신체사고	1인당 30,000천원
	무보험자동차 상해	1인당 최고 200,000천원
	자기차량손해	자기부담금(100천원) / 차량(38,000천원)
	특약	가족운전자한정운전특약(운전자 연령 만 26세 이상 한정운전 특약)
보험료		연간 1,250천원

(3) 화재보험

• 주택화재보험은 가입하지 않음

• 상가건물 일반화재보험

보험계약자 / 피보험자	김강현
계약일 / 만기일	2022. 12. 01~2027. 12. 01
보험가입금액	건물 : 400,000천원
연간보험료	286천원

6. 공적연금

구분	가입자	가입일	연금개시 연령	연간 연금액 (현재물가기준)
국민연금	김강현	2005. 02	만 63세	10,000천원

Ⅳ. 부친 김근석 씨의 재산 현황(2022년 12월 31일 현재)

1. 금융자산
   - 예금 : 정기예금 원금 1,400,000천원[세전이율 연 3%, 원천징수세율 15.4%(부가세 포함)]

2. 부동산자산
   - 아파트(취득시기 : 1996년 3월 17일, 2022. 12. 31 현재 기준시가 : 500,000천원, 적정시세 : 600,000천원, 김근석 씨 세대 취득 이후 줄곧 거주)
   - 토지(취득시기 : 2009년 8월 23일, 2022. 12. 31 현재 기준시가 : 1,000,000천원)

3. 현재까지 김근석 씨의 증여현황

수증자	증여내용	증여일	비고
김강현	상가	2014. 07. 01	증여일 현재 증여재산 가액 1,000,000천원
김경진	아파트	2016. 07. 01	• 증여일 현재 증여재산가액 300,000천원 • 현재 기준시가 500,000천원

※ 김근석 씨는 상기 아파트를 증여하기 전까지는 20년 동안 2주택을 소유하고 있었음

Ⅴ. 고객 재무목표

1. 유동자산관리
2. 자녀들의 교육자금과 결혼자금 마련
3. 김강현, 한민희 부부의 은퇴설계
4. 김근석, 김강현 부자의 상속설계
5. 세부 재무목표를 달성하기 위한 투자설계

Ⅵ. 기타 정보

1. 자녀교육자금 관련

   자녀 김가람은 고등하교 졸업 후 19세에 유학을 보낼 예정으로 유학 시기는 19세이고 유학 기간은 6년, 유학자금은 현재물가 기준 20,000천원이 필요하며 매년 교육비 상승률만큼 인상될 예정임

2. 자녀결혼자금 관련

   김건일은 32세에, 김가람은 28세에 결혼할 예정이며 결혼 예상비용은 현재물가기준 김건일 50,000천원, 김가람 30,000천원으로 기시에 필요함

3. 은퇴 관련 정보
   - 은퇴기간 및 매년 필요한 은퇴소득(현재물가기준)
     - 가정 1) 부부의 은퇴기간 : 김강현 씨 60세부터 90세까지 30년간
     - 가정 2) 필요한 은퇴소득 : 매년 48,000천원
     - 가정 3) 김강현 씨 사망 후 한민희만의 은퇴기간에 대한 은퇴필요소득은 고려하지 않음
   - 현재 준비하고 있는 은퇴자산
     - 변액연금보험, 임대사업소득금액 이외에 준비하고 있는 은퇴자산은 없음
     - 매년 초 발생하는 임대사업소득 86,000천원(현재물가 기준)을 은퇴자산으로 활용함
   - 은퇴자산에 대한 세후투자수익률 : 은퇴 이전 연 5.5% / 은퇴 이후 연 4.0%
   - 기타
     - 상가와 주택은 김강현 씨가 사망할 때까지 거주하다 자녀에게 상속할 예정임
     - 은퇴 전 수령하는 변액연금, 임대사업소득금액은 은퇴자산으로 사용하지 않음
   - 부채잔액은 은퇴 전에 모두 상환하는 것으로 가정함
   - 주택, 아파트, 임대상가건물과 임대소득, 자녀결혼비용, 은퇴기간 중 매년 필요한 은퇴소득, 국민연금은 매년 물가상승률만큼 증가함

Ⅶ. 분석을 위한 가정

- 물가상승률 : 연 3.0%
- 교육비상승률 : 연 4.0%
- 금융자산의 세후투자수익률 : 연 5.5%
  - 현금성 및 저축성 자산 : MMF 연 3.0%, 정기적금 연 2.8%
  - 투자자산 : 채권혼합형펀드 연 5.0%
  - 연금자산 : 변액연금보험 연 4.5%

21 다음 중 김강현 씨 부부의 재무상태분석에 대한 적절한 설명으로 모두 묶인 것을 고르시오.

가. 비상예비자금으로 활용할 수 있는 유동성 자산이 충분하여 추가적인 준비가 필요 없다.
나. 부부의 소비자부채는 0원이다.
다. 총부채가 309,340천원이므로 총부채부담지표는 10.16%이며 이는 가이드라인 기준으로 양호한 상태이다.
라. 김강현 씨 부부의 총저축성향지표는 40.99%로 50대 가이드라인 10% 비해 높은 편이다.

① 가, 나
② 가, 다
③ 가, 라
④ 나, 다
⑤ 다, 라

22 김강현 씨 부부는 자녀의 유학자금을 현재 투자하고 있는 정기적금에 저축하여 해결하고자 한다. 부족한 자금은 지금부터 5년간 매월 말 현재 정기적금에 불입하는 월 1,000천원에 추가하여 저축을 할 계획이다. 자녀의 유학자금과 관련한 분석 내용으로 적절하지 않은 것을 고르시오.

① 현재시점에서 유학자금의 현재가치는 130,938천원이다.
② 현재시점에서 유학자금의 부족금액은 79,575천원이다.
③ 유학자금의 부족금액을 해결하기 위해서는 매월 1,160천원을 추가하여 저축해야 한다.
④ 유학자금은 성격상 안정성에 기초하여 정기적 송금에 따른 유동성 확보, 환율변동에 따른 환위험에 대비한 투자전략을 수립하는 것이 바람직하다.
⑤ 유학자금 마련을 위한 저축방법 중 외화정기예금에 가입하는 방법을 고려할 수 있으며 외화정기예금은 가입 시 금리에 따른 이익보다는 환율변동위험을 회피하는 목적으로 사용한다.

[풀이공간]

23 김범곤 CFP® 자격인증자가 김강현 부부에게 두 자녀의 결혼자금설계와 관련하여 설명한 내용으로 가장 적절한 것을 고르시오.

① 현재까지 마련한 결혼준비자금을 김건일의 결혼자금으로만 우선적으로 활용할 경우 김건일의 결혼자금을 해결할 수 있다.
② 현재까지 마련한 결혼준비자금을 김가람의 결혼자금으로만 우선적으로 활용할 경우 김가람의 결혼자금을 해결할 수 없다.
③ 두 자녀의 결혼부족자금 마련을 위해 김건일이 결혼하기 전까지 세후투자수익률 연 5% 상품에 추가 저축한다면 매월 말 저축해야 할 금액은 현재시점에서 이들 부부의 저축여력 범위 내 금액이다.
④ 채권혼합형펀드를 해지하여 세후투자수익률 연 5.5% 상품에 재투자할 경우 현재시점에서 두 자녀의 결혼자금 부족금액은 25,838천원이다.
⑤ 채권혼합형펀드를 해지하여 세후투자수익률 연 5.5% 상품에 재투자하고 두 자녀의 결혼부족자금 마련을 위해 김건일이 결혼하기 전까지 세후투자수익률 연 5.5% 상품에 추가 저축한다면 매월 말 저축해야 할 금액은 현재시점에서 이들 부부의 저축여력 범위 내 금액이다.

24 김강현 씨의 상가건물에 화재가 발생하여 화재손해액 300,000천원, 잔존물제거비용 20,000천원, 손해방지비용 20,000천원, 기타협력비용 1,500천원이 발생하였다. 김강현 씨가 받을 수 있는 보험금으로 가장 적절한 것을 고르시오. (화재발생 후 보험가액은 500,000천원으로 평가되었음)

① 273,200천원
② 273,500천원
③ 341,500천원
④ 346,500천원
⑤ 351,500천원

[풀이공간]

25 다음 추가 정보를 참고하여 김강현 씨의 가해차량이 가입된 자동차보험에서 지급될 수 있는 사망보험금에 대한 설명으로 적절하지 않은 것을 고르시오.

[보험 및 보험사고 관련 정보]
- 생년월일 : 1980년 2월 15일
- 사고일(사망일) : 2023년 1월 2일
- 최철수씨의 취업가능월수(325개월)에 해당하는 호프만 계수 : 205.1976
- 소득가능기간 : 70세
- 월평균 현실소득금액 : 월 7,200천원
- 과실관계 : 김강현 씨 과실 20%
- 가해 자가용은 개인용 자동차보험의 모든 담보에 가입되어 있음
- 보험금은 사망일로부터 7일 이내에 지급함

① 자동차보험금 지급기준은 일반적으로 약관상의 지급기준보다 법원판결 지급기준이 높은 것으로 알려져 있다.
② 상실수익액 계산 시 월평균 현실소득액의 1/3을 생활비로 공제한다.
③ 위자료와 장례비로 지급되는 금액은 85,000천원이다.
④ 자동차보험의 보험금 지급기준에 의한 김강현씨의 사망보험금은 855,958천원이다.
⑤ 김강현씨가 가입한 생명보험에서 300,000천원의 사망보험금을 지급받을 수 있으며 김강현씨가 실질적으로 보험료를 납입했다면 사망보험금에 대해서 상속세가 과세된다.

26 김강현 씨 부부의 은퇴시점에서의 은퇴자산 평가금액으로 적절한 것을 고르시오.

① 2,226,525천원
② 2,359,518천원
③ 2,583,729천원
④ 3,118,301천원
⑤ 3,184,115천원

[풀이공간]

27 김강현 씨 부부의 은퇴시점에서 필요한 총은퇴일시금으로 적절한 것을 고르시오.

① 1,024,153천원
② 1,124,153천원
③ 1,297,366천원
④ 1,313,231천원
⑤ 1,345,342천원

28 김강현 씨 부부가 추가적인 저축을 하지 않고 은퇴생활을 하는 경우 현재물가기준으로 연간 확보할 수 있는 은퇴소득으로 적절한 것을 고르시오. (변액연금보험의 연금은 김강현 씨 사망 후 한민희 씨만의 독거기간 소득으로 활용한다고 가정함)

① 86,000천원
② 94,865천원
③ 96,000천원
④ 102,929천원
⑤ 120,172천원

[풀이공간]

29 **김강현 씨 부부가 은퇴시점에서 상가를 매도하여 일부는 은퇴자산으로 활용하고 나머지는 상속하려고 한다. 이들 부부가 상속세 납세자금 마련과 상속세 절세를 위해 생명보험상품을 활용하는 방안에 대한 설명으로 적절하지 않은 것을 고르시오. (일시납 연금 보험은 연금지급 보증기간이 없는 종신형 연금보험임)**

① 계약자를 김강현 씨, 피보험자를 김강현 씨, 수익자를 한민희 씨로 하는 종신보험에 가입하는 경우, 김강현 씨 사망 시 지급되는 사망보험금에 대해 상속세가 과세된다.
② 계약자를 한민희 씨, 피보험자를 김강현 씨, 수익자를 한민희 씨로 하는 종신보험에 가입하고 한민희 씨가 실제 자신의 소득으로 그 종신보험의 보험료를 납부하면, 김강현 씨 사망 시 지급되는 사망보험금에 대해 상속세가 과세되지 않는다.
③ 계약자를 김강현 씨, 피보험자를 김건일 씨, 수익자를 김강현 씨로 하는 종신형 일시납 연금보험에 가입하는 경우, 연금지급개시 후 김강현 씨 사망 시 김건일 씨가 통계청장 고시 기대여명의 연수까지의 기간 동안 받게 될 매년 연금액을 기획재정부장관 고시이율로 할인한 현가 금액에 대해서 상속세가 과세된다.
④ 계약자를 김강현 씨, 피보험자를 김건일 씨, 수익자를 김강현 씨로 하는 종신형 일시납 연금보험에 가입하는 경우, 연금지급개시 전 김강현 씨가 사망하더라도 상속세 절세효과는 축소되지 않는다.
⑤ 계약자를 김강현 씨, 피보험자를 김건일 씨, 수익자를 김강현 씨로 하는 종신형 일시납 연금보험에 가입하는 경우, 연금지급개시 전 김건일 씨가 사망한 경우에는 상속세 및 증여세는 과세되지 않는다.

30 **김강현 씨 부부의 투자자산 관련 정보를 분석한 결과로 적절한 것을 고르시오.**

① 현재 포트폴리오의 세후기대수익률은 3.72% 정도이며 목표 세후수익률 5.5%를 달성하기 위해 주식비중을 확대해야 한다.
② 현재 포트폴리오의 세후기대수익률은 3.64% 정도이며 목표 세후수익률 5.5%를 달성하기 위해 주식비중을 확대해야 한다.
③ 현재 포트폴리오의 세후기대수익률은 5.0% 정도이나 자산배분의 필요성은 없다.
④ 현재 포트폴리오의 세후기대수익률은 5.5% 정도이며 현재의 자산배분은 적절한 상태로 보인다.
⑤ 현재 포트폴리오의 세후기대수익률은 6.0% 정도이며 목표 세후수익률을 초과하고 있으므로 주식비중을 축소하여 위험을 낮추어도 된다.

[풀이공간]

31 김강현 씨 부부는 전략적 자산배분으로 주식 40%, 채권 50%, 현금자산 10%라는 의사결정을 내렸다. 그런데 지난 1년간 김범곤 CFP® 자격인증자와 협의하에 주가의 상승을 예상하여 채권의 투자비중을 10% 줄이고 주식의 투자비중을 10% 늘리는 전술적 자산배분을 실시하였다. 이러한 자산배분의 결과가 다음과 같다고 할 때 성과평가가 적절하지 않은 것을 고르시오.

구분		주식	채권	부동산	총 수익률
벤치마크		주가지수	채권지수	가격지수	
구성비	전략적 자산배분	40.0%	50.0%	10.0%	–
	전술적 자산배분	50.0%	40.0%	10.0%	
수익률	벤치마크	12.0%	5.0%	4.0%	
	실제	11.5%	5.3%	4.2%	
전략적 자산배분 수익률		(　　)	2.5%	0.40%	(　　)
전술적 자산배분 수익률		6.00%	(　　)	0.40%	(　　)
실제 포트폴리오 수익률		5.75%	2.12%	0.42%	(　　)
자산배분효과		(　　)	+0.27%	0.00%	(　　)
증권선택효과		−0.25%	(　　)	(　　)	(　　)

① 전략적 자산배분에 의한 총수익률은 7.70%이다.
② 채권부문은 증권선택효과보다 자산배분효과가 더 높게 나타났다.
③ 채권부문의 자산배분효과가 주식부문의 자산배분효과보다 더 높다.
④ 실제 포트폴리오 수익률보다 전술적 자산배분 수익률이 좋다.
⑤ 전술적 자산배분에는 성공했으나 증권선택에서는 실패하였다.

32 김강현 씨는 보유한 자산 중 일부를 현금화하여 펀드에 가입하기로 하였다. 다음의 펀드 정보를 가지고 평가한 내용 중 적절한 것을 고르시오.

구분	실현 수익률	수익률 표준편차	베타 계수	Tracking error 표준편차	Bench Mark 수익률
대형주 펀드 A	21.00%	16.50%	1.05	1.50%	20.00%
중소형주 펀드 B	17.50%	19.20%	0.95	2.30%	18.80%
가치펀드 C	18.50%	13.50%	0.90	2.05%	16.50%
성장펀드 D	19.00%	18.40%	1.10	2.80%	20.00%

※ 무위험수익률 : 4.0%

① 젠센척도 값은 가치펀드 C의 성과가 가장 우수한 것으로 나타난다.
② 샤프척도로 평가할 때 중소형주펀드 B의 성과가 가장 우수한 것으로 나타난다.
③ 트레이너 척도로 평가할 때 대형주펀드 A의 성과가 가장 부진하다.
④ 벤치마크 대비 초과수익률이 음수이더라도 정보비율은 양수로 나타날 수 있다.
⑤ 정보비율은 중소형주펀드 B가 가장 높다.

[풀이공간]

33 김강현 씨의 2023년 귀속 종합소득세 신고와 관련된 세금에 대한 적절한 설명으로 모두 묶인 것을 고르시오.

가. 김강현 씨는 자녀세액공제 300천원을 받을 수 있다.
나. 모친을 위해 지출한 의료비는 세액공제를 적용받을 수 없다.
다. 김강현 씨가 가입한 보장성 생명보험에 대한 보장성보험료 세액공제를 적용받을 수 없다.
라. 부친에게 42,000천원의 이자소득이 발생한 경우 김강현 씨는 허진선 씨에 대해 기본공제를 적용받을 수 없다.
마. 김강현 씨는 종합소득세 확정신고를 할 필요가 없다.

① 가, 나, 다　② 가, 나, 마
③ 가, 라, 마　④ 나, 다, 라
⑤ 다, 라 마

34 김강현 씨 가족의 부동산과 관련된 절세에 대한 조언으로 가장 적절하지 않은 것을 고르시오. (각 답지는 별개의 사항임)

① 김강현 씨가 아파트의 1/2을 2023년 5월 중에 한민희 씨에게 증여할 경우에 가족 단위로 볼 때 아파트에 대한 종합부동산세를 절세할 수 있다.
② 김강현 씨가 상가의 1/2을 2023년 5월 중에 김건일 씨에게 증여할 경우에 가족 단위로 볼 때 상가의 부속토지에 대한 재산세를 절세할 수 있다.
③ 김강현 씨가 2023년 4월 중에 부부 공동명의로 상가를 취득하더라도 가족 단위로 볼 때 단독으로 상가를 취득하는 것보다 취득세를 절세할 수 없다.
④ 김강현 씨가 아파트의 1/2을 2023년 4월 중에 한민희 씨에게 증여할 경우 가족 단위로 볼 때 아파트에 대한 재산세를 절세할 수 있다.
⑤ 김강현 씨가 2023년 3월 중에 상가를 부부 공동명의로 취득하는 것이 단독으로 취득하는 것보다 부동산임대업에서 발생하는 사업소득에 대한 소득세를 절세할 수 있다.

[풀이공간]

35 김강현 씨가 부친으로부터 증여받은 상가를 2023년 8월에 18억원에 양도할 때 양도소득 산출세액으로 적절한 것을 고르시오.

① 188,748천원
② 187,950천원
③ 228,198천원
④ 244,228천원
⑤ 271,968천원

36 김근석 씨와 허진선, 김강현, 한민희, 김건일, 김경진 씨가 함께 가족여행 중 비행기 추락 사고로 가족 모두 사망했다. 사망의 선후가 밝혀지지 않았다고 가정할 경우, 다음 중 김근석 씨의 상속재산에 대한 상속분으로 적절한 것을 고르시오. (단, 미수이자는 없는 것으로 가정하며, 부동산에 대한 평가는 현재 기준시가를 적용함)

(단위 : 천원)

	김가람	정미연	안영진	안동영
①	0원	1,280,000	1,920,000	0원
②	0원	1,360,000	2,040,000	0원
③	0원	1,680,000	2,520,000	0원
④	2,100,000	600,000	900,000	600,000
⑤	2,450,000	700,000	1,050,000	700,000

[풀이공간]

37 김강현 씨가 갑작스럽게 사망하였다고 가정할 때, 김강현 씨 상속재산에 대한 각 상속인들의 법정상속분으로 적절한 것을 고르시오. (상속분을 산정할 때에는 사업소득, 재산소득, 금융자산, 채무 등은 고려하지 않으며, 부동산에 대한 평가는 현재 기준시가를 적용함)

	김건일	한민희	김가람	김근석	허진선
①	0	942,857	0	628,571	628,571
②	628,571	942,857	628,571	0	0
③	880,000	1,320,000	0	0	0
④	1,000,000	1,500,000	0	0	0
⑤	1,000,000	750,000	750,000	0	0

38 김근석 씨가 보유 중인 정기예금을 김강현 씨에게 유증하고 사망하였다고 가정할 때, 김근석 씨의 사망 후 상속권에 대한 설명으로 가장 적절한 것을 고르시오. (단, 채무 및 미수이자는 없는 것으로 가정하며, 부동산에 대한 평가는 현재 기준시가를 적용함)

① 배우자 허진선 씨의 구체적 상속분은 약 857,143천원이다.

② 김강현 씨는 상속인들의 유류분을 침해하지 않았으므로 허진선 씨와 김경진 씨는 김강현 씨에게 유류분을 청구할 수 없다.

③ 김경진 씨가 김강현 씨에게 청구할 수 있는 유류분반환 청구금액은 128,571천원이다.

④ 김경진 씨가 유류분 청구를 하지 않고 있으면 김경진 씨의 상속권이 있는 정미연 씨가 대신하여 유류분을 청구할 수 있다.

⑤ 김강현 씨가 사망한 후 김근석 씨의 상속이 개시되면 한민희, 김건일 씨가 대신하여 김근석 씨의 정기예금을 유증받을 수 있다.

[풀이공간]

39 김강현 씨는 협의이혼한 전처에게 위자료를 주지 않은 점을 미안하게 여긴 끝에 자신의 전 재산을 전처에게 증여 또는 유증하는 방안에 대하여 김범곤 CFP® 자격인증자에게 문의하였다. 다음 중 김범곤 CFP® 자격인증자가 상속인들의 유류분을 감안하면서 김강현 씨의 의견을 최대한 반영하여 조언한 내용으로 가장 적절한 것을 고르시오.

① 전처에게 증여할 경우 배우자증여공제 한도에 맞춰 증여하도록 조언한다.
② 전처에게 김강현 씨의 전 재산을 사전 증여하고 1년이 지나면 향후 상속인들이 전처에게 유류분 반환을 청구할 수 없으므로 전처에게 미리 사전증여를 해 두도록 조언한다.
③ 공동상속인들에게 각각 법정상속분의 1/2씩 유증하고 남은 재산을 전처에게 모두 유증하는 내용의 유언장을 작성하도록 조언한다.
④ 위자료청구권이 소멸되었으므로 전처에게 증여 또는 유증이 필요하지 않다고 조언한다.
⑤ 김강현 씨의 법정상속인들로부터 상속포기에 대한 각서를 받아 공증한 후, 김강현 씨의 전 재산을 전처에게 유증하는 내용의 유언장을 작성하도록 조언한다.

40 부친 김근석 씨가 갑작스럽게 사망하였다고 가정할 때, 다음 추가 정보를 참고하여 상속공제액으로 적절한 것을 고르시오.

[추가 정보]
- 허진선 씨가 아파트를, 김강현 씨가 정기예금을, 김경진 씨가 토지를 상속하는 것으로 협의분할하였음
- 미수이자는 고려하지 않음
- 재해손실공제는 없는 것으로 가정함

① 1,000,000천원
② 1,100,000천원
③ 1,200,000천원
④ 1,500,000천원
⑤ 1,700,000천원

[풀이공간]

고사장 　　　　　　 고사실

성 명

※ 답안은 컴퓨터용 사인펜을 사용하여 표시하고, 예비답안 표시는 빨간색 사인펜만 사용 가능합니다.

CFP® 자격시험 OMR 답안지(지식형)

수험번호(7자리)						
①	①	①	①	①	①	①
②	②	②	②	②	②	②
③	③	③	③	③	③	③
④	④	④	④	④	④	④
⑤	⑤	⑤	⑤	⑤	⑤	⑤
⑥	⑥	⑥	⑥	⑥	⑥	⑥
⑦	⑦	⑦	⑦	⑦	⑦	⑦
⑧	⑧	⑧	⑧	⑧	⑧	⑧
⑨	⑨	⑨	⑨	⑨	⑨	⑨
⓪	⓪	⓪	⓪	⓪	⓪	⓪

교시
①
②

주민앞번호(6자리)					
①	①	①	①	①	①
②	②	②	②	②	②
③	③	③	③	③	③
④	④	④	④	④	④
⑤	⑤	⑤	⑤	⑤	⑤
⑥	⑥	⑥	⑥	⑥	⑥
⑦	⑦	⑦	⑦	⑦	⑦
⑧	⑧	⑧	⑧	⑧	⑧
⑨	⑨	⑨	⑨	⑨	⑨
⓪	⓪	⓪	⓪	⓪	⓪

감독관 확인란

수험생 유의사항

- 반드시 컴퓨터용 사인펜을 사용하여 마킹합니다.
- 예비마킹 시 빨간색 사인펜을 사용합니다.
- 보기

바른 예 ● 　 틀린 예 ⊙ ◑ ✓

01	① ② ③ ④ ⑤	21	① ② ③ ④ ⑤	41	① ② ③ ④ ⑤	61	① ② ③ ④ ⑤	81	① ② ③ ④ ⑤
02	① ② ③ ④ ⑤	22	① ② ③ ④ ⑤	42	① ② ③ ④ ⑤	62	① ② ③ ④ ⑤	82	① ② ③ ④ ⑤
03	① ② ③ ④ ⑤	23	① ② ③ ④ ⑤	43	① ② ③ ④ ⑤	63	① ② ③ ④ ⑤	83	① ② ③ ④ ⑤
04	① ② ③ ④ ⑤	24	① ② ③ ④ ⑤	44	① ② ③ ④ ⑤	64	① ② ③ ④ ⑤	84	① ② ③ ④ ⑤
05	① ② ③ ④ ⑤	25	① ② ③ ④ ⑤	45	① ② ③ ④ ⑤	65	① ② ③ ④ ⑤	85	① ② ③ ④ ⑤
06	① ② ③ ④ ⑤	26	① ② ③ ④ ⑤	46	① ② ③ ④ ⑤	66	① ② ③ ④ ⑤	86	① ② ③ ④ ⑤
07	① ② ③ ④ ⑤	27	① ② ③ ④ ⑤	47	① ② ③ ④ ⑤	67	① ② ③ ④ ⑤	87	① ② ③ ④ ⑤
08	① ② ③ ④ ⑤	28	① ② ③ ④ ⑤	48	① ② ③ ④ ⑤	68	① ② ③ ④ ⑤	88	① ② ③ ④ ⑤
09	① ② ③ ④ ⑤	29	① ② ③ ④ ⑤	49	① ② ③ ④ ⑤	69	① ② ③ ④ ⑤	89	① ② ③ ④ ⑤
10	① ② ③ ④ ⑤	30	① ② ③ ④ ⑤	50	① ② ③ ④ ⑤	70	① ② ③ ④ ⑤	90	① ② ③ ④ ⑤
11	① ② ③ ④ ⑤	31	① ② ③ ④ ⑤	51	① ② ③ ④ ⑤	71	① ② ③ ④ ⑤		
12	① ② ③ ④ ⑤	32	① ② ③ ④ ⑤	52	① ② ③ ④ ⑤	72	① ② ③ ④ ⑤		
13	① ② ③ ④ ⑤	33	① ② ③ ④ ⑤	53	① ② ③ ④ ⑤	73	① ② ③ ④ ⑤		
14	① ② ③ ④ ⑤	34	① ② ③ ④ ⑤	54	① ② ③ ④ ⑤	74	① ② ③ ④ ⑤		
15	① ② ③ ④ ⑤	35	① ② ③ ④ ⑤	55	① ② ③ ④ ⑤	75	① ② ③ ④ ⑤		
16	① ② ③ ④ ⑤	36	① ② ③ ④ ⑤	56	① ② ③ ④ ⑤	76	① ② ③ ④ ⑤		
17	① ② ③ ④ ⑤	37	① ② ③ ④ ⑤	57	① ② ③ ④ ⑤	77	① ② ③ ④ ⑤		
18	① ② ③ ④ ⑤	38	① ② ③ ④ ⑤	58	① ② ③ ④ ⑤	78	① ② ③ ④ ⑤		
19	① ② ③ ④ ⑤	39	① ② ③ ④ ⑤	59	① ② ③ ④ ⑤	79	① ② ③ ④ ⑤		
20	① ② ③ ④ ⑤	40	① ② ③ ④ ⑤	60	① ② ③ ④ ⑤	80	① ② ③ ④ ⑤		

고사장 　　　　　　 고사실

성 명

※ 답안은 컴퓨터용 사인펜을 사용하여 표시하고, 예비답안 표시는 빨간색 사인펜만 사용 가능합니다.

CFP® 자격시험 OMR 답안지(지식형)

수험번호(7자리)						
①	①	①	①	①	①	①
②	②	②	②	②	②	②
③	③	③	③	③	③	③
④	④	④	④	④	④	④
⑤	⑤	⑤	⑤	⑤	⑤	⑤
⑥	⑥	⑥	⑥	⑥	⑥	⑥
⑦	⑦	⑦	⑦	⑦	⑦	⑦
⑧	⑧	⑧	⑧	⑧	⑧	⑧
⑨	⑨	⑨	⑨	⑨	⑨	⑨
⓪	⓪	⓪	⓪	⓪	⓪	⓪

교시
①
②

주민앞번호(6자리)					
①	①	①	①	①	①
②	②	②	②	②	②
③	③	③	③	③	③
④	④	④	④	④	④
⑤	⑤	⑤	⑤	⑤	⑤
⑥	⑥	⑥	⑥	⑥	⑥
⑦	⑦	⑦	⑦	⑦	⑦
⑧	⑧	⑧	⑧	⑧	⑧
⑨	⑨	⑨	⑨	⑨	⑨
⓪	⓪	⓪	⓪	⓪	⓪

감독관 확인란

수험생 유의사항

- 반드시 컴퓨터용 사인펜을 사용하여 마킹합니다.
- 예비마킹 시 빨간색 사인펜을 사용합니다.
- 보기

바른 예 ● 　 틀린 예 ⊙ ◑ ✓

01	① ② ③ ④ ⑤	21	① ② ③ ④ ⑤	41	① ② ③ ④ ⑤	61	① ② ③ ④ ⑤
02	① ② ③ ④ ⑤	22	① ② ③ ④ ⑤	42	① ② ③ ④ ⑤	62	① ② ③ ④ ⑤
03	① ② ③ ④ ⑤	23	① ② ③ ④ ⑤	43	① ② ③ ④ ⑤	63	① ② ③ ④ ⑤
04	① ② ③ ④ ⑤	24	① ② ③ ④ ⑤	44	① ② ③ ④ ⑤	64	① ② ③ ④ ⑤
05	① ② ③ ④ ⑤	25	① ② ③ ④ ⑤	45	① ② ③ ④ ⑤	65	① ② ③ ④ ⑤
06	① ② ③ ④ ⑤	26	① ② ③ ④ ⑤	46	① ② ③ ④ ⑤	66	① ② ③ ④ ⑤
07	① ② ③ ④ ⑤	27	① ② ③ ④ ⑤	47	① ② ③ ④ ⑤	67	① ② ③ ④ ⑤
08	① ② ③ ④ ⑤	28	① ② ③ ④ ⑤	48	① ② ③ ④ ⑤	68	① ② ③ ④ ⑤
09	① ② ③ ④ ⑤	29	① ② ③ ④ ⑤	49	① ② ③ ④ ⑤	69	① ② ③ ④ ⑤
10	① ② ③ ④ ⑤	30	① ② ③ ④ ⑤	50	① ② ③ ④ ⑤	70	① ② ③ ④ ⑤
11	① ② ③ ④ ⑤	31	① ② ③ ④ ⑤	51	① ② ③ ④ ⑤	71	① ② ③ ④ ⑤
12	① ② ③ ④ ⑤	32	① ② ③ ④ ⑤	52	① ② ③ ④ ⑤	72	① ② ③ ④ ⑤
13	① ② ③ ④ ⑤	33	① ② ③ ④ ⑤	53	① ② ③ ④ ⑤	73	① ② ③ ④ ⑤
14	① ② ③ ④ ⑤	34	① ② ③ ④ ⑤	54	① ② ③ ④ ⑤	74	① ② ③ ④ ⑤
15	① ② ③ ④ ⑤	35	① ② ③ ④ ⑤	55	① ② ③ ④ ⑤	75	① ② ③ ④ ⑤
16	① ② ③ ④ ⑤	36	① ② ③ ④ ⑤	56	① ② ③ ④ ⑤	76	① ② ③ ④ ⑤
17	① ② ③ ④ ⑤	37	① ② ③ ④ ⑤	57	① ② ③ ④ ⑤	77	① ② ③ ④ ⑤
18	① ② ③ ④ ⑤	38	① ② ③ ④ ⑤	58	① ② ③ ④ ⑤	78	① ② ③ ④ ⑤
19	① ② ③ ④ ⑤	39	① ② ③ ④ ⑤	59	① ② ③ ④ ⑤	79	① ② ③ ④ ⑤
20	① ② ③ ④ ⑤	40	① ② ③ ④ ⑤	60	① ② ③ ④ ⑤	80	① ② ③ ④ ⑤

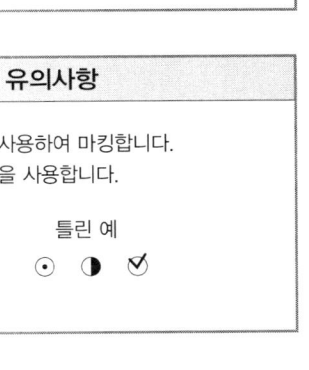

고사장 ______ 고사실 ______

성 명 ______

※ 답안은 컴퓨터용 사인펜을 사용하여 표시하고, 예비답안 표시는 빨간색 사인펜만 사용 가능합니다.

CFP® 자격시험 OMR 답안지(사례형)

수험번호(7자리)							교시	주민앞번호(6자리)					
①	①	①	①	①	①	①	③	①	①	①	①	①	①
②	②	②	②	②	②	②		②	②	②	②	②	②
③	③	③	③	③	③	③	④	③	③	③	③	③	③
④	④	④	④	④	④	④		④	④	④	④	④	④
⑤	⑤	⑤	⑤	⑤	⑤	⑤		⑤	⑤	⑤	⑤	⑤	⑤
⑥	⑥	⑥	⑥	⑥	⑥	⑥		⑥	⑥	⑥	⑥	⑥	⑥
⑦	⑦	⑦	⑦	⑦	⑦	⑦		⑦	⑦	⑦	⑦	⑦	⑦
⑧	⑧	⑧	⑧	⑧	⑧	⑧		⑧	⑧	⑧	⑧	⑧	⑧
⑨	⑨	⑨	⑨	⑨	⑨	⑨		⑨	⑨	⑨	⑨	⑨	⑨
⓪	⓪	⓪	⓪	⓪	⓪	⓪		⓪	⓪	⓪	⓪	⓪	⓪

감독관 확인란

수험생 유의사항

- 반드시 컴퓨터용 사인펜을 사용하여 마킹합니다.
- 예비마킹 시 빨간색 사인펜을 사용합니다.
- 보기

바른 예 ● 틀린 예 ⊙ ◑ ☑

01	①	②	③	④	⑤	11	①	②	③	④	⑤	21	①	②	③	④	⑤	31	①	②	③	④	⑤
02	①	②	③	④	⑤	12	①	②	③	④	⑤	22	①	②	③	④	⑤	32	①	②	③	④	⑤
03	①	②	③	④	⑤	13	①	②	③	④	⑤	23	①	②	③	④	⑤	33	①	②	③	④	⑤
04	①	②	③	④	⑤	14	①	②	③	④	⑤	24	①	②	③	④	⑤	34	①	②	③	④	⑤
05	①	②	③	④	⑤	15	①	②	③	④	⑤	25	①	②	③	④	⑤	35	①	②	③	④	⑤
06	①	②	③	④	⑤	16	①	②	③	④	⑤	26	①	②	③	④	⑤	36	①	②	③	④	⑤
07	①	②	③	④	⑤	17	①	②	③	④	⑤	27	①	②	③	④	⑤	37	①	②	③	④	⑤
08	①	②	③	④	⑤	18	①	②	③	④	⑤	28	①	②	③	④	⑤	38	①	②	③	④	⑤
09	①	②	③	④	⑤	19	①	②	③	④	⑤	29	①	②	③	④	⑤	39	①	②	③	④	⑤
10	①	②	③	④	⑤	20	①	②	③	④	⑤	30	①	②	③	④	⑤	40	①	②	③	④	⑤

고사장 ______ 고사실 ______

성 명 ______

※ 답안은 컴퓨터용 사인펜을 사용하여 표시하고, 예비답안 표시는 빨간색 사인펜만 사용 가능합니다.

CFP® 자격시험 OMR 답안지(사례형)

수험번호(7자리)							교시	주민앞번호(6자리)					
①	①	①	①	①	①	①	③	①	①	①	①	①	①
②	②	②	②	②	②	②		②	②	②	②	②	②
③	③	③	③	③	③	③	④	③	③	③	③	③	③
④	④	④	④	④	④	④		④	④	④	④	④	④
⑤	⑤	⑤	⑤	⑤	⑤	⑤		⑤	⑤	⑤	⑤	⑤	⑤
⑥	⑥	⑥	⑥	⑥	⑥	⑥		⑥	⑥	⑥	⑥	⑥	⑥
⑦	⑦	⑦	⑦	⑦	⑦	⑦		⑦	⑦	⑦	⑦	⑦	⑦
⑧	⑧	⑧	⑧	⑧	⑧	⑧		⑧	⑧	⑧	⑧	⑧	⑧
⑨	⑨	⑨	⑨	⑨	⑨	⑨		⑨	⑨	⑨	⑨	⑨	⑨
⓪	⓪	⓪	⓪	⓪	⓪	⓪		⓪	⓪	⓪	⓪	⓪	⓪

감독관 확인란

수험생 유의사항

- 반드시 컴퓨터용 사인펜을 사용하여 마킹합니다.
- 예비마킹 시 빨간색 사인펜을 사용합니다.
- 보기

바른 예 ● 틀린 예 ⊙ ◑ ☑

01	①	②	③	④	⑤	11	①	②	③	④	⑤	21	①	②	③	④	⑤	31	①	②	③	④	⑤
02	①	②	③	④	⑤	12	①	②	③	④	⑤	22	①	②	③	④	⑤	32	①	②	③	④	⑤
03	①	②	③	④	⑤	13	①	②	③	④	⑤	23	①	②	③	④	⑤	33	①	②	③	④	⑤
04	①	②	③	④	⑤	14	①	②	③	④	⑤	24	①	②	③	④	⑤	34	①	②	③	④	⑤
05	①	②	③	④	⑤	15	①	②	③	④	⑤	25	①	②	③	④	⑤	35	①	②	③	④	⑤
06	①	②	③	④	⑤	16	①	②	③	④	⑤	26	①	②	③	④	⑤	36	①	②	③	④	⑤
07	①	②	③	④	⑤	17	①	②	③	④	⑤	27	①	②	③	④	⑤	37	①	②	③	④	⑤
08	①	②	③	④	⑤	18	①	②	③	④	⑤	28	①	②	③	④	⑤	38	①	②	③	④	⑤
09	①	②	③	④	⑤	19	①	②	③	④	⑤	29	①	②	③	④	⑤	39	①	②	③	④	⑤
10	①	②	③	④	⑤	20	①	②	③	④	⑤	30	①	②	③	④	⑤	40	①	②	③	④	⑤

CFP®

정답 및 해설

실전모의고사 1회 ▌ 지식형(1교시/2교시) 사례형(3교시/4교시)

실전모의고사 2회 ▌ 지식형(1교시/2교시) 사례형(3교시/4교시)

1회 CFP® 지식형(1교시) 정답 및 해설

01	02	03	04	05	06	07	08	09	10
④	④	③	③	①	③	③	⑤	④	⑤
11	12	13	14	15	16	17	18	19	20
①	⑤	②	③	②	③	④	③	③	③
21	22	23	24	25	26	27	28	29	30
⑤	①	③	③	①	②	④	②	①	①
31	32	33	34	35	36	37	38	39	40
①	③	③	④	③	⑤	③	⑤	③	②
41	42	43	44	45	46	47	48	49	50
①	③	③	③	②	③	⑤	③	④	④
51	52	53	54	55	56	57	58	59	60
③	②	③	④	②	⑤	⑤	③	④	②
61	62	63	64	65	66	67	68	69	70
③	②	③	④	④	⑤	③	⑤	⑤	②
71	72	73	74	75	76	77	78	79	80
②	⑤	③	⑤	①	③	②	③	①	①
81	82	83	84	85	86	87	88	89	90
①	④	⑤	③	④	④	①	③	①	④

01 ④

상대소득가설은 소비를 결정짓는 소득이 자신의 소득보다는 자신의 상대적인 위치에 의해 결정된다는 이론으로 톱니효과와 전시효과로도 설명된다.

02 ④

다른 전문가들과 업무 협조를 해야 할 때 CFP® 자격인증자는 고객으로부터 동의를 구해야 하며, 고객의 재무목표 달성에 도움이 되는 사항만으로 제한하는 것이 바람직하다.

03 ③

한국FPSB가 제정한 업무기준에 의하면 업무수행 계약서에는 다음과 같은 내용을 포함하도록 되어 있다.

- 자격인증자와 고객의 책임과 의무
- 포함되는 서비스와 포함되지 않는 서비스의 구분
- 재무설계 업무의 보수에 관한 사항
- 기타 업무수행과 관련된 중요사항

※ 금융상품 및 서비스에 부과되는 비용은 재무설계안의 실행과 관련하여 고객과 합의해야 할 사항이다.

04 ③

'다.'는 실행단계에서 고객과 합의해야 할 사항이다.

※ 재무설계 제안서에 반영되어야 할 내용들은 다음과 같다.

[도입부분]
- 제안서 목차
- 고객의 프로파일
- 고객과 상호 합의하에 결정된 업무수행범위
- 제안서 작성에 필요한 가정치

[본론부분]
- 고객의 재무목표와 우선순위
- 현 자산부채상태표와 현금흐름표
- 현 재무상태에 대한 분석 및 평가, 재무목표 달성 가능성 평가
- 예산 및 현금흐름 관리
- 위험설계 분석내용
- 상속, 증여설계 등 세금설계
- 각 재무목표별 필요자금, 준비자금, 부족자금
- 각 재무목표 달성을 위한 재무설계안
- 투자지침서, 자산배분안, 투자전략, 위험요소
- 추정자산부채상태표와 추정현금흐름표

[요약부분]
- 재무설계안에 대한 요약정리
- 고객이 구체적으로 실천해야 할 내용 요약정리
- 추후 상담에 대한 안내사항

05 ①

개인 프로파일 문서는 CFP® 자격인증자가 고객들에게 자신의 경력이나 프로파일을 밝히기 위해서 사용하는 것이며, 보수 방식이나 서비스 범위는 업무수행계약서에 포함되어야 할 내용이다.

06 ③

- 거치식 주식형펀드 = 2023년 12월 31일 종가 25,000천원
  10,000천좌×2.5천원 = 25,000천원
- 주택 = 감정평가액 550,000천원
- 투자자산계 = 25,000천원 + 550,000천원 = 575,000천원
- 총자산&부채 및 순자산 = 50,000천원 + 21,000천원 + 575,000천원 + 920,000천원 + 30,000천원 = 1,596,000천원
- 순자산 = 1,596,000천원 − 10,800천원 = 1,585,200천원

07 ③

대출 또는 금융상품을 해지하여 현금을 보유하고 있는 경우 기타유입으로 기록되었는지 확인한다.

08 ⑤

A = 비상예비자금지표
B = 보장성보험준비지표
C = 금융자산비중지표
D = 거주주택마련 부채상환지표
E = 가계수지지표

09 ④

가. 가계수지지표값은 재무건전성과 재무성장성을 복합적으로 고려하여 70% 이하를 이상적인 가이드라인으로 보고 있다.
나. 이상적인 수준을 의미하는 것이지 절대적 기준으로 인지하여 고객의 재무상태를 평가하지 않아야 한다.

10 ⑤

금융자산비중지표는 총자산 대비 금융자산에 대한 비율로 40% 이상일 때 바람직하다고 평가한다.

11 ①

기시급 정기적 현금흐름의 미래가치는 기말급 정기적 현금흐름의 미래가치에 (1 + i)를 곱한 값이다.

12 ⑤

100PV, 12N, 8/12I/Y, FV? 108.3
즉, 대출 시 매월 현금흐름이 있으므로 그 현금흐름의 재투자수익률까지 감안하면 실효대출이율은 연 8.3%이다.

13 ②

- 원리금 상환액 계산 : 12,826PV, 36N, 7/12I/Y, PMT(E)? − 396천원
- 최초 대출금액 계산 : 396PMT(B), 60N, 7/12I/Y, PV? 20,000천원

14 ③

[방법 1]
CF0 = − 900,000
C01 = − 200,000 (1)
C02 = 150,000 (1)
C03 = 200,000 (1)
C04 = 100,000 (1)
C05 = 150,000 + 1,350,000 = 1,500,000
I = 11
IRR? 14.3313%
RI : 7
MOD? 13.3339%

[방법2]
- 유출의 현가
  CF0 = − 900,000
  C01 = − 200,000 (1)
  I = 7
  NPV? − 1,080,180 ①
- 유입의 5년 뒤 평가액
  CF0 = 0
  C01 = 0 (1)
  C02 = 150,000 (1)
  C03 = 200,000 (1)
  C04 = 100,000 (1)
  C05 = 150,000 + 1,350,000 = 1,500,000
  I = 7
  NPV? 1,440,044.17×1.07^5 = 2,019,736.45 ②
- 수정내부수익률 계산
  PV : − 1,080,180
  FV : 2,019,736
  N : 5
  I/Y? 13.33%

15 ②

나. DTI = (해당 대출 원리금상환액 + 기타대출 이자상환액) / 연간소득
다. DSR은 연간 소득 대비 모든 대출원리금 상환액의 비율로 300만원 이하의 소액신용대출, 중도금, 이주비대출, 새희망홀씨, 바꿔드림론의 경우는 예외로 인정한다.

16 ③

진단의무에 대한 설명이다.

17 ④

A. 전문가정신의 원칙
B. 객관성의 원칙
C. 공정성의 원칙
D. 성실성의 원칙
E. 근면성의 원칙

18 ③

가. 업무수행기준 4-1 : 재무설계 대안의 파악 및 평가
다. 업무수행기준 4-3 : 재무설계 제안서의 제시
라. 업무수행기준 5-1 : 실행책임에 대한 상호 합의
나. 업무수행기준 5-2 : 실행을 위한 상품과 서비스의 선별 및 제시

19 ③

항상 "자격인증자, 자격자, 인증자(certificant)", "자격인증, 자격, 인증 (certification)", "자격인증서, 자격증(credential)", "자격명칭, 자격칭호 (designation)", "자격인증시험, 자격시험, 시험(exam, examination)", "자격 상표, 상표(mark)", "자격표장, 표장(marks)", "업무종사자(practitioner)", "전문자격자, 전문가(professional)" 등의 적절한 명사를 수식하는 형용사형으로 사용하여야 하며, 명사형으로 사용하여서는 아니 된다. 다만 CFP®와 CERTIFIED FINANCIAL PLANNER ™ 자격상표를 자격인증자의 이름 바로 다음에 표시하는 경우에는 독자적으로 사용할 수 있다.

20 ③

증권의 가치분석이나 투자판단에 도움이 되는 경기동향 및 기업실적분석 등의 기초자료가 될 수 있는 데이터나 과거와 현재의 가격추이나 등락률을 알려주는 정도는 별 문제가 없을 것으로 예상된다. 다만 이 한도를 넘어서는 경우 투자판단에 대한 조언을 하는 것으로 간주되어 관계 법률 위반으로 처벌받을 수 있다.

21 ⑤

'바-마-라-다-나-가' 순이다.

22 ①

최후비용은 개인 니즈가 아닌 가족 니즈이다.

23 ③

직접손해는 보험으로 위험이전이 가능하지만 간접손해, 특히 시간요소손해는 보험으로 위험이전이 불가능한 경우가 많다.

24 ③

① 민법이 아닌 보험목적에 의한 재산분류의 경우 계속적인 사용 여부에 따라 계속사용재와 교환재로 구분된다.
② 재산에 따라 피보험이익이 다른데 송하인은 물건 소유자로서 소유권에 따른 적극적 위험 이익인 반면 운송인은 보험사고 시 생기는 배상책임을 부담하지 않는 소극적 이익이다.
④ 교환재에 대한 설명이며 계속사용재의 경우 물리적 손인의 영향이 크다.
⑤ 우리나라 민법의 재산권의 내용을 기준으로 할 경우 재산은 물권에 의한 재산, 채권에 의한 재산, 무체재산권에 의한 재산 및 기타로 구분된다.

25 ①

일반배상책임의 성립요건은 가해자의 고의 또는 과실에 의한 행위, 가해자의 책임능력, 사해행위의 위법성, 가해행위의 의한 손해발생을 들고 있다. 따라서 손해를 가한 자가 책임능력이 없는 경우 그 손해를 배상할 책임이 없다.

26 ②

① 현물급여는 요양급여와 건강검진으로 구분되며, 현금급여는 요양비, 장애인보장구, 본인부담액 상한제, 임신 · 출산진료비로 나뉘어진다.
③ 입원 시에는 총 진료비의 20%가 가입자의 본인부담금이다.
④ 장애인 보장기기 보험급여는 장애인복지법에 의하여 등록한 장애인 가입자 및 피부자양자에게 보조기기에 대하여 보험급여를 지급한다.
⑤ 요양기관 외의 장소에서 출산을 한 때에는 그 요양급여에 상당하는 금액을 보건복지부령이 정하는 바에 의하여 그 가입자 또는 피부양자에게 요양비로 지급한다.

27 ④

나. 노인장기요양보험제도의 서비스 재원은 건강보험 가입자의 보험료, 국가 및 지방자치단체, 이용자의 본인부담금 등으로 충당한다.

28 ②

유족보상연금의 수급 자격자의 자녀는 25세, 손자녀는 19세에 달하면 자격을 상실한다.

29 ①

나. 재가입정기보험은 적격 피보험체 여부의 증명 없이도 계약을 갱신할 수 있다.
바. 갱신정기보험은 피보험자의 높아진 위험도를 이유로 보험료를 인상할 수 없지만, 피보험자의 증가된 나이를 기준으로 보험료를 인상한다.

30 ①

다. 종신보험의 장점에 대한 설명이다.
마. 하이브리드 종신보험에 대한 설명이다.

31 ①

A : 계단식 보험료 종신보험
B : 생사혼합보험
C : 보험료수정 종신보험
D : 전기납 종신보험

32 ③

장기상해보험은 3년 이상의 장기계약으로 일반장기상해보험, 운전자보험, 실손의료비보험 등이 있다.

33 ③

라. 상해보험에 비해 도덕적 위태가 발생할 가능성이 높기 때문에 질병보험에는 면책기간 등을 설정하기도 하며, 예를 들어 암보험의 경우 일반적으로 90일의 면책기간을 두고 있다.
마. 손해보험회사가 질병을 원인으로 하는 사망을 제3보험의 특약 형식으로 담보해야 하는 경우에는 보험만기는 80세 미만, 보험가입금액은 2억원 이내 등의 요건을 충족해야 한다.

34 ④

상급병실료 차액은 상급병실과 기준병실료의 차액의 50% 해당액에 입원일수를 곱하여 지급하되 1일 평균금액 10만원을 한도로 보상한다.

35 ③

나. 보험가입 인원에 따라 개인보험과 단체보험으로 분류한다.
라. 보험목적의 특정 여부에 따라 특정보험과 총괄보험으로 분류한다.

36 ⑤

가. 제3보험
나. 2년
다. 90일

37 ③

A. 동산종합보험
B. 해상보험
C. 재산종합보험
D. 풍수해보험

38 ⑤

영업배상책임보험에는 전문직업 업무에 기인한 배상책임위험은 포함되지 않는다.

39 ③

보험료 산정 시 특약요율은 운전자의 연령범위를 제한하는 특약 등 가입 시에 적용하는 요율이다.

40 ②

다. 공시이율형 보험료에 대한 설명이다.
라. 주식시장이 급격하게 하락할 때에도 금리형 보험은 직접적인 영향을 받지 않는다.

41 ①

나. 월 위험보험료와 사업비가 각각 공제된다.
다. 증가형 유니버설생명보험은 사망보험금이 최초 가입금액과 적립금을 합한 보장급부를 제공하기도 한다.
라. 평준형 사망급부의 경우, 연령 증가에 따라 정기보험 코스트, 즉 순보장금액의 단위당 위험보험료는 증가한다.

42 ③

다. 보험료는 정액이지만 사망보험금과 적립금은 투자성과에 따라 변동된다.
마. 보험료는 낮은 편이다.
바. 특별계정에서 차감한다.

43 ③

'나, 라'는 유동자산으로 분류될 수도 되지 않을 수도 있는 자산, '다'는 유동자산으로 분류해야 할 자산

44 ③

사고발생으로 인한 최종적인 재무적 손실금액은 발생 전에 예측했던 직접손해와 간접손해의 합을 초과할 수도 있다.

45 ②

보험료를 줄이기 위한 방법으로 공제액 설정을 많이 할수록 보험료는 낮아진다.

46 ③

① 소비를 결정하는 가장 중요한 요인은 소득이다.
② 한계소비성향은 주어진 소득수준이 변화할 경우 소득증가분중의 소비증가의 비율을 의미한다.
④ 소득이 증가함에 따라 평균소비성향은 감소하고, 평균저축성향이 증가한다.
⑤ 안정적인 함수관계에 있다.

47 ⑤

⑤ 연금저축계좌와 퇴직연금계좌처럼 과세이연된 상품은 연금수령 시 과세되는 세금을 공제한 세후연금액을 은퇴시점에서 일시금으로 환산하여 기재한다.

48 ③

나(1단계). 은퇴시점에서 은퇴자산의 미래가치 계산
가(2단계). 은퇴시점에서 은퇴자산의 순미래가치 계산(총은퇴자산)
다(3단계). 연간 은퇴필요소득의 부족액 계산
라(4단계). 총은퇴일시금 계산
바(5단계). 추가적으로 필요한 은퇴일시금 계산
마(6단계). 추가적으로 필요한 은퇴일시금을 마련하기 위한 연간 저축액 계산

49 ④

가 – B : 직관적 판단에 의한 포트폴리오 구성
나 – C : 다중 시나리오 분석에 의한 포트폴리오 구성
다 – D : 위험 – 수익 최적화 방법에 의한 포트폴리오 구성
라 – A : 모델포트폴리오를 활용한 포트폴리오 구성

50 ④

정액분할투자법은 월이나 분기와 같이 일정한 기간별로 일정한 금액을 계속하여 투자하는 방법을 말한다.

51 ③

① 변액연금보험은 연금개시 나이를 45세 이후부터 다양하게 선택할 수 있어 조기은퇴의 경우에 은퇴소득을 확보할 수 있는 방안이 될 수 있다.
② 적립식펀드를 통해 은퇴 기본생활비를 마련할 수 있으며 10년 이상의 장기투자를 지속하고, 주가가 하락하더라도 중도 해지하지 않고 정해진 기간 동안 일정 금액을 계속 투자하는 것이 바람직하다.
④ 확정연금형으로 일정 기간 동안 받도록 선택할 수도 있고, 종신연금형으로 사망 시까지 연금을 받을 수 있도록 선택할 수도 있다.
⑤ 우리사주 실시회사 근로자의 경우 우리사주 저축제도를 활용하면 정기적인 저축을 통해 취득자금을 마련하여 우리사주를 취득하고 장기보유하면서 세제혜택과 함께 재산 형성을 할 수 있다는 점에서 은퇴소득원 확보 수단으로 활용할 수 있다.

52 ②

나. 추후납부란 가입자가 소득이 없어 연금보험료를 납입하지 못한 납부예외기간, 적용제외기간 및 병역의무수행기간 등의 추후납부 대상기간에 대해 가입자격 취득 후 본인이 원할 때 연금보험료를 납부하는 제도이며 강제사항은 아니다.
다. 외국인도 국내 국민연금 당연적용사업장에 근무하는 경우 가입대상에 해당된다.

53 ③

병역의무를 이행한 자에게 노령연금 산정에 한해 6개월의 가입기간을 추가로 인정하며 가입자의 기준소득월액(B값)은 전체 가입자의 평균기준소득월액의 평균액(A값)의 50%를 인정하며, 재원은 국가가 전액 부담한다.

54 ④

노령연금 수급권자가 65세 이전에 소득이 있는 업무에 종사하는 경우 노령연금은 일부 금액을 감액하여 지급하고 부양가족연금액은 지급하지 않는다.

55 ④

나고객 씨는 국민연금 10년 미만 가입자지만 가입대상 기간의 1/3이상 연금보험료를 납부했다.

56 ⑤

반환일시금의 이자는 보험료 납입일이 속한 달의 다음 달부터 연금지급사유 발생일이 속한 달까지 3년 만기 정기예금 이자율을 적용한다.

57 ⑤

사망일시금 지급 순위는 '배우자, 자녀, 부모, 손자녀, 조부모, 형제자매' 순이다.

58 ③

나. 6개월 이상 가입자 본인 또는 부양가족이 요양을 필요로 하는 경우
마. 천재지변 등 고용노동부장관이 정하는 사유와 요건에 해당하는 경우

59 ④

나. 급여수준은 가입자의 퇴직일을 기준으로 산정한 일시금이 계속근로기간 1년에 대해 30일분의 평균임금에 상당하는 금액(법정퇴직금) 이상이 되도록 하여야 한다.

60 ②

IRP 가입자가 근퇴법 시행령에 정한 사유와 요건(DC형 퇴직연금의 중도인출 사유와 동일)에 해당하는 경우 중도인출을 할 수 있으며, 이연퇴직소득이 이전된 IRP는 55세 이전에 전부 해지는 할 수 있으나 일부 해지는 불가능하다.

61 ③

장기저축성보험의 과세제외요건을 충족하는 운용수익에 대해 연금이나 일시금 인출 시 과세를 하지 않으므로, 연금보험은 적립기간 또는 은퇴기에 일시금이 필요한 경우 세제상 불이익 없이 유연하게 대응할 수 있다.

62 ②

나, 라, 바는 자산연계형 연금의 장점이다.

63 ③

종신연금은 생보사에서만 가능한 연금지급 방식이다.

64 ④

연금계좌는 하나 또는 여러 유형의 연금계좌를 선택하여 납입 · 운용할 수 있으며, 적극적인 투자성향을 띠는 가입자의 경우 연금저축펀드 또는 퇴직연금계좌의 위험자산 투자비중을 높인다.

65 ④

연금수령기간이 길수록 연간 배분되는 이연퇴직소득이 작아지게 되고 이에 따라 이연퇴직소득세 과세기간이 길어지면서 퇴직소득세의 현가는 적어지게 된다.

66 ⑤

가－D, 나－E, 다－C, 라－B, 마－A

67 ③

자가연금화방법의 경우 지급기간을 잘못 예측하거나 과도한 인출을 하게 되면 사망 전에 은퇴자금이 소진될 위험이 있으므로 주의해야 한다. 인출계획의 성공 여부가 은퇴자의 비합리적인 판단이나 행동재무적인 위험 외에도 은퇴자산의 투자위험, 물가상승률, 수명, 건강상태 등 다양한 시장환경적 요인과 개인적 요인에 의해 영향을 받게 되기 때문이다. 따라서 종신연금을 선택하지 않고 은퇴자산에서 정기적으로 은퇴소득을 인출하려는 은퇴자는 인출률과 은퇴자산 부족위험을 방지할 수 있는 자산배분에 대한 결정이 중요한 이슈가 된다.

68 ⑤

위험수용성향을 고려한 은퇴 후 자산관리에서 10년 주기형을 사용한다고 해서 10년마다 위험수용성향을 반드시 바꾸어야 하는 것은 아니다.

69 ⑤

모두 사내근로복지기금 운용방법에 대한 설명이다.

70 ②

가－A, 나－B, 다－C

71 ②

나. 유지는 물이 고이거나 상시적으로 물을 저장하고 있는 댐, 저수지, 호수, 연못 등의 토지이다.
마. 아파트, 공장 등 단일용도의 일정한 단지 안에 설치된 통로는 도로에서 제외된다.

72 ⑤

지하 1층과 지상 1층을 주차장으로 사용하고 있으므로 층수에서 제외되며 주택으로 쓰는 1개동의 바닥면적의 합계가 320m²(= 80m²×4층)이므로 다세대주택에 해당한다.

① 다중주택이란 다음의요건을 모두 갖춘 주택을 말한다.
  • 학생 또는 직장인 등 여러 사람이 장기간 거주할 수 있는 구조로 되어 있는 것
  • 독립된 주거의 형태를 갖추지 아니한 것
  • 1개 동의 주택으로 쓰이는 바닥 면적(부설 주차장 면적 제외)의 합계가 660m² 이하이고 주택으로 쓰이는 층 수(지하층 제외)가 3층 이하인 것
② 주택으로 쓰는 층수가 5개 층 이상인 주택을 아파트라 한다.
③ 주택으로 쓰는 1개 동의 바닥면적 합계가 660m²를 초과하고, 층수가 4개 층 이하인 주택을 연립주택이라 한다.
④ 주택으로 쓰는 1개 동의 바닥면적 합계가 660m² 이하이고, 층수가 4개 층 이하인 주택(2개 이상의 동을 지하주차장으로 연결하는 경우에는 각각의 동으로 봄)을 다세대 주택이라 한다.
⑤ 지하 1층과 지상 1층을 주차장으로 사용하고 있으므로 층수에서 제외되며 주택으로 쓰는 1개동의 바닥면적의 합계가 320m²(= 80m²×4층)이므로 다세대주택에 해당된다.

73 ③

나. 인근분석은 대상부지를 둘러싸고 있는 인접지들의 역학관계를 정확하게 묘사하는 것이다. 대상부동산과 대체 · 경쟁관계에 있는 부동산 상품의 생산 및 이용가능성을 분석하는 과정은 공급분석이다.
다. 지역분석은 대상부동산이 위치할 지역의 사회적 · 경제적 · 행정적인 특성을 분석하여 대상부동산이 해당 지역에서 갖게 될 위상을 판단하는 과정으로, 지역의 범위는 부동산의 용도, 특성, 규모 등에 따라 달라질 수 있다. 대상부동산의 특정 용도가 결정되면 이에 대한 시장의 범위와 규모를 결정하는 과정은 시장획정이다.

74 ⑤

판매율분석은 주어진 시장상태와 수요 및 공급분석을 통해 경쟁시장에서 대상부동산이 차지하게 될 시장점유율(또는 거래성사율)을 판단하는 과정이다. 시장에서 대상부동산에 대한 수요와 공급의 상호작용 과정을 분석하는 단계로서 대상부동산에 대한 한계수요가 있는지 여부, 시장이 균형에서 벗어날 시기에 대한 예측 등을 주요 내용으로 하는 것은 균형분석이다.

75 ①

② 구매력의 공간적 배분은 상업용 부동산에 대한 특정 수요량을 측정하는 데 중요한 요소이다.
③ 상업용 부동산 개발업자의 주요한 공급요인은 건설비용이다.
④ 공업용 부동산은 주로 유형자산인 토지와 건물로 구성되며 이 시장은 타 시장에 비해 수요가 제한적이고, 지역은 광역권이며, 공급 규모의 변동성이 크다는 점 등으로 인해 시장분석이 어려울 수 있다.
⑤ 공업용 부동산의 소유자와 사용자들은 보통 장기계약을 체결한다.

76 ③

A. 공시지가기준법
B. 거래사례비교법
C. 할인현금흐름분석법
D. 직접환원법

77 ②

조성법은 위험할증률을 산정할 경우 평가자의 주관이 지나치게 개입될 가능성이 높다.

78 ③

종합수익률이 여러 기간의 다양한 세전 또는 세후현금수익을 대상으로 수익률을 산정하는 반면, 종합환원율은 한 기간의 순영업수익을 대상으로 수익률을 산정한다.

79 ①

② 회수기간법에 대한 설명이다.
③ 투자대상의 회계적 이익률을 기업이 내정한 기준이익률과 비교하여 의사결정을 하며 이해가 쉽고 예산 편성 시 회계장부에서 자료선정이 용이하나, 화폐의 시간가치 및 현금흐름을 직접 고려하지 않고 장부상 이익을 분석대상으로 함에 따라 이익이 현재의 상태를 반영하지 못하고 왜곡될 가능성이 높다.
④ 자산회전율 $= \frac{\text{유효총수익}}{\text{부동산가격}}$
⑤ 채무불이행률 $= \frac{\text{영업경비} + \text{대출원리금상환액}}{\text{유효총수익}}$

80 ①

② 원리금균등분할상환에 대한 설명
③ 원금균등상환에 대한 설명
④ 초기 비용부담 : 원금균등분할상환 > 원리금균등분할상환
⑤ 약정기간 동안의 전체 상환액 : 원금균등분할상환 < 원리금균등분할상환

81 ①

② 기업금융에 대한 설명이다.
③ 기업금융은 시공사와 시행사 간의 협의에 따라 사업이 진행되므로 의사결정이 빠르고 업무의 유연성이 증가한다는 특징이 있다.
④ 프로젝트 파이낸싱에 대한 설명이다.
⑤ 프로젝트 파이낸싱은 프로젝트 회사가 도산할 경우 프로젝트로부터 발생하는 현금흐름이나 자산의 범위 내에서 청구가 가능하며 채권자는 사업주에 대해서 청구할 수 없다.

82 ④

• 자기자본환원율 = 80,000 / 300,000 = 26.67%
• 대출환원율 = 120,000 / 600,000 = 20%
• 종합환원율 = 200,000 / 900,000 = 22.22%

83 ⑤

전원주택에 대한 설명이다.

84 ③

주주형 상가(지분제 상가)는 소형 상가에 분산투자하는 것보다는 높은 영업이익이 발생할 가능성이 높다는 장점이 있다.

85 ④

임야가 보전산지에 포함되는지 여부는 토지이용계획확인서를 통해 확인할 수 있다.

86 ④

최고가매수신고인이 매각조건에 정한 대금지급기일까지 매각대금을 지불하지 않을 경우 재매각에 참가하지 못하며 매수의 보증으로 보관한 금전이나 유가증권의 반환 또한 청구하지 못한다.

87 ①

② 요구수익률을 구성하는 무위험자산의 수익률(무위험률)은 절대적으로 위험이 없는 상태가 아니라 파산위험이 없는 상태를 말하는 것이다.
③ 투자대안의 선택에서 필요한 요구수익률을 설정하는 경우 시장에서 활동하고 있는 다른 투자가의 요구수익률을 이용하여 산출할 수 있다.
④ 요구수익률 산정에 있어 우선적으로 고객과 함께 요구수익률의 전제조건(기간별 요구수익률 상이, 예상보유기간, 매도조건, 지역제한, 투자대상 제산 등)을 명확히 하여 요구수익률을 산정하는 것이 고객이 제시하는 희망 요구수익률과의 차이를 어느 정도 완화시킬 수 있으며 오류를 최소화할 수 있는 방법이다.
⑤ 위험회피형 고객의 경우 소득이 증가할 때 총효용은 증가하나 한계효용은 감소한다.

88 ③

부채비율은 일반적으로 100% 이하를 표준비율로 보고 있다.

89 ①

소유권에 관한 사항인 소유권이전등기, 소유권보존등기, 압류등기, 가압류등기, 가등기, 가처분등기, 경매신청 기입등기 등은 등기사항전부증명서의 갑구에 기재되며, 소유권 이외의 권리인 지상권, 지역권, 전세권, 저당권, 근저당권 등은 등기사항전부증명서의 을구에 기재된다.

90 ④

수익환원법은 환원방법에 따라 직접환원법과 할인현금흐름분석법으로 구분된다.

1회 CFP® 지식형(2교시) 정답 및 해설

01	02	03	04	05	06	07	08	09	10
④	④	③	③	②	⑤	⑤	②	④	③
11	**12**	**13**	**14**	**15**	**16**	**17**	**18**	**19**	**20**
③	⑤	③	①	②	①	②	⑤	③	⑤
21	**22**	**23**	**24**	**25**	**26**	**27**	**28**	**29**	**30**
⑤	①	④	①	②	⑤	④	⑤	④	①
31	**32**	**33**	**34**	**35**	**36**	**37**	**38**	**39**	**40**
②	③	⑤	②	①	⑤	①	①	⑤	⑤
41	**42**	**43**	**44**	**45**	**46**	**47**	**48**	**49**	**50**
①	③	③	②	④	④	③	⑤	③	②
51	**52**	**53**	**54**	**55**	**56**	**57**	**58**	**59**	**60**
④	②	③	②	⑤	④	②	⑤	③	④
61	**62**	**63**	**64**	**65**	**66**	**67**	**68**	**69**	**70**
④	④	④	⑤	③	⑤	①	②	⑤	②
71	**72**	**73**	**74**	**75**	**76**	**77**	**78**	**79**	**80**
①	④	①	⑤	⑤	④	①	⑤	⑤	②

01 ④

투자지침은 투자전문가를 평가하고 관리하는 기준이 된다.

02 ④

가, 나. 대부자금설에 대한 설명이다.
마. 통화공급이 증가하면 단기적으로 유동성효과에 의해 이자율이 하락하고, 중장기적으로 소득효과와 기대인플레이션효과로 인해 이자율이 상승한다.

03 ③

오버슈팅이 발생하는 이유는 자산시장의 조정속도가 빠르기 때문이다.

04 ③

가－A, 나－C, 다－D, 라－B

05 ②

(가) A펀드 투자 시 원금 손실이 발생할 확률은 약 2.5%
(나) A펀드 투자 시 수익률이 15%를 초과할 확률은 약 16%
(다) A펀드 투자 시 수익률이 5% 이상일 확률은 약 84%
※ A펀드 투자 시 수익률이 0~20% 사이일 확률은 약 95%
A펀드 투자 시 수익률이 5~15% 사이일 확률은 약 68%

06 ⑤

차익거래가격결정이론에서도 분산투자를 통해 특정 자산의 고유한 특성으로 인한 수익률 변화는 제거할 수 있다고 본다.

07 ⑤

요구수익률 : ① 11%, ② 10%, ③ 12%, ④ 13.5%, ⑤ 8.5%
⑤ 주식만이 요구수익률＜예상수익률이며 저평가되어 있으므로 증권시장선보다 위에 위치한다.
※ 요구수익률＞예상수익률＝고평가(증권시장선보다 아래 위치)
요구수익률＜예상수익률＝저평가(증권시장선보다 위에 위치)

08 ②

준강형 효율적 시장을 검증한 결과 시계열 분석 및 횡단면 분석에서는 여러 가지 이상현상이 발견되어 준강형 효율적 시장가설을 지지하지는 않았으나, 사건연구에서는 준강형 효율적 시장가설이 성립한다는 결과를 얻었다.

09 ④

특허권이나 신제조기술, 영업권 등을 보유한 경우 현재 현금흐름에 영향을 미치지는 않지만 일정한 가치를 보유하고 있는 것으로 파악해야 하며 현금흐름할인방식으로 적용하기 어려운 점이 있을 수 있다.

10 ③

EVA방식에서는(전통적 회계 개념의 타인자본을 포함할 뿐 아니라) 암묵적 비용인 자기자본조달비용, 즉 자기소유자본을 투입한 데 대한 기회비용도 차감해서 기업의 부가가치를 계산하고 있다.

11 ③

베타의 증가는 요구수익률(K, 할인률)의 증가로 이어져 적정주가가 하락하는 결과를 초래한다.

12 ⑤

A. EV/EBITEA 평가모형
B. 주가매출액비율분석(PSR)
C. 주가순자산비율(Tobin's q에 대한 설명)
D. 주가수익비율분석(PER)

13 ③

채권수익률이 1% 하락하였을 때의 가격상승폭은 1% 상승하였을 때의 가격하락폭보다 크다.

14 ①

• 채권가격 변동률 = −2.67×(−0.002) = 0.00534
• 채권가격 변동 = 10,026×0.00534 = 53.54원 상승

15 ②

듀레이션이 크다는 것은 채권가격선의 기울기가 가파르다는 것을 의미한다.

16 ①

가−A, 나−C, 다−B, 라−D, 마−E

17 ②

콜옵션부 채권의 콜옵션 권리는 채권발행회사가 가지므로 금리 하락(채권가격 상승) 시 행사 가능성이 높아진다.

18 ⑤

나. 콘탱고가설
라. 현대 포트폴리오 이론

19 ③

가−D, 나−B, 다−C, 라−A

20 ⑤

• 포트폴리오 헤지계약수 = (포트폴리오 금액×베타) / (KOSPI200지수×25만원)
= 2,000,000,000×1.2 / (200×250,000) = 48계약
• 선물 매매손익(헤지시점 선물지수 − 헤소시점 선물지수)×계약수×25만원
= (200.50 − 180.20)×48×250 = 243,600천원 이익

21 ⑤

무위험이자율 상승은 콜옵션 행사 시 지급할 금액의 현재가치를 낮추는 효과를 내는데, 이러한 효과는 행사가격이 낮아지는 효과와 동일하므로 콜옵션의 가치는 증가한다.
① 주가지수가 올라갈수록 주가지수 콜옵션의 가치도 상승한다.
② 행사가격이 높을수록 콜옵션의 가치는 하락하고 풋옵션의 가치는 상승한다.
③ 변동성이 증대하면 콜옵션과 풋옵션의 가치는 모두 상승한다.
④ 잔존만기가 길어질수록 콜옵션과 풋옵션의 가치는 모두 상승한다.

22 ①

※ 공식 : $S + P = C + X/(1 + Rf)^T$
S = 기초자산의 가격, P = 풋옵션, C = 콜옵션, X = 행사가격, Rf = 무위험이자율, T = 잔존기간
$95,000 + P = 12,000 + 90,000/(1 + 0.06)^1$
∴ P = 1,905.66원

23 ④

다. 옵션가격결정모형에서 사용되는 무위험이자율이 상승하면 콜옵션의 가치가 상승하고 풋옵션의 가치는 하락하게 된다.
마. 감마가 높을수록 델타가 대상자산의 가격변동에 더욱 민감함을 의미한다.

24 ①

①은 버터플라이 매수전략으로 변동성이 커지면 손실 가능성이 커진다.
②, ③ 변동성 확대전략이다.
④ Call 매수 + Put 매수는 스트래들 매수전략이다.
⑤ 외가격 Call 매수 + 외가격 Put 매수는 스트랭글 매수전략이다.

25 ②

• 전략적 자산배분 : 나, 다, 사
• 전술적 자산배분 : 가, 라, 아, 바
• 보험자산배분 : 마, 자

26 ⑤

보험자산배분은 위험자산가격에 대한 미래 예측치를 사용하지 않고, 현재의 시장가격에 대한 변화추세만을 반영하여 투자하는 전략이다.

27 ④

채권펀드의 기대수익률을 결정하는 요소는 여러 가지가 있다. 그중 가장 중요한 두 가지 요소는 투자대상 채권의 잔존만기와 신용등급이다.

28 ⑤

A. 젠센척도 : 실현수익률 – 요구수익률, 증권선택능력 평가, 수치가 +인 경우 증권선택능력이 있다고 평가
B. 샤프척도 : (실현수익률 – 무위험이자율) / 표준편차, 총 위험(표준편차) 대비 초과수익률
C. 트레이너척도 : (실현수익률 – 무위험이자율) / 베타, 체계적 위험(베타) 대비 초과수익률
D. 정보비율 : 벤치마크 수익률과 펀드 수익률 간의 차이를 이용 [(펀드수익률 – 벤치마크 수익률) / Tracking Error의 표준편차]

29 ④

세금부담자의 한계세율을 고려하여 분리과세 여부를 결정해야지 분리과세를 선택할 수 있다고 반드시 분리과세가 유리한 것은 아니다.

30 ①

수정신고는 조세부과제척기간이 끝나기 전까지 할 수 있으며, 법정신고기한 내에 과세표준신고서를 제출하지 아니하거나, 기한후과세표준신고서를 제출하지 아니한 자는 수정신고를 할 수 없다.

31 ②

이의신청은 고지서를 받은 날로부터 90일 이내에 신청해야 한다.

32 ③

일용근로자의 근로소득은 원천징수로 과세를 종결하며 원천징수세액은 1일 급여에서 근로소득공제를 15만원을 제하고 6% 세율을 적용한다. 따라서 비과세 근로소득에 해당하지 않는다.

33 ⑤

손익분배비율을 거짓으로 정하는 등의 사유가 있는 경우에는 그 특수관계인의 소득금액은 주된 공동사업자의 소득금액으로 본다.

34 ②

- 기본공제 : 1,500천원×3 = 4,500천원(본인, 아들, 딸)
- 추가공제 : 장애인 공제 2,000천원(아들)
- 인적공제 합계액 : 4,500 + 2,000 = 6,500천원

35 ①

- 거주자가 조세특례제한법상 개인연금저축에 본인 명의로 가입한 경우 연간 납입금액의 40%의 금액을 연간 (72만원) 한도로 종합소득금액에서 공제한다.
- 총급여액이 5천만원 이하인 근로자가 자산총액 40% 이상을 국내주식에 투자하는 장기적립식펀드로 계약기간 10년 이상인 펀드에 2014. 01. 01~2015. 12. 31까지 가입한 금액에 대하여 연 납입액(600만원)을 한도로 40% 소득공제한다.
- 근로자복지기본법에 의한 우리사주조합원이 자사주를 취득하기 위하여 같은 법에 의한 우리사주조합에 출연하는 경우에는 해당 연도의 출자금액과 (400만원) 중 적은 금액을 해당 연도의 근로소득금액에서 공제한다.

36 ⑤

맞벌이 부부의 경우 각자 명의의 신용카드 등 사용금액에 대한 소득공제를 적용해야 한다.

37 ①

납세지 관할세무서장은 종합소득이 있는 사람에 대하여 직전 과세기간에 대하여 납부한 소득세의 50%의 금액을 11월 30일까지 납부하도록 고지한다.

38 ①

일반과세자는 부가가치가 포함되지 않은 공급가액을 과세표준으로 한다.

39 ⑤

Min[①, ②]
① 소득금액 = 수입금액 – (주요경비 + 기준경비[주1])
② 한도액 = 단순경비율에 의한 소득금액×기획재정부령으로 정하는 배율[주2])
　주1) 수입금액×기준경비율(단, 복식부기의무자는 수입금액×기준경비율×1/2)
　주2) 기획재정부령으로 정하는 배율 : 복식부기의무자 3.2배, 간편장부대상자 2.6배
① 소득금액 = 100,000 – (12,000 + 15,000 + 10,000) + 100,000×40%×1/2 = 43,000천원
② 한도 = 100,000×(1 – 0.75)×3.2배 = 80,000천원
∴ Min[43,000, 80,000] = 43,000천원

40 ⑤

사업용 자산의 적립보험료를 제외한 부분은 위험보험료로 필요경비로 인정받을 수 있으므로 필요경비불산입 항목에 해당하지 않는다.
① 총수입금액 불산입 항목
② 총수입금액 불산입 항목
③ 필요경비 불산입 항목
④ 필요경비 불산입 항목
⑤ 필요경비 인정

41 ①

임대보증금의 간주임대료 계산 시 장부에 의해 소득금액을 결정 또는 경정하는 것이 세부담 최소화에 도움이 된다.

42 ③

결손금 및 이월결손금의 공제에서 해당 과세기간에 결손금이 발생하고 이월결손금이 있는 경우에는 해당 과세기간의 결손금을 먼저 소득금액에서 공제한다.

43 ③

(가) 순자산증가설
(나) 소득원천설
(다) 9~24% 4단계 초과누진세율
(라) 3개월
(마) 필요함

44 ②

임원이 지급받은 근로소득이 소득세법상 근로소득으로 과세되더라도 법인세법상 손금으로 인정되지 않을 수 있다.

45 ④

① 무기명주식의 이익이나 배당 : 실제 지급받는 날
② 기명채권의 이자와 할인액 : 약정에 의한 지급일
③ 집합투자기구로부터의 이익 : 이익을 받은 날
⑤ 저축성 보험의 보험차익 : 보험금 또는 환급금의 지급일

46 ④

라, 바. 배당소득 O, Gross－up X
가. 배당소득 X, Gross－up X
나, 다, 마. 배당소득 O, Gross－up O

47 ③

채권 양도 시 양도차손이 발생하더라도 보유기간 동안의 이자소득에 대해서는 과세한다.

48 ⑤

- 정기예금이자 : 5,000천원(이자소득)
- 자기주식 처분이익 : 30,000천원(배당 O, G－up O)
- 자기주식 소각이익(2년 이내 자본전입) : 20,000천원(배당 O ,G－up X)
- 세금우대종합저축 이자 · 배당 소득 : 3,000천원(무조건 분리과세)
- 뮤추얼펀드로부터 배분받는 이익 : 10,000천원(배당 O, G－up X)
- 이자소득 : 5,000천원
- 배당소득 : G－up (O) 30,000천원
  G－up (X) 20,000＋10,000＝30,000천원
- Gross－up : Min[금융소득－20,000, G－up 대상 배당소득]
  65,000－20,000＝45,000천원
  Min[45,000, 30,000]＝30,000×0.11＝3,300천원
- 금융소득금액＝5,000＋65,000＋3,300＝68,300천원

49 ③

50%를 소유하던 자가 추가적으로 10%의 지분을 취득하는 경우에는 60% 전체에 대해 취득세를 납부해야 한다.

50 ②

별장은 장기보유특별공제를 적용받지 못한다.

51 ④

5년간 보유한 사업용토지의 장기보유특별공제는 양도차익의 10%가 적용된다.

52 ②

- 부가가치세＝건물가액×10%＝3억×10%＝30,000천원
- 면세사업자(치과의사)는 부가가치세 과세사업자가 아니므로 부가가치세로 부담한 매입세액을 공제받을 수 없다.
- 취득세＝10억×4.6%＝46,000천원

53 ③

- 양도가액 : 1,500,000×(500,000/1,500,000)
- 취득가액 : (－) 800,000×(500,000/1,500,000)
- 필요경비 : (－) 50,000×(500,000/1,500,000)
- 양도차익 : (＝) 216,667천원

54 ②

구분		계산
=	퇴직소득 과세표준	18,160천원
(×)	세율	×0.15−1,260천원
(=)	환산 전 산출세액	=1,464천원
(/)	12	/12
(×)	근속연수	×16
=	퇴직소득 산출세액 (지방소득세 포함)	=1,952×1.1=2,147.2천원

55 ⑤

연금계좌에서 연금형태로 인출 시 이연퇴직소득은 연금소득으로 과세된다.

56 ④

'마－나－라－바－다－가'의 순이다.
마. [1단계] 고객과의 관계 정립
나. [2단계] 상속설계 관련 정보수집
라. [3단계] 상속설계를 위한 분석 및 평가
바. [4단계] 상속설계 제안서의 작성 및 제시
다. [5단계] 상속설계 제안서의 실행
가. [6단계] 고객 상황의 모니터링

57 ②

① 고객이 사망한 후에 고객의 상속재산에 대한 통제는 오로지 유언이나 상속인을 통해 이루어지므로 상속 개시 이후의 재산관리 방법을 제시해야 한다.
③ 자신의 선에서 고객과 이해상충을 회피하기가 힘들다면 주위 다른 재무설계사에게 상속설계를 이관하여야 한다.
④ 잘못된 지식을 제공했지만 그것이 아무런 대가가 없는 경우라면 법적 책임을 부담하지 않는다.
⑤ 고객과 재무설계사의 이해관계가 충돌할 경우 재무설계사는 소속회사의 이익보다 고객의 이익을 우선해야 한다.

58 ⑤

일반양자만 친생부의 성과 본을 유지한다.

59 ③

'다, 라'는 상속인이 될 수 있는 자, '가, 나, 마, 바'는 상속인이 될 수 없는 자

60 ④

정지조건이 있는 유증은 수증자가 그 조건 성취 전에 사망한 때에는 그 효력이 생기지 않는다.

61 ④

원칙적으로 부동산에 대한 소유권의 변동은 등기를 하여야만 효력이 있고, 당사자 사이에 물권적 합의는 있지만 등기가 완료되지 않으면 물권변동의 효력은 없다.

62 ④

공동상속인은 아니지만 공동상속인과 동일한 권리의무가 있는 포괄적 수증자는 특별수익자에 포함되지 않는다.

63 ④

한정승인 신고가 수리되더라도 피상속인의 채무는 여전히 유효하며, 물려받은 재산의 한도에서 피상속인의 채무와 유증을 변제할 수 있게 된다.

64 ⑤

유언으로 상속재산을 최대 5년까지 분할할 수 없도록 지정할 수 있다.

65 ③

반드시 주민등록법에 의하여 등록된 곳일 필요는 없으나 적어도 생활의 근거되는 곳으로서 다른 장소와 구별되는 정도의 표시를 갖추어야 한다.

66 ⑤

유언자의 의사에 따라 기명날인한 것으로 볼 수 있는 경우 반드시 유언자 자신이 기명날인할 필요는 없다.

67 ①

증여의 대상이 되는 재산은 반드시 증여자 자신의 것일 필요는 없다.

68 ②

가. 사인처분으로서의 신탁계약
나. 신탁선언에 의한 신탁
다. 유언대용신탁
라. 공익신탁

69 ⑤

상속세법상 상속지분의 포기는 증여로 보지 않는다.

70 ②

가. 물납은 상속세에는 적용되지만 증여세에는 적용되지 않는다.
다. 상속세의 취득시기는 상속개시일, 증여세의 취득시기는 증여일이다.

71 ①

상속인의 경우 상속개시일 10년 이내에, 비상속인의 경우 5년 이내에 증여받은 재산은 상속세 과세가액 계산 시 포함되는 상속재산에 해당한다.

72 ④

상속인이 배우자 단독일 경우 배우자공제에서 최소 5억원의 공제를 적용받을 수 있다(일괄공제는 배우자 단독상속의 경우 적용되지 않음).

73 ①

무신고불성실가산세는 산출세액 계의 20%이다.
④ 신고세액공제는 2019년 1월 1일 이후 상속개시분부터 3%가 적용된다.

74 ⑤

증여세 과세대상 재산에 대하여 소득세법에 따른 소득세, 법인세법에 따른 법인세가 수증자에게 부과되는 때에는 증여세를 부과하지 않는다.

75 ⑤

10년 이내 동일인에게 증여받은 재산만 합산과세되며, 증여자가 직계존속인 경우 그 직계존속의 배우자도 동일인으로 본다. 금번 증여에 따른 증여세 과세가액은 16. 07. 21에 어머니로부터 받은 5억원과 금번 증여재산 3억원을 합산하여 8억원이다.

76 ④

① 5,000만원
② 1,000만원
③ 6억원
⑤ 1,000만원

77 ①

- 아버지 : (50,000천원 − 50,000천원) = 0
- 할아버지 : (20,000천원 − 0) × 10% = 2,000천원
- 증여세 합계 : 2,000천원

78 ⑤

임대차 계약이 체결된 임대상가의 보충적 평가가액은 다음과 같이 구한다.
- Max[①, ②]
  ① 보충적 평가방법에 의한 평가가액 = 3억원 + 3억원 = 6억원
  ② (1년간 임대료 / 12%) + 임대보증금 = 3,600만원 / 12% + 3억원 = 6억원

∴ 임대차계약이 체결된 임대상가의 보충적 평가가액 = Max[5억원, 6억원] = 6억원

79 ⑤

창업자금 및 가업승계 증여세 과세특례규정은 중복 적용되지 않는다.

80 ②

가. 개인 사업체인 경우 자산과 부채를 개별적으로 이전하는 과정이 필요하다.
마. 가업의 평가가액 = 자산의 평가가액 + 영업권의 평가가액 − 부채의 평가가액

1회 CFP® 사례형(3교시) 정답 및 해설

01	02	03	04	05	06	07	08	09	10
③	④	④	①	⑤	⑤	④	①	④	④
11	**12**	**13**	**14**	**15**	**16**	**17**	**18**	**19**	**20**
③	④	②	①	⑤	③	②	②	⑤	④
21	**22**	**23**	**24**	**25**	**26**	**27**	**28**	**29**	**30**
④	④	①	③	②	④	⑤	④	⑤	①
31	**32**	**33**	**34**	**35**	**36**	**37**	**38**	**39**	**40**
④	③	③	④	⑤	①	⑤	②	①	⑤

01 ③

가	CF0 = 0, C01 = 0 (11), C02 = 20,000 (6), I = (7 − 5)/1.05, NPV? 91,324.38(필요자금) − 20,000(준비자금) = 71,324.38천원(부족자금) (O)
나	71,324.38PV, 12N, (7 − 4)/1.04I/Y, PMT(B)? 6,916.61천원 (O)
다	CF0 = 0, C01 = 0 (11), C02 = 20,000 (6), I = (8 − 5)/1.05, NPV? 79,851.69(필요자금) − 20,000(준비자금) = 59,851.69천원(부족자금) (X)
라	교육자금은 장기간 투자를 요하는 재무목표이므로 원금 보장이나 안정성을 목적으로 하는 보수적인 투자보다는 위험을 최소화하면서 어느 정도 기대수익을 낼 수 있는 투자상품을 선택해야 한다. (X)

02 ④

가	5년 전 필요자금 : CF0 = 0, C01 = 0 (9), C02 = 35,000 (6), I = (6 − 8)/1.08, NPV? 265,408.10천원 (X)
나	• 5년 전 매년 말 저축액 : 265,408.10PV, 10N, 6I/Y, PMT(E)? 36,060.45천원 • 5년 전 매년 저축액의 5년 뒤 현재시점 평가액 : 36,060.45PMT(E), 5N, 6I/Y, FV? 203,276.15천원 (O)
다	• 현재 필요자금 : CF0 = 0, C01 = 0 (4), C02 = 35,000 × 1.08^5 (6), I = (3.5 − 8)/1.08, NPV? 425,706.38천원 • 현재 준비자금 : 203,276.15천원 • 현재 부족자금 : 425,706 − 203,276 = 222,430천원 (O)
라	해외유학 경비의 송금 한도는 없으나 유학생 1인당 연간 송금 및 환전 합계액이 미화 10만불을 초과할 경우에는 국세청과 금융감독원에 통보된다. (X)

03 ④

방법 수정내부 수익률	• 유출의 현가 : CF0 = − 1,500,000, C01 = − 200,000 (1), I = 8(이자비용), NPV? − 1,685,185.18천원 • 유입의 현가 : CF0 = 0, C01 = 0 (1), C02 = 200,000 (1), C03 = 300,000 (1), C04 = 300,000 (1), C05 = 500,000 + 1,500,000 × 1.015^5 (1), I = 5(재투자수익률), NPV? 2,345,251.31 × 1.05^5 = 2,993,201.006 • 수정내부수익률 : − 1,685,185.18PV, 2,993,201.006FV, 5N, I/Y? 12.1754

04 ①

2022년 예상 소득과 주거비용을 감안한 적정상환액	60,000 × 1.03 = 61,800 × 0.3 = 18,540천원
B동 아파트 매수 후 모기지 상환액을 제외한 주거 관련 비용	모기지 상환액을 제외한 주거 관련 비용 : 재산세, 관리비, 화재보험료 (600 + 3,000 + 400) × 1.2 = 4,800천원
소득과 주거비용을 반영한 최대 대출금액	18,540 − 4,800 = 13,740PMT(E), 20N, 7/12I/Y, PV? 145,561.75천원

05 ⑤

①	20,000PMT(B), 51N, 6I/Y, PV? 335,237.21천원
②	25,000PMT(B), 20N, 6I/Y, PV? 303,952.91천원
③	24,000PMT(B), 23N, 6I/Y, PV? 312,997.96천원
④	19,000PMT(B), 51N, 6I/Y, PV? 318,475.35천원 (보증부 생애수입과 평준 생애수입은 같은 조건으로 계산)
⑤	• 이율전환 − 100PV, 106FV, 12N, I/Y? 0.4868 • 1,800PMT(B), 51 × 12N, 0.4868I/Y, FV 140,000, PV? 359,734.56천원

06 ⑤

위자료	80,000천원
장례비	5,000천원
상실 수익액	• 월평균현실소득액 × 생활비 공제 × 취업가능월수에 해당하는 호프만계수 • 7,500 × 2/3 × 238.066 = 1,190,330천원
자동차 보험금	• 과실상계 20% 적용 • (80,000+5,000+1,190,330) = 1,275,330(1−과실비율) = 1,020,264천원

07 ④

해지환급금 마련을 위한 매월 저축액 + 정기보험료	78,000FV, 25N, 6I/Y, PMT(E)? 1,421.68 + 2,808 = 4,229.68천원
보험료비교	4,500천원 − 4,229.68천원 = 270.31천원 B안이 A안보다 약 270천원 저렴하다.

08 ①

개호기간 필요자금	CF0 = 0, C01 = 0 (33), C02 = 35,000 (3), I = (5.5 – 3.5)/1.035, NPV? 53,742.57천원
개호기간 준비자금	CF0 = 0, C01 = 0 (33), C02 = 50,000 (3), I = 5.5, NPV? 23,049.95천원
개호기간 부족자금	53,742.57 – 23,049.95 = 30,692.62천원

09 ④

생애수입의 현가	70,000/1.04PMT(E), 15N, (5 – 4)/1.04, PV? 936,007.66천원
생애지출의 현가	CF0 = 40,000, C01 = 40,000 (14), C02 = 40,000 × 0.8 (25), I = (5 – 3)/1.03, NPV? 1,006,806.15천원
비교	• 936,007.66 – 1,006,806.15 = 70,798.48천원 • 생애지출의 현가가 약 70,798천원 더 크다.

10 ④

요구수익률 K Rf + β (Rm – Rf)	0.04 + 1.3(0.03) = 0.0790 시장리스크 프리미엄 ($R_m - R_f$)
성장률 g RR(내부유보율) × ROE(자기자본이익률)	0.4 × 0.10 = 0.040
배당 D_0 = eps_0 × 배당성향 차기 배당 D_1 – D_0 × (1 + g)	D_0 = 3,000 × 0.6 = 1,800 D_1 = 1,800 × 1.04 = 1,872
적정주가 V = D_1 / (K – g)	1,872/(0.0790 – 0.040) = 48,000
적정PER = 배당성향 / (K – g)	0.6/(0.0790 – 0.040) = 15.3846
적정PBR = (배당성향 × ROE) / (K – g)	(0.6 × 0.1)/(0.0790 – 0.040) = 1.5385

11 ③

수정듀레이션	2.84/{1 + (0.062/4)} = 2.7967
채권가격 변화율	– 2.7967 × – 0.01 + 0.5 × 18.3269 × (– 0.01)^2 = 0.0289
새로운 채권가격	10,128 × (1 + 0.0289) = 10,420원
채권가격 비교	10,420원 – 10,128원 = 292.52원 상승

12 ④

샤프척도 (실현수익률 – 무위험이자율) /표준편차	표준편차 = 분산의 제곱근 $\sqrt{0.0064}$ = 0.08(8%) (0.12 – 0.04) / 0.08 = 1.0
트레이너 척도 (실현수익률 – 무위험이자율) /베타	• 베타 : 개별자산 리스크 프리미엄 / 시장 리스크 프리미엄 • 베타 = 0.06 / 0.04 = 1.5 (0.12 – 0.04) / 1.5 = 0.0533(5.33%)
젠센척도 (실현수익률 – 요구수익률 K)	• 요구수익률 K = 0.04 + (0.06) = 0.10 • β(Rm – Rf) : 개별자산 리스크 프리미엄 • (0.12 – 0.10) = 0.02(2.0%)

13 ②

포트폴리오 기대수익률	0.6 × 0.1 + 0.4 × 0.03 = 0.072(7.2%)
포트폴리오 표준편차	(0.6 × 0.1)^2 + (0.4 × 0.02)^2 + 2 × 0.6 × 0.4 × 0.2 × 0.1 × 0.02 = $\sqrt{0.0621}$ (6.21%)
수익률 정규분포 (신뢰수준 95.45%)	7.2 ± (6.21 × 2) = – 5.22% ~ 19.62%

14 ①

금액가중수익률 (천원단위)	CF0 = – 20,000 (1), C01 = – 50,000 (1), C02 = 1,500 × 60 (1), IRR? 21.22%
시간가중수익률 (기하평균)	(1,500 / 1,000) = 1.5(총수익률) : 1.5$^{(1/2)}$ – 1 = 0.2247 (22.47%) 또는 – 1PV, 1.5FV, 2N, I/Y? 22.47%

15 ⑤

내부수익률	CF0 = – 500,000 C01 = 30,000 (1) C02 = 40,000 (1) C03 = 30,000 (1) C04 = 50,000 (1) C05 = 50,000 + (50,000 / 0.1) IRR? 7.8504%(내부수익률)

16 ③

소득수익	1년차 말	2년차 말	3년차 말	4년차 말	자본수익(기간 말 매도)	
가능 총수익	–	–	–	–	매도가	84,000/0.1 = 840,000
공실	–	–	–	–	매도경비	–
유효 총수익	–	–	–	–	순매도가	840,000
영업경비	–	–	–	–	대출잔액	– 500,000
순영업 수익	= 60,000	= 68,000	= 76,000	= 84,000	보증금	–
대출이자	35,000	35,000	35,000	35,000	세전 현금수익	340,000 천원
세전 현금수익	= 25,000	= 33,000	= 41,000	= 49,000	• 만기일시상황 대출이자 500,000 × 0.7 = 35,000천원 • 만기일시상환 대출잔액 = 대출원금 500,000천원	
부동산 투자가치 (V)	• CFO = 0, C01 = 25,000 (1), C02 = 33,000 (1), C03 = 41,000 (1), C04 = 49,000 + 340,000 (1) • I = 8, NPV? 369,914 + 500,000 = 869,914천원(자기자본의 가치 + 타인자본) = 부동산의 가치					

17 ②

Cash on Cash Rate = 수정 BTCF / 자기자본투자액 [총투자금액 − 대출금 − 보증금×(1 − 공실)]
특징 1. 가능총수익에서 보증금운용수익은 반영하지 않음
특징 2. 세전현금수익 BTCF = NOI − 연이자(대출상환방식에 상관없이 대출금×연이율)
특징 3. 보증금은 공실률 감안해서 계산 : 보증금×(1 − 공실)

가능총수익(PGI)	12×6,000 = 72,000천원
−공실 및 대손	× 0.95(가능총수익의 5%)
= 유효총수익(EGI)	= 68,400천원
− 영업경비	− 12,000(12×1,000)
= 순영업수익(NOI)	= 56,400천원
− 대출 원리금 및 이자(D.S)	− 21,000(300,000×0.07)
수정 BTCF	= 35,400천원
자기자본투자액	총투자금액 − 대출금 − 보증금×(1 − 공실) 자기자본투자액 : 1,000,000 − 300,000 − (200,000 ×0.95) = 510,000천원
Cash on cash rate	35,400/510,000 = 0.0694(6.94%)

18 ②

NOI = 150,000천원, 대출금 = 700,000천원, 자기자본투자액 = 400,000천원, 원리금 상환액 67,000천원

자기자본환원율 (NOI − DS)/자기자본	• 2023년도 : (150,000 − 67,000)/400,000 = 0.2075(20.75%) • 2024년도 : (200,000 − 67,000)/400,000 = 0.3325(33.25%) • 비교 : 12.50% 상승했다.
종합환원율 (NOI / V = R)	• 2023년도 : 150,000/(700,000 + 400,000) = 0.1364(13.64%) • 2024년도 : 200,000/(700,000 + 400,000) = 0.1818(18.18%) • 비교 : 4.54% 상승했다.
대출환원율 (원리금상환액 / 대출금)	67,000/700,000 = 0.0957(9.57%)

① 자기자본환원율은 12.50% 증가했다.
③ 20.75% > 9.57% 정의 레버리지 발생, 자기자본환원율 > 종합환원율 > 대출환원율
④ 33.25% > 9.57% 정의 레버리지 발생, 자기자본환원율 > 종합환원율 > 대출환원율이므로 자기자본환원율이 대출환원율보다 크다.
⑤ 2023년에 비해 4.54% 상승했다.

19 ⑤

은퇴시점 간병비 필요자금	CF0 = 0, C01 = 0 (15), C02 = 20,000 (5), I = (6 − 3)/1.03, NPV? 59,692.85×1.03^{20} = 107,811.94천원
간병비를 포함한 은퇴시점 필요자금	107,811.94 + 800,000 = 907,811.94천원
간병비를 포함한 현재시점 필요자금	907,811.94 / 1.07^{20} = 234,595.85천원
필요자금 마련을 위한 저축액	234,595.85PV, 15N, (7 − 3)/1.03I / Y, PMT(E)? 20,928.28 ×1.03 = 21,556.13천원

20 ④

아파트 은퇴시점 평가액	700,000×1.06^{25} = 3,004,309.50×0.98 = 2,944,223.31×0.5 = 1,472,111.65천원 ①
변액연금보험 은퇴시점 일시금 평가액	30,000PMT(B), 25N, 6I/Y, PV? 406,510.72/1.06^{5} = 303,768.46천원 ②
개인 연금보험 은퇴시점 은퇴준비자금	20,000PMT(B), 15N, 6I/Y, PV? 205,899.67천원 ③
은퇴시점 은퇴준비자금	(① + ② + ③) = 1,981,779.79천원
은퇴시점 은퇴소득	1,981,779.79PV, 30N, (6 − 4)/1.04I/Y, PMT(B)? 85,901.19천원
국민연금을 반영한 현재 물가기준 은퇴소득	85,901.19 / 1.04^{25} = 32,222.98 + 8,000 = 40,222.98천원

21 ④

①	9,600PMT(B), 25N, (8.2 − 4.5)/1.045I/Y, PV? 163,103.93×1.082^{25} = 1,169,892.53천원
②	700,000×1.025^{30} = 1,468,297.30×0.7 = 1,027,808.11천원
③	1,169,892.53 − 1,027,808.11 = 142,084.42천원
④	• 8,500PMT(B), 25N, (8.2 − 4.5)/1.045I/Y, PV? 144,414.94×1.082^{25} = 1,035,842.34천원 • 역모기지 상환액 1,035,842천원 > 담보가치 1,027,808천원으로 대출이 불가능하다.
⑤	옳은 내용이다.

22 ④

추가적으로 필요한 은퇴일시금 마련을 위한 저축액	720,000FV, 20N, 6I/Y, PMT(E)? 19,572.88천원
확정금리 만기 시 평가액	19,572.88PMT(E), 20N, 4.5I/Y, FV? 614,029.12천원 ①
채권형 만기 시 평가액	19,572.88PMT(E), 20N, 5.5I/Y, FV? 682,473.43천원 ②
주식형 만기 시 평가액	19,572.88PMT(E), 20N, 10I/Y, FV? 1,121,036.75천원 ③
확정금리와 채권형 평가액의 평균	(① + ②)/2 = 648,251.28천원 ④
주식형 비중	(720,000 − ④)/(③ − ④) = 0.1518 = 15.18%(주식형 비중)
주식형 투자금액	0.1518×19,572.88 = 2,970.33천원
확정금리와 채권 비중	(1 − 0.1518) / 2 = 0.4241 = 42.41%(확정금리와 채권비중)
확정금리와 채권형 투자 금액	0.4241×19,572.88 = 8,301.27천원
①	투자성향 안정형 주식 비중 20%×RM포트폴리오 금융자산 비중 40% = 8%(주식형 비중)
②	(주식 평가액×비중) 1,121,036.75×0.1518 = 170,173.37천원
③	옳은 내용이다.
④	(확정금리 평가액×비중) 614,029.12×0.4241 = 260,409.74천원
⑤	10,000,000 + 720,000 = 1,720,000천원

23 ①

- 근로소득금액 : 70,000천원
- 사업소득금액 : 20,000천원
- 기타소득금액 : 기타소득 – 필요경비(60%) = 6,000 × 0.4 = 2,400천원
- 기타소득금액을 포함한 종합소득금액 : 70,000 + 20,000 + 2,400 = 92,400천원
- 종합소득공제 : 4,500 + 1,600 = 6,100천원
  - 인적공제 : 기본공제(본인, 남편, 자녀) 1,500 × 3 = 4,500천원
  - 추가공제 : 경로자 X, 장애인 X, 부녀자 X, 한부모 X
  - 연금보험료공제 : 국민연금보험료 1,600천원
  - 특별공제 : X
  - 기타조세특례법상공제 : X
- 기타소득금액을 포함한 과세표준에 따른 한계세율
  92,400 – 6,100 = 86,300 × 0.24 – 5,760 = 14,952천원
- 기타소득금액을 포함한 한계세율이 24% 구간이므로 기타소득금액 2,400천원은 22%(지방세포함)로 분리과세 하는 것이 유리

∴ 따라서 최대한 절세할 수 있는 종합소득세 산출세액은 (90,000 – 6,100) = 83,900 × 0.24 – 5,760 = 14,376이다.

24 ③

※ 부동산임대업 관련 사업소득금액 = 총수입금액(임대료 + 관리비 + 간주임대료) – 필요경비
① 연간 임대료
② 관리비(임차인에게 직접 부담시킨 경우는 수입금액에서 제외)
③ 간주임대료(건물만, 토지제외)

※ 정기예금 이자율 : 2.9%

- 장부 작성 시 간주임대료 계산
  간주임대료 = (보증금의 적수 – 건설비상당액 적수주1)) × t/365 × 2.9% – 임대사업에서 발생한 금융수익(이자 or 배당)주2)
  주1) 임대용 부동산의 취득에 실제 소요된 금액으로서, 토지가액은 제외하고 자본적 지출액은 포함
  주2) 수입이자와 할인료 및 배당금의 합계액을 말하며, 유가증권처분이익은 제외함
- 추계 신고 시 간주임대료 계산 : 간주임대료 = 보증금 적수 × t/365 × 2.9%
- 사업소득금액 계산하기
  ① 연간 임대료 : 1,500 × 12 = 18,000천원
  ② 연간 관리비 : 400 × 12 = 4,800천원
  ③ 간주임대료 : (600,000 – 250,000) × 365/365 × 0.029 – 2,000 = 8,150천원
  ∴ 부동산임대 사업소득금액 : ① + ② + ③ = 18,000 + 4,800 + 8,150 = 30,950천원

25 ②

- 은행 정기예금 이자 : 15,000천원 → 이자소득
- 10년 경과한 저축성보험의 보험차익 : 30,000천원 → 비과세 소득
- 세금우대종합저축 이자 : 1,000천원 → 무조건 분리과세
- 채권양도차익 : 5,000천원(보유기간 이자 2,000천원) → 이자소득
- A 투자신탁 이익 : 40,000천원(과세대상 이익 30,000천원 포함) → 배당소득 O, G – up X
- B 뮤추얼펀드 환매손실 : 10,000(과세대상 이익 5,000천원 포함) → 배당소득 O, G – up X
- 주식발행초과금을 재원으로 하는 무상주배당 : 15,000천원 → 배당소득 X
- 1% 재평가세율이 적용되는 재평가 적립금을 재원으로 하는 무상주 배당 : 18,000천원 → 배당소득 O, G – up X
- 자기주식처분이익을 재원으로 하는 무상주 배당 : 15,000천원 → 배당소득 O, G – up O
- 비상장주식 양도차익 : 30,000천원 → 양도소득세
- 상장법인으로부터 받은 주식배당 : 20,000천원 → 배당 O, G – up O
- 비상장법인으로부터 현금배당 : 10,000천원 → 배당 O, G – up O

- 이자소득 : 15,000 + 2,000 = 17,000천원
- 배당소득 G – up X : 30,000 + 5,000 + 18,000 = 53,000천원
- 배당소득 G – up O : 15,000 + 20,000 + 10,000 = 45,000천원

- Gross – up : Min[금융소득 – 20,000천원, G – up 대상 배상소득] × 11%
- 금융소득 17,000 + 98,000 = 115,000천원
- Gross – up : Min[115,000 – 20,000 = 95,000, 45,000] = 45,000 × 0.11 = 4,950천원

∴ 배당소득금액 : 98,000 + 4,950 = 102,950천원
금융소득금액 : 102,950 + 17,000 = 119,950천원

26 ④

배우자 등 이월과세 적용 시 양도소득세

- 배우자 또는 직계비속(2009년 1월 1일 이후 증여부터)으로부터 증여받은 부동산을 5년 이내에 양도하는 경우 조세회피 여부와 관계없이 배우자 등 이월과세 규정을 적용하여 증여자가 직접 양도하는 것으로 계산
- (개정) 2023년 1월 1일 이전 증여받고 양도 시 5년 이내, 2023년 1월 1일 이후 증여받고 양도 시 10년 이내
- 2023년 1월 1일 이후 증여받은 후 10년이 경과된 경우에는 수증자가 증여받은 시점을 취득시점으로 양도세 계산
- 증여자가 직접 양도한 것으로 양도세를 계산하여 수증자가 납부하며, 증여자는 연대납세의무 없음
- 증여세(산출세액)는 양도세 계산 시 필요경비로 인정(수증자가 증여세와 양도세를 모두 부담함)

	구분	10년 이내 양도 시	10년 이후 양도 시
①	취득가액	300,000천원	600,000천원
②	증여세 처리	필요경비 산입	필요경비 산입 불가
③	납세의무자	배우자	배우자
④	연대납세의무	없음	없음
⑤	보유기간	나고객 씨 당초 취득일부터 계산	증여받은 시점부터 계산

27 ⑤

①	선순위 상속인이 모두 상속포기해야 자손들이 본위 상속할 수 있는데 선순위 상속인 구지호 씨가 상속을 포기하지 않았으므로 본위 상속되지 않는다.
②	직계비속이 모두 상속을 포기하거나 결격된 경우에는 직계존속과 배우자가 공동상속인이 될 수 있다.
③	대습상속은 상속인이 되어야 할 직계비속 또는 형제자매가 피상속인보다 먼저 사망하거나 결격된 경우에 적용하므로, 배우자가 먼저 사망한 경우에는 적용할 여지가 없다.
④	상속포기는 대습상속 여건에 해당하지 않는다.
⑤	옳은 내용이다.

28 ④

가	유증은 상속인만 받을 수 있는 것은 아니다.
나	기여분은 공동상속인들과의 협의로 이뤄지며 협의가 안 될 경우 가정법원의 심판에 의해 인정받을 수 있다.
다	구정완 씨는 공동상속인이 아니므로 제외된다(계모와 자식 간에는 상속이 이뤄지지 않음).
라	유언의 효력은 유효하다. 다만 유증가액이 타인의 유류분을 침해한 경우 유류분 반환청구의 대상이 될 수 있다. 또한 기여분의 한도는 유증의 가액을 초과하지 못한다(상속재산 − 유증가액 = 기여분 한도).
마	유류분이 침해된다는 사실을 알고 증여한 것이므로 유류분을 주장할 수 있다.

29 ⑤

정보	• 구정완 씨의 상속재산 42억 • 친구 변성엽 씨에게 33억 유증
정아람 유류분	4,200,000 × 3/9 × 1/2 = 700,000천원
정아람 법정상속분	4,200,000 − 3,300,000 = 900,000 × 3/9 = 300,000천원
청구할 유류분	정아람 씨가 변성엽 씨에게 반환청구할 수 있는 유류분 700,000 − 300,000 = 400,000천원

30 ①

금번 증여재산	1,000,000
+ 합산증여재산(10년 이내 동일인 합산)	−
− 채무	− 300,000
= 증여세 과세가액	= 700,000
− 증여공제(10년 이내 동일인 합산)	− 50,000
= 과세표준 × 세율	= 650,000 × 0.3 − 60,000
산출세액 및 산출세액 계(세대생략할증)	= 135,000
− 기납부세액 공제	−
신고세액 공제 및 납부할 증여세액 계	135,000 × 0.97 = 130,950천원

31 ④

유형 : 장애인 특별부양신탁
장애인 특별부양신탁의 신탁기간은 신민철의 기대여명(종신)까지이다.

32 ③

유형 : 신민철 유학자금 마련	
필요자금	CF0 = 0, C01 = 0 (2), C02 = 50,000 (5) I = (6 − 4)/1.04 NPV? 227,370.93천원 ①
준비자금	0 ②
부족자금	(① − ②) = 227,370.93천원 ③
이율전환	− 100PV, 106FV, 12N, I/Y? 0.4868 ④
매월 말 저축액	③PV, 36N, ④I/Y, PMT(E)? 6,900.70천원
③	① − 100,000 = 127,370.93PV, 36N, 0.4868I/Y, PMT(E)? 3,865.70천원

33 ③

유형 : 신미경 유학자금 마련	
필요자금	CF0 = 0, C01 = 0 (9), C02 = 30,000 (6), I = (6 − 4)/1.04 NPV? 141,937.02천원 ①
준비자금	24,200 ②
부족자금	(① − ②) = 117,737.02천원 ③
19세 시점 부족자금	③ × 1.06^{10} = 210,849.08천원
이율전환	− 100PV, 106FV, 12N, I/Y? 0.4868 ⑤
매월 말 저축액	③PV, 120N, ⑤I/Y, PMT(E)? 1,297.74천원
매년 초 증액 저축액	③PV, 10N, (6 − 5)/1.05I/Y, PMT(B)? 12,282.21천원

34 ④

유형 : 채권수익률 변동에 따른 채권가격의 변화	
이론	• 채권가격변화율 : − 수정듀레이션 MD × 채권가격변화율 △i • **수정듀레이션 MD = D/(1 + i/k)** − D : 듀레이션 − i : 변화 전 유통수익률 − K : 이자지급횟수 − △ : 채권가격 변화율 • 채권가격 변동폭 : 채권매매단가 × 가격변화율 • 새로운 채권가격 : 채권매매단가 × (1 + 가격변화율) • 할인채와 복리채의 듀레이션은 채권의 만기와 동일하다.
수정 듀레이션	2.78/(1 + 0.10) = 2.527
채권가격 변화율	− 2.527 × − 0.02 = 0.0505
채권가격 상승분	9,502.63 × 0.0505 = 479.88천원

35 ⑤

유형 : 포트폴리오 기대수익률			
연도	수익률		
	상가 A	상가 B	포트폴리오(A+B)
2018	9	28	18.5주1)
2019	12	25	18.5
2020	16	21	18.5
2021	18	19	18.5
2022	24	13	18.5
2023	8	29	18.5
평균(기대수익률)	14.5	22.5	18.5주2)

주1) 포트폴리오 수익률 : (9%×50%)+(28%+50%)=18.5%
주2) 포트폴리오 평균(기대) 수익률 : (14.5%+22.5%)/2=18.5%

36 ①

유형 : 위험조정 성과평가	
이론	※ 위험조정 성과평가(높을수록 성과가 높다고 평가함) • 젠센척도 : 실현수익률 – 요구수익률 K • 샤프척도 : (실현수익률 – 무위험률)/표준편차(총위험) • 정보비율 : (실현수익률 – 벤치마크수익률)/Tracking error 표준편차 • 트레이너 척도 : (실현수익률 – 무위험률)/베타(체계적 위험)
적립식 펀드 샤프척도	(실현수익률 9.5% – 무위험률4.5%) / 표준편차 15%=0.3333
거치식 펀드 샤프척도	(실현수익률14% – 무위험률4.5%) / 표준편차 30%=0.3167
⑤	윌리엄 샤프는 자본시장선(CML : Capital Market Line)의 원리를 이용하여 "투자수익률 대 변동성 비율"로 포트폴리오 성과를 측정하였다.

37 ⑤

유형 : 위험조정 성과평가	
이론	※ 위험조정 성과평가(높을수록 성과가 높다고 평가함) • 젠센척도 : 실현수익률 – 요구수익률 K • 샤프척도 : (실현수익률 – 무위험률)/표준편차(총위험) • 정보비율 : (실현수익률 – 벤치마크수익률)/Tracking error 표준편차 • 트레이너 척도 : (실현수익률 – 무위험률)/베타(체계적 위험)
적립식 펀드 젠센척도	실현수익률 9.5% – 요구수익률 11%=젠센척도–1.5%
거치식 펀드 젠센척도	실현수익률 14% – 요구수익률 11%=젠센척도 3%
⑤	젠센척도가 (+)이므로 펀드의 실현수익률이 증권시장선상 기대수익률 11보다 더 높은 수익률을 유지했다는 것을 의미한다.

38 ②

유형 : 종합소득세 신고	
①	추가공제 1명 : 장애인공제 2,000천원×1=2,000천원
②	신준호씨가 납입 중인 연금저축보험의 경우 납입금액 6,000천원 한도로 12%(연봉 5,500만원 초과)의 연금계좌세액공제를 적용받을 수 있다.
③	법정기부금의 한도는 종합소득금액의 100%이므로 신준호씨의 급여를 1억원으로 볼 때 전액 공제대상 기부금이다.
④	정기예금과 비상장주식 및 채권의 금융소득이 20,000천원을 초과하므로 금융소득종합과세 대상이다.
⑤	급여소득 이외에 금융소득과 부동산임대사업소득이 있으므로 종합소득세 신고대상이다.

39 ①

유형 : 종합소득세 과세표준 계산	
근로소득	100,000 – 14,750=85,250천원
사업소득	60,000천원
이자소득	15,000+400=15,400천원
배당소득	27,000(G – up O)+2,600(G – up X)=29,600천원
Gross – up	Min[금융소득 – 20,000, Gross – up 대상 배당소득]×11% =Min[45,000 – 20,000=25,000, 27,000] =25,000×11%=2,750천원
종합소득금액	85,250+60,000+15,400+29,600+2,750=193,000천원
종합소득공제	10,000천원
종합소득 과세표준	193,000 – 10,000=183,000천원

40 ⑤

유형 : 배우자 등 이월과세	
이론	• 배우자(이은주씨)로부터 2019년에 증여받은 이후 5년 이내 양도에 해당되므로 배우자 등 이월과세가 적용 ※ 2023년 1월 1일 이전 증여 후 5년 이내 양도 시 2023년 1월 1일 이후 증여 후 10년 이내 양도 시 배우자 등 이월과세 해당 • 양도차익계산을 위한 취득가액은 배우자(이은주씨) 취득 당시 가액인 150,000천원이 적용됨
양도가액	600,000천원
(–) 취득가액	150,000천원
(=) 양도차익	600,000 – 150,000=450,000천원

1회 CFP® 사례형(4교시) 정답 및 해설

01	02	03	04	05	06	07	08	09	10
②	③	③	③	②	③	③	⑤	④	①
11	**12**	**13**	**14**	**15**	**16**	**17**	**18**	**19**	**20**
①	⑤	⑤	⑤	④	①	③	⑤	②	①
21	**22**	**23**	**24**	**25**	**26**	**27**	**28**	**29**	**30**
④	④	③	⑤	③	③	⑤	③	⑤	①
31	**32**	**33**	**34**	**35**	**36**	**37**	**38**	**39**	**40**
①	④	②	③	②	④	①	③	⑤	③

01 ②

유형 : 생명보험 필요보장액	
이론	생명보험 필요보장액 = 사후정리비용 – 유동성자산
필요자금	장례비 25,000천원 + 최후 의료비 15,000천원 + 사후조정자금 30,000천원 + 미상환 부채잔액 40,000천원 = 110,000천원
유동성자산	• 일반사망보험금 + 무목적자산 • 생명보험 보험금 169,300천원 + 무목적자산 MMF 3,050 = 172,350천원
생명보험 필요보장액	110,000천원 – 172,350천원 = –62,350천원 ※ 유동자금이 필요자금을 초과함

02 ③

유형 : 유니버설보험과 의료비보험 이해
유니버설 종신보험은 보장성 보험으로 분류한다.

03 ③

유형 : 종신보험에 대한 이해	
①	• 현재 사망 시 150,000천원이 지급됨 • 주계약 보험금 100,000 + 정기특약 50,000 = 150,000천원
②	종신보험은 사망의 원인과 관계없이 사망보험금을 지급함
③	※ 정기특약은 해당 나이 이후 사망 시 지급되지 않음 • 60세 이전 사망 시 150,000천원 지급 • 60세 이후 사망 시 100,000천원 지급
④	보험금 수익자가 피상속인(피보험자)보다 먼저 사망하는 경우 보험금 수익자 지위는 상속되지 아니함
⑤	과세대상이 되지 않기 위해서는 보험계약자 김인호 씨가 실질적으로 보험료를 납입하였다는 소명이 있어야 하나, 현재 미성년자인 점을 고려하면 상속세 또는 증여세 과세대상이 됨

04 ③

유형 : 주택화재보험의 지급보험금 계산	
보험가입금액 / 보험가액	• 건물 : 100,000 / 200,000 = 0.5(50%) • 가재도구 : 20,000 / 50,000 = 0.4(40%)
화재손해액	• 건물 : 100,000 / (200,000 × 0.8) = 0.6250 30,000 × 0.6250 = 18,750천원 • 가재도구 : 20,000 / (50,000 × 0.8) = 0.5 10,000 × 0.5 = 5,000천원
①	건물 손해에 대한 지급보험금은 18,750천원이 지급된다.
②	가재도구 손해에 대한 지급보험금은 5,000천원이 지급된다.
③	화재배상책임보험에 가입되었기 때문에 이웃집의 재산손해에 대해서도 화재보험금이 지급된다.
④	기타협력비용은 한도없이 전액 보상된다.
⑤	화재보험은 계약자, 피보험자 또는 이들의 법정대리인의 고의, 중과실에 의한 화재발생 시 면책이다. 다만 친족의 중과실로 인한 화재의 경우 화재보험금이 지급된다.

05 ②

유형 : 변액연금보험의 연금액 평가	
변액연금의 은퇴시점 일시금	8,500PMT(B), 25N, 4.5I/Y, PV? 131,711.56천원 ①
변액연금의 은퇴시점 은퇴소득	①PV, 25N, (4.5 – 3)/1.03I/Y, PMT(B)? 6,232.68천원 ②
변액연금의 현재시점 은퇴소득	※ 은퇴시점의 은퇴소득을 물가상승률로 현재시점까지 할인 ② / 1.03^{18} = 3,661.04천원

06 ③

유형 : 배우자 독거기간 중 필요한 은퇴일시금	
독거기간 중 필요한 은퇴일시금	CF0 = 0, C01 = 0 (24), C02 = 13,000 (10), I = (4.5 – 3) / 1.03 NPV? 84,934.73(현재물가기준) × 1.03^{18} = 144,595.69천원

07 ③

유형 : 추가적으로 필요한 은퇴일시금 마련을 위한 저축	
은퇴시점 총은퇴일시금	550,000천원 ①
이율전환	−100PV, 105.5FV, 12N, I/Y? 0.4472 ②
매월 말 저축액	①/1.055[18] = 209,806.24 PV, 13×12N, ②I/Y, PMT(E)? 1,870.99천원

08 ⑤

유형 : 상속공제	
이론	※ 동거주택상속공제 상속개시일로 소급하여 10년 이상 계속하여 양도소득세 비과세 요건을 갖춘 1세대 1주택을 피상속인과 10년 이상 하나의 주택에서 동거한 직계비속 무주택상속인이 상속받는 경우 6억원을 한도로 상속주택가액의 100%를 공제받을 수 있다. ※ 상속 취득 시 특례세율 상속으로 1가구 1주택(고급주택 제외)에 대해서는 취득세 특례세율을 0.8%(지방교육세 포함 0.96%)로 적용하고, 자경농민이 취득하는 농지에 대해서는 취득세 세율 0.3%로 적용한다.
⑤	10년 이상 부친 김성호 씨와 함께 동거한 직계비속 상속인이 없기 때문에 동거주택상속공제를 적용받을 수 없다.

09 ④

유형 : 장애인 특별부양신탁	
④	신탁재산은 금전, 유가증권, 부동산 모두 가능하다.

10 ①

유형 : 상속세 과세가액	
본래상속재산	아파트 A 300,000 + 상가 A 400,000 = 700,000천원
(+)간주상속재산	사망보험금 100,000천원
(+)추정상속재산	0
(+)사전상속재산	상가 A 증여일 현재 증여재산가액 300,000천원
(−)채무	상가 B 보증금 200,000 + 대출금 100,000 = 300,000천원
(−)장례비	5,000천원
상속세 과세가액	700,000 + 100,000 + 300,000 − 300,000 − 5,000 = 795,000천원

11 ①

유형 : 사업소득자의 종합소득공제 이해	
①	나이요건과 소득요건을 모두 갖췄을 경우 계모인 최현희 씨에 대한 인적공제를 적용받을 수 있다.
②	• 기본공제 : 1,500천원×6명 = 9,000천원(본인, 박현진, 한다현, 한민수, 한길호, 최현희) • 추가공제 : 1,000천원(경로자공제)×2명 = 2,000천원
③	사업소득자는 의료비세액공제를 받을 수 없다(성실사업자 아님).
④	사업소득자도 국민연금 납입금액에 대해서는 전액 연금보험료공제를 받을 수 있다.
⑤	사업소득자의 경우 기부금은 사업상 필요경비로 인정받을 수 있으며 별도로 표준세액공제 7만원을 적용받을 수 있다.

12 ⑤

유형 : 금융소득 종합과세	
①	집합투자기구로부터의 이익은 Gross − up 대상 배상소득에 해당하지 않는다.
②	• 이자소득금액 : 25,000천원 • 배당소득금액 : 5,000천원 • 금융소득금액 : 25,000 + 5,000 = 30,000천원
③	30,000천원 − 20,000천원 = 10,000천원
④	• 사업소득금액 : 83,500 + 30,000 = 113,500천원 • 금융소득금액 : 30,000천원 • 종합소득금액 : 113,500 + 30,000 = 143,500천원 • 종합소득공제 : 6,100천원 • 과세표준 : 143,500 − 6,100 = 137,400천원 ※ 금융소득 종합과세 산출세액 Max[①, ②] = 28,450천원 ① 종합과세 방식 (20,000×14%)+(137,400−20,000)×35%−15,440 = 28,450천원 ② 분리과세 방식 (30,000×14%)+(137,400−30,000)×35%−15,440 = 22,350천원
⑤	금융소득종합과세에 따른 금융소득에 대한 소득세 추가 부담액 합산대상 금융소득 30,000 − 20,000 = 10,000천원×(종합소득세율 35% − 원천징수세율 14%) = 2,100천원

13 ⑤

유형 : 부동산 양도소득세(분양권)			
양도소득세율	구분	구분2	세율
	주택, 입주권	1년 미만	70%
		2년 미만	60%
		2년 이상	기본세율
	분양권	1년 미만	70%
		2년 미만	60%
		2년 이상	
	다주택자 (조정대상지역)	2주택자	기본세율 + 20%
		3주택자 이상	기본세율 + 30%
양도가액	450,000천원		
취득가액	−350,000천원		
필요경비	−2,000천원		
양도차익	= 98,000천원		
장기보유특별공제	0(※ 아파트 분양권 장기보유특별공제 ×)		
양도소득금액	= 98,000천원		
기본공제	−2,500천원		
과세표준	= 95,500천원		
세율	× 0.6 ※ 분양권 취득 시기는 계약금을 지불한 2022년 3월 17일로 양도일인 2023년 8월 5일까지 1년 이상~2년 미만 보유했으므로 양도소득세율은 60% 적용		
산출세액	= 57,300천원		

14 ⑤

유형 : 부동산 증여관련 세금	
①	분양권의 증여재산가액 =증여일 현재 불입총액+증여일 현재 프리미엄 상당액
②	상가 A 증여에 따른 취득세율은 4%(부가세 포함)
③	부동산에 대한 보유세를 절세하기 위해서는 과세대상 재산을 과세기준일인 6월 1일 이내에 증여 또는 양도하여야 한다.
④	보충적 평가방법에 의한 평가액 Max[①, ②] : 850,000천원 ① 기준시가 : 700,000 천원 ② 연임대료 / 12%+임대보증금 5,000×12=(6,000천원 / 12%)+350,000=850,000천원
⑤	부담부증여 시 양도소득세 납세의무자는 한진수, 증여세 납세의무자는 한민수

15 ④

유형 : 부동산 가치산정	
①	아파트의 가치에 대한 접근방식은 시장접근법(비교방식)이 가장 적합하다.
②	아파트의 가치산정방법은 대상부동산과 동일성 또는 유사성 있는 거래사례와 비교하는 거래사례 비교법을 적용한다.
③	아파트 대지권은 등기사항전부증명서의 표제부를 통해 확인이 가능하다.
④	등기사항전부증명서 표제부는 부동산의 외관을 나타내며, 아파트는 '아파트', 근린생활시설은 '근린생활시설'로 표기되고, 면적, 층수, 부동산 소재지, 지목, 구조 등이 표시된다. 따라서 대지권의 목적인 토지의 표시는 등기사항전부증명서의 표제부를 통해 확인 가능하다.
⑤	아파트의 공용면적은 집합건축물대장을 통해 확인 가능하다.

16 ①

유형 : 친양자입양제도, 상속재산협의분할	
①	한민수와 한진수씨의 친양자관계는 친양자 입양의 재판이 확정된 때부터 혼인 중의 자로서의 신분을 취득한다.
②	친양자 입양 전의 친족관계는 종료한다. 다만 부부의 일방이 그 배우자의 친생자를 단독으로 입양한 경우는 배우자 및 그 친족과 친생자 간의 친족관계를 소멸하지 않는다(민법 제908조의 2 제2항).
③	공동상속인인 친권자와 미성년인 수인의 자 사이에 상속재산분할협의를 하게 되는 경우에는 미성년자 각자마다 특별대리인을 선임하고 각 특별대리인이 각 미성년자인 자를 대리하여 상속재산분할의 협의를 하여야 한다.
④	친권자가 수인의 미성년자의 법정대리인으로서 상속재산분할협의를 한 것이라면 이는 민법 제921조에 위반된 것으로서 이러한 대리행위에 의하여 성립된 상속재산분할협의는 피대리자 전원에 의한 추인이 없는 한 무효이다(판례).
⑤	공동상속인간 상속채무의 분할은 채권자의 승낙을 요한다.

17 ③

유형 : 유언의 방식과 유언의 철회	
①	공정증서의 방식으로 유언을 한 경우 증여 2인 이상의 참여가 있어야 공정증서에 의한 유언으로서 효력이 발생한다.
②	자필증서에 의한 유언은 유언자가 그 전문가 연월일, 주소, 성명을 자서하고 날인하여야 한다고 규정하므로 유언자의 날인이 없는 유언장은 자필증서에 의한 유언으로서의 효력이 없다(판례).
③	유언증서에 유증하기로 한 일부 재산을 처분한 사실이 있다고 하여 다른 재산에 관한 유언을 철회한 것으로 볼 수 없다. 따라서 유언장을 다시 작성하지 않더라도 아파트 B에 대한 유언은 유효하다.
④	유언을 철회할 권리는 포기할 수 없다.
⑤	구수증서의 방식으로 유언을 한 경우 특별한 사정이 없는 한 유언이 있는 날로부터 7일 이내에 법원에 신청하여 검인을 받아야 유언의 효력이 있다.

18 ⑤

유형 : 유류분, 유류분 반환청구에 대한 이해	
①	유류분 산정의 경우 상속인 중에 생전증여를 받은 자가 있는 경우 그 증여는 기간의 제한 없이 유류분 산정의 기초재산에 산입한다.
②	유류분 반환 청구 시 그 의사표시는 침해를 받은 유증 또는 증여행위를 지정하여 그 목적물을 구체적으로 특정할 필요는 없다.
③	한민수 씨의 상속재산이 아들 한진수와 토마토나눔재산으로 사전증여 및 유증됨에 따라 한다연 씨의 상속분이 존재하지 않으므로, 한다연 씨는 자신의 유류분에 해당하는 금액을 한민수뿐만 아니라 토마토나눔재단에 각각 유류분반환청구를 할 수 있다.
④	유류분반환청구권의 행사에 의하여 반환되어야 할 유증 또는 증여의 목적이 된 재산이 타인에게 양도된 경우 그 양수인이 양도 당시 유류분 권리자를 해함을 안 때에는 양수인에 대하여도 그 재산의 반환을 청구할 수 있다(판례).
⑤	상속개시와 반환하여야 할 증여를 한 사실을 안 때로부터 1년 또는 상속이 개시된 때로부터 10년 내에 행사하지 않으면 소멸한다.

19 ②

유형 : 비주거용 부동산 투자	
②	지분제 상가는 상가 경영이 부실해질 경우 책임을 물을 대상이 불분명하며, 투자지분 매각이 어렵고, 공유지분권자들이 많을 경우 경영이 불안정해질 가능성이 높다는 단점이 있다.

20 ①

유형 : 비주거용 부동산 투자	
공식	• Cash on cash rate=수정BTCF / 자기자본투자액 • 수정BTCF=NOI－DS －NOI 계산 시 보증금운용수익 반영하지 않음 －DS 계산 시 대출 종류에 관계없이 대출금×대출금리=연이자 적용 • 자기자본투자액=총투자금액－대출금－(보증금×1－공실률) －보증금 적용 시 공실률 반영
수정BTCF	• 가능총수익×(1－공실)=유효총수익－영업경비=순영업수익 • 12×2,000=24,000－대출이자 300,000×0.075 =24,000－22,500=1,500천원
자기자본 투자액	총투자금액 : 총투자 600,000×1.1－대출금 300,000－보증금 200,000 =160,000천원
Cash on cash rate	1,500 / 160,000=0.0094(0.94%)

21 ④

유형 : 자산부채상태표 이해	
순자산	총자산 819,100 − 부채 계 94,649.53 = 순자산 724,450.46천원
모기지 상환금액	100,000PV, 15×12N, 6.5/12I/Y, PMT(E)? 871.10천원 871.10(매월 원리금)×12 = 10,453.28천원(연간 원리금)

22 ④

유형 : 재무상태 분석 및 평가방법	
이론	• [가계수지지표 = (고정지출 + 변동지출) / (총유입 − 기타유입)] : 70% 이하가 적정지표(40대 80% 이하 적정지표) • [거주주택마련부채상환지표 : 연간 모기지원리금상환액 / 총소득] : 20% 이하가 적정지표 • [비상예비자금지표 = 유동성자산 / 월평균지출] : 3∼6배 적정지표 (40대 : 가이드라인의 4배 이상 적정지표) − 유동자산 : 현금성 자산 + 저축성 자산 중 투자목적이 없는 자산(40대 20% 이내 적정지표) − 월평균지출 : 고정지출 + 변동지출 − 소득세 = 연평균 지출 / 12 • [보장성보험준비지표 = 보장성보험 / (총유입 − 기타유입)] : (가이드라인 총소득의 8∼10%) • [저축성향지표 : (저축 및 투자 − 재투자금액) / 총소득] : 30% 이상이 적정지표(40대 : 20% 이상 적정지표)
①	[가계수지지표] • 고정지출 30,119 + 변동지출 33,481 = 63,600/총소득 84,000 = 0.7571 (75.71%) • 40대의 경우 80% 이내가 적정 지출이므로 가이드라인 범위 내에서 지출하고 있다.
②	[거주주택마련주채상환지표] 월 원리금 상환액 871.10×12 = 연간원리금 상환액 10,453.28/총소득 84,000 = 0.1244(12.44%)
③	[비상예비자금지표] • 유동성자산 = CMA 15,400 + 정기예금 9,880 = 25,280천원 • 월평균지출 = 고정지출 30,119 + 변동지출 33,481 − 소득세 4,470 = 연생활비 59,130/12 = 4,927.50천원 • 비상예비자금지표 = 25,280/4,927.50 = 5.1304배
④	[보장성보험준비지표] • 종신보험 206×12 = 2,472 + 암 보험 37×12 = 444 + 자동차보험 590 + 주택화재보험료 210 = 3,717천원 • 보장성보험 3,717 / 총소득 84,000 = 0.0443(4.43%)
⑤	[저축성향지표] • 저축 및 투자 35,400 − 재투자금액 15,000 = 20,400 / 총소득 84,000 = 0.2429(24.29%) • 연령대별 제안지표인 20%를 초과하고 있다.

23 ③

유형 : 교육자금 설계	
필요자금	CF0 = 0, C01 = 0 (10), C02 = 12,000 (4), I = (4 − 5)/1.05, NPV? 54,102.28천원
준비자금	18,600천원(적립식 펀드 A)
부족자금	54,102.28 − 18,600 = 35,502.28천원
부족자금 마련을 위한 저축액	• 이율전환 : − 100PV, 104FV, 12N, I/Y? 0.3274 • 35,502.28PV, 11×12N, 0.3274I/Y, PMT(B)? 330.59천원

24 ⑤

유형 : 생명보험가입 내용분석	
①	종신보험 100,000 + 연금보험 21,420 + 변액연금보험 7,760 = 129,180천원
②	• 생애가치법에 의한 생명보험 필요보장액 : 84,000 − 20,000 = 64,000 PMT(E), 20N, 4.5I/Y, PV? 832,507.93천원 • 추가적으로 필요한 생명보험 필요보장액 : 832,507.93 − 129,180 = 703,327.93천원
③	암 이외의 원인으로 사망 시 사망시점의 해지환급금이 지급된다.
④	변액연금보험은 연금수령 시 연금지급개시 전까지의 특별계정 운용성과와 관계없이 납입한 보험료 이상을 보증한다.
⑤	• 즉시연금 예상 수령액 140,000PV, 25N, 4I/Y, PMT(B)? 8,616.99천원 • 연금보험 예상수령액 8,000천원보다 즉시연금 수령액이 더 높기 때문에 즉시연금을 수령하는 것이 유리하다.

25 ③

유형 : 자동차보험의 사망보험 지급액	
①	무보험자동차 상해특약에 가입하였고, 부부한정운전특약을 가입하였으므로 무보험자동차상해에서 2억원을 한도로 사망보험금을 보상한다.
②	상실수익액은 월평균현실소득에 생활비를 공제하여 계산한다.
③	• 과실상계 전 상실수익액 = 777,488+131,529 = 909,017천원 − 정년까지 상실수익액 = 7,000×2/3×166.6046 = 777,488천원 − 정년부터 65세까지 상실수익액 = 7,000×2/3×(194.7894−166.6046) = 131,529천원 • 과실상계 후 상실수익액 = 909,017×0.8 = 727,231천원
④	위자료와 장례비에 대해서도 과실상계를 적용하여 자동차 사망보험금을 계산한다.
⑤	(80,000+5,000+909,017) = 994,017×0.8 = 795,213천원

26 ③

유형 : 주택화재보험의 지급보험금산정방법	
①	[보험가입금액 / 보험가액] • 건물 : 500,000 / 400,000 = 1.25(125%) • 초과보험이므로 가입금액 한도로 400,000천원 전액 보상
②	기타협력비용은 보험가입금액에 상관없이 전액 보상받을 수 있다.
③	주택화재보험의 경우 폭발, 파열, 벼락에 의한 손해를 보상한다.
④	화재사고가 발생하면 사고시점에서 가입한 목적물의 가치를 평가하고 그 평가금액이 보험가액이 된다.
⑤	가재도구 손해액은 보험에 가입되어 있지 않기 때문에 지급받지 못한다.

27 ⑤

유형 : 은퇴설계 총은퇴일시금	
①	CF0 = 36,000, C01 = 36,000 (4), C02 = 26,000 (20), I = (4 − 3)/1.03, NPV? 629,295.55천원 × 1.02²⁰ = 935,100.09천원
②	CF0 = 0, C01 = 0 (21), C02 = 12,000 (3), I = (4 − 3)/1.03, NPV? 28,827천원 × 1.02²⁰ = 42,835.99천원
③	• 퇴직금산정 평균임금 = 7,000 × 1.04¹⁴ = 12,121.73천원 • 55세 시점 퇴직일시금(근속연수 15년) 12,121.73 × 15 = 181,826.02천원 • 과세대상 연금액 : 181,826.02PV, 30N, 4I/Y, PMT(B)? 10,110.59천원
④	국민연금의 유족연금 수급권자는 생계를 같이하는 배우자가 1순위가 되며, 배우자가 사망하거나 재혼한 때에는 유족연금의 지급이 정지된다. 다만 직계비속이 25세 미만인 경우 25세가 될 때까지 그 수급권이 자녀에게 승계된다.
⑤	세제비적격 연금보험(종신연금형)은 10년 이상 불입하고 연금으로 수령 시 이자소득과 연금소득에 대해 과세하지 아니하며, 연금수령 이후에는 해지가 불가능하여 일시금을 수령할 수 없으나, 변액연금보험은 확정연금형이므로 연금수령 이후에도 일시금을 수령할 수 있다.

28 ③

유형 : 은퇴자금 마련을 위한 추가저축의 필요성	
①	• 은퇴시점 국민연금의 일시금 CF0 = 0, C01 = 0 (4), C02 = 10,000 (20), I = (4 − 3)/1.03, NPV? 171,124.60천원 × 1.02²⁰ = 258,740천원 • 현재물가기준 국민연금의 은퇴소득 258,740PV, 25N, (4 − 3)/1.03I/Y, PMT(B)? 11,593.76천원(은퇴시점)/1.02²⁰ = 7,802.25천원(현재물가기준)
②	• 은퇴시점 퇴직연금의 일시금 14,300PMT(B), 25N, 4I/Y, PV? 232,331.57천원 • 현재물가기준 퇴직연금의 은퇴소득 232,331.57PV, 25N, (4 − 3)/1.03I/Y, PMT(B)? 10,410.41천원(은퇴시점)/1.02²⁰ = 7,005.91천원(현재물가기준)
③	• 현재물가기준 연금보험과 변액연금의 은퇴소득 320,000PV, 25N, (4 − 3)/1.03I/Y, PMT(B)? 14,338.69천원(은퇴시점)/1.02²⁰ = 9,649.53천원(현재물가기준)
④	국민연금 7,802.25 + 퇴직연금 7,005.91 = 14,808.16천원
⑤	국민연금 7,802.25 + 퇴직연금 7,005.91 + 연금 및 변액연금 9,649.53 = 24,457천원으로 희망하는 은퇴소득 36,000천원보다 부족하므로 추가저축이 필요하다.

29 ⑤

유형 : 은퇴자금 마련을 위한 대안	
①	• 현재시점 부족자금 420,000/1.04²⁰ = 191,682.51천원 • 이율전환 − 100PV, 104FV, 12N, I/Y? 0.3274 • 매월 말 저축액 191,682.51PV 15 × 12N, 0.3274I/Y, PMT(E)? 1,410.99천원
③	퇴직연금계정의 운용수익률이 임금인상률보다 높을 경우 수익률 측면에서 확정기여형 퇴직연금이 확정급여형 퇴직연금보다 유리하다.
⑤	• 유류분 산정 기초재산 : 토지 14억원 + 아파트 B 8억원 + 상가 A 억원 + 예금 1억원 = 27억원 + 한우주 씨 증여 1억원 = 28억원 • 한우주 씨 유류분 : 28억원 × 2/7 × 1/2 = 4억원 • 청구 가능한 유류분 : 유류분 4억원 − 법정상속분 1억원 = 3억원 따라서 침해된 유류분 3억원에 대해서는 모친 장인희 씨와 토마토 장학재산에 유류분 반환청구를 할 수 있다. ※ 한우주 씨의 법정상속분은 8년 전 증여받은 현금 1억원

30 ①

유형 : 포트폴리오 세후기대수익률	
이론	[포트폴리오 세후기대수익률] 개별자산의 평가금액 × 투자수익률의 가중평균값/투자자산 평가금액 계
①	(아래 표)
정리	• 개별자산 평가금액 × 투자수익률의 가중평균값 (0.02 × 15,400) + (0.02 × 9,880) + (0.04 × 18,600) + (0.04 × 13,040) + (0.04 × 11,420) + (0.04 × 2,760) = 2,338.4 • 포트폴리오 세후기대수익률 2,338.4/71,100 = 0.0329(3.29%)

구분	예상수익률	평가금액
CMA	2%	15,400
정기예금	2%	9,880
적립식 펀드 A	42%	18,600
적립식 펀드 B	4%	13,040
연금보험	4%	11,420
변액연금보험	4%	2,760
합계		71,100

31 ①

유형 : 수익률 정규분포	
이론	[포트폴리오 기대수익률(두 개의 자산)] (A 비중 × A 기대수익률) + (B 비중 × B 기대수익률) [포트폴리오 표준편차 (두 개의 자산)] W = 비중, σ = 표준편차, ρ = 상관계수, $\sqrt{\ }$ = 루트 $(Wa^2\sigma a^2 + Wb^2\sigma b^2 + 2WaWb \times \rho ab\sigma a\sigma b) = \sqrt{\ }$ [수익률 정규분포] • 기대수익률 ± (표준편차 × 1σ) = 기대수익률 안에 있을 확률 (68.27%) • 기대수익률 ± (표준편차 × 2σ) = 기대수익률 안에 있을 확률 (95.45%) • 기대수익률 ± (표준편차 × 3σ) = 기대수익률 안에 있을 확률 (99.73%)
포트폴리오 기대수익률	0.4 × 0.03 + 0.3 × 0.038 + 0.4 × 0.07 = 0.0514(5.14%)
포트폴리오 표준편차	$(0.3 \times 0.03)^2 + (0.4 \times 0.2)^2 + 2 \times 0.3 \times 0.4 \times 0.2 \times 0.03 \times 0.2 = \sqrt{0.0068} = 0.0823(8.23\%)$
수익률 정규분포	수익률 정규분포 : 5.14 ± 8.23% × 1 = −3.09~13.37%

32 ④

유형 : 위험조정 성과평가	
이론	※ 위험조정 성과평가(높을수록 성과가 높다고 평가함) • 젠센척도 : 실현수익률 − 요구수익률 K • 샤프척도 : (실현수익률 − 무위험률)/표준편차(총위험) • 정보비율 : (실현수익률 − 벤치마크수익률)/Tracking error 표준편차 • 트레이너 척도 : (실현수익률 − 무위험률)/베타(체계적 위험)
①	젠센척도 값이 (−)인 경우는 증권선택능력이 부족하다고 할 수 있다.
②	총위험 대비 성과가 좋은 정도를 나타내는 것은 샤프척도이다.
③	체계적인 위험 대비 성과가 좋은 정도를 나타내는 것은 트레이너척도이다.
④	정보비율은(실현수익률 − 벤치마크 수익률)/Tracking error 표준편차로 계산되며 높을수록 성과가 좋은 것으로 인식할 수 있다.
⑤	강세장이 예상이 되면 베타가 1보다 큰 펀드를 선택하여 보다 높은 수익률을 얻고자 할 수 있다. 다만 예상이 어긋나는 경우 위험도 커진다는 사실을 인식해야 한다.

33 ②

유형 : 상속과 관련된 유증에 대한 이해	
①	공정증서에 의한 유언은 별도의 검인절차 없이 신속하게 유언의 내용을 집행할 수 있다.
②	상속개시와 유증사실을 안 날로부터 1년, 상속개시된 날로부터 10년 내에 행사하지 않으면 시효가 소멸한다.
③	수유자가 피상속인보다 먼저 사망하는 경우 그 유증은 효력이 없고, 유증은 대승상속의 대상이 되지 않으므로 자녀들은 상가 A를 유증받을 수 없다.
④	공동상속인들이 유류분 청구를 하더라도 토마토장학재산은 토지의 소유권을 획득할 수 있지만, 법률적으로 효력이 있는 유류분 청구권에 대한 대가를 유류분 청구권자에게 지불하여야 한다.
⑤	공동상속인은 상속포기를 하지 않는 한 상속분 또는 법정지분에 따라 채무를 부담하여야 한다. 또한 과거 증여받은 재산은 특별수익으로 상속의 선급분으로 보기 때문에 한우주 씨 역시 법정지분에 따라 채무를 부담하여야 한다.

34 ③

유형 : 종합소득공제	
①	• 기본공제 : 1,500×3명＝4,500천원(본인, 정수진, 한준호) • 추가공제 : 없음 ※ 부친과 모친은 임대소득이 있으며 생계를 같이하지 않음
②	특별고제 보험료 공제는 건강보험＋고용보험＋장기요양보험 ＝건강보험(장기요양보험료포함) 2,082＋고용보험 309＝2,391천원
③	• 장기주택저당차입금 이자상환공제 근로자가 주택을 소유하지 아니하거나 1주택을 보유한 세대의 세대주가 취득 당시 주택의 기준시가 5억원 이하인 주택을 취득하여 그 주택에 저당권을 설정하고 금융회사 등으로부터 차입한 장기주택저당차입금 이자상환액이 공제대상이다. • 한우주 씨가 취득한 주택은 취득 당시 기준시가가 5억원 미만이므로 공제대상이다. 2014년 4월 1일 이후 취득한 주택의 경우 주택규모 제한이 없다.
④	모친 장인희 씨는 보유한 상가에서 임대소득이 발생되므로 기본공제 대상자가 될 수 없다.
⑤	연금보험은 세제비적격 보험으로 연금계좌세액공제 대상이 아니다.

35 ②

유형 : 아파트 상속에 대한 세금의 내용 이해			
양도소득세율	구분	구분2	세율
	주택, 입주권	1년 미만	70%
		2년 미만	60%
		2년 이상	기본세율
	분양권	1년 미만	70%
		2년 미만	60%
		2년 이상	
	다주택자(조정대상지역)	2주택자	기본세율＋20%
		3주택자 이상	기본세율＋30%
①	동거주택상속공제는 직계비속에 한해 가능하므로 장인희씨가 유언의 내용대로 상속을 받으면 동거주택상속공제를 적용받을 수 없다.		
②	취득세 신고기한은 상속개시일이 속한 달의 말일로부터 6개월 이내이다.		
③	주택을 임대하고 보증금을 받은 경우에는 3주택 이상을 소유하고 있는 해당 주택의 보증금 등 합계액이 3억원을 초과하는 경우에만 임대보증금의 간주임대료를 총수입금액에 산입한다. 따라서 장인희 씨의 경우 소득세가 과세되지 않는다.		
④	상속개시일로부터 3년이내 처분시 장기보유특별공제를 적용 받을 수 없으며 상속받은 주택의 양도의 경우 양도소득세율은 피상속인 취득일(11년 전 취득)을 기산일로 적용하므로 기본세율을 적용한다.		
⑤	아파트를 유언의 내용대로 상속받지 않고 한미숙 씨가 상속을 받아도 한미숙 씨 세대는 주택이 없으므로 상속아파트에 대한 취득세 특례세율(0.8%, 지방교육세 0.16%)을 적용받아 절세할 수 있다.		

36 ④

유형 : 유언과 관련된 세금의 내용	
①	공동상속인 및 수유자는 상속세 연대납세의무가 있다.
②	한우주 씨가 상속재산에 대한 유증을 받지 않았더라도 상속개시일로부터 소급하여 8년 전에 현금 1억원을 증여받았으므로 상속세를 납부할 의무가 있다.
③	아파트를 유언의 내용대로 받지 않고 한우주 씨가 상속받더라도 증여세가 과세되지 않고 상속세가 과세된다.
④	상속인들이 세법상 공익법인인 토마토나눔재단에 유언대로 상속세 과세표준 신고기한 이내에 토지를 출연하면 유증재산은 상속세 과세가액에 산입되지 않는다.
⑤	상가를 상속받은 한미숙 씨가 상가를 양도하여 양도소득세를 계산할 경우 취득가액은 상속재산가액이 된다.

37 ①

유형 : 부동산임대업과 세금	
①	1세대 1주택을 소유하는 자가 해당주택을 임대하고 지급받는 주택임대소득은 기준시가 12억원 이하일 경우에는 비과세된다. 따라서 장인희 씨의 경우 1개의 상속주택 8억원만 있으므로 주택임대소득에 대해서는 비과세한다.
②	임대부동산을 양도하는 경우에는 양도소득으로 과세한다. 다만 판매 목적으로 추가 취득한 부동산을 일시적으로 임대하다가 양도하는 경우에는 부동산매매업으로 과세한다.
③	사업자가 전기료, 수도료, 도시가스료 등 공공요금을 구분징수하거나 임차인에게 직접 부담하게 한 경우는 총수입금액에 산입하지 않는다.
④	기장에 의한 신고의 경우 금융수익을 차감하여 계산하다.
⑤	사업소득만 있는 사람이 기부금을 지출한 경우 결산서상 필요경비로 계산하여 기부금 필요경비 산입한도 내에서 공제가 가능하다.

38 ③

유형 : 유언과 관련된 세금의 내용	
①	적립식 저축성보험의 경우 납입기간이 5년, 보험계약기간이 10년 이상, 월 납입액이 150만원(2017년 4월 1일 이후 계약) 이하인 경우 보험차익에 대해서 과세되지 않는다.
②	한우주 씨가 가입한 변액연금보험을 계약대로 납입하고 연금 또는 일시금으로 수령해도 소득세가 과세되지 않는다.
③	주식형펀드의 경우 과세제외되는 상장주식의 매매차손 등 이외에서 만기시에 이익이 발생할 수 있으므로 소득세가 과세될 수 있다.
④	암보험의 해지환급금은 과세대상 소득이 아니다.
⑤	한우주 씨가 피보험자로 되어 있는 생명보험의 보험료를 한우주 씨가 납부한 경우 한우주 씨가 사망하여 사망보험금을 수령하면 그 사망보험금은 간주상속재산에 해당한다.

39 ⑤

유형 : 증여세와 취득세

증여세

- 금번증여재산 350,000천원 + 합산증여재산 0 – 증여공제 600,000천원 = 과세가액 – 250,000천원
- 증여가액이 배우자의 증여공제 600,000천원 이내 금액이므로 증여세 과세는 안 됨

취득세

※ 증여로 취득시취득세율

증여로 취득하는 경우		취득세율	농특세	지방교육세
조정대상 지역	시가표준액 3억 이상	12%	0.2%	1.2%
	시가표준액 3억 미만	3.5%	0.2%	0.3%
비조정대상지역				

- 무상 취득 시(증여) 취득세 과세표준은 시가인정액
- 지분 50% 증여로 취득세 과세표준은 350,000천원으로 비조정대상지역 주택 증여를 원인으로 취득하였으므로 취득세율은 4%(부가세 포함)
  ※ 국민주택규모 이하 85m^{2}인 경우 취득세율은 3.8%
- 700,000천원 × 50% = 350,000천원 × 4% = 14,000천원

40 ③

유형 : 부동산 세후 현금수익 분석

분석

구분	보유 시 현금수익			매도 시 현금수익	
	1년	2년	3년		
가능총수익	24,000	25,200	26,460	매도가액	578,813
공실 및 영업경비	× 0.9	× 0.9	× 0.9	양도비용 및 양도소득세	× 0.9
순영업수익	21,600	22,680	23,814	임대보증금	– 50,000
소득세	× 0.9	× 0.9	× 0.9		
세후현금수익	19,440	20,412	21,433		470,932

①	상가임대차보호법에 의한 상가임대차 계약기간은 1년이며, 임차인이 매년 계약 갱신을 10년간 요구할 수 있다. 따라서 임차인 교체에 제한이 있다.
②	500,000 × 1.05^3 = 578,812.50천원
③	• 상가 C 세후기대수익률 CF0 = – 450,000, C01 = 19,440 (1), C02 = 20,412 (1), C03 = 21,433 + 470,932 = 492,365, IRR? 5.9923% 따라서 상가 C의 세후기대수익률이 5.99%로 장인희 씨의 세후기대수익률 5%보다 높다.
④	CF0 = – 450,000, C01 = 19,440 (1), C02 = 20,412 (1), C03 = 21,433 + 470,932 = 492,365, I = 5, NPV? 12,351.97천원
⑤	CF0 = – 450,000, C01 = 19,440 (1), C02 = 20,412 (1), C03 = 21,433 + 470,932 = 492,365, I = 5, NPV? – 45,536.73천원

2회 CFP® 지식형(1교시) 정답 및 해설

01	02	03	04	05	06	07	08	09	10
③	③	①	①	⑤	⑤	③	⑤	④	③
11	12	13	14	15	16	17	18	19	20
④	②	⑤	③	⑤	③	②	③	②	③
21	22	23	24	25	26	27	28	29	30
⑤	④	③	⑤	③	④	④	①	①	③
31	32	33	34	35	36	37	38	39	40
④	③	①	②	⑤	③	⑤	①	②	③
41	42	43	44	45	46	47	48	49	50
⑤	④	⑤	⑤	①	②	②	⑤	④	④
51	52	53	54	55	56	57	58	59	60
⑤	④	③	②	③	②	①	⑤	④	①
61	62	63	64	65	66	67	68	69	70
②	③	⑤	②	①	①	③	②	①	③
71	72	73	74	75	76	77	78	79	80
④	⑤	⑤	③	③	⑤	④	⑤	④	②
81	82	83	84	85	86	87	88	89	90
③	③	⑤	③	④	①	③	⑤	②	③

01 ③

지출 증가에 대비한 소비성향 관리가 필요한 시기는 가족확장기(자녀성장기)이다.

02 ③

나. 재무설계안 작성이나 실행에 대한 개별적인 보수는 없다.

마. 고객은 재무설계 서비스에 대한 수수료 이외에 상품구매를 위한 수수료를 추가 지불할 수 있다.

03 ①

비록 업무영역이 허용된 범위일지라도 고객이 요구하지 않은 사항에 대해서는 수행해서는 안 되며, 자기 전문 분야가 아닐 때는 반드시 다른 전문가의 도움을 받아 수행토록 한다.

04 ①

- 고객과 협의할 사항 : 가, 다, 마
- 재무설계사가 고려할 사항 : 나, 라, 바

05 ⑤

나. 상장주식은 고객 자산부채상태표 작성일 기준일의 종가

06 ⑤

절댓값을 이용한 평가에 비해 개인 및 가계의 재무활동을 객관적으로 평가할 수 있다.

07 ③

거주주택마련 부채부담지표는 총소득의 30% 이하가 바람직한 것으로 본다.

08 ⑤

- 이율전환 : －100PV, 104FV, 2N, I/Y? 1.9804천원
- 현재 출연금액 : 1,000PMT(B), 999N, 1.9804I/Y, [CPT] PV? 51,495.0974천원

09 ④

200,000PV, 12X12N, 5.5/12I/Y, PMT(E)? 1,900.34(3년 뒤 원리금 상환액)

2ND CLR 누르지 말고 경과기간 24N [CPT] FV? 175,104.53천원

10 ③

원리금 상환액 : 10,000PV, 24N, 8.5/12 I/Y, [CPT] PMT(E)? 454.5567천원

최초대출원금 : 454.5567 PMT(E), 36N, 8.5/12 I/Y, PV? 14,399.4998천원

11 ④

1인 가구는 단독가구 혹은 독신가구와는 엄밀한 의미에서 동일한 개념이 아니다.

12 ②

개인회생제도는 장래에 안정적이고 정기적인 수입을 얻을 수 있는 개인채무자를 구제하기 위한 법적 절차이므로 장래에 안정적인 수입이 필요하다.

13 ⑤

재무적 부담과 인플레이션 위험에 노출되는 것은 주택임차의 단점이다.

14 ③

① 가장 많은 생활자금이 필요한 시기는 활동기이다.
② 은퇴파산 리스크가 높아지는 시기는 간병기이다.
④ 이미 은퇴를 했거나 은퇴가 임박한 고객들 또한 재무설계가 필요하다.
⑤ 은퇴 후 생활비나 기타 필요자금을 위해 보유하고 있는 보장성보험의 해지를 고려하는 것은 바람직하지 않다.

15 ⑤

경청은 단순히 듣는 것이 아닌 적극적인 커뮤니케이션 행위이다.

16 ③

재무설계사 자신과 고객 간의 이해상충을 회피하고자 관련 정보를 모두 고객에게 알리는 것은 충실의무, 고지의무와 관련이 깊다.

17 ②

고객의 모든 개인정보가 대외비로 취급되어야 한다.

18 ③

파산자로서 복권되지 아니한 자 또는 파한신청 후 5년이 지나지 아니한 경우

19 ②

별도로 한국FPSB의 CFP® 자격인증 조건에 따라 인증을 받아야 한다.

20 ③

중개의뢰인과 직접 거래하거나 거래 당사자 쌍방을 대리하는 행위는 부동산 중개업자의 금지행위이다.

21 ⑤

'라－다－가－마－나－바' 순서이다.

22 ④

가. 가족니즈가 아닌 개인니즈에 해당한다.

23 ③

생애가치법은 유족연금과 같은 다른 수입원을 고려하지 않는다.

24 ⑤

모두 적절한 설명이다.

25 ③

건강검진은 현물급여에 해당한다.

26 ④

현금급여로 제공되는 국민연금이나 현물급여로 제공되는 국민건강보험과 달리 산업재해보상보험은 현금급여와 현물급여가 모두 제공되는 종합적인 보상제도이다.

27 ④

통상임금액이 아닌 평균임금으로 한다.

28 ①

다. 주택담보대출상환보험은 특정 상품의 특약으로 부가된다.
마. 전환된 종신보험의 보험료는 피보험자의 연령에 따른 인상을 제외하고는 피보험자의 위험도 증가를 이유로 인상시킬 수 없다.

29 ①

② 계단식 보험료 종신보험에 대한 설명이다.
③ 보험료 수정 종신보험에 대한 설명이다.
④ 하이브리드 종신보험은 기본보장금액이 보험가입금액보다 낮아 동일한 보험가입금액의 일반 종신보험보다 저렴하다.
⑤ 전통적 종신보험은 전기납 종신보험으로 단기납 종신보험에 비해 보험료가 저렴하다.

30 ③

보통상해보험, 국내여행보험, 해외여행보험 등은 일반상해보험으로 분류하며, 일반장기상해보험, 운전자보험, 실손의료비보험은 장기상해보험으로 분류한다.

31 ④

CI보험의 장점은 실손의료보험에서 보장받을 수 없는 경제적 손실이 큰 CI에 대해서도 보장받을 수 있기 때문에 실손의료보험과 상호 보완적인 역할을 수행한다.

32 ③

- 입원의료비 : 상급병실료 차액을 제외한 본인 부담금의 90%
  170만원 − 80만원 = 90만원 × 90% = 81만원
- 상급병실료 차액 : (상급병실료 − 기준병실료) × 50% × 입원일수(한도 1일 평균금액 10만원)
  80만원 × 50% = 40만원(한도 1일 평균금액 10만원)
- 지급보험금 입원의료비 : 81만원 + 상급병실료 차액 40만원 = 121만원

33 ①

우연한 사고로 인하여 생기는 손해를 전보(塡補)할 것을 약정하고 보험계약자가 이에 보험료를 지급할 것을 약정하는 보험으로 물건 또는 그 밖의 재산적 이익에 대한 손실의 보장을 목적으로 하는 점에는 일정한 금액을 지급하는 정액보험인 생명보험과는 차이가 있다. 즉 손해보험은 실제 발생하는 손해액에 대해서 보험금을 지급한다.

34 ②

① 화재보험료는 화재보험가입금액에 해당 화재보험요율을 곱하여 산출한다.
③ 다수의 물건을 보험에 가입하는 경우 실무에서는 열거담보방식이 주로 사용되고 있다.
④ 1보험 증권당 보험가입 금액이 20억원 이상인 계약의 경우 할인요율을 적용한다.
⑤ 30일 이상 비워두거나 휴업하는 때에 지체 없이 서면으로 회사에 알리고 보험증권에 확인을 받아야 한다.

35 ⑤

가. 재산보험금 지급방식은 주택 및 일반물건과 공장 물건 및 재고자산 간에 차이가 있다.
나. 보험가입금액을 한도로 보상한다.

36 ③

가. 일반배상책임보험
나. 의무배상책임보험
라. 포괄배상책임보험
마. 영업배상책임보험

37 ⑤

모두 맞는 설명이다.

38 ①

주식시장의 하락과 상승에 따른 직접적인 영향을 받지 않는다.

39 ②

가. 청약철회기간이 지난 후 승낙된 계약인 경우 승낙일에 일반계정에서 특별계정으로 이체된다.
라. 펀드 선택에 따른 적립금의 이동 시 세금이 부과되지 않는다.
마. 보험료가 저렴한 편이다.

40 ③

적립금이 충분할 경우 중도인출을 통해 이자 부담 없이 자금을 활용할 수 있다.

41 ⑤

자산연계형 연금보험은 금리형 연금보험보다 더 많은 추가수익을 바라는 가입자에게 적합하다.

42 ④

- 다, 라, 바는 유동자산으로 분류될 수도, 되지 않을 수도 있는 자산에 해당한다.
- 가, 나, 마는 유동자산이나 비유동자산 어느 쪽으로도 분류할 수 없는 자산에 해당한다.

43 ⑤

가. 고객의 나이가 어리다는 이유로만으로 정기보험을 권유하는 것은 경제적인 관점에서 볼 때 바람직하지 못하다(자연보험료 방식의 경우 나이가 증가할수록 보험료가 증가된다).
라. 고객이 특정한 생명보험에 가입할 수 있는 적격 피보험체임이 확인된 경우라면 다른 생명보험에도 가입할 수 있는 적격 피보험체로 볼 수 있다.

44 ⑤

① 대체적으로 저축성 보험의 환급금이 더 많다.
② 보험기간은 질병이나 사고에 대해 보장받는 기간이며, 보험료 납입기간은 보험료를 내는 기간이므로 동일하지 않다.
③ 만기환급금은 일반적으로 보험 만기에 수령하는 환급금을 말한다.
④ 해지환급금은 보험계약자가 납입하는 보험료 중 저축보험료 부분에 의해 발생된다.

45 ①

해외에서 발생한 질병이라 할지라도 귀국 후 국내 소재 병원에서 치료를 받은 경우에는 보상이 가능하다.

46 ②

나. 경기가 좋지 않은 경우에도 자신의 생활수준을 동등하게 유지시키려는 습성 때문에 소비를 줄이지 않는다.
마. 상대소득가설에 대한 설명이다. 항상소득가설은 은퇴자들이 은퇴 전후 소비 측면에서 큰 변화를 주려고 하지 않는 현상을 설명해준다.

47 ②

'다-라-마-가-나-바'의 순서이다.

48 ⑤

바-1단계 : 은퇴시점에서 은퇴자산의 미래가치 계산
마-2단계 : 은퇴시점에서 은퇴자산의 순미래가치 계산(총은퇴자산)
라-3단계 : 연간 은퇴필요소득의 부족액 계산
나-4단계 : 총은퇴일시금 계산
가-5단계 : 추가적으로 필요한 은퇴일시금 계산
다-6단계 : 추가적으로 필요한 은퇴일시금을 마련하기 위한 연간 저축액 계산

49 ④

전체 금융자산 중 주식형 자산의 비중은 10%, 20%, 40%, 60%, 80%이다.

50 ④

트레이너척도는 위험조정수익률을 측정하는 척도이나 위험의 척도로 표준편차 대신 체계적 위험인 베타를 사용한다.

51 ⑤

주택연금은 주택소유자 또는 배우자가 만 55세 이상인 경우, 농지연금은 만 60세 이상 고령 농업인이 신청할 수 있다.

52 ④

가. 공적연금은 물가상승률을 반영하여 연금액이 조정되나, 퇴직연금이나 개인연금의 경우는 대부분 동일한 금액이 고정적으로 지급되어 물가상승률을 반영하지 못한다.
라. 농지연금의 경우 국민연금 등의 공적연금을 수령하고 있는 경우에도 신청이 가능하다.

53 ③

연금보험료는 현금, 직불카드, 신용카드 등으로 납부 가능하다.

54 ②

반환일시금을 반납하는 경우 현재보다 소득대체율이 상대적으로 높은 가입기간으로 복원되는 장점이 있다.

55 ③

연기연금제도는 '연금수급개시연령+5년'의 기간 중에 연금의 전부 또는 일부에 대해 지급의 연기를 신청할 수 있다.

56 ②

나. 국민연금법상 유족의 범위는 '배우자-자녀-부모-손자녀-조부모' 순으로 일정 조건을 충족한 자이다.
마. 유족연금의 수급권자가 배우자인 경우 수급권이 발생한 때부터 3년 동안 유족연금을 지급한 후 55세까지 지급을 중지한다.

57 ①

반환일시금은 가입기간이 10년 미만인 자가 60세가 된 때에 수급권이 발생한다.

58 ⑤

국민연금 보험료를 납입한 기간과 임의가입기간은 연계대상기간이며, 실업크레딧기간도 포함된다. 다만 국민연금의 임의계속가입기간과 출산 및 군복무 크레딧기간은 대상에서 제외된다.

59 ④

나. 노동조합이 있는 경우에는 그 노동조합, 근로자의 과반수가 가입한 노동조합이 없는 경우에는 근로자 과반수의 동의로 퇴직연금제도를 도입할 수 있다.
다. 예외적으로 담보제공은 확정급여형과 확정기여형 퇴직연금 모두 가능하나, 인출은 확정기여형만 가능하다.

60 ①

다. 추가형 IRP의 연간 납입한도는 1,800만원(연금계좌통합적용)까지이다.
라. 퇴직일시금을 지급받은 자가 IRP에 퇴직급여를 운용하기 위해서는 퇴직급여를 지급받은 날로부터 60일 이내에 전액 또는 일부를 납입해야 한다.

61 ②

연금보험은 적립금 운용에 따른 투자위험을 보험회사가 부담한다.

62 ③

가. 최저인출보증
나. 최저수입보증
다. 종신연금보증

63 ⑤

가. 현재 도입 시행 중인 연금계좌에는 연금저축계좌와 퇴직연금계좌가 있다.
다. 연금저축신탁과 연금저축펀드의 경우 확정형으로 연금을 지급받을 수 있다.

64 ②

① 연금계좌는 하나의 유형을 선택하거나 여러 유형의 연금계좌를 선택하여 납입·운용할 수 있다.
③ 적극적투자성향이라면 연금저축펀드 또는 퇴직연금계좌의 위험자산 투자비중을 높인다.
④ 연금계좌 이체에 대한 세제상 불이익은 없다.
⑤ 연금계좌가 새로 설정되어 전액이 이체되는 경우에는 이체되기 전의 연금계좌 가입일을 기준으로 할 수 있다.

65 ①

연금계좌에서 연금수령 시 소득원천별로 연금소득세와 이연퇴직소득세가 과세된다.

66 ①

다. 퇴직연금계좌 DC형과 IRP의 경우 위험자산에 대한 투자한도가 적립금의 70%로 제한되어 있는 반면, 연금저축펀드는 위험자산에 대한 투자한도 제한이 없다.
라. 연금계좌 납입액 중 세액공제를 받지 않은 금액은 해당 과세연도 이후에도 세액공제 신청이 가능하다.

67 ③

매년 물가상승률과 당해 수익률에 의해 달라지기 때문에 인출률은 매년 다른 값을 가지게 된다.

68 ②

소비지출비목 분석은 은퇴 전이 아닌 은퇴 후 반드시 필요하다.

69 ①

'현재 재무상태 평가 → 지속 가능한 인출률 산정 → 은퇴자산 포트폴리오 평가 → 인출전략 결정 및 조정' 순으로 이루어진다.

70 ③

기금의 설립은 법적 의무사항이 아니며, 사업주가 임의적으로 설립할 수 있다.

71 ④

부동산업은 부동산 임대 및 공급업과 부동산 관련 서비스업으로 구분한다.

72 ⑤

시장분석의 절차는 '생산성분석 → 시장확정 → 수요분석 → 공급분석 → 균형분석 → 판매율분석' 순이다.

73 ⑤

시장침투법에 대한 설명이다.
※ 분할시장접근법 : 고급가구점처럼 전문화된 상품을 취급하는 업종으로서 특정 수요 계층을 대상으로 하는 경우에 적용되며 상권이 연속되지 못한다는 특징이 있다.

74 ③

투자가치는 투자자가 대상부동산에 부여하는 가치로 주관적인 가치이다.

75 ③

투자결합법은 보유기간 동안 예상되는 소득수익은 반영하고 있으나 부동산 가치의 상승과 하락, 지분형성분은 고려하지 않는다.

76 ⑤

종합환원율이 아닌 종합수익률에 대한 설명이다.

77 ④

변동계수는 상대적인 분산의 척도로서 기대수익률 단위당 위험도를 나타내며 변동계수가 낮은 자산을 선택하는 것이 합리적이다.

78 ⑤

비용접근법 측면의 산정방법 : 대상건물의 가치 = 재조달원가 − 감가누계액

79 ④

나. 부채감당률(DCR)은 사업의 변제능력을 보는 지표로 1을 초과하는 것이 바람직하다.
다. 거치 후 원리금균등분할상환방식에 대한 설명이다. 만기일시상환방식은 약정기간 중에 이자만 부담하고 만기일 전에 원금 전액을 상환하는 방식이다.

80 ②

- 자기자본환원율 = 종합환원율 + (종합환원율 − 대출환원율) × 대출비율 / 자기자본비율
  14% + (14% − 10%) × 40% / 60% = 16.67%
- 자기자본환원율 > 종합환원율 > 대출환원율 = 정의레버리지
- 자기자본환원율 < 종합환원율 < 대출환원율 = 부의레버리지

자기자본환원률 16.67% > 종합환원율 12%이므로 정(+)의 레버리지 효과가 발생한다.

81 ③

주택연금 이용 도중 이사를 할 수는 있지만 신규주택으로 담보를 변경해야 한다.

82 ③

토지 등 소유자의 4분의 3 이상 및 토지면적의 2분의 1 이상의 동의를 얻어야 한다.

83 ⑤

국부적 집중형 점포에 대한 설명이다. 집재형 점포는 모일수록 상권이 확대되는 전문 특화 업종이 유리한 점포유형이다.

84 ③

① 1년 이내에 처분해야 한다.
② 농지전용허가를 받은 사람은 농지를 소유하고 있지 않더라도 농지취득자격증명을 발급받을 수 있다.
④ 최소 2m 이상의 농지 진입로가 확보되어야 한다.
⑤ 농지원부 작성 시점은 농지를 취득 또는 임차한 후 농업경영을 하고 있는 것이 확인되는 시점이다.

85 ④

매각허가결정이 선고된 후 1주일 내에 이해관계인의 즉시항고가 없으면 매각허가결정이 확정된다.

86 ①

다. 투자대안의 선택에서 필요한 요구수익률을 설정하는 경우 시장에서 활동하고 있는 다른 투자자의 요구수익률을 이용하여 산출할 수 있다.
라. 무위험자산의 수익률은 절대적으로 위험이 없는 상태가 아니라 파산위험이 없는 상태를 말한다.

87 ③

부동산의 가치는 입지에 의해 좌우된다.

88 ⑤

부동산 투자수지는 현재 및 과거의 운용성과에 대한 기록이다.

89 ②

비효율적으로 보일 수 있으나, 주택의 보유에 따른 소유자의 정신적 만족을 고려한다면 그들은 최적의 의사결정을 한 것일 수 있다.

90 ③

사업추진시기의 적절성은 사업타당성분석 대상 중 실행성 부분에 해당한다.

2회 CFP® 지식형(2교시) 정답 및 해설

01	02	03	04	05	06	07	08	09	10
④	⑤	①	②	①	①	⑤	③	③	⑤
11	12	13	14	15	16	17	18	19	20
④	②	⑤	③	②	①	④	②	①	②
21	22	23	24	25	26	27	28	29	30
④	④	②	③	②	④	⑤	①	⑤	③
31	32	33	34	35	36	37	38	39	40
③	③	③	⑤	②	⑤	②	②	②	②
41	42	43	44	45	46	47	48	49	50
①	⑤	⑤	④	①	⑤	①	①	⑤	⑤
51	52	53	54	55	56	57	58	59	60
④	⑤	②	④	②	②	③	⑤	⑤	①
61	62	63	64	65	66	67	68	69	70
②	①	③	③	③	③	③	④	④	①
71	72	73	74	75	76	77	78	79	80
③	②	⑤	④	②	①	④	④	④	②

01 ④

투자지침은 위험조정 후 수익에 대한 현실적인 기대치에서 출발해야 한다. 따라서 현실적으로 작성되어야 한다.

02 ⑤

원래 의도하였던 수준의 비체계적 위험이 아닌 원래 의도하였던 수준의 체계적 위험을 다시 회복할 수 있다.

03 ①

비로소 상승하는 경향이 나타나고 있다.

04 ②

가. 자본수지에 초점 → 상품수지에 초점

다. 무역장벽은 높지만 거래비용이 많은 개발도상국들 → 무역장벽이 낮고 거래비용이 적은 선진국들

라. 마. 오버슈팅이론에 대한 설명

05 ①

경기동향지표 판단 및 예측방법

- 개별경제지표에 의한 방법 : 개별경제지표(가) – C
- 종합경기지표에 의한 방법 : 경기종합지수 : CI(다) – D, 경기확산지수(DI)
- 설문조사에 의한 방법 : 기업경기실사지수 : BSI(나) – B, 소비자동향지수(CSI)
- 계량모형에 의한 방법 : 거시개량경제모형(라) – A

06 ①

- 왜도는 분포의 비대칭도를 나타내는 통계지표이다. 왜도 값이 0이면 정규분포와 마찬가지로 좌우대칭인 경우이고, 0보다 크면 양의 방향으로 치우친 분포, 0보다 작으면 음의 방향으로 치우친 분포이다(교재 p.108).
- 첨도는 분포도가 얼마나 중심에 집중되어 있는가를 측정하는 것이다. 첨도의 측정값이 3보다 크면 정규분포보다 높은 봉우리를 가지며, 3보다 작으면 정규분포보다 낮은 봉우리를 나타낸다(교재 p.108).
- 여러 가지 분포 중 왜도가 0이고 첨도가 3인 특수한 형태는 정규분포
  – 68.26%의 범위인 경우 $\pm 1\sigma$: (10% – 1×5% = 5%)~(10% + 1×5% = 15%)
  – 95.45%의 범위인 경우 $\pm 2\sigma$: (10% – 2×5% = 0%)~(10% + 2×5% = 20%)
  – 99.73%의 범위인 경우 $\pm 3\sigma$: (10% – 3×5% = – 5%)~(10% + 3×5% = 25%)
- 실제 수익률이 0~20% 구간 안에 위치할 확률은 95.45%이고, 나머지 구간에 위치할 확률은 100 – 95.45 = 4.55%이다. 그중 준분산(= 수익률의 분산 중에서 바람직하지 않은 부분) 구간이 0% 이하일 확률과 20% 이상일 확률은 4.55%의 절반인 2.275%이다.

07 ⑤

시장이 상승세일 때는 베타가 1보다 큰 증권이 유리하고, 하강국면일 때는 베타값이 1보다 작은 증권이 유리하다.

08 ③

다. 상관계수가 '1'이 아닌 경우 위험이 축소된다.

바. 증권시장선과 자본시장선의 설명이 서로 반대이다.

※ 증권시장선은 체계적 위험과 선형관계를 이룬다. 즉 체계적 위험이 큰 자산은 보다 높은 수익률이 기대되고, 체계적 위험이 작은 자산은 낮은 수익률을 보일 수 있다.

09 ③

손실을 같은 금액의 이익보다 훨씬 크게 평가한다.

10 ⑤

배당금의 예측오류가 많이 발생할 수 있다.

11 ④

기대되는 이자수익보다 좋았다는 의미이다.

12 ②

- 배당성향 = 2,000 / 5,000 = 0.4
- 내부유보율(RR) = 1 − 배당성향 = 1 − 0.4 = 0.6
- 성장률(g) = RR × ROE = 0.6 × 12% = 7.2%
- 요구수익률(k) = 무위험수익률 + β × 시장 위험프리미엄 = 6% + 1.2 × (12% − 6%) = 13.2%
- 내년도 배당금액(D_1) = 2,000 × 1.072 = 2,144원
- 적정 주식가치(V_0) = D_1 / (k − g) = 2,144 / (0.132 − 0.072) = 35,733원

13 ⑤

성장형 투자자가 아닌 가치형 투자자의 위험이다.

※ 스타일투자전략이란 펀드매니저가 자산집단 전체보다는 주식이나 채권의 특성에 따라 구분되는 일부분에 대해서만 투자함으로써 투자의 전문성을 기하여 높은 수익을 달성하고자 하는 전략을 의미한다.

14 ③

증가율은 체감한다.

※ 채권투자 전략 측면에서 수익률 상승이 예상되면 복리채, 할인채보다 이표채를, 또한 이표채 중에서도 표면이자율이 높고 잔존기간이 짧은 채권을 매입하고, 수익률 하락이 예상되면 표면이자율이 낮고 잔존기간이 긴 채권을 매입하는 것이 투자수익을 높이는 방법이다.

15 ②

방어적 채권투자 전략에서 중요한 도구이다.

16 ①

다. 채권교체전략에 대한 설명이며, 시장에서 가격 이외의 모든 조건이 동일한 채권들을 비교하거나 평가하거나 질적인 차이(예를 들면, 발행 조건은 동일하나 발행자의 신용에 따라 위험에 차이가 나는 경우)를 지닌 채권들을 비교 분석함으로써 상대적으로 저평가 또는 고평가된 채권을 찾아 채권교체매매를 통하여 투자수익을 극대화하는 것이다. 그러나 이러한 채권교체 전략은 채권시장이 효율적인 경우 초과이득을 얻을 수 없게 된다. 스프레드 운용전략은 서로 다른 두 종목 간의 수익률 격차가 어떤 이유에선가 일시적으로 확대 또는 축소되었다가 시간이 경과함에 따라 일정한 수준으로 되돌아오는 특성을 이용하여 수익률의 격차가 확대 또는 축소되는 시점에서 교체매매를 행함으로써 투자효율을 높이고자 하는 전략이다.

라. 바벨형 만기전략에 대한 설명이며, 바벨형 포트폴리오는 사다리형 포트폴리오보다 높은 볼록성을 갖는다.

마. 현금흐름 일치전략에 대한 설명이다.

17 ④

나. SPV가 아니라 SPC에 대한 설명이다.

다. 콜옵션부 채권에 대한 설명이며, 풋옵션부 채권이란 채권투자자가 특정한 가격에 채권을 매도할 수 있는 권리를 가진 채권이다.

라. 실질적인 원금교환은 없으며 명목원금은 단지 이자금액 계산에 필요한 것이다.

18 ②

가. 결제월간 스프레드

나. 매수차익거래

다. 투기거래

라. 매수헤지

19 ①

(가) 상승

(나) 상승

(다) 매도

20 ②

다. 풋옵션의 가치도 상승한다.

마. 풋옵션의 가치도 상승한다.

21 ④

주가가 손익분기점보다 낮은 경우 손실이 발생하며 주가가 하락할수록 손실이 증가한다.

22 ④

① 전략적 자산배분에 대한 설명이며, 전술적 자산배분이란 자산집단의 가격변화에 따라 자산구성을 적극적으로 변화시켜 고수익을 지향하는 전략이다.

②, ③ 보험 자산배분에 대한 설명이다.

⑤ 투자 시작 이후가 아니라 투자 시작 이전이다.

23 ②

- 전략적 자산배분에 대한 설명 : 가, 라
- 전술적 자산배분에 대한 설명 : 나, 다
- 보험자산배분에 대한 설명 : 마

24 ③

나. 낮은 PER과 PBR, 높은 배당수익률, 과거 PER에 비해 낮은 PER 등의 특징을 갖는다.
다. 상장된 뮤추얼펀드에 대한 설명이다.
라. 시장방향성 전략군에 대한 설명이다. 상대가치 전략군은 연관성이 큰 증권과의 상대적인 가격 차이를 이용하여 안정적인 수익을 창출하는 전략으로 시장의 방향성에 영향을 받지 않는 특징을 가지며, 세 가지 범주 중 가장 위험과 수익성이 낮은 유형의 전략군이다.

25 ②

핵심상품이란 주식시장이나 채권시장의 움직임과 비슷한 성과를 달성하는 상품으로, 특정한 분야나 지역에 집중투자하지 않는 상품을 의미한다. 따라서 장기간 투자하기 좋은 상품이다.

26 ④

A. 산술평균 연간 수익률 : $(1,162.11 / 848.5) - 1 = 0.3696/5 = 0.0739(7.39\%)$
B. 기하평균 연간 수익률 : $(1,162.11 / 848.5) = 13.696^{(1/5)} = 1.0649 - 1$
$= 0.0649(6.49\%)$
C. 기하평균 연간 수익률 : $(171.29 / 134.96) = 1.2692^{(1/5)} = 1.0488 - 1$
$= 0.0488(4.88\%)$
D. 연간 수익률 표준편차 : $0.8 \times \sqrt{12} = 2.77\%$

27 ⑤

가. 매일 변화하는 시장가격을 반영하지 못하므로 투자성과평과를 적용하기 어렵다는 단점이 존재한다.
나. 금액가중 수익률에 대한 설명이다.

28 ①

가. 소티노척도
나. 베타
다. 젠센척도

29 ⑤

부담부증여 시 양도소득세는 상속 · 증여세와 부과제척기간이 동일하다(부과제척기간 15년).

30 ③

조세불복절차를 거치지 않은 경우에는 행정소송을 제기할 수 없다.

31 ③

배우자공제는 해당 과세기간 12월 31일 현재 법률혼 관계인 배우자로서 연간 소득금액이 없거나 연간 소득금액의 합계액이 100만원 이하인 경우 나이나 생계를 같이하는지의 요건과 상관없이 연 150만원을 공제한다. 즉, 배우자공제는 법률혼 관계자에게만 적용되므로 혼인신고를 하지 않으면 배우자공제를 받을 수 없다.

32 ③

① 과세기간 종료일 전에 사망한 사람 또는 장애가 치유된 사람에 대하여는 사망일 전일 또는 치유일 전일의 상황에 의한다. 과세기간 중 사망한 경우 전일 상황에 의하여 공제대상 여부를 판단하므로 배우자에 대한 기본공제가 가능하다.
② 국민연금법에 의하여 본인이 부담하는 연금보험료는 연금보험료공제에 해당한다. 국민건강보험법, 고용보험법 또는 노인장기요양보험법에 따라 근로자가 부담하는 보험료의 전액(사업자 부담금 제외)은 특별소득공제 중 보험료공제의 공제대상 보험료에 해당한다.
④ 교육비세액공제대상인 기본공제대상자는 나이요건의 제한을 받지 아니하나, 부양가족 중 직계존속을 위해 지출한 교육비는 공제되지 아니한다(단 장애인 특수교육비는 직계존속을 포함하며 소득금액의 제한을 받지 아니함).
⑤ 사업자의 표준세액공제는 연 7만원이다.

33 ③

직계비속(자녀)의 보험료는 기본공제를 받은 자가 지출한 분에 대하여 공제된다.

34 ⑤

가. 공제금액은 원리금상환액의 40%이며 한도는 주택청약종합저축 소득공제와 합산하여 연 400만원을 초과할 수 없다.
나. 의료비세액공제대상이다.
마. 본인에 대한 기본공제와 표준세액공제를 적용받을 수 있다.

35 ②

의료비세액공제
a. 본인, 65세 이상, 장애인, 난임시술비 등 : 3,000천원
b. a항목 이외의 자 : 의료비 − 총급여의 3% = 0 − (75,000 × 0.03) = −2,250천원
∴ 의료비세액공제 대상 의료비는 3,000 − 2,250 = 750천원
⑤ 의료비세액공제
a. 본인, 65세 이상, 장애인, 난임시술비 등 : 2,000 + 3,000 = 5,000천원
b. a항목 이외의 자 : 의료비 − 총급여의 3% = 0 − (75,000 × 0.03) = −2,250천원
∴ 의료비세액공제 대상액은 5,000 − 2,250 = 2,750 × 0.15 = 412.5천원

36 ⑤

- 근로소득금액 : 60,000,000 − 14,500,000 = 45,500천원
- 인적공제(기본공제) : 본인 + 배우자 = 1,500 × 2 = 3,000천원
- 연금보험료공제 : 500천원
- 과세표준 : 45,500 − 3,000 − 500 = 42,000천원

37 ②

복식부기의무자가 추계 시 수입금액에 기준경비율의 1/2을 곱하여 계산한 금액을 기준경비로 한다.

38 ②

주택임대사업소득의 결손금은 일반사업소득과 동일하게 다른 소득에서 공제 가능하다.

39 ②

① 사업용 자산의 현상유지를 위한 수선비(자본적 지출액 제외)
③ 사업자와 가사와 관련하여 지출하는 경비는 필요경비 불산입
④ 부가가치세 매입세액은 필요경비 불산입
⑤ 소득세와 지방소득세 소득분은 필요경비 불산입

40 ②

다. 사업이 부진하여 폐업하는 경우라도 이를 적자로 종합소득세를 신고하면 사업 폐지 후 15년간 종합소득금액에서 이월결손금 공제가 된다.

41 ①

다. 중소 법인이 납부할 세액이 2,500만원인 경우 1,250만원은 납부기한이 경과한 날로부터 2개월 이내에 분납할 수 있다.
라. 법인소득은 순자산증가설에 따라 완전 포괄주의적 관점에서 과세되고, 사업소득은 소득원천설에 따라서 유형별 포괄주의 방식을 따른다.
마. 청산소득에 대한 납세의무는 없다.

42 ⑤

금융소득 전체 금액을 종합과세 대상으로 한다.

43 ⑤

- 재형저축이자 : 2,000천원 → 비과세
- 세금우대종합저축 이자소득 : 3,000천원 → 무조건 분리과세
- 자기주식처분이익 : 30,000천원 → 배당소득 O, G－up O
- 자기주식소각이익(2년 이내 자본전입) : 15,000천원 → 배당소득 O, G－up X
- 정기예금이자 : 5,000천원 → 이자소득
- 뮤추얼펀드로부터 배분받는 이익 : 20,000천원(과세대상분) → 배당소득 O, G－up X
- 이자 : 5,000천원
- 배당소득 O, G－up X : 15,000＋20,000＝35,000천원
- 배당소득 O, G－up O : 30,000천원
- G－up＝Min[① 70,000－20,000＝50,000 ② 30,000]×11%＝3,300
- 금융소득금액 : 5,000＋35,000＋30,000＋3,300＝73,300천

44 ④

① 기준금액을 초과하지 않는 경우에도 당해 금액은 종합과세된다.
② 기준금액 초과 여부를 판단할 때에는 Gross－up 금액을 가산하기 전의 금액으로 한다.
③ 금융소득 중 비과세 금융소득과 무조건 분리과세대상 금융소득을 제외한 금융소득의 합계액이 금융소득 종합과세 기준금액을 초과하는 경우에는 금융소득 전체 금액(비과세 금융소득과 무조건 분리과세대상 금융소득 제외)을 종합과세한다. 그러나 금융소득 전체 금액에 대하여 기본세율을 적용하는 것이 아니고, 기준금액까지는 원천징수세율(14%)을 적용하고 기준금액을 초과하는 금액은 다른 종합소득 금액과 합산하여 기본세율을 적용하는 것이다.
⑤ 종합소득금액에 Gross－up 대상 배당소득이 포함되어 있어 배당세액공제가 적용되더라도 최소한 금융소득을 분리과세하는 경우보다 조세부담이 적어지는 것을 방지하기 위하여 종합소득 산출세액에서 분리과세방식 산출세액을 차감한 금액을 한도로 한다.

45 ①

A. 상장중소기업 대주주 20%
B. 상장대기업 대주주 1년 이상 보유 20%
C. 비상장대기업 대주주 1년 미만 보유 30%
D. 비상장대기업 대주주 1년 이상 보유 20%
E. 비상장중소기업 주주 10%

46 ⑤

유가증권상장법인의 과점주주는 제2차 납세의무는 있고, 취득세 납세의무가 없다.

47 ①

농어촌 지역의 소규모 주택을 별장으로 이용할 경우 지방세 중과 부담은 없지만 소득세법상 주택에 포함될 수 있다.

48 ①

마. 상가를 공동소유한다고 하더라도 건물분 재산세는 감소하지 않으나, 토지분 절세 효과가 있다.
바. 주택분 재산세는 물건별로 개별 과세하기 때문에 주택을 공동소유로 하는 경우에도 재산세는 감소하지 않는다.
차. 종합부동산세는 인별 합산과세체계이므로 원칙적으로 공동소유하는 경우 종합부동산세가 감소하게 된다.

49 ⑤

취득당시 실지거래가액이 없을 경우의 양도차익 계산
- 취득가액 : 매매사례가액, 감정가액, 환산취득가액 순으로 적용
- 기타필요경비 : 실제비용 대신 필요경비개산공제를 적용(취득 시 기준시가의 3%)
- 양도차익＝양도가액－취득가액－기타필요경비
  ＝600,000천원－200,000천원－(100,000천원×3%)＝397,000천원

50 ⑤

① 특수관계인에게 시가보다 낮은 가격으로 자산을 양도하는 경우 양도소득의 부당행위계산에 대한 부인규정을 적용하여 양도자에게는 양도소득세를 경정 · 결정하며, 동시에 특수관계에 있는 양수자가 얻은 이익이 상속세 및 증여세법상 증여의 제규정에 해당될 때에는 양수자가 얻은 이익에 대하여 증여세가 과세된다.
② 특수관계인 간 저가 양도에 대하여 양수인에게 증여의제하여 증여세를 부과하고, 동시에 양도인에게 양도소득세를 부과하는 것은 이중과세에 해당하지 않는다.
③ 추정한다(간주가 아님).
④ '양도자 및 양도자의 배우자 등' 특수관계인에게 양도한 재산을 그 특수관계인이 양수일부터 3년 이내에 당초 양도자의 배우자 등에게 다시 양도한 경우에는 양수자가 당해 재산을 양도한 당시의 재산가액을 당해 배우자 등이 증여받은 것으로 추정하여 이를 배우자 등의 증여재산가액으로 한다.

51 ④

구분	증여자양도의제	배우자 등 이월과세
적용범위	특수관계인(배우자 등 제외)로부터 증여받은 자산을 10년 이내 양도 시주) (2023년 이전 증여 시 5년)	배우자 등으로부터 증여받은 자산을 10년 이내 양도 시 (2023년 이전 증여 시 5년)
조세회피 목적 여부	증여자 양도소득세 > 수증자 증여세 + 수증자의양도소득세	무조건 이월과세
납세의무자	당해 자산의 증여자	증여받은 배우자 등(수증자)
증여세납부액의 처리	증여세환급(필요경비불산입)	필요경비산입
취득가액	증여자의 실지취득가액	증여자의 실지취득가액
세율 및 장기보유특별공제 적용 시 보유기간	증여자의 당초 취득일부터 계산	증여자의 당초 취득일부터 계산
연대납세의무	있음	없음

주) 양도소득이 해당 수증자에게 실질적으로 귀속된 경우에는 증여자양도의제규정을 적용하지 아니함

① 양도일 현재 이혼 등으로 특수관계가 소멸된 경우에도 배우자 등 이월과세규정이 적용된다.

52 ⑤

실지 취득가액을 모르거나 의제취득일 이전에 취득한 부동산은 기준시가의 상승이 예상될 때에는 기준시가 고시일 이전에 양도하고, 기준시가의 하락이 예상될 때는 고시일 이후에 양도하는 것이 절세할 수 있는 방안이다.

53 ②

가. 과세대상 총연금액(공적연금 제외)이 연 1,200만원을 초과하면 분리과세 또는 종합과세를 선택할 수 있다.
다. 사적연금은 연말정산대상 연금소득이 아니다.

54 ④

① 퇴직연금 수령액 중 이연퇴직소득을 연금으로 수령하는 경우의 세율은 연금외 수령 가정 시 이연퇴직소득세의 70%(60%)이며, 사적연금을 종신형으로 수령하는 경우의 원천징수세율은 4%이다.
② 종합소득세 절세 측면에서 연금계좌세액공제는 소득의 차이에 영향을 받지 않는다.
③ 일시납식 저축성보험의 보험차익은 계약기간이 10년 이상이면서 1억 이하에 대하여만 이자소득에 대하여 과세되지 않는다.
⑤ 분리과세로 과세종결할 수 있다.

55 ②

임원을 피보험자로 계약자와 수익자를 법인으로 하는 보장성 보험에서 만기환급금은 자산으로 처리하며, 저축성보험에 보장성보험료가 포함되어 있는 경우 그 보험료는 세법상 비용으로 처리한다.

56 ②

피상속인의 의사를 확인하고 그 방안을 실현하는 것이다.

57 ③

나. 상속결격자는 피상속인에 대하여 상속인이 될 수 없음과 동시에 수증결격자가 되므로 유증을 받을 수도 없다.
다. 고의로 상속의 직계존속, 피상속인과 그 배우자에게 상해를 가하여 사망에 이르게 한 자는 상속결격사유에 해당하나, 이 조건에 상속의 선순위자나 동순위자는 제외된다.

58 ⑤

계약명의신탁(3자간) : 부동산을 매도한 사람이 명의수탁자를 진정한 매수인으로 알고 계약을 체결하여 등기를 이전해주었으나 실권리자는 다른 사람인 경우다. 이때는 명의신탁약정은 무효가 되어 명의신탁자가 명의수탁자에게 자신의 권리를 주장할 수 없게 된다. 등기는 유효한 것으로 인정되기 때문에 부동산은 명의수탁자에게 귀속된다.

59 ⑤

대습상속인으로서 피대습자의 직계비속이나 배우자는 상속개시 시에 그 자격을 갖추어야 하며, 태아도 대습상속인이 될 수 있다.

60 ①

문은영 씨의 상속분은 3/9가 되고, 구성엽, 구의범, 구아람의 상속분은 각각 2/9가 되며, 상속재산 38억원에 구성엽에 대한 특별수익 9억원과 양의범에 대한 특별수익 7억원을 더한 뒤 각각의 상속분을 곱하고 특별수익자인 경우에 특별수익을 제하면, 특별수익자가 있는 경우에 각 상속인이 실제 받을 수 있는 상속액이 다음과 같이 계산된다.

- 상속재산의 가액 + 각 상속인의 특별수익의 가액 = 38억원 + 9억원 + 7억원 = 54억원
- 문은영 : 54억원×3/9 = 18억원
- 구성엽 : 54억원×2/9 − 9억원 = 12억원 − 9억원 = 3억원
- 구의범 : 54억원×2/9 − 7억원 = 12억원 − 7억원 = 5억원
- 구아람 : 54억원×2/9 = 12억원

61 ②

기여분은 유언사항이 아니므로 피상속인이 유언으로 기여분을 지정하더라도 효력이 없다.

① 기여분을 공제한 것이 상속재산이 된다. 기여분권자는 우선 기여분을 받고 나머지 상속재산에서 상속분에 따른 상속을 받는다. 즉 '기여자의 상속분 = 기여분 + 법정상속분'이 된다.
  - 300,000천원에서 기여분 120,000천원을 공제하면 상속재산은 180,000천원이 된다.
  - 상속인들의 상속분 비율은 배우자 문은영 : 세 자녀 = 1.5 : 1 : 1 : 1
  - 문은영 씨 상속분 : (180,000×3/9 = 60,000) + 기여분(120,000) = 180,000천원

④ 부부간 부양의무로 특별한 기여를 한 것으로 볼 수 없다.
⑤ 기여분권자는 상속인에 해당한다. 상속포기자, 포괄수증자, 상속결격자는 기여분권자가 될 수 없다.

62 ①

다. 피상속인의 재산의 유지, 증가에 특별히 기여한 자가 있다면, 상속인들의 협의에 의해 기여분을 결정할 수 있고, 협의가 되지 않는 경우 가정법원에 신청하여 조정 또는 판결로 기여분을 결정한다.

63 ③

- 배우자 B의 법정상속분 : (36억 − 18억 − 9억)×3/9 = 3억
- 배우자 B의 유류분 : (36억 + 4.5억 − 9억)×3/9×1/2 = 525,000천원
- 따라서 배우자 B가 청구할 수 있는 유류분은 525,000 − 300,000 = 225,000천원이다.

64 ③

유언장은 민법에서 인정하는 9가지 법정사항에 한해서 작성하여야 한다.

※ 9가지 법정사항 : 재단법인의 설립, 친생부인, 유증, 인지, 후견인 지정, 상속재산 분할방법의 지정 또는 위탁, 상속재산 분할금지, 유언집행자의 지정 또는 위탁, 신탁

65 ③

재단법인의 설립은 임의해산을 할 수 없고 그 설립목적에 따라 비영리를 추구하는 경우에만 설립할 수 있다.

66 ③

① 반드시 주민등록법에 등록된 곳일 필요는 없으나 적어도 생활의 근거가 되는 곳으로 다른 장소와 구별되는 정도의 표시는 갖추어야 한다.
② 녹음유언의 방식은 카세트테이프, 비디오 동영상, 디지털파일 형태의 녹음 모두 가능하다.
④ 공증되어 있기 때문에 따로 검인이 필요하지 않다.
⑤ 비밀증서 유언은 유언봉서 표면의 제출연월일로부터 5일 이내에 공증인 또는 법원서기에 제출하여 그 봉인 위에 확정일자안을 받아야 한다.

67 ③

유언자의 명시적 철회 의사는 없었지만 이전의 유언에 저촉되는 새로운 유언을 하거나 생전행위를 하였다면 유언자가 이전의 유언내용 중에서 그 저촉되는 부분만큼은 철회할 의사가 있었다고 간주한다.

68 ④

라. 사전증여의 재산이 되는 재산이 반드시 증여자 자신의 것일 필요는 없다.

69 ④

신탁선언에 의한 신탁은 본인이 부채를 지고 채권자의 강제집행을 회피할 목적으로 사용될 수도 있다.

70 ①

공동상속인 전원이 협의하여 5년 이내에 상속재산의 전부나 일부를 분할하지 않기로 하는 계약을 체결할 수 있다.

71 ③

나. 미성년자에게 친권을 행사하는 부모는 유언으로 미성년후견인을 지정할 수 있다.
라. 유언자는 유언으로 유언집행자를 지정할 수 있고, 그 지정을 제3자에게 위탁할 수 있다.

72 ②

상속세는 상속개시일이 속하는 달의 말일부터 6개월이 되는 날이, 증여세는 증여일이 속하는 달의 말일부터 3개월이 되는 날이 법정신고기한이다.

73 ⑤

상속개시일 전 1년 이내의 처분가액은 3억원이고, 2년 이내의 처분가액은 총 11억원으로 2년 이내에 5억원 이상이므로 2년 이내에 처분했을 때 상속재산에 가산되는 추정상속재산가액은 다음과 같다.

- 추정상속재산
  = (1,100,000 − 150,000) − Min[1,100,000×20%, 200,000]
  = 950,000 − 200,000 = 750,000천

74 ④

고가주택을 포함한다.

75 ②

분납은 신청에 의해서 가능하며, 물납, 연부연납을 하기 위해서는 허가를 받아야 한다.

76 ①

금번 모친의 증여에 포함되는 과거 증여재산은 2022.4.6의 모친 증여 4억원과 2023.3.2의 부친 증여 1억원이다. 2013.2.1의 부친 증여는 10년이 지났기 때문에 금번 증여와 합산하지 않으며, 큰아버지, 할머니, 할아버지의 증여는 모친과 동일인으로 보지 않아 합산하지 않는다.

∴ 4억원 + 1억원 = 5억원

77 ④

가. 금전은 해당 규정에서 제외된다.
라. 창업자금에 대하여 증여세를 부과하는 경우에는 동일인(배우자 포함)으로부터 증여받은 창업자금 외의 다른 증여재산의 가액은 창업자금에 대한 증여세 과세가액에 가산하지 않는다.

※ 상속재산 또는 증여재산의 가액은 원칙적으로 평가기준일(상속개시일 또는 증여 일) 현재의 시가로 평가한다. 상증법상 시가를 산정하기가 어려운 경우에는 재산의 종류 · 규모 · 거래상황 등을 고려하여 보충적인 평가방법에서 규정한 방법으로 평가한 가액을 시가로 본다. 보충적인 평가방법의 경우 골프회원권은 국세청장이 고시한 골프회원권 기준시가로 평가한다.

78 ④

가. 수증자는 18세 이상인 거주자이어야 한다.
마. 가업의 승계에 대한 증여세 과세특례규정을 적용하는 경우에는 창업자금승계에 대한 증여세 과세특례규정을 중복적용하지 못한다.
바. 증여세 과세특례를 적용받은 경우, 비상장주식은 증여세의 물납 대상이 되지 아니하므로 반드시 증여세 재원을 마련하여야 한다.
사. 100억원 한도이다.
아. 3년 이내이다.

79 ④

① 부동산을 취득할 수 있는 권리의 가액은 평가기준일까지 불입한 금액과 평가기준일 현재의 프리미엄에 상당하는 금액을 합한 금액으로 평가한다.
② 골프회원권은 지방세법상 시가표준액으로 평가한다.
③ 증권시장에 상장된 법인의 주식 및 출자지분은 일반적으로 평가기준일 전후 2개월 간에 공표된 매일의 한국거래소 최종시세가액의 평균액을 시가로 인정하고 있다.
⑤ 예금, 적금 또는 적금의 평가는 평가기준일 현재 예입총액과 같은 날 현재 이미 지난 미수이자 상당액의 합친 금액에서 원천징수세액 상당금액을 뺀 가액으로 평가한다.

80 ②

소유권과 경영권이 일치하는 사업의 형태는 개인기업이나 합명회사이다.

2회 CFP® 사례형(3교시) 정답 및 해설

01	02	03	04	05	06	07	08	09	10
②	⑤	②	①	⑤	③	①	④	②	④
11	**12**	**13**	**14**	**15**	**16**	**17**	**18**	**19**	**20**
⑤	②	③	②	②	④	②	②	③	③
21	**22**	**23**	**24**	**25**	**26**	**27**	**28**	**29**	**30**
①	④	⑤	②	③	⑤	③	⑤	③	③
31	**32**	**33**	**34**	**35**	**36**	**37**	**38**	**39**	**40**
③	③	①	④	②	④	⑤	③	④	⑤

01 ②

교육비 필요자금 (상승률 반영)	CF0 = 0, C01 = 0 (6), C02 = 15,000 (4), C03 = 20,000 (2), I = (8 − 5) / 1.05, NPV? 76,180.83천원 ①
교육비 준비자금	20,000천원 ②
교육비 부족자금 (필요자금 − 준비자금)	(① − ②) = 56,180.83천원
매년 초 증액 저축액	56,180.83PV, 7N, (8 − 5) / 1.05I/Y, PMT(B)? 8,719.75천원

02 ⑤

20년차 말 대출잔액	−300,000PV, 20N, 6I/Y, 25,000PMT(E), FV? 42,500천원
20년차 말 최종상환금액	42,500천원 + 25,000천원 = 67,500천원

03 ②

10년 뒤 사업자금	$300,000 \times 1.03^{10}$ = 403,174.91천원
10년 뒤 준비자금	15,000PMT(E), 10N, 5I/Y, FV? 188,668.38천원
10년 뒤 부족자금 (필요자금 − 준비자금)	403,174.91 − 188,668.38 = 214,506.52천원
금융상품 세후투자수익률	−15,000PMT(E), 10N, 214,506.52FV, I/Y? 7.7275%

04 ①

가나은행 원리금 상환액	300,000PV, 15×12N, 6/12I/Y, PMT(E)? 2,531.57천원
4년 뒤 대출 잔액	원리금 상환액 계산 후 2nd CLR 누르지 말고 48N, FV? 244,194.27천원
리파이낸싱 후 행복은행 원리금 상환액	244,194.27 × 1.005 = 245,415.24천원(신규 대출 수수료 포함한 대출금액) 245,415.24PV, 11 × 12N, 5/12I/Y, PMT(E)? 2,420.89천원
줄어드는 원리금 상환액	2,531.57 − 2,420.89 = 110.67천원
연간 투자수익률	−110.67PMT(E), 20,000FV, 132N, I/Y? 0.4576(월복리) 이율전환 (월복리 → 연복리) −100PV, 12N, 0.4576I/Y, FV? 105.63 − 100 = 5.6316%

05 ⑤

비교대상 확정 연금의 60세 시점 일시금(확정기간)	8,000PMT(B), 20N, 5I/Y, PV? 104,682.56
종신연금액을 반영한 확정기간형 상품의 수령기간	104,682.56PV, −6,000PMT(B), 5I/Y, N? 36.41년
유리한 생존연령	36.41 + 60 = 약 96.41세 이상 생존 시 종신연금액이 유리

06 ③

공식	(연간보험료 + 직전연도 환급금) × 1.이자율 − (당해연도 환급금 + 배당금) / (사망보험금 − 당해연도 환급금) × 0.00001(공시)
나눔 생명보험	(100 × 12 + 6,240) × 1.04 − (7,223 + 100) / (100,000 − 7,223) × 0.00001 = 446.87천원
희망 생명보험	(130 × 12 + 6,835) × 1.04 − (7,679 + 340) / (100,000 − 7,679) × 0.00001 = 771.00천원
보험료 차액 비교	446.87 − 771.00 = 약 − 324.12 → 나눔생명보험이 희망생명보험보다 약 324.12천원 적게 부담한다.

07 ①

공식	공장물건, 재고자산은 비례보상 적용
보험가입금액/보험가액	1,500,000 / 3,000,000 = 0.5 ①
화재손해액	1,000,000 × ① = 500,000천원
잔존물제거 비용	240,000 × ① = 120,000천원 → 한도 화재손해액의 10%인 100,000천원
보험금 합계	500,000 + 100,000 = 600,000천원(화재손해액 + 잔존물제거 비용의 한도는 보험가입금액 15억원)

08 ④

막내 독립 전 (나이 35~55세)	55,000×0.8=44,000−32,000−6,000=6,000천원(20년)
막내 독립 후 ~배우자 은퇴까지 (나이 35~55세)	55,000×0.6=33,000−32,000−6,000=−5,000천원(4년) ※ 음수는 0으로 간주
배우자 은퇴 후 (나이 59~81세)	55,000×0.6=33,000−6,000=27,000천원(22년)
생명보험 필요보장액	CF0=6,000, C01=6,000 (19), C02=0 (4), C03=27,000 (22), I=(5.5−3.5) / 1.035, NPV? 409,843.18천원
유동자산 (준비자금 개념)	100,000+40,000−20,000+100,000=220,000천원 ※ (적립식 펀드+정기예금(목적없는 자금)−신용대출 잔액+사망보험금)
추가적으로 필요한 생명보험 필요보장액	409,843.18−220,000=189,843.18천원 ※ (생명보험 필요보장액−유동자산)=추가적으로 필요한 생명보험 필요보장액

09 ②

입원실료	10×20일=200×0.8=160천원(80% 보장)
상급병실료 차액 (공제한도 미적용)	(100−10)×0.5=45×20일=900천원(공제 없이 전액 보장) ※ 기준 병실료 차액×50%×입원일수(기준 병실료 차액×50%의 한도는 1일 100천원)
입원제비용	400+1,000−300=1,100×0.8=880천원(80% 보장) ※ 의치, 의수족, 의안, 안경, 콘택트렌즈, 보청기, 목발, 팔걸이, 보조기 등 진료재료의 구입 및 대체비용은 면책사항임
입원수술비	800+2,000=2,800×0.8=2,240천원(80% 보장)
통원의료비	• 외래 공제 : Max[병원 종류에 따른 공제, 본인부담금 20%] – 의원 1만원, 종합병원 1.5만원, 상급종합병원 2만원 공제 – 처방 조제비 공제 : Max[8,000천원, 본인부담금 20%] • 통원의료비 50천원−Max[20천원, 50천원×0.2=10천원]=30천원
지급보험금	160+900+880+2,240+30=4,210천원
면책사항	진료와 무관한 제비용(TV 시청료, 전화료, 재증명료 등), 의사의 임상적 소견과 관련이 없는 검사비용은 면책 사항임

10 ④

구성		주식	펀드	부동산	총수익률
구성비	전략적 자산구성 ①	40%	20%	40%	–
	전술적 자산구성 ②	30%	30%	40%	
수익률	벤치마크 ③	10%	4%	7%	
	실제수익률 ④	12%	5%	7%	
전략적 자산배분 수익률 (①×③)		4%	0.8%	2.8%	계 7.6% Ⓐ
전술적 자산배분 수익률 (②×③)		3%	1.2%	2.8%	7.0% Ⓑ
실제 포트폴리오 수익률 (②×④)		3.6%	1.5%	2.8%	7.9% Ⓒ
자산배분효과 (③−계)×(②−①)		−0.24%	−0.36%	0.0%	−0.6% (Ⓑ−Ⓐ)
증권선택효과 (④−③)×②		0.6%	0.3%	0.0%	0.9% (Ⓒ−Ⓑ)

11 ⑤

① 매도헤지	현재 시장 상태는 콘탱고 상태로(선물가격>현물가격) 현물을 보유하고 있으므로 가격하락에 따른 위험이 있으며, 따라서 매도헤지 해야 함
② 해지계약 수	(2,500,000×1.2) / (100×250)=120계약
③ 주가하락에 따른 포트폴리오 가치	• 2,500,000×1.2×−10%=−300,000천원 손실(10% 하락) • 포트폴리오 가치 2,500,000−300,000=2,200,000천원
④ 선물시장 손익	선물시장 손익=(해지 시점 선물지수−만기 시점 현물지수)×계약수×250 {(102−(100×0.9)}×120×250=360,000천원
⑤ 4월 15일 해지 시 손익	선물시장 360,000 이익−현물시장 300,000 하락=60,000천원 이익 60,000 / 120=계약당 500천원 이익

12 ②

①	선물환 거래는 환율 변동 위험을 헤지하는 수단으로 활용된다. 따라서 환율 변동에 대한 위험을 제거했기 때문에 국채 수익률 4.5%로 수익률이 고정된다.
②	(1,200×1.045) / 1,170−1=0.0718(7.18%)
③	선물환 거래 시 수익률 4.5%−현물시장 수익률 7.18%=−2.68%
④	−2.68%×200,000=−5,360천원 손해
⑤	• 현물시장 수익률(1,050×1.045) / 1,170−1=−0.0622(−6.22%) • 환헤지를 한 경우 4.5%의 수익률로 고정되기 때문에 유리하다.

13 ③

공식	• 복리채 이자소득=(발행일~만기까지 이자소득)−(발행일~매수일까지 이자소득) • 이자소득세=이자소득×15.4%(원천징수세 15.4% 적용)
발행일~만기까지 이자소득	100,000×1.06^5−100,000=33,822.55천원
매수일~매도일까지 이자소득	100,000×1.06−100,000=6,000천원
이자소득세	33,822.55−6,000=27,822.55(이자소득)×0.154=4,284.67천원

14 ②

비중 찾기	• 보통주 400 / 1,000=40% • 우선주 100 / 1,000=10% • 부채 500 / 1,000=50%
보통주 비용	• 베타 : (0.2 / 0.1)×0.75=1.5 • 0.05+1.5(0.03)=0.095 • (Rm−Rf) : 주식시장 리스크 프리미엄
우선주 비용 배당금액 / 주가	800 / 1,000=0.08
세후부채 비용 세전이율×1−법인세	(36 / 500)=0.072×(1−0.25)=0.0540
WACC	0.4×0.095+0.1×0.08+0.5×0.054=0.0730(7.3%)

15 ②

금융적투자 결합법	대출이 없을 경우 금융적투자결합법에 의한 R값은 지분환원율(자기자본 비중이 100%이므로 대출비중과 대출환원율이 없음) =0.15
지분형성분 (대출상환분)	대출이 없으므로 지분형성분(대출상환분)은 없음
가치상승분	• 상승률×감채기금계수(미래의 FV값을 만들기 위한 적립계수) • 상승률 FV, 투자기간 N, 지분환원율 I/Y, PMT(E)? 가치상승분=0.3FV, 3N, 15I/Y PMT(E)? 0.0864
엘우드 R	금융적투자결합법 R－지분형성분－가치상승분=엘우드R =0.15－0－0.0864=0.0636
순영업수익(NOI)	41,000천원
수익가치(V)	• 직접환원법=(NOI/R=V) • 엘우드법에 의한 수익가치=41,000 / 0.0636 =644,584.040천원

16 ④

원가가격에 의한 부동산 가치	• 토지가치 : 400×6,000×1.08=2,592,000천원 • 건물 : 재조달가액 900×1,500=1,350,000천원 • 감가 : 물리적 감가 1,350,000×5/50×0.9=121,500천원 기능적 감가 70,000천원 • 부동산 가치 : 2,592,000+1,350,000－121,500－70,000 =3,750,500천원
가능총수익(PGI)	(900×12×40)+(800,000×0.06)=480,000천원
－공실 및 대손	×0.95(가능총수익의 5%)
유효총수익(EGI)	456,000천원
－영업경비	×0.8(유효총수익의 20%)
순영업수익(NOI)	364,800천원
수익가격 (NOI / R=V)	364,800 / 0.08=4,560,000천원
원가가격과 수익가격 비교	• 3,750,000－4,560,000=810,000천원 • 수익가격이 높으므로 경제적 타당성이 있다.

17 ②

소득수익	1년차 말	2년차 말	3년차 말	자본수익(기간 말 매도)	
가능총수익	–	–	– –	매도가	$50{,}000\times1.05^3$ =57,881/0.1 =578,812
공실	–	–	– –	매도경비	–
유효총수익	–	–	– –	순매도가	578,812
영업경비	–	–	– –	대출잔액	86,474
순영업수익	=50,000	50,000 ×1.05 =52,500	50,000 $\times1.05^2$ =55,125	보증금	–
대출이자	－10,126.28	－10,126.28	－10,126.28	세전현금수익	492,337천원
세전현금수익	=39,873.71	=42,373.71	=44,998.71	• 대출 연간원리금 : 100,000PV, 15×12N, 6/12I/Y, PMT(E)? 843×12=10,126 • 대출 잔액 : 36N, FV? 86,474천원	
순현가 (NPV)	CF0=－500,000(자기자본), C01=39,873.71(1), C02=42,373.71(1), C03=44,998.71+492,337 I=9, NPV? －12,831천원				
내부수익률 (IRR)	CF0=－500,000(자기자본), C01=39,873.71(1), C02=42,373.71(1), C03=44,998.71+86,474 I=9, IRR? 7.9847% VS 요구수익률 9%(요구수익률>내부수익률이므로 투자가치 없음)				
부동산 가치 (V)	－12,831(순현가)+500,000(자기자본)+100,000(대출금) =587,169천원 ※ (자기자본의 가치+타인자본)=부동산의 가치				

18 ②

직접환원법 수익가치	가능총수익 : 120,000천원 공실률 : ×0.94(가능총수익의 6%) 유효총수익 : =112,800천원 영업경비 : ×0.7(유효총수익의 30%) 순영업수익 : 78,960천원 부동산가치(V) : 78,960 / 0.08=987,000천원
LTV 60% (담보대출 비율 60%)	987,000×0.6=592,200천원
DCR 1.5 (부채감당률)	• NOI(순영업수익) / DCR=순영업수익 대비 부채감당금액 / 대출금리 or 대출상수=대출금액 －대출이 만기일시상환일 경우 : 대출금리 적용 －대출이 원리금균등상환일 경우 : 대출상수 적용 • 대출상수 1PV, 10×12N, 6/12I/Y, PMT(E)? 0.0111×12 =0.1332(연) • 78,960 / 1.5=52,640(부채감당금액) / 0.1332(대출상수) =395,122.21천원
최대대출 가능금액	금융기관 입장에서는 대출 평가액이 낮은 값을 대출해주므로 395,122천원이 최대 대출 가능 금액

19 ③

은퇴시점 필요자금	CF0 = 40,000, C01 = 40,000 (4), C02 = 30,000 (20), I = (7 – 4) / 1.04, NPV? 591,713.15 × 1.04^{20} = 1,296,516.38천원
은퇴자금 마련을 위한 저축 은퇴시점 평가액	20,000 PMT(B), 10N, (7 – 4) / 1.04I/Y, PV? 176,563.45 × 1.07^{20} = 683,244.86천원
추가적으로 필요한 은퇴일시금	필요자금 – 준비자금 = 추가적으로 필요한 은퇴일시금 = 1,296,516.38 – 683,244.86 = 613,271.51천원

20 ③

은퇴시점 부족자금	700,000천원
현재시점 부족자금	700,000 / 1.055^{15} = 313,553.13천원
필요자금 마련저축	313,553.13PV, 15N, (5.5 – 4.3) / 1.043I / Y, PMT(B)? 22,618.64천원

21 ①

은퇴예비자금 은퇴시점 필요자금	150,000 × 1.04^{20} = 328,668.47천원 ①
변액연금 은퇴시점 일시금 평가액	10,000PMT(B), 27N, 6I/Y, PV? 140,031.66 / 1.06^{3} = 117,573.28천원 ②
퇴직금	200,000천원 ③
정액저축 은퇴시점 평가액	10,000PMT(E), 20N, 6I/Y, FV? 367,855.91천원 ④
국민연금 은퇴시점 일시금 평가액	CF0 = 0, C01 = 0 (4), C02 = 6,000 (25), I = (6 – 4) / 1.04, NPV? 109,533.65 × 1.04^{20} = 240,001.72천원 ⑤
국민연금과 은퇴예비자금을 반영한 은퇴시점 은퇴준비자산	① – (② + ③ + ④ + ⑤) = 596,762.45천원
은퇴시점 은퇴소득	596,762.45PV, 30N, (6 – 4) / 1.04I/Y, PMT(B)? 25,866.95 / 1.0420 = 11,805.34천원

22 ④

역모기지 만기 시 담보가치	400,000 × 1.04^{25} = 1,066,334.53 × 0.6 = 639,800.71천원
만기 시 담보가치의 은퇴시점 평가액	639,800.71 / 1.06^{20} = 199,492.88천원
역모기지 은퇴시점 은퇴소득	199,492.88PV, 20N, (6 – 4) / 1.04I / Y, PMT(B)? 11,881.46천원

23 ⑤

세무조정을 하는 이유는 회계장부에 기록하는 매출(수입)과 지출경비(필요경비)가 소득세법에 적용되는 수입과 필요자금의 항목과 일치하지 않아 형편에 맞게 조정하는 방식이다.

- 사업매출액 – 지출경비 = 당기 순이익 – 총수입금액 불산입 + 필요경비 불산입 = 사업소득금액
  - ※ 당기순이익 : 400,000 – 300,000 – 1,000 + 5,000 – 10,000 = 94,000
    - – 총수익금액 불산입 : 해당사항 없음
    - – 필요경비 불산입 : 가사관련 비용 3,000천원, 감가상각비 한도초과액 5,000천원(공장에 대한 재산세는 업무와 관련 있는 비용으로 필요경비 인정)
- 사업소득금액 : 94,000 + 8,000 = 102,000천원

24 ②

- 배당이 없을 경우 종합소득세 결정세액(사업소득 220,000 – 필요경비 20,000 = 사업소득금액 200,000천원) : 200,000 – 50,000 = 150,000 × 35% – 15,440 = 37,060천원
- 배당이 포함되었을 경우 종합소득세 결정세액
  - – 사업소득 : 200,000
  - – 배당소득 : 100,000 G – up O
- Gross – up : Min[금융소득 – 20,000천원, G – up 대상 배상소득] × 11%
  - – 금융소득 : 100,000 – 20,000 = 80,000천원
- Gross – up : Min[80,000, ~~100,000~~] = 80,000 × 11% = 8,800천원
- 과세표준 : (종합소득금액 – 종합소득공제) 200,000 + 100,000 + 8,800 – 50,000 = 258,800천원
- 종합소득 산출세액 Max[①, ②] = 73,640천원
  - ① 종합과세 : (20,000 × 14%) + (258,800 – 20,000) × 38% – 19,940 = 73,640천원
  - ② 분리과세 : (100,000 × 14%) + (258,800 – 108,800) × 35% – 15,440 = 51,060천원
- 종합소득 결정세액 (산출세액 – 배당세액공제) 73,640 – 8,800 = 64,804천원 (배당세액공제 Min[① – ②, G – up금액] = Min(73,604 – 51,060 = ~~22,540~~,8,800)]
- 소득세 추가부담액 64,804–37,060 = 27,744천원

25 ③

- 상가 부가가치세(건물분 × 10%) : 1,500,000 × 0.1 = 150,000천원
- 상가 취득세(4.6%) : 2,300,000 × 0.046 = 105,800천원

26 ⑤

증여세 산출세액 : 나장남 씨 납세의무	
증여가액	500,000
(–) 부담한 채무	– 200,000
(–) 증여공제	– 50,000
= 과세표준	250,000
(×) 세율	× 0.2 – 10,000
= 산출세액	40,000천원

부담증여 시 양도소득세 산출세액 : 나고객 씨 납세의무	
양도가액	인수한 채무액 200,000
(−) 취득가액	300,000×(200,000 / 500,000) = 120,000 실제 취득가액×(부담한 채무액 / 증여가액)
(−) 필요경비	−
= 양도차익	80,000
(−) 장기보유특별공제	−(3년 미만 보유 시 장기특별공제 없음)
양도소득금액	80,000
(−) 기본공제	−2,500
= 과세표준	77,500
(×) 세율	× 0.24 − 5,760
= 산출세액	12,840천원

27 ③

(개시 시 재산 − 비상속인 유증 + 상속인 증여 − 기여분)×법정상속비율
= 법정상속분 − 증여 · 유증 = 구체적 상속분
= 법정상속분 + 기여분 = 구체적 상속분
- 구정완 씨의 상속재산은 1,000,000천원
- 배우자 정아람 씨는 200,000천원의 기여분 인정
- 장남 구지호 씨는 100,000천원 증여받음
- 장녀 구지혜 씨는 40,000천원 증여받음
- 유언으로 모친 김희애 씨에게 500,000천원 유증

①	기여분은 공동상속인들의 협의로 이루어지므로 김희애 씨는 기여분을 받을 수 없다(모친 김희애는 공동상속인 아님).
②	상속포기로 인해 정아람 씨는 공동상속인에서 제외되므로 기여분을 인정받을 수 없다.
③	(1,000,000 − 500,000) + 100,000 + 40,000 − 200,000 = 440,000×3/11 = 120,000 + 200,000 = 320,000천원
④	• (1,000,000 − 500,000) + 100,000 + 40,000 − 200,000 = 440,000×2 / 11 = 80,000 − 100,000 = −20,000천원 • 특별수익이 상속분을 초과한다 하더라도 다른 상속인의 유류분을 침해하지 않았다면 반환의무는 없다.
⑤	유류분은 유증받은 자에게 먼저 반환청구한 후에 증여받은 자에게 반환청구한다.

28 ⑤

정보	• 나고객 씨의 상속재산은 예금 3억원 • 채무 1억원 • 장남 나장남 씨에게 4억원 증여(3년 전) • 장학재단 2억원 증여(10개월 전) • 복지재단 상속재산 전액 유증
나장녀 씨 유류분	(300,000 + 400,000 + 200,000 − 100,000) = 800,000×1/2×1/2 = 200,000천원
나장녀 씨 법정상속분	(300,000 − 300,000 + 400,000) = 400,000×1/2 = 200,000천원
상속재산을 전부 유증한 경우 나장녀 씨가 실제 받을 수 있는 법정상속재산이 없기 때문에 유류분 금액이 청구할 유류분이 되며 나장녀 씨의 침해된 유류분 200,000천원은 나고객 씨의 상속재산 전액을 유증받은 복지재단에 청구할 수 있다.	

29 ③

공식	• 처분/인출/채무 재산 종류별 1년 내 2억원, 2년 내 5억원 이상 중 일정 금액 • 추정상속재산 = 종류별 처분 / 인출 / 채무부담 − 입금액) − Min[처분/인출/부채 20%, 2억]
부동산	(10억 − 4.5억) − Min[10억×0.2, 2억] = 5.5억 − 2억 = 3.5억
채무	(7.5억 − 2.8억) − Min[7.5억×0.2, 2억] = 4.7억 − 1.5억 = 3.2억
추정상속재산	350,000 + 320,000 = 670,000천원

30 ③

일괄공제	일괄공제 5억원 or 기초공제 2억원 + 그 밖의 인정공제 자녀 1인당 5천만원, 65세 이상 연로자 공제 5천만원, 장애인 기대여명연수×1천만원, 미성년자 19세까지 연수×1천만원 → 일괄공제 500,000천원 적용
배우자 상속공제	최하 5억원~최고 30억원 한도 내에서 실제 상속받은 금액 공제 : 500,000천원
금융재산 상속공제	• 현금 및 최대주주 보유주식 제외, 사망보험금은 피상속인 불입분만 적용(20% 공제, 2억원 한도) • 800,000 + 300,000 + 200,000 − 200,000 = 1,100,000×0.2 = ~~220,000천원~~ 한도 200,000천원
동거주택 상속공제	• 피상속인은 1세대 1주택 보유, 상속인은 무주택 직계비속 상속인(100% 공제, 6억원 한도) • 2,000,000×100% = ~~1,600,000천원~~ 한도 600,000천원
가업 상속공제	• Min[가업상속재산가액, 피상속인 사업 영위기간에 따라 300억, 400억, 600억] ※ 10년 이상~20년 미만 300억, 20년 이상~30년 미만 400억, 30년 이상 600억원 • Min[150억, 300억] = 150억원(150,000,000천원)
상속공제 합계	500,000 + 500,000 + 200,000 + 500,000 + 15,000,000 = 16,700,000천원

31 ③

유형 : 모기지 잔액 및 이자상환액 계산	
원리금 상환액	150,000PV, 15×12N, 6 / 12I/Y, PMT(E)? 1,265.78천원
모기지 잔액	2ND CLR 누르지 말고 44N, FV? 124,685.89천원
2023년 예상 이자상환액	2ND AMORT, P1 : 45, P2 : 56, INT? 7,265.60천원

32 ③

유형 : 체감정기보험	
필요자금	• 윤성민 CF0 = 0, C01 = 0 (4), C02 = 10,000 (4) NPV, I = (6.5 − 5) / 1.05, NPV? 36,481천원 • 윤정아 CF0 = 0, C01 = 0 (8), C02 = 10,000 (4), NPV, I = (6.5 − 5) / 1.05, NPV, CPT? 34,469천원 • 현재시점 필요자금 36,481 + 34,469 = 70,950천원
준비자금	9,400천원(적립식 혼합형펀드)
부족자금	70,950 − 9,400 = 61,550천원
매월 말 저축액	61,550PV, 5N, 6.5I/Y, PMT(E)? 14,811천원
체감정기보험의 보험금	2ND CLR 누르지 말고 3N, FV? 26,965.39천원 (모기지 잔액 계산 방식과 동일)

33 ①

유형 : 자녀결혼자금 마련 저축	
필요자금	• 윤성민 90,000×1.06^16 = 228,631.65천원 / 1.065^16 = 83,472.34천원 • 윤정아 65,000×1.06^18 = 185,532.04천원 / 1.065^18 = 59,720.85천원 • 필요자금 83,472.34 + 59,720.85 = 143,193.19천원
준비자금	10,300(상장주식) + 6,200(거치식 주식형펀드) = 16,500천원
부족자금	143,193.19 − 16,500 = 126,693.19천원
매월 말 저축액	• 이율전환 : −100PV, 106.5FV, 12N, I/Y? 0.5262 • 123,693.19PV, 16×12N, 0.5262I/Y, PMT(E)? 1,049.95천원

34 ④

유형 : 은퇴준비자산	
개인연금보험	10,000PMT(B), 20N, 5I/Y, PV? 130,853천원
변액연금보험	11,000PMT(B), 25N, 5I/Y, PV? 162,785천원
상가 A	500,000×1.02^18×97% = 692,699천원
퇴직연금	6,000PMT(B), 25N, 5I/Y, PV? 88,792천원
은퇴예비자금	200,000×1.04^18 = 405,163천원 ※ 은퇴예비자금은 필요자금 속성이므로 은퇴준비자산 계산 시 은퇴예비자금을 반영하고자 한다면 차감해야할 항목
총준비자금	130,853 + 162,785 + 692,699 + 88,792 − 405,163 = 669,880천원

35 ②

유형 : 추가로 필요한 은퇴일시금	
은퇴 필요자금	CF0 = 34,000, C01 = 34,000 (4), C02 = (34,000 − 11,000 = 23,000) (20), C03 = (18,000 − 6,000 = 12,000) (10), NPV, I = (5 − 4) / 1.04, NPV, 658,324.60×1.04^18 = 1,333,645천원
은퇴 준비자금	700,000천원
추가로 필요한 은퇴일시금	1,333,645 − 700,000 = 633,644.85천원

36 ④

유형 : 은퇴자금 마련 저축	
매년 말 저축	• 현재시점 부족자금 650,000 / 1.065^18 = 209,228.26천원 • 매년 말 증액저축 209,228.26PV, 15N, (6.5 − 4) / 1.04I/Y, PMT(E)? 16,779.32×1.04 = 17,450.50천원

37 ⑤

유형 : 리파이낸싱	
주택은행	• 원리금 상환액 150,000PV, 15×12N, 6 / 12I/Y, PMT(E)? 1,265.78천원 • 모기지 잔액 2ND CLR 누르지 말고 44N, FV? 124,685.89천원
서울은행	• 원리금 상환액 124,685.89PV, 180 − 44N, 5.2 / 12I/Y, PMT(E)? 1,215.27천원
리파이낸싱 수수료	124,685.89×0.02 = 2,493.71천원(별도 현금으로 지급)
순이익	• 줄어드는 원리금 상환액 1,265.78 − 1,215.27 = 50.51PMT(E) • 줄어드는 원리금 상환액 현가 50.51PMT(E), 136N, 5.2 / 12I/Y, PV? 5,182.60천원 • 리파이낸싱 순이익 5,182.60 − 2,493.71 = 2,688.89천원

38 ③

유형 : Cash on Cash	
공식	• Cash on cash rate = 수정BTCF / 자기자본투자액 • 수정BTCF = NOI − DS − NOI 계산 시 보증금운용수익 반영하지 않음 − DS 계산 시 대출 종류에 관계없이 대출금×대출금리 = 연이자 적용 • 자기자본투자액 = 총투자금액 − 대출금 − (보증금×1 − 공실률) − 보증금 적용 시 공실률 반영
수정BTCF	• 가능총수익×(1 − 공실) = 유효총수익 − 영업경비 = 순영업수익 • NOI = 3,500×12 = 42,000천원 • D.S = 7,000(100,000×7%) • 수정BTCF = 42,000 − 7,000 = 35,000천원
자기자본 투자액	• 총투자액 = 550,000×1.1 = 550,000천원 • 550,000 − 100,000(보증금) − 100,000(대출금) = 350,000천원
Cash on Cash	35,000 / 350,000 = 10.0%

39 ④

유형 : 상가매입 시 취득세 및 부가가치세	
취득세 (부가세 포함)	500,000×4.6% = 23,000천원
부가가치세	300,000×10% = 30,000천원 ※ 토지분은 부가가치세가 면세되므로 건물분에 대한 부가가치세를 상가의 분양대금과 별도로 부담해야 한다.
합계	23,000 + 30,000 = 53,000천원

40 ⑤

유형 : 부동산 양도소득세	
양도가액	643,000천원
취득가액	−500,000천원
필요경비	−3,000천원
양도차익	=140,000천원
장기보유 특별공제	× 0.8(10년×2%)
양도소득금액	=112,000천원
기본공제	−2,500천원
과세표준	=109,500천원
세율	× 0.35 − 15,540천원
산출세액	=22,785천원

2회 CFP® 사례형(4교시) 정답 및 해설

01	02	03	04	05	06	07	08	09	10
④	①	④	④	①	③	①	②	⑤	①
11	12	13	14	15	16	17	18	19	20
⑤	④	⑤	④	③	②	③	②	③	②
21	22	23	24	25	26	27	28	29	30
③	③	④	③	③	④	③	②	④	②
31	32	33	34	35	36	37	38	39	40
③	①	①	④	③	②	④	②	③	③

01 ④

유형 : 유동성 제공을 위한 생명보험 필요보장액	
필요자금 계산	3,450 + 20,000 + 15,000 + 40,000 + 10,000 = 88,450천원
유동성자산	• 금융자산 : MMF 8,400천원 • 일반사망보험금 : 종신보험 + 변액연금 (주계약 100,000 + 정기특약 100,000) + (변액연금 사망보험금 30,000 + 해지환급금 26,160) = 256,160천원 • 유동자산 8,400 + 256,160 = 264,650천원
생명보험 필요보장액	필요자금 88,450 − 유동자산 264,650 = −176,200천원

02 ①

유형 : 유동성 자산만으로 가계지출 유지기간	
유동성자산	• 금융자산 : MMF 8,400천원 • 일반사망보험금 : 종신보험 + 변액연금 (주계약 100,000 + 정기특약 100,000) + (변액연금 사망보험금 30,000 + 해지환급금 26,160) = 256,160천원 • 유동자산 (미상환 대출 잔액 반영) 8,400 + 256,160 = 264,650 − 55,000 = 209,560천원
유가족 가계지출	30,000 − 6,000 = 24,000천원
유지기간	−209,560PV, 24,000PMT(B), (5.5 − 3) / 1.03I/Y, N? 9.666

03 ④

유형 : 생명보험 상품의 이해	
①	종신보험의 사망보험금은 60세 이전 사망 시 200,000천원, 60세 이후 사망 시 100,000천원의 사망보험금이 지급된다(60세 정기특약).
②	종신보험은 사망보장이 주목적이지만 사망보장 니즈가 낮아지는 시점에 연금전환특약 활용 시 적립금을 연금으로 전환하여 활용할 수 있다.
③	종신형 연금으로 사망 이전까지 수령할 수 있는 보험상품이기 때문에 장기생존할 경우 지급받는 연금액의 규모가 커지므로 단순히 수익률 측면에서 비교하는 것은 바람직하지 않다.
⑤	전업주부라 할지라도 사후 조정자금 및 가사노동 대체비용이 발생하므로 사망보장이 필요하다.

04 ④

유형 : 자동차 사망보험금의 이해	
①	• 위자료 80,000천원 • 장례비 5,000천원 • 보험금지급액 85,000 × (1 − 0.2) = 68,000천원
②	무보험자동차상해 특약에서 최고 2억원을 한도로 보상된다.
③	상실수익액 계산 시 취업가능월수에 해당하는 호프만계수를 반영하여 계산한다.
④	• 월평균현실소득액 × 생활비 공제 × 취업가능월수에 해당하는 호프만계수 • 7,200 × 2/3 × 189.8639 = 911,346 × 0.8 = 729,077천원
⑤	• 박남규씨가 가입한 종신보험에서 지급되는 사망보험금 • 기본계약 100,000+정기특약 100,000+재해사망 100,000 = 300,000천원

05 ①

유형 : 산술평균과 기하평균수익률의 계산	
이론	※ 배당금이 없는 경우 • 산술평균 수익률 = (기말 / 기초) − 1 = 총수익률 / N(투자기간) • 기하평균 수익률 = $(기말 / 기초)^{(1/N)} - 1$
산술평균 수익률	1,200 / 1,500 − 1 = −0.2 / 3 = −0.0667(−6.67%)
기하평균 수익률	1,200 / 1,500 = $0.8^{(1/3)}$ = 0.9283 − 1 = −0.0717(−7.17%)

06 ③

유형 : 위험조정 성과평가	
이론	※ 위험조정 성과평가(높을수록 성과가 높다고 평가함) • 젠센척도 : 실현수익률 − 요구수익률 K • 샤프척도 : (실현수익률 − 무위험률) / 표준편차(총위험) • 정보비율 : (실현수익률 − 벤치마크수익률) / Tracking error 표준편차 • 트레이너 척도 : (실현수익률 − 무위험률) / 베타(체계적 위험)
젠센척도	• 집합투자기구 A의 요구수익률 : 4% + 1.05 × (20% − 4%) = 20.8% • 집합투자기구 A의 젠센척도 : 21% − 20.8% = 0.2% • 집합투자기구 B의 요구수익률 : 4% + 0.95 × (18.8% − 4%) = 18.06% • 집합투자기구 B의 젠센척도 : 17.5% − 18.06% = −0.56%
샤프척도	• 집합투자기구 A의 샤프척도 : (21% − 4%) / 16.5% = 1.0303 • 집합투자기구 B의 샤프척도 : (17.5% − 4%) / 19.2% = 0.7031 • 집합투자기구 C의 샤프척도 : (18.5% − 4%) / 13.5% = 1.0741
트레이너 척도	• 집합투자기구 A의 트레이너척도 : (21% − 4%) / 1.05 = 0.1619 • 집합투자기구 B의 트레이너척도 : (17.5% − 4%) / 0.95 = 0.1421 • 집합투자기구 C의 트레이너척도 : (18.5% − 4%) / 0.9 = 0.1611

07 ①

유형 : 자산배분전략 성과평가

구분		주식	채권	부동산	총 수익률
벤치마크		주가지수	채권지수	가격지수	−
구성비	전략적 자산배분 ①	45.0%	50.0%	5.0%	
	전술적 자산배분 ②	35.0%	55.0%	10.0%	
수익률	벤치마크	9.0%	6.0%	5.0%	
	실제	9.0%	7.0%	6.0%	
전략적 자산배분 수익률 ①×③		4.05%	3.00%	0.25%	(7.30%) Ⓐ
전술적 자산배분 수익률 ②×③		3.15%	3.30%	0.50%	6.95%
실제 포트폴리오 수익률 ②×④		3.15%	3.85%	0.60%	7.60%
자산배분효과 (③ − Ⓐ) − (② − ①)		−0.17%	−0.07%	−0.12%	−0.35%
증권선택효과 (④ − ③) × ②		0.00%	0.55%	0.10%	0.65%

08 ②

유형 : 부동산임대소득과 세금	
나	일반과세자의 경우 부가세는 1년에 2회 신고납부해야 한다. • 과세기간 1기 : 01월 01일~06월 30일 신고 납부 07월 25일 • 과세기간 2기 : 07월 01일~12월 31일 신고 납부 익년 01월 25일
다	임대료 수입에 대해서는 부가세 과세대상이다.

09 ⑤

유형 : 동거주택상속공제	
⑤	동거주택상속공제액 : 1,000,000천원 × 100% = 1,000,000천원 (600,000천원 한도)

10 ①

유형 : 증여세의 이해

• 금번 증여에 대한 증여세 신고 시 합산되는 과거의 증여재산은 상가 증여재산가액 400,000천원
• 창업자금은 타 증여재산과 합산 배제됨

11 ⑤

유형 : 종합소득공제 이해	
①	이강희 씨는 연령은 20세가 초과되었으나 소득이 없고 장애인이므로 기본공제대상이 된다. ※ 보충해설 재혼 후 재혼 배우자는 호적에 처로 올렸지만 그 재혼 배우자의 자녀는 동거인일 뿐 아직 호적에 올리지 않은 경우에도 재혼 배우자의 자녀에 대해 부양가족 공제를 받을 수 있다. 따라서 이강희씨는 재혼 배우자의 자녀로 부양가족공제(기본공제)를 적용 받을 수 있으며 장애인이므로 소득요건만 충족하면 부양가족공제(기본공제)를 적용 받게 된다.
②	상가를 증여할 경우 임대소득이 발생되므로 강유이 씨는 기본공제 대상자가 될 수 없으며, 질병치료에 대한 의료비는 사업소득자이므로 적용받을 수 없다.
③	사업소득자의 경우 교육비세액공제를 적용받을 수 없다.
④	사업소득자의 경우 보장성보험세액공제를 적용받을 수 없다.
⑤	성실신고확인대상자의 경우 종합소득세 신고는 1개월 연장되어 5월 1일부터 6월 30일까지 신고납부해야 하며 표준세액공제로 연 120천원 공제 가능하다.

12 ④

유형 : 금융소득종합과세 결정세액	
소득분류	• 사업소득 : 100,000천원 • 이자소득 : 40,000천원 • 배당소득 : 64,500천원 G − up X 5,500천원 G − up O
Gross − up	Min[① 금융소득 -20,000천원, ② G − up 대상 금융소득] × 11% = Min[40,000 + 64,500 + 5,500 = 110,000, 5,500] = 5,500 × 0.11 = 605천원
종합소득금액	100,000 + 40,000 + 64,500 + 5,500 + 605 = 210,605천원
종합소득공제	− 10,000천원
과세표준	= 200,605천원
산출세액	금융소득 종합과세 산출세액 Max[①, ②] ① 종합과세 방식 (20,000 × 14%)+(200,605−20,000) × 38%−19,940 = 51,489천원 ② 분리과세 방식 (110,000 × 14%)+(200,605−110,605) × 35%−15,440 = 31,460천원
배당세액공제	• 배당세액공제 = Min[(종합과세방식−분리과세방식), Gross−up] Min[54,489−32,460 = 20,029, 605] • 배당세액공제 : 605천원
결정세액	• 금융소득종합과세 결정세액 = 산출세액−배당세액공제 • 51,489−605 = 50,884천원

13 ⑤

유형 : 종합소득세 이해	
①	상속을 원인으로 아파트를 취득한 경우 취득세 과세표준은 시가표준액을 적용한다. 따라서 아파트의 유사매매사례가액이 변경되더라도 취득세는 과세표준은 동일하다.
②	별장의 경우 종합부동산세 주택 수 산정 시 포함되지 않는다.
③	피상속인의 종합소득세 납세의무는 상속인에게 승계된다.
④	재산세는 6월 1일 보유자에게 납세의무가 있다. 따라서 이상우 씨가 재산세 납세의무자이며 상속세 계산 시 공과금으로 차감 가능하다.
⑤	상속 시 과세되는 증여재산가액은 증여 당시 증여재산가액을 적용하므로 가치 상승 폭이 높을 것으로 예상되는 부동산부터 증여하는 것이 바람직하다.

14 ④

유형 : 상소재산의 분할, 특별수익, 유류분	
①	특별수익이 유류분을 침해하는 경우 유류분청구의 대상이 된다.
②	• 개시 시 재산 : 400,000 + 이광건 200,000 + 강유이 200,000 + 이강희 200,000 + 이고은 100,000 = 1,100,000천원 • 이강희 구체적 상속분 : 1,100,000 × 2 / 11 = 200,000 − 200,000 = 0원
③	부부 간의 간병은 부양의무 이행일 뿐 기여로 인정되지 않는다.
④	기여분과 특별수익이 공존하는 경우에는 기여분을 공제하여 상속재산을 확정한 이후 특별수익을 계산하면 된다.
⑤	개시 시 재산 400,000 + 상속인 증여(이광건 200,000 + 강유이 200,000 + 이강희 200,000 + 이고은 100,000) + 비상속인 증여(토마토재단 900,000) = 2,000,000천원

15 ③

유형 : 상속공제	
일괄공제	500,000천원
배우자 상속공제	+ 500,000천원
금융재산공제	+ 200,000천원(순금융재산이 1,000,000천원을 초과)
재해손실공제	+ 100,000천원(상속세 과세표준 신고기한 이내에 재해손실 발생)
동거주택상속공제	동거주택상속공제 요건 불충족
상속공제 합계	1,300,000천원

16 ②

유형 : 증여세 산출세액	
보충적 평가방법	• 임대차계약이 체결된 임대상가에 대한 상속재산의 평가 Max[①, ②] ① 보충적 평가법 : 800,000 × 1.1 = 880,000천원 (정기변경고시일(1월 1일)에 10% 상승) ② 임대료 환산법 : 연간 임대료 / 12% + 임대보증금 = (5,000 × 12개월) / 12% + 200,000 = 700,000천원 • 따라서 임대상가에 대한 증여재산의 평가가액은 880,000천원
증여재산가액	880,000천원
합산증여재산	+ 200,000천원
증여공제	− 600,000천원
채무	− 300,000천원
증여세과세가액	= 180,000천원
세율	× 0.2 − 10,000천원
산출세액 (신고세액공제 3%)	= 26,000천원 × 0.97 = 25,220천원

17 ③

유형 : 상속세 및 증여세 절세방안	
①	정시설물이용권의 가액은 평가기준일까지 불입한 금액과 평가기준일 현재의 프리미엄에 상당하는 금액을 합한 금액으로 평가한다. 다만 골프회원권은 지방세법상 시가표준액이 있는 경우에는 그 가액으로 평가한다.
②	장애인을 보험금 수령인으로 하는 보험상품에 가입하면 연간 4천만원 한도 내에서는 증여세를 절세할 수 있다.
③	이상우 씨와 10년 이상 동거, 무주택 직계비속 상속인으로 동거주택상속공제 요건을 충족한다.
④	상속세를 법정신고기한 이내에 신고한 자 또는 상속세 과세표준 및 세액의 결정 또는 경정받은 자는 일정한 사유가 발생한 경우에 그 사유가 발생한 날로부터 6개월 이내에 입증서류 등을 첨부하여 관할세무서장에게 경정청구를 할 수 있다.
⑤	증권시장에 상장된 법인의 주식 및 출자지분은 일반적으로 평가기준일 전후 각 2개월간에 공표된 매일의 한국거래소 최종 시세가액(거래실적 유무 불문)의 평균액을 시가로 인정하고 있다.

18 ②

유형 : 포트폴리오 기대수익률과 표준편차	
비중찾기	• 주식형 펀드 비중 : 800,000 / 1,100,000 = 0.7273(72.73%) • 상장주식 비중 : 200,000 / 1,100,000 = 0.1818(18.1%) • 비상장주식 비중 : 100,000 / 1,100,000 = 0.0909(9.09%)
포트폴리오 기대수익률	0.07273 × 0.11 + 0.1818 × 0.055 + 0.0909 × 0.165 = 0.1005(10.05%)
포트폴리오 표준편차	$(0.7273 \times 0.05)^2 + (0.1818 \times 0.15)^2 + (0.0909 \times 0.1)^2$ = 0.0021 √ = 0.0464(4.64%)

19 ③

유형 : 수정듀레이션	
이론	• 듀레이션 기간가중현금흐름의 현가 / 매기의 현금흐름 현가 • 수정듀레이션 MD = D / (1 + I / k) D : 듀레이션, i : 변화 전 유통수익률, K : 이자지급횟수, △ : 채권가격 변화율
매기의 현금흐름현가	CF0 = 0, C01 = 600 (1), C02 = 600 (1), C03 = 10,600 (1), NPV, I = 6.5, NPV? 9,867.57천원
기간가중 현금흐름현가	CF0 = 0, C01 = 600 × 1 (1), C02 = 600 × 2 (1), C03 = 10,600 × 3 (1), NPV, I = 6.5, NPV? 27,946.97천원
듀레이션	27,946.97 / 9,867.57 = 2.8322
수정듀레이션	2.8322 / (1 + 0.65) = 2.6593

20 ②

유형 : 리모델링을 통한 보유부동산 유용순익 극대화 방안	
임대료 시장가치	21,000 / (1 − 0.2) = 26,250천원
추가발생 임대료의 현재가치	• 리모델링 후 추가임대료 26,250 − 21,000 = 5,250천원 • 추가발생 임대료 수입의 현재가치 5,250PMT(E), 5 × 12N, 6/12I/Y, PV? 271,559.19천원
리모델링 후 증대되는 투자수익	추가임대료 수입의 현재가치 − 리모델링 비용 271,559 − 250,000 = 21,559.19천원

21 ③

유형 : 자산부채상태표 이해	
이론	• 비상예비자금지표 = 유동성 자산 / 월평균지출 : 3~6배 적정지표(50대 가이드라인의 5배 이상 적정지표) − 유동자산 : 현금성 자산 + 저축성 자산 중 투자목적이 없는 자산 − 월평균지출 : 고정지출 + 변동지출 − 소득세 = 연평균 지출 / 12 • 총부채부담지표 = 총부채 / 총자산 40% 이하 적정 가이드라인 • 저축성향지표 : (저축 및 투자 − 재투자금액) / 총소득 : 30% 이상이 적정지표(50대 10% 이상 적정지표)
가	• 유동성 자산 = MMF 42,400천원 • 월평균지출 = 고정지출 38,363 + 변동지출 25,274 − 소득세 4,610 = 연생활비 59,027 / 12 = 4,918.91천원 • 비상예비자금지표 = 42,400 / 4,918.91 = 8.61배로 유동성 자산이 충분하여 추가적인 준비가 필요 없다.
나	소비자부채는 자산부채상태표의 보험계약대출 5,000천원과 신용카드 대출 4,340천원으로 총 9,340천원이다.
다	총부채 309,340 / 총자산 3,352,775 = 0.0923(9.23%)
라	• 저축 및 투자 73,900 − 재투자금액 34,900 = 39,000 / 총소득 95,137 = 0.4099(40.99%) • 연령대별 제안지표인 10%를 초과하고 있다.

22 ③

유형 : 교육자금 설계	
필요자금	CF0 = 0, C01 = 0 (4), C02 = 20,000 (6), I = (2.8 − 4) / 1.04, NPV? 130,938.76천원
준비자금	51,363천원(정기적금)
부족자금	130,938.76 − 51,363 = 79,575.76천원
부족자금 마련을 위한 저축액	• 이율전환 : −100PV, 102.8FV, 12N, I/Y? 0.2304 • 79,575.76PV, 5 × 12N, 0.2304I/Y, PMT(B)? 1,418.29천원

23 ④

유형 : 결혼자금 설계	
필요자금	• 김건일 : 50,000 × 1.03^{11} = 69,211.69 / 1.05^{11} = 40,466.64천원 • 김가람 : 30,000 × 1.03^{14} = 45,377.69 / 1.05^{14} = 22,918.81천원 • 필요자금 합계 : 40,466.64 + 22,918.81 = 63,385.46천원
준비자금	34,012천원(채권혼합형 펀드)
부족자금	63,385.46 − 34,012 = 29,373.46천원
①	필요자금 40,466.64 − 준비자금 34,012 = 부족자금 6,454.64천원(결혼자금 마련 불가능)
②	필요자금 22,918.81 − 준비자금 34,012 = −11,093.19천원(결혼자금 마련 가능)
③	[부족자금 마련을 위한 매월 말 저축액] • 이율전환 : −100PV, 105FV, 12N, I/Y? 0.4074 • 29,373.46PV, 11 × 12N, 0.4074I/Y, PMT(E)? 288.14천원 ※ 저축여력은 현금흐름표상 보통예금 연 3,000천원 / 12 = 월 250천원(저축여력 범위 초과)
④	• 김건일 : 50,000 × 1.03^{11} = 69,211.69 / 1.055^{11} = 38,406.29천원 • 김가람 : 30,000 × 1.03^{14} = 45,377.69 / 1.055^{14} = 21,444.10천원 • 필요자금 합계 : 38,406.29 + 21,444.10 = 59,850.40천원 • 준비자금 : 34,012 • 부족자금 : 59,850.40 − 34,012 = 25,838.40천원
⑤	[부족자금 마련을 위한 매월 말 저축액] • 이율전환 : −100PV, 105.5FV, 12N, I/Y? 0.4074 • 25,838.40PV, 11 × 12N, 0.4074I/Y, PMT(E)? 259.59천원 ※ 저축여력은 현금흐름표상 보통예금 연 3,000천원 / 12 = 월 250천원(저축여력 범위 초과)

24 ③

유형 : 상가건물 화재보험	
보험가입금액 / 보험가액	건물 : 400,000 / 500,000 = 0.8(80%) 보험가액 대비 보험가액의 비율이 80% 이상이므로 화재손해액의 100% 보장
화재손해액	300,000천원
잔존물제거 비용	20,000천원(한도 : 화재손해액의 10%) ※ 단 화재손해액과 잔존물제거비용의 한도는 보험가입금액
손해방지비용	20,000천원
기타협력비용	1,500천원
화재보험금	300,000 + 20,000 + 20,000 + 1,500 = 341,500천원

25 ③

유형 : 자동차보험의 사망보험 지급액	
①	일반적으로 법원판결 지급기준이 높다.
②	상실수익액 계산 시 월평균 현실소득액의 1/3을 생활비로 공제하고 계산
③	• 위자료와 장례비에 대해서도 과실상계를 적용하여 자동차 사망보험금을 계산 • 위자료 80,000 + 장례비 5,000 = 85,000천원×(1 − 0.2) = 68,000천원
④	• 위자료 : 80,000천원 • 장례비 : 5,000천원 • 상실수익액 : 7,200×2/3×205.1976=984,948천원 • 과실상계 후 사망보험금 : 80,000+5,000+984,948=1,069,948×0.8=855,958천원
⑤	• 종신보험 가입금액 200,000천원 + 정기특약 100,000천원 = 300,000천원 지급 • 수익자 한민희씨가 직접 보험료를 납입하지 않았기 때문에 수령하는 사망보험금에 대해서 상속세 과세(간주상속재산)

26 ④

유형 : 은퇴시점 준비자산 평가액	
변액연금보험	21,500PMT(B), 25N, 4.5I/Y, PV? 333,152.78천원 / 1.045^5 = 267,338.80천원 ※ PV 시점은 배우자 한민희 씨 60세 시점이므로 은퇴기간과 일치하지 않기 때문에 은퇴시점까지 5년간 투자수익률로 할인하여 계산해야 함
임대사업소득	86,000 × 1.03^8 = 108,942.22천원(은퇴시점) 108,942.22PMT(B), 30N, (4 − 3)/1.03 I/Y, PV 2,850,962.02천원 ※ 임대사업소득은 현재물가기준으로 86,000천원이므로 물가상승률로 은퇴시점까지 계산하여 임대사업소득의 일시금을 계산해야 함
은퇴시점 은퇴자산 평가액	변액연금 267,338.80 + 임대사업소득 2,850,962.02천원 = 3,118,300.82천원

27 ③

유형 : 은퇴시점 필요한 총은퇴일시금	
은퇴시점 필요한 총은퇴일시금	CF0 = 48,000, C01 = 48,000 (2), C02 = 38,000 (27), I = (4 − 3) / 1.03, NPV? 1,024,152.91 × 1.03^8 = 1,297,366.26천원

28 ②

유형 : 현재물가기준 은퇴소득	
국민연금 일시금 평가액	CF0 = 0, C01 = 0 (2), C02 = 10,000 (27), I = (4 − 3) / 1.03, NPV? 231,982.39 × 1.038 = 293,868.35천원
임대사업소득 일시금 평가액	86,000 × 1.038 = 108,942.22천원(은퇴시점) 108,942.22PMT(B), 30N, (4 − 3)/1.03 I/Y, PV 2,850,962.02천원
은퇴시점 은퇴소득	293,868.35 + 2,850,962.02 = 3,144,830.37PV, 30N, (4 − 3)/1.03I/Y, PMT(B)? 120,171.65천원
현재물가기준 은퇴소득	120,171.65 / 1.038 = 94,864.61천원

29 ④

유형 : 생명보험 상품을 통한 상속세 절세방안	
①	보험금을 김강현 씨가 납입하고 사망 시 수익자는 한민희 씨이므로 사망보험금에 대해서는 상속세가 과세된다.
②	수익자인 한민희 씨가 실질적으로 보험료를 납입하였다면 사망보험금에 대해서 상속세가 과세되지 않는다.
③	정기금 평가에 의해 상속세가 과세된다.
④	연금개시 전 계약자의 사망으로 계약자의 지위가 상속된 경우 김강현 씨가 납입한 보험료 부분은 상속재산에 포함되어 상속세가 과세된다. 따라서 상속세 절세효과는 축소된다.
⑤	연금개시 전 피보험자가 사망하는 경우 사망 당시의 계약자적립액을 지급하므로 상속세 및 증여세가 과세되지 않는다.

30 ②

유형 : 포트폴리오 세후기대수익률	
이론	[포트폴리오 세후기대수익률] 개별자산의 평가금액×투자수익률의 가중평균값 / 투자자산 평가금액 계
계산	(아래 표)
정리	• 개별자산 평가금액×투자수익률의 가중평균 값 (0.03 × 42,400) + (0.028 × 51,363) + (0.05 × 34,012) + (0.045 × 28,500) = 5,693.26 • 포트폴리오 세후기대수익률 5,693.26 / 156,275 = 0.0364(3.64%)

계산

구분	예상수익률	평가금액
MMF	3.0%	42,400
정기적금	2.8%	51,363
채권혼합형펀드	5.0%	34,012
변액연금보험	4.5%	28,500
합계		156,275

31 ③

유형 : 자산배분전략 성과평가					
구분		주식	채권	부동산	총 수익률
벤치마크		주가지수	채권지수	현금사잔 수익률	
구성비	전략적 자산배분 ①	40.0%	50.0%	10.0%	–
	전술적 자산배분 ②	50.0%	40.0%	10.0%	
수익률	벤치마크	12.0%	5.0%	4.0%	
	실제	11.5%	5.3%	4.2%	
전략적 자산배분 수익률 ①×③		(4.8%)	2.5%	0.40%	(7.7%) Ⓐ
전술적 자산배분 수익률 ②×③		6.00%	(2.0%)	0.40%	(8.4%)
실제 포트폴리오 수익률 ②×④		5.75%	2.12%	0.42%	(8.29%)
자산배분효과 (③ − Ⓐ) − (② − ①)		(+0.43%)	+0.27%	0.00%	(+0.7%)
증권선택효과 (④ − ③)×②		−0.25%	(0.12%)	(+0.02%)	(−0.11%)

32 ①

유형 : 위험조정 성과평가	
이론	※ 위험조정 성과평가(높을수록 성과가 높다고 평가함) • 젠센척도 : 실현수익률 – 요구수익률 K • 샤프척도 : (실현수익률 – 무위험률) / 표준편차(총위험) • 정보비율 : (실현수익률 – 벤치마크수익률) / Tracking error 표준편차 • 트레이너 척도 : (실현수익률 – 무위험률) / 베타(체계적위험)
①	• 대형주펀드 A의 젠센척도 = 21.00% – {(4% + 1.05×(20% – 4%)} = +0.2% • 중소형주펀드 B의 젠센척도 = 17.50% – (4% + 0.95×(18.8% – 4%)) = –0.56% • 가치펀드 C의 젠센척도 = 18.50% – {4% + 0.90×(16.5% – 4%)} = +3.25% • 성장펀드 D의 젠센척도 = 19.00% – {4% + 1.1×(20% – 4%)} = –2.6%
②	샤프척도는 펀드 A : 1.0303, 펀드 B : 0.7031, 펀드 C : 1.0741, 펀드 D : 0.8152이므로 가치펀드 C의 성과가 가장 우수하다.
③	트레이너척도는 펀드 A : 0.1619, 펀드 B : 0.1421, 펀드 C : 0.1611, 펀드 D : 0.1364이므로 성장펀드 D의 성과가 가장 부진하다.
④	벤치마크 대비 초과수익률이 음수이면 정보비율도 음수로 나타난다.
⑤	정보비율은 펀드 A : 0.6667, 펀드 B : –0.5652, 펀드 C : 0.9756, 펀드 D : –0.3571이므로 가치펀드 C의 정보비율이 가장 높다.

33 ①

유형 : 종합소득공제 이해	
가	김강현 씨는 사업소득이 있는 자로 8세 이상 기본공제대상 자녀가 2명이 있으므로 자녀세액공제 300천원을 받을 수 있다.
나	근로소득이 없고 세법상 성실사업자 또는 성실신고확인대상 사업자에 해당하지 않으므로 모친을 위해 지출한 의료비는 세액공제를 적용받을 수 없다.
다	김강현 씨가 가입한 보장성 생명보험에 대한 보험료를 공제받을 수 없다.
라	부친은 종합소득금액이 42,000천원이므로 부양가족공제대상에서 제외되지만 모친은 부양가족공제대상에 포함될 수 있다.
마	김강현 씨는 부동산임대업에서 발생한 사업소득에 대해 종합소득세 확정신고기간에 신고납부 해야 한다.

34 ④

유형 : 부동산 공동소유 시 절세방안	
④	취득세, 주택에 대한 재산세 및 상가의 건축물에 대한 재산세는 공동소유로 절세할 수 없으며, 상가의 부속토지에 대한 재산세, 주택에 대한 종합부동산세 및 부동산임대업에서 발생하는 사업소득에 대한 소득세는 공동소유로 절세할 수 있다.

35 ③

유형 : 증여받은 상가 양도소득액	
양도가액	1,800,000
취득가액	–1,000,000
필요경비	–30,000(자산부채상태표 주석 상가 취득 부대비용 참고)
양도차익	=770,000
장기보유특별공제	× 0.82(9년 보유×2% = 18%)
양도소득금액	=631,400
기본공제	–2,500
과세표준	=628,900
세율	× 0.42 – 35,940
산출세액	=228,198천원

36 ②

유형 : 대습상속에 따른 상속분 계산	
②	• 계모와 자식 계부와 자식 간에는 상속이 이루어지지 않으므로, 김가람, 안동영은 법정 상속인이 아님 • 동시사망의 추정으로 인해서 동시에 사망한 김근석 씨와 김강현 씨 간에는 상속이 이루어지지 않음(따라서 김강현에 대한 특별수익도 고려하지 않음) • 동시사망의 추정을 받게 되어 사망한 김근석 씨와 김경진 씨끼리는 상속이 되지 않지만 김경진 씨의 직계비속인 정미연과 배우자인 안영진 씨는 대습상속을 하게 되어 정미연 씨가 2/5, 안영진 씨가 3/5의 상속분을 받게 됨 • 정기예금 원금 1,400,000 + 아파트 500,000 + 토지 1,000,000 + 김경진 특별수익 500,000 = 3,400,000천원 • 정미연 : 3,400,000×2/5 = 1,360,000천원 • 안영진 : 3,400,000×3/5 = 2,040,000천원

37 ④

유형 : 법정상속분 계산	
김강현 상속재산	주택(1,000,000) + 상가(1,500,000) = 2,500,000천원 ※ 계부와 자식 간에는 상속이 이루어지지 않으므로, 김가람은 법정 상속인이 아님
김건일 법정상속분	2,500,000×2/5 = 1,000,000천원
한민희 법정상속분	2,500,000×3/5 = 1,500,000천원

38 ②

유형 : 청구할 유류분(초과특별수익자)	
초과 특별수익자 이론	김강현 씨는 법정상속분 < 특별수익 = 초과특별수익자 이 경우 법정상속분 계산 시 1) 초과특별수익자의 특별수익은 상속재산에 합산하지 않고 2) 법정상속인에서 제외하여 다른 상속인의 법정상속분을 계산함
법정 상속분 계산	• 개시 시 재산 [아파트 (500,000) + 토지 (1,000,000)] + 상속인 증여 [김경진 증여(500,000)] = 2,000,000천원 • 허진선 법정상속분 : 120,000천원 200,000×3 / 5 = 120,000 – 0 = 120,000천원(구체적 상속분) • 김경진 법정상속분 : 800,000천원 200,000×2 / 5 = 800,000 – 500,000 = 300,000천원(구체적 상속분) ※ 법정상속분 계산 시 김강현 씨 특별수익 : 2,900,000천원 제외, 상가(1,500,000) + 정기예금 원금(1,400,000)
유류분 계산	• 유류분산정 기초재산 정기예금 원금(1,400,000) + 아파트(500,000) + 토지(1,000,000) + 김도진 씨에게 증여한 재산(1,500,000) + 김수진 씨에게 증여한 재산(500,000) = 4,900,000천원 • 허진선 유류분 4,900,000×3 / 7×1 / 2 = 1,050,000천원 • 김경진 유류분 4,900,000×2 / 7×1 / 2 = 700,000천원
①	배우자 허진선 씨의 구체적 상속분은 120,000천원
②	• 법정상속분보다 유류분가액이 더 큰 경우 유류분을 침해한 것으로 봄 • 허진선 법정상속분 120,000천원 > 유류분 1,050,000천원 • 김경진 법정상속분 800,000천원 > 유류분 700,000천원 → 김강현 씨는 허진선 씨와 김경진 씨의 유류분을 침해하지 않음
③, ④	유류분을 침해하지 않음
⑤	유증받을 수 있는 권리는 대습되지 않음

39 ③

유형 : 이혼가구 상속설계	
①	이혼한 배우자에게 증여 시 배우자증여공제를 적용받지 못함
②	김강현 씨와 전 처 쌍방이 유류분 권리자에게 손해를 가할 것을 알고 증여할 경우 증여재산이 유류분에 산정되며, 상속인들의 유류분을 감안한 조언이 아님
④	위자료청구권이 소멸되었다고 증여 또는 유증이 필요하지 않다는 조언은 김강현 씨의 의견을 반영한 것이 아님
⑤	피상속인이 사망하기 전에 상속인이 상속받지 않겠다는 의사표시를 해도 법적으로는 아무런 효력을 얻지 못함

40 ③

유형 : 상속공제 계산	
③	일괄공제(5억원) + 배우자상속공제(5억원) + 금융재산상속공제(2억원) = 12억원(동거주택상속공제는 해당되지 않음)

MEMO

토마토패스 CFP® FINAL 최종모의고사

초판발행 2019년 11월 05일
개정4판1쇄 2023년 08월 10일

저 자 김범곤
발 행 인 정용수
발 행 처 (주)예문아카이브
주 소 서울시 마포구 동교로 18길 10 2층
T E L 02) 2038 – 7597
F A X 031) 955 – 0660

등록번호 제2016-000240호

정 가 28,000원

홈페이지 http://www.yeamoonedu.com

ISBN 979-11-6386-210-9 [13320]